清华哲学文库

从历史世界到思想世界

赵金刚 著

清华大学出版社
北京

内容简介

本书以“从历史世界到思想世界”为主题，关切价值原则、伦理原则在现实世界的展现，以及价值原则本身的发展。在思想的实际发生脉络中，“原理”与“历史”始终处于一种互动的关系之中。原理参与对世界的塑造，在世界的变化中，原理也实现了自我发展。同时，思想自身具有发展动力，这一动力内在于思想自身的张力。中国传统思想在当代的发展，同样兼具原理与历史两个向度，如何在新的历史世界中，使思想获得活力，是值得进一步思考的问题，也是本书的核心关切。

图书在版编目(CIP)数据

从历史世界到思想世界/赵金刚著. —北京：清华大学出版社，2023.8（2024.7 重印）
（清华哲学文库）
ISBN 978-7-302-63922-0

Ⅰ. ①从…　Ⅱ. ①赵…　Ⅲ. ①哲学－研究－中国　Ⅳ. ①B2

中国国家版本馆 CIP 数据核字(2023)第 115963 号

责任编辑：梁　斐
封面设计：常雪影
责任校对：欧　洋
责任印制：丛怀宇

出版发行：清华大学出版社
网　　址：https://www.tup.com.cn，https://www.wqxuetang.com
地　　址：北京清华大学学研大厦 A 座　　邮　　编：100084
社 总 机：010-83470000　　邮　　购：010-62786544
投稿与读者服务：010-62776969，c-service@tup.tsinghua.edu.cn
质量反馈：010-62772015，zhiliang@tup.tsinghua.edu.cn
印 装 者：三河市东方印刷有限公司
经　　销：全国新华书店
开　　本：170mm×240mm　　印　张：20.5　　字　　数：386 千字
版　　次：2023 年 10 月第 1 版　　印　　次：2024 年 7 月第 2 次印刷
定　　价：118.00 元

产品编号：100929-01

生命是永恒的共在

——谨以此书献给我的爷爷、奶奶、姥姥、姥爷

Foreword 序

金刚把这部书稿给我并嘱我作序已经快两年了。这是我第一次为人作序。迟迟未动笔的原因，除了忙于事务，更重要的是不知如何表达才能不辜负金刚的嘱托。

金刚这部书，结集了他在中国社会科学院哲学研究所和清华大学人文学院两个阶段的治学成果。金刚将这一时期的研究主题概括为“哲学动力学”研究。他对“哲学动力学”是这样定义的：

“思想是活的、观念是活的，活生生的人赋予了思想鲜活的动力，哲学家的焦虑和哲学思想的内部张力最终促进了哲学的发展。对于一个哲学史研究者来说，重要的就是发现‘动力’，并在动力的推动下促进哲学的前进。哲学或许没有终结，只要活生生的人还存在。”

我理解，他所说的哲学动力学，就是将哲学史研究视为激活哲学作为思想的活力的学术程序。哲学史的探寻让哲学重新活在当下、重新成为思想创造力的源泉。金刚的追求，本应该是哲学研究的本怀和使命。哲学本应该是一种人人具有的能力，一种与存在之整全发生应合的能力，一种从一切中发现一的智慧和激情。哲学不仅仅是一种特定的知识领域，更是一种激发创造的潜能。这种创造是所有伟大人物的标志。这些伟大人物不仅包括那些追求真理的天才，更有在道德创制中开辟大群事业的圣贤。金刚将哲学史作为哲学动力学，不仅恢复了哲学就是哲学史的本意，更为重要的是，也让哲学恢复了其应有的尊严。金刚的“哲学动力学”自觉，向我们展示的也正是他身上沛然莫之能御的知识创造和道德创造的激情。

金刚是我见过的最热诚的青年学者。他在工作上勇于任事、从不惜力，在学问上扎硬寨、下硬功，在生活中朋友遍天下，有求必应，就像一架永动机，时刻都奔涌着不竭的能量。支撑这种热诚的，我想正是他在“哲学动力学”中体现出来的不隔别、合内外的道德激情。学必求其应于身心，事必期其扩充胸怀，做人与做事、治学与应世，都是事上磨炼的为圣功夫。金刚的“哲学动力学”应该说也是他为人为学精神的集中呈现。

金刚书中一个核心的学术意图，就是打通思想史和哲学史。这种打通，实际上在他提出“哲学动力学”概念之际就已经实现。海德格尔为西方哲学史返本开新的结论，就是恢复哲学作为思想的本真面貌。不过，这种思想，不仅仅是沉思，还是孟子所谓“思诚”。因此，思想是一个动词。真正的思想者都是在他的时代开显天地之德、进行文明创造、开辟历史新局的人，而能够实现这种创造的人，无疑都是能够体征“一即一切”智慧的人。哲学是思想之为思想的根本，哲学是思想的思想。

最后，衷心期望金刚能在“哲学动力学”的道路上，不断创造，不断取得新成果。我们热切地期待，金刚能以他的“哲学动力学”开辟出一片哲学新事业。

是为序。

张志强

2023 年 8 月 27 日

Introduction
导言

一

晚近学界有所谓“哲学史”和“思想史”之争。从学科建制上讲,国内综合性大学往往有独立的哲学学科,而思想史研究则附属于历史或中文。如在大陆,很多研究思想史的学者在历史系,中国社会科学院历史研究所就有思想史研究室;而在台湾,对于中国古代思想的研究往往被放置于中文系的思想史当中——当然,这背后还涉及如何理解“中国哲学”,中国有没有哲学的问题,这不是我们讨论的重点。在国内学界,哲学史与思想史之争,往往产生在哲学出身从事哲学研究的人与有历史、中文背景的思想史学者之间。当然,海外学界的论争情况或许与我们有些不同。

其实,哲学史本身也属于思想史,与哲学史产生“争”的并不是思想史本身,而是“坏的思想史”,即用思想以外的内容解构了思想本身的所谓“思想史”研究。在这重意义上,“哲学史”更强调对思想概念本身的厘清、注重观念与观念之间的逻辑联系。但这样的哲学史也有可能导向“概念的游戏”,脱离作为概念、观念主体的活生生的思想者而“空转”。“好的思想史”应当注重思想本身而又能够用与思想密切相关的社会的其他要素丰富对思想的理解,“哲学史”也应当与“好的思想史”合作,更深层次地理解人的精神生活——或许哲学史研究本身就应该成为“好的思想史”当中的一个样板,既注重概念、观念的清晰化与逻辑性,又能在“背景”与“底色”中将概念、观念呈现出来,让读者透过这一呈现,把握活生生的人的精神世界。

当然,哲学史也应当与思想史形成某种互补关系。哲学史从其自身特点来讲,会更加侧重“大传统”,关注所谓大人物的思想,强调大人物对于历史与社会的意义。而思想史则有一路,能够关注“社会思想”“社会思潮”,试图挖掘普罗大众的思想形态。这就涉及“大传统”与“小传统”的关系,特别是二者的互动。当然,二者能形成“良性互动”是需要条件的。

首先是材料的丰富性，特别是“小传统”的材料，越是早期思想，“小传统”的材料可能越不易得，而越是靠近现代，“小传统”的材料越是汗牛充栋，甚至让研究者“眼花缭乱”，不知道选什么好，仿佛随便抓一点儿东西，就可以对“小传统”进行“侧写”；而“大传统”一方，对材料的解读往往容易套路化，某些大人物已经被研究得很多，“捡漏”甚至都变得困难了，就使得某些“大传统”研究难见新意——对于“大传统”研究，或许有时需要更多的范式、视角转换，一旦换了视角，或许就能打开一片新的天地。

其次则是研究的深入性，研究者既需要对“大人物”有深刻的把握，也需要对“小传统”有细致的观察，而此两者往往不可得兼。或许这就需要哲学史学者与思想史学者能够“坐在一起”，对“共同问题”展开“对话”。这就需要打破学科壁垒，现代学术在祛除神圣性、将一切历史拉平为世俗历史的同时，也在不同领域之间树立了高高的壁垒，似乎越是专业化，壁垒就越高，越是专家就越带着警惕的目光，审视进入自身领域的“外来者”。史华兹曾把思想史或比较思想史看成不同的思想家就共同关切的“问题意识”(problematique)展开的跨时代或跨文化的对话。今天的“问题意识”很多，能否让不同学科的学者注意到“共同”，或许需要一些工夫。

最后，在“对话”的同时还需要避免“偏见”。有些“小传统”的研究者希望用“显微镜式”的研究解构“大传统”，特别是希望打掉大人物的神圣性，证明大人物的所谓创见，其实也没什么了不起，早有人说过类似的话，但殊不知“大传统”与“大人物”如何在历史当中沉淀下来，这本身就是一个问题，历史是有其选择机制的，而这一机制又往往不是“成王败寇”能解释得了的。其实，某些“大人物”也是后世“激活”的，但这些人何以能从“小人物”变成“大人物”，本身就是一个思想问题，并不是所有“小人物”都有被激活的可能性。与此同时，有些“大传统”研究者却又特别不在乎“小传统”，觉得那里并没有什么值得“观看”的东西。在我看来，“小传统”值不值得观看、哪些东西值得观看，可以讨论，但一旦不去“看”，就有可能丧失很多思想的趣味，将思想史、哲学史的故事讲得干瘪——对于我来讲，最担心的就是学者失去“讲故事”的能力，将学术仅仅变成学术术语的堆砌，此种学术生产很容易，但也容易成为死的学术。

要符合上述条件，先需要有人愿意尝试，而这在所谓现代学术中需要“打破”很多东西，特别是走出一般学术生产的舒适区。或许某一方有人可以先试图迈出一步，让大家看看，看看“之间”是否存在可能——好在很多人都已经迈出了这一步。

二

陈来先生认为：

> 我所使用的"思想史"概念，主要是在 History of Ideas 或 History of Thought 的意义上。在这个意义上的思想史，是和学习"如何思想"互为一体的。因此，思想史要研究我们的前人对于自然、社会、人生、人心、知识、信仰的理解，研究他们表达或构成这些理解的概念、命题、体验、论证，研究文化的经典、对于经典的诠释以及各代人经由与经典的对话而产生的思想，研究前人对理论、价值、信仰的建构方式及其对社会文化的作用，研究这些思想和认识如何前进和增长，以便使我们今人在进行"思想"的时候能够不是白手起家，而是站在前人思考的平台之上，在吸取前人思想的智慧和经验的基础上回应我们面对的挑战，并推进思想的进一步发展。不仅如此，研究这些思想内容才能帮助我们理解某一文化类型的理论思维特点，理解核心概念和价值对于文明的规范性作用，理解文明整体和文化传统的特质。[①]

具体到哲学研究，我将陈来先生此种研究称为"动力学的哲学研究"，或者直接称为"哲学动力学"。即关注哲学是如何发展的：前代哲学家的思想有哪些张力，推动了哲学自身的前进？前代哲学有哪几片"乌云"，需要后代在清除乌云的过程中创造全新的蓝天？贯穿在哲学史的发展过程中，有哪些持续性的问题，促使一代又一代哲学家不断地思考？

列文森认为"思想史是人们思考的历史，而不是思想的历史"[②]，在我看来，这一表述特别有哲学兴味——思想的历史本身应当是人们思考的历史，而不应把人从思想当中泯除。而只要看到是活生生的人在思考，而不是上帝在思考，那或许就不会有颠扑不破的、终结的哲学体系。思想者总有其不愿接受的东西，总有其焦虑，或者说思想者都是有性格的人，这样的人思考出的思想或哲学，就不会是全知全能形态的。但大的思想家是可以经受得住检验的，是可以促进人类对于本源问题的理解的，哪怕他们的理解后代认为有问题，也不能因为问题而否认他们的伟大。后代所谓的问题，有可能是后代没有理解伟大，也有可能是创造性的误读，还有可能是"制造问题"——后世大的哲学家往往是创造性的误读者和制造问题者，后世大的哲学家往往不会藐视、否定前代大的哲学家的伟大，或许嘴上会，但在心

---

① 陈来：《中国近世思想史研究》，北京：生活·读书·新知三联书店，2010年，"序"，第3页。

② [美]列文森著，季剑青译：《儒教中国及其现代命运·总序》，未出版。

底前代对后代可能构成“影响的焦虑”，而这也可能本身就成为动力。

正是在问题的基础上，哲学才进一步前进——问题是动力产生的起点。没有颠扑不破的、终结的哲学体系，才是哲学本身的魅力，哲学就是哲学史，需要从哲学发展的动力角度去理解。但从哲学史与思想史的互动的角度，还可以多说一句，促进哲学发展的问题，可能超越哲学本身，大哲学家的焦虑可能是全体社会共同的精神气质的反映。我总以为哲学家是内心敏感的人，而不是什么都不在乎的人，正因为敏感和在乎，才有问题。“人们思考”，人们总是带着自身及时代的问题不停地思考。能够让思考不停下来的，就是动力。

今天对于中国哲学来讲，对经典文本、重要哲学家的研究已经取得了很多丰硕的研究成果，这是当代中国学人面对粗糙的哲学史叙事展开学科的自我成长，对于回到中国哲学本身理解中国哲学问题具有重要意义。然而这还是“静力学”研究，是以静力应对简单粗暴的动力学的一种方式。今天的中国哲学界是国内最具活力的人文学科之一，这突出表现在哲学的建构上，自陈来先生提出“仁学本体论”之后，各种哲学努力不断涌现。但在哲学建构的同时，能否同时推动“动力学的哲学研究”呢？在静力学的最新成果的基础上、在哲学建构带来的哲学深入思考上，能否再次回归“哲学史”，看到中国哲学、中国思想内在的前进动力呢？其实无论是陈来先生的“仁学本体论”，还是丁耘教授的“道体学引论”，都潜藏着“动力学”，一种以“哲学”引领的动力学叙事。但或许在此之外，能够有更加“哲学史”的动力学研究，有结合了好的思想史的“哲学动力学”。张志强教授特别表彰章学诚“源流互质”的方法，他以为：

> “源流互质”的方法论，就是历史性的、动态的把握历史的方法，它强调历史根源与历史发展之间的相互规定性，一方面历史发展不断深化我们对历史根源的认识，而另一方面对历史根源的认识又必须不断地将历史的发展统摄于自身的根源当中，使历史在根源与发展的互动当中赢得一种高度自觉的主体性，不断从根源中创造出新的主体状态和新的历史局面来。[①]

以“哲学史”的“动力学”来看，对于前代的不断诠释、深入的理解，正是在前代哲学问题推动哲学本身发展的过程中产生的，而对于前代的诠释与理解需要对“历史绵延中的当下”的思想问题有足够的把握，这本身也构成了当代的哲学。“原理”塑造“哲学史”，“哲学史”也不断地丰富、敞开“原理”，只有活生生的人，才能把握并创造活生生的“哲学”。“哲学动力学”需要看到活生生的人拥有的活生生的问题，

---

① 张志强：《当前时代，我们该如何看待中国哲学？》，《中国哲学史》2017年第4期，第8页。

能够欣赏问题,理解问题——或许称得上完美的只有动力本身,只有生生不息的哲学史本身。

三

“史”不离开“经典”,而将“经典”置于脉络当中,在哲学史/思想史脉络中定位、把握思想家及经典文本,理解思想家与文本的“特征”,理解问题的来龙去脉,理解思想展开的内在动力——斯所谓“哲学史”。对于中国哲学来讲,需要以史来“通古今之变”,以哲学来“究天人之际”,以自身学术训练来“成一家之言”。

我以为,贯穿中国哲学史的有四组问题,构成了中国哲学史发展的动力。

首先是孔佛或三教问题。这涉及中国哲学史上三个主要流派之间的争衡与融合。儒家以仁爱为核心,道家以自然为境界,佛家以平等为追求,儒释道三教深入塑造了中国文化的基本样态。但哲学史上,这三家究竟如何影响具体的哲学家,在中国哲学前进的过程中扮演了怎样的角色,这特别需要好的、精致的叙事将其讲明白。讲明白三教问题,或许也就有了一种新的哲学叙事——当然对于其他三个问题亦然。对于我来讲,在三教问题上,我更关注经学、佛学、理学的“倒三角”关系,即佛教对汉唐经学到底提出了哪些挑战,使得儒家不得不回应?理学是如何在保持儒家价值的基础上,应对佛教挑战的?理学究竟是如何有机融合佛教的?

其次是朱陆问题。这涉及价值主体与外在知识的关系。“尊德性而道问学”究竟如何平衡?对于现实的人来说,他自身往往容易偏向一边,而一个社会在不同的发展阶段,也往往容易在两者中间犹疑。章学诚以为,“宋儒有朱、陆,千古不可合之同异,亦千古不可无之同异也”,这一“千古”是包含当下的。

第三是汉宋问题。这涉及经典诠释与义理阐发的关系,而在今天的中国哲学界,其纷争不亚于历史时期,甚至构成了当下的热点问题。过分强调经典诠释,容易使得哲学变成某种技术活儿,而悬空的义理阐发又容易变成形式的正确。“礼义”与“人心”的平衡或许也在其中潜藏。

第四是经史问题。这涉及永恒原理与变动历史的关系,陈来先生以为,“哲学的主要目的是为人指出最好的生活方式和精神方向,历史则提供了应付各种冲突的有效方法”[①]。强调经或哲学的人,往往对永恒原理有独特偏爱,而研究历史者,往往喜欢事件的流变。过分地关注变动的历史,极端则会有相对主义;过分地强调永恒原理,则有可能导向教条主义。二者之间的平衡,是我当下最大的思考焦

① 陈来:《价值·权威·传统与中国哲学》,《哲学研究》1989年第10期,第30页。

虑，能否协调二者的关系，也是我作为一个研究者最关注的一个点。

这四组问题是我理解“中国哲学史”的切入，也是我试图理解中国哲学的哲学动力的着眼点。本书所收各篇文章，是我这一个时期以来“发散”的写作，但很多文章的根本关切都与这些问题以及我上面讲到的思考有关。本书题名为“从历史世界到思想世界”是对陈来先生《从思想世界到历史世界》书名的一个“颠倒”，书名的颠倒，并不意味着旨趣、方法的不同，只是在强调自己独特的兴味罢了，即我对中国文化、中国思想的兴趣首先发生在历史世界。但进入历史世界之后，变动的历史背后的偶然性又使得我不得不进入思想世界，试图对必然性有所把握；而即使进入哲学研究当中，我也无法摆脱历史的兴趣，特别是对活生生的历史人物的观照，更是我对很多问题思考的立足点。而这二者的结合，使得我更在乎“之间”，对于哲学的动力学发展有特殊的兴趣。这也是我逐渐强调上述问题作为推动中国哲学史发展的动力的“心路历程”。

本书上篇题为“儒学与历史世界”，即是期待能在历史图景中理解儒学的原理。例如《义利之际：道德原则与历史判断》就特别关注经史问题，关注儒学原理在历史中的活生生样态；而《“父子相敬”与“父子相亲”》一文则从当代出发，关注儒学原理的现代命运。本书中篇题为“哲学与思想动力”，所收文章均含有“思想史”关切，关注思想史背景下的哲学诠释。如《“孔颜乐处”与宋明理学的展开》，特别关注上述经学、理学、佛学的关系问题；《作为工夫论的朱子学与阳明学的兴起》则关注朱陆问题，关注何以从朱子学而导向阳明学这样一种朱子学的反动。下篇“传统与现代世界”则特别关注传统文化的现代命运，现代中国哲学的基本研究，也即现代历史世界中的传统思想。如《列文森的“剃刀”》一文关注列文森对于儒教中国的理解，并试图回应列文森的普遍性质疑，后面三篇文章虽然写作在此文之前，但当初的问题意识，却与我对列文森的阅读感受密不可分。附录所收，则是一种“印记”，代表了我在这条路上一些不成熟的“言说”。

本书不可能对“哲学动力学”给出满意的回答，只是试图以我的写作将之呈现出来。或许未来会有更多从动力学角度做出的中国哲学史研究。

赵金刚

2023 年 8 月 21 日

Contents
目录

上篇 儒学与历史世界

中篇 哲学与思想动力

下篇 传统与现代世界

附　录

上篇

儒学与历史世界

义利之际：道德原则与历史判断
——以唐代维州事的评判为例

蒙文通先生有所谓“儒史相资”之说，认为“儒学的产生有资于先代治世的经验，是从具体历史经验中抽象出的思想与价值；而成为义理系统的儒学，又反过来参与塑造了其所处当下的历史，并成为以后历史走向的价值指导”[①]。这“实际上便是把儒学思想自身的发展放置于历史状况的变动之中”，“在理论学说与现实历史之间、义理理想与制度创新之间便建立起一种相互支撑的辨证发展模式”[②]。蒙先生的观点，揭示了儒学义理与历史发展的张力，此种态度与抽离历史看待中华文明原理的模式有着深刻差别。正如陈赟教授所讲，中华文明“通过历史过程的绵延获得经验，进而开启整合往古来今的历史大视野”，中国古典思想“是从‘质料’出发，在具体的‘行事’中展开历史的思考，理解历史的基本范畴乃是通过对行事的系统化而获得”[③]。中国古代哲人并非抽离历史，以一种空口谈义理的致思方式呈现在历史时空之中。相反，他们往往在参与历史中把握历史，使“原理”与“历史”始终处于一种互动的关系之中。原理的产生离不开思想家对历史经验以及历史逻辑的认识；而原理一旦产生，也必将进入实际的历史进程中，一方面影响着历史现实，另一方面也接受着实践的考验。

本文以“义利之际”为题，考察“义利之辨”这一儒学核心义理的一个断面在历史变迁中的“演绎”，即试图以具体的“行事”展现儒家某一原理的应用。张岱年先生认为，“义与利，是中国哲学中一个大问题。儒家尚义，以为作事只须问此行为应当作与不应当作，而不必顾虑个人的利害”[④]。自孔子以降，诸多儒家思想家对“义利”之间的理论问题有着充分的论述，“义利”观念的哲学涵义得到充分的展开。然而，正如众多儒家哲学观念一样，“义利”不仅是理论问题，更是实践原则。因此，对

---

① 皮迷迷：《经史转型与“儒史相资”——以蒙文通的“禅让”研究为例》，《中国哲学史》2016年第2期，第56页。

② 张志强：《经、史、儒关系的重构与“批判儒学”之建立——以〈儒学五论〉为中心试论蒙文通“儒学”观念的特质》，《中国哲学史》2009年第1期，第102页。

③ 陈赟：《“见之于行事”与中华文明的历史意识》，《山西师范大学学报（社会科学版）》2021年1月，第16页。

④ 张岱年：《中国哲学大纲》，《张岱年全集》第二卷，石家庄：河北人民出版社，2007年，第414页。

义利的判别不仅需要在哲学上予以清晰的阐明，更需要在历史实践中检视——然而，在具体的“事态”之中，何种实践或言论是“义”，而何种实践或言论是“利”，往往不容易当下判别。“义利”往往交织在历史复杂的情态当中。当抽象的道德原则进入到具体的历史判断中，思想主体成为实践主体时，原则、原理也就面临着“事态”的考验——不考虑历史情态的复杂性，原理就可能孤悬为抽象的教条，道德批判也可能会变得不切实际。

本文以唐代维州事为例，讨论“义利之际”，关注的是“义利”作为道德原则的实践视野，特别关注“义利之辨”在实际的政治历史实践之中产生的分歧。之所以以维州事为例，是因为此事除“义利之辨”外，还交织着朋党、夷夏等问题。并且，由于此事对“牛李党争”颇为关键，又受到司马光的特别关注，因此在传统“经史”视域下讨论颇多，论述展开得十分丰富，甚至宋元之后的一些通俗词曲也多有提及；进入晚清后，更是成为“以史鉴今”之例。因此，维州事就颇能反映历代思想家在具体历史情境下的理论辨析。然而，在现代学术意识下，维州事反而不受重视，这在一定程度上也反映了古今学术关切的变化。

一、朋党与义利

维州是唐蕃交界处十分重要的战略区域，是双方的必争之地。维州曾长期归唐朝控制；但安史之乱后，吐蕃处心积虑、使用“诈计”，终于在唐代宗广德元年(763年)十二月攻陷维州[①]，由此掌握了唐蕃南线战场的主动性；后来唐朝试图收复维州，但未成功。直到唐文宗大和五六年(831—832年)之际，李德裕为西川节度使，情况出现了变化。《旧唐书》载：

> 六年，吐蕃遣使论董勃义入朝修好，俄而西川节度李德裕奏，吐蕃维州守将悉怛谋以城降。德裕又上利害云：“若以生羌三千，出戎不意，烧十三桥，捣戎之腹心，可以得志矣。”上惑其事，下尚书省议，众状请如德裕之策。僧孺奏曰：“此议非也。吐蕃疆土，四面万里，失一维州，无损其势。况论董勃义才还，刘元鼎未到，比来修好，约罢戍兵。中国御戎，守信为上，应敌次之，今一朝失信，戎丑得以为词。闻赞普牧马茹川，俯于秦、陇。若东袭陇坂，径走回中，不三日抵咸阳桥，而发兵枝梧，骇动京国。事或及此，虽得百维州，亦何补也。”上曰：“然。”遂诏西川不内维州降将。僧孺素与德裕仇怨，虽议边公体，而怙

① 关于吐蕃攻陷维州，《旧唐书》的记述颇具戏剧性，认为吐蕃为获得维州，把一女子嫁给维州城守门人，20年后待其所生两子长大，里应外合攻陷维州。(见《旧唐书》列传第一百二十四《李德裕传》。)

德裕者以僧孺害其功，谤论沸然，帝亦以为不直。（《旧唐书》列传第一百二十二）

《新唐书》对此事记载与《旧唐书》基本相同。此时吐蕃维州守将悉怛谋在唐蕃修好的背景下归降唐朝，李德裕将此事上奏朝廷，文宗让朝臣讨论此事，最终在牛僧孺的意见下决定不纳降。李德裕对朝廷的言说主要从“利害”出发，即占据维州这一战略要地，有助于提升唐朝对吐蕃的战略优势，武宗朝李德裕追论维州事，也是主要从“国家利益”这一角度申说[①]。而牛僧孺反对的理由主要有二：一是“势”，占据维州不会损伤吐蕃的实力，反而会招致吐蕃的军事报复；二是“信”，唐蕃刚刚修好，此时接纳吐蕃叛将，就是不守信，反而会使吐蕃发动新的战争“师出有名”。这里颇为核心的论点是“中国御戎，守信为上，应敌次之”，即对待周边戎狄，要恪守信义，军事手段并非优先选择。牛僧孺这一言论有其经义依据，《春秋繁露》讲，“《春秋》尊礼而重信”，“《春秋》之义，贵信而贱诈，诈人而胜之，虽有功，君子弗为也”[②]。然而，对待“夷狄”是否还要如此坚守信义，在儒家内部存在争议[③]，也成为后世评价牛僧孺言论的一个要点。

从言辞上来看，李德裕讲“利”，牛僧孺讲“义”。然而两唐书又同时揭露出此番义利言论背后的“立论之意”，即“僧孺素与德裕仇怨”，牛僧孺一番“大义”言论背后其实夹杂着“朋党”利益，他在朝廷公事上，依旧考虑“朋党”。若此，牛僧孺的“大义”是否能够完全成立就有待商榷。当然，此番决议的后果却是显而易见的：悉怛谋等降众被交换至吐蕃，吐蕃将其全部杀害，唐朝也从此彻底失去了维州这一战略要地。而之后，牛僧孺也因此失去了文宗的信任。“论维州事是李德裕与牛僧孺的第一次正面冲突，也影响大和后期李、牛二人的进退。”[④]此事也成为之后“史论”的一个重要议题。

二、本朝与旧史

维州事真正成为史论“热点”，源自司马光《资治通鉴》对此事的评价。《资治通鉴》所记的维州事，经过与两唐书类似，但在一些细节上却发生了微妙变化。首先，司马光在牛僧孺言论上更加突出了“信”，《资治通鉴》记僧孺之言为：

---

① 参《旧唐书》列传第一百二十四，亦参《资治通鉴》卷二百四十七。

② ［汉］董仲舒著，［清］苏舆撰，钟哲点校：《春秋繁露义证》，北京：中华书局，1992年，第6、268页。

③ 如《公羊传》就强调即使对夷狄也要守信义，这体现在对宋襄公泓之战的评价上，而《左传》《谷梁传》均不同意。

④ 傅璇琮：《李德裕年谱》，北京：中华书局，2013年，第182页。

> 吐蕃之境，四面各万里，失一维州，未能损其势。比来修好，约罢戍兵，中国御戎，守信为上。彼若来责曰："何事失信？"养马蔚茹川，上平凉阪，万骑缀回中，怒气直辞，不三日至咸阳桥。此时西南数千里外，得百维州何所用之！徒弃诚信，有害无利。此匹夫所不为，况天子乎！（《资治通鉴》卷二百四十四）

下画线之句取自与牛僧孺交好的杜牧为牛所作之墓志铭，而不为两唐书所取[①]。此语突出"诚信"以为"利"，并强调自天子以至于匹夫，都要恪守"信"。

此外，《资治通鉴》删除了"僧孺素与德裕仇怨"等语，而加入事后"德裕由是怨僧孺益深"之语，"对于公私之判别，模糊已极"[②]，明显回护牛僧孺，突出了牛的形象。由上可见，历史叙述过程中，史料的取舍安排，与作史者立场之间存在微妙关联。并且，宋人特别地将"史"视作"国家之典法"[③]，其背后的历史意识就更值得注意。具体到维州事，还体现在司马光对此事所做的评语：

> 臣光曰：论者多疑维州之取舍，不能决牛、李之是非。臣以为昔荀吴围鼓，鼓人或请以城叛，吴弗许，曰："或以吾城叛，吾所甚恶也，人以城来，吾独何好焉！吾不可以欲城而迩奸。"使鼓人杀叛者而缮守备。是时唐新与吐蕃修好而纳其维州，以利言之，则维州小而信大；以害言之，则维州缓而关中急。然则为唐计者，宜何先乎？悉怛谋在唐则为向化，在吐蕃不免为叛臣，其受诛也又何矜焉！且德裕所言者利也，僧孺所言者义也，匹夫徇利而忘义犹耻之，况天子乎！譬如邻人有牛，逸而入于家，或劝其兄归之，或劝其弟攘之。劝归者曰："攘之不义也，且致讼。"劝攘者曰："彼尝攘吾羊矣，何义之拘！牛大畜也，鬻之可以富家。"以是观之，牛、李之是非，端可见矣。（《资治通鉴》卷二百四十七）

在司马光看来，"利小信大"，因此在义利的取舍上，自然应该"取义"，这才是国家根本的"利"，也就是"国不以利为利，而以义为利"。司马光直认李德裕从利出发，而牛僧孺以义谋国，进而贬斥"徇利忘义"的行为，是牛而非李。从理论形态上来看，司马光的观点完全符合儒家正统论述，是把儒家一般的对义利的看法套用在对牛李二人的评判上。

为了增强自身观点的说服力，司马光更是引用《春秋》"荀吴围鼓"之事，并且以"攘羊""攘牛"之喻来说明。"荀吴围鼓"事见《左传·昭公十五年》，"鼓"为夷狄之

---

① 傅璇琮：《李德裕年谱》，北京：中华书局，2013年，第185页。

② 岑仲勉：《隋唐史》，石家庄：河北教育出版社，2000年，第409页。

③ ［宋］欧阳修：《欧阳修全集》，北京：中华书局，2001年，第1687页。

城，荀吴与夷狄交战而不纳叛，借以显“义”[①]，而这正与李德裕为“利”纳降形成了对照。“攘羊”“攘牛”之利，特套用孔子“攘羊”、孟子“攘鸡”之喻，来讲不能因对方曾行不义而己就可趁机获利，认为行义在我，而不在对方的行为。然而司马光此处所引之事能否支持他对维州事的判断，则有待商榷：首先是“荀吴必其能获，故因以示义”（《左传正义》卷四十七），这就与唐之前欲取维州而不得形成对照[②]；其次，“维州”作为战略要地，是否可与普通道德行动上的牛、羊相类比，这也成为问题，司马光未将国家政治行动与个人道德实践之间的分际区分明了。

这里需指出的是，司马光的态度是一贯的，《资治通鉴》始终强调对“夷狄”也要讲信义，这在其对“傅介子诱斩楼兰王”“唐太宗悔薛延陀之婚”等事的评价中都可以看出。他始终强调“信义”作为政治行动价值的绝对性，而为了彰显此种绝对，可以不顾任何历史情景。

司马光对牛李二人的态度，在北宋不乏同调，如苏辙在其《历代论·牛李》中就表达了同司马光一样的判断。他更为牛僧孺辩护道：“吐蕃自是不为边患，几终唐世，则僧孺之言非为私也。”[③]当然，苏辙的辩护还不是牛僧孺的“私”成就了国家的“公”这种“理性的狡计”的模式，而是从目的上否定牛僧孺有“私”，这样其言说的“义”就更为明显。但是，苏辙明显搞错了一个事实，吐蕃之后不为边患不是被唐朝的大义感动，实是“力不逮”，无法继续威胁唐朝[④]。

仅从“言辞”来看，司马光、苏辙对“义利”的分判以及对“义”的坚守无可驳难。但是，“言辞”背后有着复杂的历史情态，维州事对于司马光、苏辙而言，不是过去史，而是当代史、本朝史。胡三省在注《资治通鉴》时就指出，司马光对牛李争维州事等评价的背后，是“其忠愤感慨不能自已于言者”（《通鉴注释自序》，《宋元学案》卷八十五），司马光是牛而非李，“元祐之初，弃米脂等四寨以与西夏，盖当时国论大指如此”（《资治通鉴》卷二百四十七）。袁桷亦指出，“司马公坚欲弃横山之地，深恐生事之人，复启边隙故耳。维州牛李之事，是温公去取之本心”[⑤]。司马光等对维

---

① 《左传正义》评价此事：“若不受其降，民皆一心事其本国，不敢怠惰以叛其主；今若受其降人，便是许其叛主，则是教我国人令其外叛，是虽获一邑而教民怠情，不守死事君，是所得少所失多。”（《左传正义》卷四十七）

历史上对荀吴的做法也有批评者，如柳宗元在《非国语》中就认为要对行为作出具体分判，而不是不加分别地持某一抽象原则。见[唐]柳宗元撰，尹占华、韩文青校注：《柳宗元集校注》卷四十五《非国语下·围鼓》，北京：中华书局，2013年，第3249页。

② 清代尤侗同样认为维州事不能拿来与荀吴围鼓相比较，但他是从夷夏、国家之利的视角出发，这其实与王夫之更为类似。见[清]尤侗：《看鉴偶评》，北京：中华书局，1992年，第260页。

③ [宋]苏辙：《苏辙集》，北京：中华书局，1990年，第1008页。

④ 胡寅在《读史管见》中就指出了这一点。

⑤ 《书陆子履贺复熙和诗后》，[元]袁桷：《袁桷集校注》，北京：中华书局，2012年，第2000页。

州事的评价，因有其本朝史背景而含有“资治”的自觉意识[1]，维州事也成了“活的历史”，被拿来证明“义利”作为政治原则的真理的普遍性。

在司马光等人的意识里，唐之维州即宋之边寨，李德裕以“利”为主的言论即王安石等“富国强兵”的主张，此时的新旧朋党置换了牛李朋党，司马光对历史上义利的分判夹杂了本朝的是非，赞同牛僧孺的主张实际上即是为司马光等人“弃地和戎”在理论上做出阐释，并试图以史为教。颇有意谓的是，《资治通鉴》中司马光为证成自己观点所举的“荀吴围鼓”的例子也出现在了元祐年间苏辙的奏议当中，而主张“贵义而不尚功，敦信而不求利”、驳斥“重利轻义”的言辞更是屡屡出现在当时旧党的奏议当中(《续资治通鉴长编》卷四百五十二，元祐五年庚午)。司马光等人始终主张，国家真正追求的是“义”，求“义”自然能带来“利”，而追求眼前的利可能导致不可胜言的“害”，这些都是先秦以降儒家普遍的观点。然而，一旦将逻辑正确的言论置于复杂的历史情景之中，抽象的“义利”具体化后，“义利”也就不像表面那么简单了。特别是，当义利、信义与夷夏等问题交织在一起时，不仅原理与历史间的复杂性得到凸显，原理与原理之间的张力也随之彰显。司马光等人认为唐朝守信放弃维州而换来唐蕃安宁，则宋朝坚持大义也可换来宋夏和平，但历史的真实走向却是西夏索取不断、宋夏进一步交恶[2]，“夷狄”似乎并未被“中华”的信义感化。

当原则落实到地上，司马光等人否定掉的“利”是否就是他们认为的“功利”，他们主张的“义”是否就是真正的“大义”？大义是否可以抽离历史绝对化？具体历史中的“义利之际”似乎是比“逻辑正确”的“义利之辨”更为复杂的问题。

三、事理与时势

南宋以降，司马光的观点依旧有洪迈等人支持[3]，但挑战者却越来越多，而这些挑战依旧与历史的“活化”有关。在对维州事的进一步评价中，“义利”被置于历史纵深，如何在活生生的历史中把握“义利”，也被进一步地逼显出来。

首先“发难”的是胡寅。在《读史管见》中，胡寅对司马光的批判，一方面还原维州事复杂的历史向度——这可以说是从具体的“势”出发；另一方面则在复杂的历史中具体分析何为信义、何为功利——这可以说是即“势”以明理。从“势”上，胡寅强调，维州“本唐之地，为吐蕃所侵”，牛僧孺“乃欲守区区之信”，是“举险要而弃

① 邓小南：《“忧患”与“资治”：司马光与他的时代》，《文史知识》2020年第2期，第10页。

② 参李华瑞：《宋夏关系史》，北京：中国人民大学出版社，2010年，第三章第四、第五节。

③ 《容斋随笔·续笔》卷五《崔常牛李》。

之”[1]，更进一步讲，如若守信是绝对的，那么是否可以假设“吐蕃据秦州、下凤翔而来讲好，亦将守信而不取乎”？“夺吾之地，而约吾以盟”相当于“要盟”，在孔子看来，这不能称为“信”。

可见，在胡寅看来，信与不信不能脱离具体的历史情态空谈。从“势”则可进一步明理，“信近于义而后言可复，取我故地，乃义所当为”，这里的义就不再是言辞上的，而是从“宜”出发作出的判别；而判断“宜”与否，就要深入历史纵深，把握行动的合理性。胡寅对“义”与否的判别，不是谋义而带来“利”的自然之利的模式。他认为，某些看起来是追求“利”的行动，实质上是符合“义”的。因此，牛僧孺所言为“小信”，而李德裕所讲才为“大义”，这就颠倒了司马光的判断。

当然，不可否认，胡寅的判断依旧带有“当代史”的背景，他之所以不能接受“弃祖宗之土宇”这样的行为，与宋金和战的背景有关。但相对于司马光，胡寅对维州事的分析多了些“克制”，即其本朝政治的处境并没有使其对过去的思考逾越历史“时势”，而能够即“势”去显理，使理与势发生交互作用。

胡寅对维州事的态度，张栻、朱熹亦有讨论。朱熹因编纂《通鉴纲目》，与张栻就史事褒贬多有讨论，维州事即是其中之一。乾道八年（1172 年），张栻为朱熹寄去《读史管见》，并谈及《通鉴纲目》编纂[2]；淳熙元年（1174 年），张栻与朱熹书信讨论对一些史事的评价，并直接询问“牛、李所争维州事，当如何处置？温公之说然否”[3]。朱熹于淳熙二年（1175 年）致书就此回答：

> 若维州事，则亦尝思之矣。唐与牛、李盖皆失之也。夫不知《春秋》之义而轻与戎盟，及其犯约攻围鲁州，又不能声罪致讨，绝其朝贡，至此乃欲效其失信叛盟之罪而受其叛臣，则其义有所不可矣。然还其地可也，缚送悉怛谋，使肆其残酷，则亦过矣。若论利害，则僧孺固为大言以恐文宗，如致堂之所论，而吐蕃卒不能因维州以为唐患，则德裕之计不行，亦未足为深恨也。计高明于此必有定论，幸并以见教。（牛论正而心则私，李计谲而心则正。）[4]

朱熹此时对牛、李二人的做法都不完全认同，他援引“《春秋》之义”，认为对待夷狄不能轻易缔盟，即便已经缔盟，但其违约就应讨伐，而不能迁就。而唐朝这些方面均没有做到，反而在吐蕃屡屡侵犯的情况下与之“盟”，在此情势下纳叛，自然是“理”“势”皆失。从现实情势来讲，他同意胡寅的判断，但又要调和司马光与胡寅

---

① ［宋］胡寅：《读史管见》，长沙：岳麓书社，2011 年，第 924 页。

② 任仁仁、顾宏义：《张栻师友门人往还书札汇编》，北京：中华书局，2018 年，第 252 页。

③ 《张栻师友门人往还书札汇编》，第 297 页。

④ 《张栻师友门人往还书札汇编》，第 299 页。

的说法，且其调和观点似与苏辙类似。这里特别值得注意的是，信末小字所讲“牛论正而心则私，李计谲而心则正”，此语当是化用《论语·宪问》“晋文公谲而不正，齐桓公正而不谲”而来。朱熹认为：从“话语”上来讲，牛僧孺符合正理，也就是符合儒家一般的原理，但动机却是“私”的；李德裕行动狡诈，但立心却无私而合正理。朱熹在理论上强调“以义为本”，注重行义而来的“自然之利”[①]，因此会同意牛僧孺所“言”，但在分析具体历史问题上，朱熹又坚持“理势合一”[②]，故他也未像司马光那样教条地对待道德原则，而强调对人物、事态的具体分析。按此，朱熹虽对二人皆采取批评的态度，但整体较倾向李德裕。更为重要的是，朱熹在具体事态中强调动机与话语的区分，认为判断一个行为不能只看表面话语正确与否，同时也要注重行动者的“动机”，这就颇有“原心定罪”的味道。但朱熹这里并没有进一步分析：以自私的动机高举正义会导致怎样的结果？内心无私而行动有缺陷是否完全不能接受？当然，朱熹更没有在此明确指出维州事到底如何处理才得宜。与胡寅相比，朱熹的看法“道德主义”味道更浓，因此会对牛李二人“双谴”，但朱熹的道德主义又不似司马光那样绝对且教条，其双谴也是从“理势合一”的角度做出的判断[③]。

《朱子语类》亦有朱熹对于此事的看法：

> 或问：“维州事，温公以德裕所言为利，僧孺所言为义，如何？”曰：“德裕所言虽以利害言，然意却全在为国；僧孺所言虽义，然意却全济其己私。且德裕既受其降矣，虽义有未安，也须别做置处。乃缚送悉怛谋，使之恣其杀戮，果何为也！”（升卿。）[④]

据《朱子语录姓氏》，此条为黄升卿辛亥年（1191 年，61 岁）所闻，这里朱熹所论与淳熙二年基本立场一致，但支持李德裕的态度更为明确，对牛僧孺的批评也更为直接——在李德裕已经受降的情况下，不能为一己之私打着正义的旗号，对归降者不做安排，而任其被杀戮。在他看来，义利并不在“所言”，而在“意”，而对“意”的“义利”的分判，则要看其最终的出发点是为国还是为私，不能像司马光那样只在乎言语表面的正义性。表面正义的言辞很有可能是为私利服务，“义”因而很可能成

① 参赵金刚：《朱熹的历史观》，北京：生活·读书·新知三联书店，2018 年，第十一章。

② 参《朱熹的历史观》第八章。

③ 张栻回信对朱熹的说法基本认同，但未展开论述。《南轩先生集补遗》收《黄氏日抄》卷三十九张栻直接评论此事之语，似可代表张栻的观点：

> 维州事，李德裕初固不当受，牛僧孺后所处亦非。彼悉怛谋，乃慕义而来，当先与吐蕃约以金帛赎其罪，然后归之。致堂读史论维州本中国地，德裕受之是。（[宋]张栻：《张栻集》，北京：中华书局，2015 年，第 1503 页。）此论基本与朱熹相似，亦有倾向李德裕的味道。

④ [宋]黎靖德编，王星贤点校：《朱子语类》，北京：中华书局，1986 年，第 3249 页。

为“利”的工具。《通鉴纲目》成，于维州事特将胡寅所论附于司马光评论之后，亦可见朱熹对此事的态度[①]。

由于朱熹对道德绝对性的强调，他对李德裕还是持一定的保留态度，在理与势之间，他更强调“以理导势”，但因为他同时引入了“势”的复杂性，因而得以使其理避免沦为“空理”。这也彰显了理学家在性理与时势之间思考的张力——理学家坚守道德原则，却不是将原则抽离于历史世界，只关注道理逻辑上的正确。正是由于历史世界的真实存在，让理学家的论“理”与现实发生了真切的互动，使此“理”的复杂维度得以揭示：“理”一方面具有对时势的批判能力，另一方面也在时势之中得以具体化。

四、夷夏与信义

朱子之外，陆九渊、刘克庄、丘浚、吕柟、王廷相等均对维州事有所评论，然最具代表性的则属王夫之《读通鉴论》对此事的分析。王夫之的分析更具纵深，兼顾了义利、朋党、夷狄、君子小人等问题。

在牛李朋党的大背景下，王夫之对于维州事，并未简单地“是牛非李”或“是李非牛”。站在“国家大计”的角度上，他反对“坚持偏见”，认为即使是君子，如果有偏见，依旧会引起朋党，最终导致国家覆亡。在这个角度下，他将李德裕与司马光并举，认为他们的一些做法（废免役、维州事）都属于君子“敛怨”而“妨国家大计”的行为。这其实已将历史事件的“义利”与具体的君子小人区分开来。

具体到维州事，王夫之首先批评司马光“据一时之可否，定千秋之是非”，认为这是“立言之大病”[②]，也即在王夫之看来，不能用特殊的当代处境来牵强历史原理，将一时的经验视作普遍的历史规律。其次，王夫之认为，司马光所强调的牛僧孺讲的“诚信”，实际上是“揭诚信以为标帜”，也就是在言辞上打着道德的旗号，站在道德制高点评判别人，这是“慑服天下之口而莫能辩”罢了，并不是诚信的本质。在此一问题上，王夫之认为诚信是“中国邦交之守”，也即是文明共同体内部的规则，并不适用于贻祸中国之时的夷狄，此时若对夷狄讲诚信，只是“养患”。当夷狄有功于中国时，可“以信绥之”，但夷狄“顺逆无恒”，终不能以信义感召。在王夫之那里，处夷狄始终是“大义”，而拘拘于对夷狄守信，则只是“匹夫之谅”。

---

① ［宋］朱熹：《通鉴纲目》，朱杰人等主编：《朱子全书》第 11 册，上海：上海古籍出版社；合肥：安徽教育出版社，第 2933-2934 页。

② ［清］王夫之：《读通鉴论》，北京：中华书局，1975 年，第 790 页。

王夫之也注重对“势”的分析，他详论历史形势，还原历史场景，在情景中讨论历史原理，而非抽象谈论某一问题。即使是谈论对夷狄应否守信，他也是从历史纵深观察中国与夷狄相处的总体情形。王夫之以为“夷狄聚则逆而散则顺，事理之必然者也”[①]，此一“事理之必然”正是他从历史总体中分析出来的。他指出，此时吐蕃已经处于弱势，“畏唐而求安”，已经不可能像牛僧孺所讲的那样，以维州事为借口侵略唐朝腹地；但是，如果吐蕃处于强势，那么无论再怎么恪守信义，吐蕃都会侵扰唐朝。那么从国家大计的角度看，维州的得失就关系唐蕃形势的损益。王夫之特别注意唐朝采纳牛僧孺之言招致的后果，即吐蕃即使处于弱势，也不会归附唐朝，因为吐蕃人看到了唐朝对所谓信义的坚守带来的惨烈结果，“知唐之不足与”，如此“诚信”，最终会对国家造成伤害。这里其实可以看到，王夫之与朱熹一样，对政治行动最终属义与否的判断都不落于言辞，而是以“国”之“公”利为重要评判维度，那么小人一定是不顾根本原则，假借所谓“义”来行个人的“私”的人。当然，王夫之相较于朱熹等人，更加突出“夷夏之大防”，这是他分析维州事的基本立足点。在王夫之看来，如果像司马光那样不加分析地就从言语上判断“僧孺所言者义也”，那么“周公之兼夷狄，孔子之作《春秋》，必非义而后可矣”[②]，而历史上那些背弃中国利益、侍奉夷狄的人（如石敬瑭）的行为也将被“允为君子”。

不能不说王夫之此论有感于明清之际独特的政治局势，相对于胡寅的“克制”，其激烈溢于言表。当他批评司马光“据一时之可否，定千秋之是非”时，他本人也或多或少陷入了类似的处境。只不过在当代史语境中，二人朝向了不同的基准点，并引出了完全不同的判断：司马光始终坚持信义的绝对性，而王夫之则坚持夷夏之大防的绝对性。而这两极的张力，恰恰展现了“义利之际”的复杂性。这使得我们在看待维州事的诸多评论者时，不能简单地“是此非彼”，在对历史事件进行评判时，也要防止简单的绝对化倾向。后世借维州事谈王夫之与司马光的差别时讲：

> 王船山《读通鉴论》与温公即有不合，亦时代为之耳。（观尚论古人者之言，亦宜先论其世，如唐代维州一事，李德裕以大义谋国事，牛僧孺用小信妨大计。温公乃以义利为辨，是牛非李，此殆惩章惇、种谔、徐禧等之开边构衅，冀以大义儆神宗，于当时事理实不合。凡若斯类，在读书者之心知其意。）[③]

不同的时代意识导致船山与温公之异，但究竟如何在一时与千古之间保持平衡，仍需要历史主体保持某种“觉醒”，一方面要知人论世，另一方面也要“知己”。

① 《读通鉴论》，第 792 页。
② 《读通鉴论》，第 792 页。
③ ［清］缪荃孙辑：《艺风堂杂钞》，北京：中华书局，2010 年，第 295 页。

五、余　论

近代之前，维州事被提及时，往往与当时独特的夷夏、朋党处境有关，上论诸人如此，清朝康熙时卓尔堪《遗民诗》中有《维州冤》一首更能集中展现出这些“意识”：

无忧城，祖宗地。尺寸土，安可弃。唐宰相，便私计。宋史臣，持腐议。朋党祸患虽一时，万世是非何可废，宋代君臣终斯志。燕云十六州，委弃无复意。偏安和议为国累，金元终得乘其弊，谋国之误宁无自。①

而当中国遭遇西方、进入近代，对维州事的看法则或多或少带上了“近代意识”。《全清散曲》收录有《感怀·从元人百种货郎旦格用长生殿弹词谱》：

割珠崖定策原非，阻内附维州还弃，赔香港援的是澳门旧例。②

这就将维州事与清朝割让香港联系起来。类似的比附也出现在林传甲、鲁一同、姚永朴等近代人物的作品中，维州事成了中国从天下转变为民族国家过程当中活的当代史。只不过随着近代学术方式的转换，维州事的评论在夷夏问题转化为民族国家问题之后会以怎样的姿态出现，并没有得到充分展现的机会。在面对民族国家之间的冲突时，究竟如何判定行动主体行动的义利/正义性，在当代政治哲学中以不同于中国古代的形态呈现，但维州事所揭示的义利之际的分判在当今政治哲学中依然有效：正义是否等于意识形态上的宣称？所谓的正义背后是否有为“国家理由”附着的“言辞”？③ 今天对义利之际的分判，可以克服夷夏、朋党等视域，但仍可借鉴维州事评论背后的“理势”维度，“即事以明理”。

历史上诸家对维州事的评论往往从不同的基准点出发，这就导致了评论的分歧，但这些分歧恰恰展现了“义利”问题的复杂性。从理论上我们往往容易细致地将义利之间的不同逻辑组合分析清楚，但一旦进入实际的历史事件中，具体的义利就难以分别，而历史行动主体背后的“历史意识”又会导致其对同样的事件做出完全不同的判断。这不得不使我们谨慎对待“义利之际”。更为复杂的是，行动主体对于自身的“历史意识”往往不自觉，而群体的历史意识又常会随着时势的转变而发生转化。这些在对维州事的评价上展现得较为充分。从“义利之辨”到“义利之际”，恰恰揭示了儒家原理与历史实践的复杂性关系。

---

① [清]卓尔堪编：《遗民诗》，上海：华东师范大学出版社，2013年，第580-581页。

② 谢伯阳、凌景埏编：《全清散曲》，济南：齐鲁书社，2006年，第1334页。

③ 参[日]丸山真男《福泽谕吉政治论的根基》第六节，收入丸山真男：《福泽谕吉与日本近代化》，北京：北京师范大学出版社，2017年；又参陈来：《儒家的政治思想与美德政治观》，《中国哲学史》2020年第1期。

董仲舒曾引孔子之言："我欲载之空言，不如见之于行事之深切著明也。"行事，即具体的历史情景。何谓空言？当把经义从历史中抽离，经义就可能成为无意义的正确，此之谓"空言"；当用经义不加分析地评判实践时，经义就成了教条，此亦是"空言"[①]；同样，把一切历史都相对为经验，拒绝原理，也是"空言"。儒家原理具有一定的批判功能，但绝不是脱离"行事"的教条。今天，我们更不能把儒家变为某种浪漫主义、理想主义的批判性理论，要避免把儒家原理"抽空"，进而"孤绝"于历史情态。我们应当从新的历史实践出发，深入具体的历史事实，以"源流互质"的方法[②]思索儒家思想的创造性转化与创新性发展，使儒家义理在当代"活化"。

---

① 魏源在谈论维州事时就特别批评"附会经义""托于六艺"的做法，参[清]魏源：《魏源集》，北京：中华书局，2009年，第51页。

② 参张志强：《如何理解中国及其现代》，《文化纵横》2014年第1期。

儒学原理的具体化
——读《〈春秋〉与“汉道”》

陈苏镇《〈春秋〉与“汉道”：两汉政治与政治文化研究》是其研究汉代政治文化成果的集中展现。从本书的前身，即陈苏镇老师于2000年完成的博士论文，到2001年出版的《汉代政治与〈春秋〉学》，再到本书的出版，作者对汉代“政治文化”的研究可以说前后持续了十几年之久。作者的心血积淀在本书的每一个问题当中，其论证之严谨、史料之翔实，亦是与这些年的集中研究分不开的。关于前作《汉代政治与〈春秋〉学》（以下简称“前作”），《哲学门》总第十五辑已有李鹏所写的一篇书评为其做了详细的介绍[①]，而关于本书的内容与思路，陈苏镇老师也在本书的《前言》和《结语》中做了概要性的说明。因此，本书评不再过多地介绍该书的具体细节，而是重点结合作者新增加的内容，论述笔者的一些感受和本书的一些特点。

一

阅读完本书，笔者的第一个感受是，作者是在“竭泽而渔”。

首先，在本书主题的指引下，作者可以说是“穷尽”了汉代历史研究的基本史料与文献。无论是传世文献还是出土文献，作者都加以重视。如作者本书第一章讨论“西汉再建帝业的道路——儒术兴起的历史背景”，其第三、第四两节讨论汉初的东方政策的补充和改动，主要利用的就是新出的《张家山汉墓竹简》。《张家山汉墓竹简》整理出版于2001年，在前作出版之后，可见作者在写作本书时，不仅扩充前作、添加东汉部分的论述，还对新近的材料做了较为深刻的研究，并在研究的基础上进行了一定的修改。在讨论“文帝前王国与汉法的关系”时，作者对《张家山汉墓竹简·秩律》所列近三百个县道地名逐一与《汉书·地理志》进行核对，可见其研究之细致。而本书的很多结论正是在这样细致的研究的基础上得出的。

其次，作者充分重视前人的研究成果、关注今人的相关研究。作者的研究不是“自说自话”式的逻辑的自我建构，而是在学术的继承与对话下展开的研究。对任

---

① 参赵敦华主编：《哲学门》总第十五辑，北京：北京大学出版社，2007年，第336-342页。

何具体问题进行研究时，作者都会顾及这一问题的研究历史与研究现状，对不同的说法进行厘清，分析不同的说法可能面临的问题。对于已有深入研究的观点，作者尽量标示出其“著作权”。对于一些不太认同的观点，作者也都给出客观的说明，并谨慎地表达出自己的观点，进行详细的论述，做到“小心求证”，而后“大胆假设”。如在第五章中，作者讨论了谶纬对汉代政治文化的影响，当讨论到谶纬“五德终始”说与刘歆《世经》“五德终始”说的先后问题时，作者经过对相关文献的分析，认为“《世经》的‘五德终始’说是在谶纬‘五德终始’说的基础上稍加修改而成的”[①]。但作者的论述并未止步于材料分析，而是紧接着又论述了历史上已有的几种关于该问题的代表观点，如康有为、崔适、顾颉刚、安居香山的说法，并对这些观点一一分析，进而再次表达自己的观点。显然，这种方式比起单纯的自我论述，更能展示出该问题在问题史上的位置，也可以为进一步的研究提供更高的起点。作者与当代学者的对话，比较明显地体现在作者对前作质疑的回应以及对自己观点的修正上。前作出版之后，对于作者的汉初东方王国“从俗而治”的观点，有学者提出书面或口头质疑。作者一一列举了他们的观点，予以回应，并“参考各位学者的意见在文字表述和分寸把握上做了调整”[②]，在本书中将观点表述为“由于诸侯王拥有一定立法权，王国法律中的这些内容肯定会有各自的特点，会在某些事务上体现诸侯王的个人意志，在某些方面服从于并服务于各国的实际需要，也会在一定程度上受到当地士人和文化的影响”[③]，比前作的表达更为严谨、清晰。

还有一点需要说明的是，作者虽然不是专业研究哲学史或观念史出身，但在相关问题上，作者材料解读的细腻性，阅读文献的广泛性、代表性，十分令人敬佩。如本书关于董仲舒思想的讨论，作者基本上都是从文献的细读出发，在文献逻辑紬绎的基础上，参考众多思想史学者的观点，细致地分析董仲舒思想中“三教”“四法”等概念，进而讨论其与汉代政治的实际关联，而不是不加分析地、以某种“前见”直接谈论某种思想的实际政治影响。在这种研究态度之下，作者反而能指出既成的对思想史观点的错误理解，避免了在既成前见之下“构造”联系。如作者指出，董仲舒“天不变道亦不变”的观点，“所云‘天’与‘道’之‘不变’都是相对的、有条件的，并无天永远不变、道也永远不变的意思。将其夸大为普遍原理，并用以概括董仲舒的宇宙观和历史观，是对该命题原意的严重曲解”[④]。类似这样的厘正在书中多有体现。无疑，这些厘正是建立在材料的细读与概念的细致分析的基础上的。

---

① 陈苏镇：《〈春秋〉与“汉道”：两汉政治与政治文化研究》，北京：中华书局，2011年，第444页。

② 《〈春秋〉与“汉道”》，第94页注③。

③ 《〈春秋〉与“汉道”》，第94页。

④ 《〈春秋〉与“汉道”》，第202页。

作者此种"竭泽而渔"的态度展现出一种细腻的学术研究"手艺",使作者的论述仿佛"钝刀割肉、元气淋漓"。本书的论述虽然跨两汉近四百年的历史,却不是粗线条的概述,而是通过细腻的"手艺",将问题集中在"政治文化"这一视角下,展示出材料细节处隐藏的"密码"。也正是这种态度,使本书区别于一般的"大叙述",超越了某种"走马观花""雾里看花"的粗鄙之文,使得两汉历史的这一面向变得"洞明"。或许"竭泽而渔"在学术研究的意义上并不是一个贬义词,而恰恰是一种应有的学术态度。在当下"快餐式"的出版与研究面前,作者的研究与研究态度更值得我们这些后生晚辈认真学习。

二

以上,笔者简要谈了对陈苏镇老师著述态度与方法的一点认识。下面,让我们着重分析本书的内容与思路。

作者在《引言》中指出,在汉代历史的演变过程中,"汉道"和《春秋》是两个重要概念。无论是儒生还是汉朝的统治者,都在持续不断地思考"汉道"的问题,而《春秋》学恰是汉朝统治者确定"汉道"的重要理论根据[①]。本书关注的就是《春秋》与"汉道"这两个交互的概念关联和交叉而产生的相关问题。

作者指出,秦朝结束了战国的分裂,在政治上实现了统一,并希望把秦法推行到东方各国,完成文化统一,但是由于东西区域文化的差异,尤其是楚俗与秦法的冲突,秦帝国迅速瓦解,其文化统一的历史使命没有完成。汉朝在实现政治统一之后,同样面临"拨乱反正"、实现文化统一的历史使命。汉初继承秦朝法治,而黄老无为之术则被用来抵消或缓解秦朝法治传统的负面影响。但是,随着汉法向东方各国的推行,与秦帝国推行法治相似的矛盾再次出现,在这样的背景下,儒术的兴起为汉帝国实现文化统一提供了出路。而在儒家思想内部,有"以德化民"和"以礼为治"两种不同的政治主张,汉武帝独尊儒术,采取的是以《公羊》家为代表的、主张"以德化民"的那一派儒家。在朝廷的提倡下,儒生获得了参与和改善政治的机会,儒家思想开始纳入"汉道"之中,东西文化的对立和冲突开始缓解。汉朝在这一时期也形成了"霸王道杂之"的政治模式。儒生们希望汉朝能够按照他们的设想施政,但他们在这一时期只是起到"缘饰"法律的辅助作用,政治主张并没有得到真正实施。在武帝朝,朝廷的重心在于"开边拓土",儒生们的主张没有得到实行。宣帝朝,《公羊》家受到排抑,《谷梁》家兴起。元帝朝以后,儒生们为了实现其主张,开启

① 《〈春秋〉与"汉道"》,第 2-3 页。

一场托古改制运动，但由于外戚、宦官的干扰，以及今文经学固有的弱点，元帝朝的改制并没有深入进行。历史在这一时期发挥了其创造性，身为外戚加儒生的王莽登上历史舞台，而由于以《左氏》学为代表的古文经学可以为托古改制提供具体的施政方案，古文经学因此成为正统学说。王莽以古文经学为指引，开始"制礼作乐"，使托古改制运动进入高潮，并最终取代汉朝建立新朝。但是，王莽的改革也以惨败告终。刘秀再造帝业，吸取了西汉的教训，基本上否定了西汉末年以来的改制运动，在学术上尊谶纬和《公羊》学。东汉定都洛阳，跳出了西汉以关中为本位的政治格局，进一步摆脱了法治传统的束缚，士大夫按照《公羊》家"以德化民"的主张认真实行教化。但是，由于东汉豪族社会引发的吏治苛酷问题，以及外戚、宦官专权引发的政治腐败，"以德化民"说再次遭到挑战，民间太平道和五斗米道一度崛起。在这个时候，士大夫再次寻找儒家政治面对新的政治格局可能有的新的思路。由于东汉儒生今古文两派在注重忠孝等道德信条和实践这些信条上并无本质分歧，而古文经学相比于今文经学又有其优势，他们可以提供新王朝制礼作乐前如何具体教化人民的措施，可以弥补今文经学"以德化民"说最薄弱的一点，因此历史选择了古文经学。郑玄的政治思想正是在这一背景下产生的。

表面上看，本书可以分为两个部分，一部分关注西汉的"政治文化"，一部分关注东汉的"政治文化"，但是，"政治文化"这一议题又自然地把这两个历史时期连接在一起，使两个历史时期有机地结合起来，西汉末期的"托古改制"和王莽改革既是西汉政治文化运动的终点，也是东汉政治文化运动的起点。可以说，从政治文化的视角审视汉代政治的演进，是作者的主要思路和关注点。作者在这一点上具有一贯性[①]。

作者认为，"中国古代政治和政治文化的发展，是个一环接一环逐步深入的过程，其中每一环都有一个为当时人们普遍关注和共同探讨的核心问题"[②]。我们可以看到，在作者整个论述的思路与逻辑当中，政治思想与政治实践的互动始终是问题的核心，"政治文化"是作者的关注所在。通过对"政治文化"的关注，作者将思想的展开放置于历史的"形势"之下，摆脱了单纯的逻辑的孤悬或制度的冰冷。汉代哲学研究中，作者们往往更关心观念的分析，政治则成为某种背景性的东西，似乎可以被抽离，而不构成思想发展的有机环节。一般的政治史研究则把思想当成"点缀"，作者们更关心的是制度的实际运作与体系。祝总斌先生在前作的《序言》中已经指出了这些问题。本书的两条线索使其有一种"交错"感，政治史与政治思想史

---

① 关于这一部分对本书具体逻辑环节的概括，请参考本书《结语》部分，第 615-617 页。

② 《〈春秋〉与"汉道"》，第 617 页。

有机地穿插在一起：政治史面临的问题刺激、引发了当时知识分子的思考，而这些思考又以某种形式进入到政治的实际进程之中。

作者的叙述看起来似乎存在一种"刺激—反应"的模式，有一种行文演绎的精巧，就像黑格尔在《历史哲学》中构造的那样，似乎赋予了历史很强的逻辑感。但是，这种精巧、这种表面上的模式与历史的逻辑感，并不是作者内心当中的"主观历史"构造出来的，也不是指向某个终极目标的单纯的哲学观念的演绎，而是作者回到当时的历史语境，还原当时的历史问题，从对材料的解读与分析中自然得到的一种"描述"。作者在叙述中并没有引入某种"目的论"，而是始终秉有一名历史研究者应有的"客观"，我们从第一部分的本书特点中也可以看出这一点。因此，在这个意义上，本书既不是"剪刀加浆糊"式的史料堆砌，也不是"六经注我"般的"拿历史说事儿"。作者是在用自己的史学素养，对有限的材料进行最大的挖掘，努力回到当时的历史语境中，在现在用"思想"重演过去。

三

面对这本书，总有一个"阴影"在笔者面前挥之不去，这就是余英时先生的《朱熹的历史世界》。之所以会如此，一方面是由于余先生的书掀起的轩然大波以及该书的巨大影响，一方面更是由于两书都采用了"政治文化"的研究视角。

作者将政治文化理解为"政治生活的软环境"，"一个民族在特定时期和特定环境中形成的群体政治心态"[①]，这与余英时先生"欲通过对历史世界的叙述，凸显出朱熹的政治关切、政治主张、政治理想，……凸显朱熹的政治文化观念，进而呈现当时士大夫群体的政治文化"[②]有相近之处。政治文化研究关注的是政治史与政治思想的互动，而并不仅仅是简单的两条线索。余英时先生在其《自序》中说，"本书是关于宋代文化史与政治史的综合研究，尤其注重二者之间的互动关系"，陈来先生指出，"文化史即指宋代理学的发展和变化，政治史则着意于权力世界的结构和运作，互动即二者的纠结关联"。这些换成本书关注的时代和问题，同样适用。我们可以看到，《〈春秋〉与"汉道"》一书，关注的恰是以《春秋》学为代表的汉代儒学与汉代政治的互动。本书讨论了《春秋》学内部不同流派的发展和变化，讨论了从秦到汉、从西汉到东汉的权力结构、运作，也深入探讨了两者之间的相互影响。事业

---

① 关于这一部分对本书具体逻辑环节的概括，请参考本书《引言》部分，第5页。

② 陈来：《从"思想世界"到"历史世界"——余英时〈朱熹的历史世界〉述评》，《二十一世纪》2003年10月号。

虽大,但始终以"政治文化"为中枢,整个著作的论述都不脱离这一事业,因此已经不是一般意义上的疏略的大叙事了。

还需要看到的是,余英时先生是"要把理学重新'放回'宋代儒学的整体来理解,而不是把理学从儒学中'抽离'出来,只研究其特色"[①]。陈苏镇老师的书看似与余英时先生的书有所不同,因为作者"抽离"出汉代思想中《春秋》学这一重要内容,而不是关注汉代儒学的方方面面。但是,作者的"抽离"也不仅仅是为了研究汉代《春秋》学的特色,而是同样把思想置于运动的历史进程之中。作者指出,汉儒有"以德化民"和"以礼为治"两种政治主张,而"在汉代儒家经典中,《春秋》拥有特殊地位,可谓经典中的经典。《春秋》三传之争是汉儒两派之争的主要表现形式,三传的兴衰则每每与朝廷政策的重大转折相关联"[②]。这样,作者的"抽离"就使问题更为集中,更能够清晰地展现两汉政治文化中政治思想与政治实践的互动,而不至于陷入"漫无边际"、泛泛而论的危险之中。在这个意义上,余著与陈著可以说有异曲同工之处。

人们一般把儒学分为"内圣"和"外王"两部分,"政治文化在传统儒学中不属于'内圣'而属于'外王'"[③],余英时先生主要关注"外王",在其著作中对道学文献做了很多"政治解读"。我们在本书中也可以看到,作者同样有很多对文献的深刻的"政治解读",如在新增内容中对郑玄政治思想的阐释。作者指出,关于郑玄是否对汉末经学政治理论的发展起了推动作用,学界存在截然不同的看法,而作者本人倾向于认为郑玄在注经中包含了他对现实政治的态度,而不仅仅是"纯学术"[④]。在这个视角下,作者对《诗谱序》和郑玄礼学文献进行了相关分析,从文本自身出发,梳理出其中包含的政治思想。

然而,陈苏镇老师的著作不仅对汉代思想文献进行了政治解读;由于汉代思想研究本身的一些不足,作者进而深入"内圣"领域,对思想逻辑进行了整全的分析,并对相关思想史问题进行了专题探讨。前文已经指出,作者在讨论董仲舒的政治思想时,专门加入了讨论董仲舒"天道"思想的部分,厘清了关于董仲舒思想的一些误解。作者类似的分析和解释还有很多。正如对董仲舒的"天道"的解释所体现出来的,作者对思想文献的解读建立在文本细读的基础之上,因而是从文本内部说

---

① 陈来:《从"思想世界"到"历史世界"——余英时〈朱熹的历史世界〉述评》,《二十一世纪》2003年10月号。

② 参《〈春秋〉与"汉道"》之《引言》,第1、3页。

③ 陈来:《从"思想世界"到"历史世界"——余英时〈朱熹的历史世界〉述评》,《二十一世纪》2003年10月号。

④ 《〈春秋〉与"汉道"》,第595页。

话，而不是在文本的“外围”，“外在”地观察文本。陈苏镇老师的著作，在“内圣”领域，对一般的“政治文化”研究著作的超越是显而易见的。

在笔者看来，历史研究者如何进入思想文献的内在逻辑，与哲学研究者如何进入思想文献“活”的历史语境，是目前历史学研究者和哲学研究者需要共同探讨的一个问题，双方在某种意义上需要互相借鉴，而陈苏镇老师的这本书，在这方面是有积极意义的。该书不仅关注到了历史学领域所关注的问题，同时也对思想史内部概念的内在逻辑有深刻的把握。自前作出版以来，就有不少哲学界的学者对陈苏镇老师的研究产生了兴趣，并组织了一定的研读和讨论，可见本书的成果，不仅仅是单纯的历史学的对某一具体问题的“解决”，更是提供了一种思路和研究视野。

四

本书的第六章《豪族社会对东汉政治和政治文化的影响》的全部内容都是新增的。这一部分着力分析了东汉豪族与东汉吏治之间的关系，分析了以外戚为代表的豪族与皇权的互动，并进而叙述了世家大族的崛起和儒家经学的发展。这一章承接、延续政治文化的思路，叙述“政治生活的软环境”。但是这一部分，尤其是这一章的前两节，呈现出了与前文不太一致的“倾向”。其与纯思想的关系似乎没有前几章结合得那么紧密，尤其是经学与政治的关系、经学与世家大族——这一东汉代表性政治群体——的关系，也不像前面几章论述得那么具体，政治似乎仅仅构成了一个经学展开的背景，而不是参与者。这点似乎可以从郑玄与政治的距离当中看出来。作者在本章重点阐释的是东汉经学的代表——郑玄的思想，而没有选择具有双重身份——经学家与世家大族成员——的人物，例如东汉荀氏家族的成员，进行重点研究。前文所具有的独特的“张力”，在这一新增部分似乎有所减弱。

当然，考虑到郑玄的独特身份和影响，如果放在作者自己关心的问题视野之下，放在作者对于政治文化的理解之下，这点也不构成问题，因为这一章关注的是世家大族这一政治群体对于东汉政治以及相应政治思想的影响，而着力厘清“世家大族”身上的一些问题就可能成为研究的核心。

此外，作者在《引言》中特别强调，“‘政治学说’、‘政治思想’、‘政治哲学’等，属于学者或政治精英：‘政治文化’则属于‘群体’、‘社会’或‘民族’，其中不仅包括‘精英’，也包括‘大众’”[①]。我们可以看到，本书重点刻画诸多“群体”的意识以及其在政治当中的表现，对谶纬和太平道的叙述，更是涉及了一般精英层以外的社会

---

① 《〈春秋〉与“汉道”》，第5页。

群体的思想。但是，我们也不难看出，本书涉及的大部分政治思想还是属于学者和政治精英的“大传统”，而“大众”的“小传统”所占的比重则较少。这点我们不能苛责作者，因为现有史料留下的更多的是“大传统”的内容。在这点上，如何突破史料“瓶颈”，利用有限的史料更广泛地揭示群体心理、揭示群体与政治之间的互动，则成为一个新的挑战。或许“小传统”与政治制度、精英政治思想的互动可以成为政治文化研究当中的一个新热点。

最后，我们应该对陈苏镇老师有更多的期待，在本书的结尾，他重点阐释了郑玄的政治思想。但是，郑玄不仅属于汉代，正如作者指出的那样，郑玄不仅完成了某种思想总结，而且汉魏之际儒术发生的变化，也与郑玄礼学的影响有关，郑玄的思想更是为玄学的形成和发展预留了空间[①]。我们有理由期待陈苏镇老师会沿着郑玄所留下的空间，在一个新的领域有所创见。

---

① 《〈春秋〉与“汉道”》，第613页。

从“有贬无褒”到“《春秋》尊王”
——孙复《春秋尊王发微》的思想与注释手法

一、引言：从评价看《春秋尊王发微》之特点

胡瑗、孙复、石介在思想史上被称为“宋初三先生”，其思想对宋学的展开具有深刻意义。胡瑗的主要思想体现在《周易口义》当中，而孙复的主要思想则体现在其《春秋》学著作《春秋尊王发微》当中。

关于《春秋尊王发微》，后世评价褒贬不一，兹引几家典型评论，以作分析。

首先是孙复稍后的学者欧阳修的评价，欧阳修言：

> 先生治《春秋》，不惑传注，不为曲说以乱经。其言简易，明于诸侯大夫功罪，以考时之盛衰，而推见王道之治乱，得于经之本义为多。①

在欧阳修看来，孙复的著作能够不被以往的《春秋》传注迷惑（这主要指“《春秋》三传”及其注疏），不似以往的著作那样曲说而破坏经书所要传达的原意，而是能够透过经文本身来揭示圣人所要传达的“王道”。欧阳修的评价对孙复褒扬颇多，但也不是没有根据。首先，在“不惑传注”这点上，孙复本人有自己的解释和说明，孙复在《寄范天章书二》中言：

> 专主王弼、韩康伯之说而求于大《易》，吾未见其能尽于大易者也。专守《左氏》、《公羊》、《穀梁》、杜预、何休、范宁之说而求于《春秋》，吾未见其能尽于《春秋》者也。专守毛苌、郑康成之说而求于《诗》，吾未见其能尽于《诗》者也。专守孔安国之说而求于《书》，吾未见其能尽于书者也。彼数子之说既不能尽于圣人之经，而可藏于太学，行于天下哉，又后之作疏者，无所发明，但委曲踵于旧之注说而已。②

可见在孙复看来，不仅要在《春秋》学上摆脱前人的束缚，在经学的方方面面都要如此，都要直接透过经文，直达圣人之意。在这点上，孙复直接继承唐代“啖赵学派”

---

① [清]黄宗羲原本，[清]全祖望补修：《宋元学案》第一册，北京：中华书局，1986 年，第 101 页。

② [宋]孙复：《寄范天章书二》，《孙明复小集》，文渊阁四库全书本。

的方法，“尽弃三传”[①]，依托经文展开思想叙述，皮锡瑞在《经学历史》当中对其有明确的说明[②]。其次，欧阳修认为孙复著作的内容在于明诸侯大夫功罪、考时之盛衰、推见王道治乱，这也是符合《春秋尊王发微》一书的主旨的。至于“不为曲说乱经”“得于经之本义为多”这样的评论，宋人亦有不少类似的评价，例如朱子在评价孙复时言：

> 近时言《春秋》者，皆是计较利害，大义却不曾见。如唐之陆淳，本朝孙明复之徒，他虽未能深于圣经，然观其推言治道，凛凛然可畏，终是得圣人个意思。[③]

在朱子看来，孙复的研究虽然算不上十分深入，但还是“终得圣人意思”，得到了经文的本义。

对于这样的评价，亦有不少反对者，其中尤以《四库提要》的评价为代表，《提要》言：

> 复之论，上祖陆淳，而下开胡安国，谓《春秋》有贬无褒，大抵以深刻为主。晁公武《读书志》载常秩之言曰：“明复为《春秋》，犹商鞅之法，弃灰于道者有刑，步过六尺者有诛。”盖笃论也。而宋代诸儒，喜为苛议，顾相与推之，沿波不返，遂使孔庭笔削变为罗织之经。夫知《春秋》者莫如孟子，不过曰“《春秋》成而乱臣贼子惧”耳。使二百四十二年中无人非乱臣贼子，则复之说当矣。如不尽乱臣贼子，则圣人亦必有所节取。亦何至由天王以及诸侯、大夫无一人一事不加诛绝者乎？过于深求而反失《春秋》之本旨者，实自复始。虽其间辨名分，别嫌疑，于兴亡治乱之机亦时有所发明。统而核之，究所谓功不补患者也。以后来说《春秋》者，深文锻炼之学大抵用此书为根柢，故特录存之，以著履霜之渐，而具论其得失如右。[④]

《提要》的评价，整体上以否定为主，将其作为“反面教材”留在“四库”当中的。

---

① 在这里需要说明的是，孙复的尽弃三传，并不是要完全抛弃三传，而是不主三传的一家，对三传有所辨析，有些地方接受某一家之解释，有些地方则以己意做新的解释。如《春秋尊王发微》卷五“犹三望”注，孙复分析了各家不同的解释后，选择了《公羊》的解释，而卷六“宋人杀其大夫司马，宋司城来奔”注则认为各家解释“于义皆所未安”。林毓婷在《〈春秋尊王发微〉研究》指出，孙复“尽弃三传”，实际上打开了《春秋》解释新的可能（台北，《“国研所”集刊第四十七号》2003年6月，第298页）。孙复的“尽弃三传”还体现在他对经文的独特判断上，孙复并没有随意接受任意一家所提供的经文，在他看来，经文流传久远，有脱漏之处，这些影响了对经文的判断。如卷三孙复直言“此言‘我师败绩’者，羡文，盖后人传授妄有所增尔”。

② [清]皮锡瑞：《经学历史》，北京：中华书局，1959年，第250页。

③ [宋]黎靖德编：《朱子语类》第六册，北京：中华书局，1986年，第2174页。

④ [宋]孙复：《春秋尊王发微》，《提要》，摛藻堂《四库全书荟要》本。孙复《春秋尊王发微》流传版本较少，较为流行的是“四库”本，然而“四库”本对于该书删改较多，尤其是在“攘夷”的内容上。本文所采用的是摛藻堂《四库全书荟要》本，该本基本保留了孙复著作的基本面貌。

在"四库"馆臣看来，孙复之著作"过于深求"，反而失去了《春秋》的本旨。而这"过于深求"则体现在其注经"有贬无褒"的"深刻"态度上，孙复上至天子，下至诸侯大度，无一人无一事不加以"苛责"，其著作仿佛商鞅之法，使孔门"圣经"变为罗织罪名之书。

客观上讲，《提要》的评价还是抓住了《春秋尊王发微》的一些主要特点的。从注经手法来看，孙复的确可以看作"有贬无褒"，且"打击面"极广。孙复虽不是绝对地认为《春秋》全都是"贬"，但是所褒者少之又少，其使用"贬""恶""甚""疾"要远远多于"进""善""与"，并且，很多"进""善""与"，也只是"几进""几善"而已。即便有时候有"善"这样的评价，也伴随着另一面的"伤""贬"。如卷七"冬十月楚人杀陈夏徵舒"注，孙复言：

> 此楚子杀陈夏徵舒也，其言楚人者，与楚讨也。陈夏徵舒弑其君，天子不能诛，诸侯不能讨，而楚人能之，故孔子与楚讨也。孔子与楚讨者，伤中国无人丧乱凌迟之甚也。[①]

在这里，楚庄王杀夏徵舒，而《春秋》经文不言"楚子"而言"楚人"，在孙复看来，是孔子表彰楚庄王能够讨伐乱臣贼子。在这个意义上，孙复认为夷狄能按照礼乐行事则可以进之。但是，孔子表彰的同时却是伤感中国"丧乱凌迟"，讽刺天子与诸侯的失职。

"有贬无褒"之"深刻"的另一个体现是，孙复大量使用"交讥""三讥"，即在一段注释中经常批评不同地位的对象，有时甚至批评事件当中出现的每一个人物。如卷二"宋人执郑祭仲，突归于郑，郑忽出奔卫"注言：

> 宋人，宋公也。宋公执人权臣，废嫡立庶，以乱于郑，故夺其爵。祭仲字者，天子命大夫也。突，忽庶弟。突不正，归于郑无恶文者，恶在祭仲，为郑大臣不能死难，听宋偪胁，逐忽立突，恶之大者。况是时忽位既定，以郑之众，宋虽无道，亦未能毕制命于郑，仲能竭其忠力以距于宋，则忽安有见逐失国之事哉？故《扬之水》闵忽之无忠臣良士，终以死亡者，谓此也。嗣子既葬称子，郑庄既葬，忽不称子者，恶忽不能嗣先君，未逾年失国也，故参讥之。[②]

在此段当中，孙复讥宋公、祭仲、忽（郑昭公），突（郑厉公）也被直指"不正"，本来在这一事件当中最无辜之昭公，亦被孙复视为"不能嗣先君"而恶之。我们知道，《公羊传》在解释这一事件时谈到了"经权"问题，"经权"是《春秋》学乃至儒家的一

---

① 《春秋尊王发微》卷七。

② 《春秋尊王发微》卷二。

个重要问题，儒家强调“守经达权”，对经权之定义与适用多有讨论。而孙复则在此采取“废权”的态度，即取消了“权”的向度，完全从“经”的角度对人物事件进行臧否。此事件亦非其“废权”之孤证，《春秋尊王发微》中多有“废权”的体现[①]。这也可以看作孙复“深刻”的一面。

孙复之“深刻”还体现在细枝末节之事亦诛，即本来一些无关紧要或很细微的事件，甚至一些经文中看起来没有明显态度的地方，孙复都要分析出“诛”的一面。如，卷三“夏公追戎于济西”注言：

> 案：僖二十六年，齐人侵我西鄙，公追齐师至于酅，弗及，先言侵，而后言追。此不言侵伐者，明不觉其来，已去而追之也。书者，讥内无戎备。[②]

前代多褒僖公，或不作注释，而孙复则“寻根溯源”更进一步，不放过“贬”的机会，把这场“胜利”解释为讥讽鲁国内无守备。

亦如《提要》所言，孙复注《春秋》往往就像判案，如卷九“晋栾盈复入于晋，入于曲沃”注言：

> 此栾盈以曲沃之甲入晋，败而奔曲沃也。经言“栾盈复入于晋，入于曲沃”者，栾盈复入于晋，犯君当诛，曲沃大夫不可纳也，入于曲沃，明曲沃大夫纳之，当坐。[③]

孙复在这个地方甚至直接给出了判词，“当坐”，面对《春秋》多记录之历史事件，就像面对卷宗一样。

通过上述这些例子，我们可以看出孙复“有贬无褒”的“深刻”与“苛责”。在这个意义上，《四库提要》的把握还是比较到位的。《提要》对孙复的“有贬无褒”进行了反驳，这一反驳主要是引用《孟子》，并认为孙复“有贬无褒”若能成立，其前提是“二百四十二年中无人非乱臣贼子”。《提要》自然不能接受这一前提。

但问题在于孙复是否有这样一个前提，或者说，孙复是否认为经文中记述之内容都是“乱臣贼子”的行为。其实这也引申出另外一个问题，即孙复采用的“有贬无褒”的注释手法是否与他的思想内容有所关联，还是说，这一手法只是因其性格上喜“苛责”而采用？是否只是手法自手法、思想自思想？《提要》并没有对这点进行

---

① 孙复之“废权”似亦有不一致的地方，如在《尧权论》（见《孙明复小集》）当中，强调尧让位于舜的过程中体现的“权”。但似乎也可以这样解释，在孙复看来并不是人人都有能力“行权”，只有圣人才能够把握好“权”，一般人对权的滥用，反倒会“坏经”。但是，关于孙复对“权”的总体看法，还需要进一步分析和讨论其含义。

② 《春秋尊王发微》卷三。

③ 《春秋尊王发微》卷九。

解释，褒扬孙复之欧阳修与朱子也没有进一步说明，笔者接触到的评价当中对这一问题有所涉及的是北宋的王得臣，王得臣评价孙复言：

泰山著《春秋尊王发微》，以为凡经所书，皆变古乱常则书，故曰“《春秋》无褒”，盖与谷梁子所谓“常事不书”之义同。[1]

在王得臣看来，孙复之所以认为“有贬无褒”，恰恰是由于其对于经书所书的内容有一个基本判断，即经书所书均为“变古乱常”之事。在笔者看来，王得臣的理解是十分恰当的。那么，还有些问题有待我们解释，即孙复的这一基本判断以及他采用的基本解释手法，是否与《春秋尊王发微》的主旨“尊王”有关，以及孙复思想之整体，是否有“一以贯之”的主线贯穿。这有待于我们回到孙复的文本，对其思想进行细致的把握。如此，才有可能得到合适的答案。

二、“天下无王”：孙复对“春秋”时代之基本判断

王得臣已经提示我们，孙复使用“有贬无褒”的注释手法，是与其对经书所书的内容的判断相关联的。在《春秋尊王发微》当中，孙复对“春秋”这一特殊时代有着详细的分析和判断，也有着自己的独特说明。在他看来，春秋二百四十二年的一个首要特征就是“天下无王”，并且其一系列思想都以“天下无王”为出发点。

（一）天下无王

在孙复那里，“天下无王”主要体现在三个方面，即无圣王、王不王、无王法。在全书之开篇，即“元年春王正月”的注释中，孙复就言道：

孔子之作《春秋》也，以“**天下无王**”而作也，非为隐公而作也。然则《春秋》之始于隐公者非他，以平王之所终也。何者？昔者幽王遇祸，平王东迁，**平既不王**，周道绝矣。观夫东迁之后，周室微弱，诸侯强大，朝覲之礼不修，贡赋之职不奉，号令之无所束，赏罚之无所加，坏法易纪者有之，变礼乱乐者有之，弑君戕父者有之，攘国窃号者有之，征伐四出，荡然莫禁，天下之政、中国之事皆诸侯分裂之。平王庸暗，历孝逾惠莫能中兴，播荡陵迟，逮隐而死。夫生犹有可待也，死则何所为哉？故《诗》自《黍离》而降，《书》自《文侯之命》而绝，《春秋》自隐公而始也。《诗》自《黍离》而降者，天下无复有《雅》也；《书》自《文侯之命》而绝者，天下无复有诰命也；《春秋》自隐公而始者，天下无复有王也。

---

① 《宋元学案》第一册，第101页。

> 夫欲治其末者，必先端其本，严其终者，必先正其始。元年书王，所以端本也，正月，所以正始也。其本既端，其始既正，然后以“大中之法”从而诛赏之，故曰“元年春王正月”也。隐公曷为不书即位？正也。五等之制虽曰继世，而皆请于天子。隐公承惠，天子命也，故不书即位，以见正焉。①

在孙复看来，孔子之所以要作《春秋》，其前提就是“天下无王”。孔子因之而作《春秋》，与他删述《诗经》《尚书》的基本精神是一致的，即描述这个“无雅”“无诰命”“无王”的特殊时代。为何说“春秋”时代“天下无王”呢？周天子不依然是名义上的天下共主吗？其实，在孙复看来，那个居于天子之位的周天子只是有其位而已，并没有按照“王道”振兴“周道”。因此，平王虽居于王位，却“不王”，此“不王”不是没有王位，而是“不能行王道”。天下无王首先就是居于王位之人不行王道，即“王不王”。《春秋尊王发微》直接叙述周天子不能按照礼乐行事而非礼的地方很多，这些地方都可以看作“王不王”的体现。

如，卷一“天王使宰咺来归惠公仲子之赗”注言：

> 天王使宰咺来归惠公仲子之赗，非礼也。②

又如，卷六“天王使叔服来会葬”注言：

> 诸侯五月而葬，僖公薨至此三月，天王使叔服来会葬，非礼也。③

而“王不王”在孙复看来就是王不行“王道”，进而春秋这个时代所表现出的天下无王的一个特征就是“无王法”。关于“无王法”，上引隐公“元年春王正月”之注体现得很明确，即“礼乐征伐自诸侯出”“自大夫出”“陪臣执国命”等乱象丛生，子弑父、臣弑君，礼乐不兴、刑法不中。在孙复看来，缺失的王法即“大中之法”，要想结束春秋之乱象，就要重新振兴“大中之法”，“端本正始”④。而行“大中之法”，“端本正始”，依赖的则是“圣王”，但春秋这个时代，恰恰是“无圣王”的时代。孙复在多处强调春秋这个时代“无圣王”，如卷二“秋大水”注言：

> 春秋之世多灾异者，圣王不作故也。⑤

在孙复看来，春秋这个时代之所以有如此之多的灾异，其原因恰恰是“无圣王”。

---

① 《春秋尊王发微》卷一。

② 《春秋尊王发微》卷一。

③ 《春秋尊王发微》卷六。

④ “大中之法”即孙复所强调之王法，其具体指向和内容，后文会论及。

⑤ 《春秋尊王发微》卷二。

又如，卷三“败蔡师于莘，以蔡侯献舞归”注言：

> 荆为中国患也久矣，自方叔薄伐之，后入春秋，肆祸复甚，圣王不作故也。[①]

同时，“蛮夷滑夏”亦是由于“圣王不作”。

（二）尊王之实质

从孙复对“天下无王”的叙述中，我们可以看出孙复“春秋尊王”所要尊的“王”具体指什么。赵伯雄先生在《春秋学史》中认为：

> 孙复此书的主旨，实际上已经尽见于书名。“尊王”本来就是《春秋》的大义，汉人的著作中已经对此多有阐发，不过还没有把此义推到最重要的位置。孙复则把“尊王”突出到了《春秋》大义的首位，似乎《春秋》从头到尾每一字每一句都贯彻着尊王的精神，他所说的“尊王”，当然是指尊天子，用今天的话来说，应当就是对中央集权体制的强调与维护。[②]

我们可以从《春秋尊王发微》中看到孙复对王以及王的权威的尊，尊王甚至连带着尊王后、王世子、王之大臣，以至于“王人”。但是，我们也应该看到，孙复虽然尊王，但是在批评诸侯的时候，也直接批评天王，把天王不能够按照礼乐行事看成是“天下无王”、天下混乱的重要原因。

孙复真正要尊的王，并不是空有其“位”的周天子，而是能够行“王道”、兴“王法”的圣王。虽然在君臣问题上，孙复多站在有位的王的立场上批评诸侯、大夫，但这一批评也是以“王法”规定的秩序为依据，而不是以单纯的“位”为依据的。有位的王若不能行“王道”，孙复亦是无情地予以批评，“讥”“恶”这样的字眼也常使用在天子身上。孙复的尊王并不能用一般的所谓专制主义尊君来解释。他的“尊王”所强调的是一个有秩序的世界，尊王，是因为“王”这个“位”背后关涉的是“人道”。在卷二“十年春王正月”注中，孙复言：

> 此年书王者，王无十年不书也。十年无王，则人道灭矣。[③]

孙复尊王，但他更强调这个王“位”背后的“道”，强调这个“位”关涉的职责。这点后文将详细论述。

---

① 《春秋尊王发微》卷三。

② 赵伯雄：《春秋学史》，济南：山东教育出版社，2004 年，第 427-428 页。

③ 《春秋尊王发微》卷二。

（三）无王之后果

上述两个材料已经将我们引向另外一个问题，即孙复对春秋时代"天下无王"的后果的描述。在孙复看来，"天下无王"的后果体现在各个方面，而其所"讥"所"恶"常能体现出这些后果。

首先是内政上。这点又可分为政治行为与社会风俗德行两方面。上引"元年春王正月"注所言之乱象就是政治行为上无王之后果的体现。"天下无王"不仅导致政治上的混乱，还导致风俗的败坏、德行的缺失。如，孙复在卷一"三月公及邾仪父盟于蔑"注言：

> 盟者，乱世之事。故圣王在上，阒无闻焉。斯盖周道陵迟，众心离贰，忠信殆绝，谲诈交作，于是列国相与，始有歃血要言之事尔。凡书盟者，皆恶之也。[①]

在孙复看来，圣王在上，则社会之风俗较厚。然而春秋时天下无王，因此导致天下德行败坏、风俗偷薄，正是由于没有忠信之德，才会有歃血为盟之事。

其次在外交上。前引材料已经体现出，孙复认为，圣王不作才导致"蛮夷滑夏"，乱华者不仅有荆楚，在孙复看来，"圣王不作，诸戎乱华"[②]。

同时，在孙复看来，内政与外交上的乱象，随着春秋二百四十二年的历程，"每况愈下"，可以说"天下日乱，礼乐日坏"[③]，"夷狄日炽，中国日微"[④]。

"西狩获麟"的注释可以体现出孙复对这整个时代的理解，孙复言：

> 狩未有言其所获者，此言"西狩获麟"何也？伤之也，孔子伤麟之见获与？孔子伤圣王不作，圣道遂绝，非伤麟之见获也。然则曷为绝笔于此？前此犹可言也，后此不可言也。天子失政自东迁始，诸侯失政自会溴梁始，故自隐公至于溴梁之会，天下之政、中国之事皆诸侯分裂之。自溴梁之会至于申之会，天下之政、中国之事，皆大夫专执之。自申之会至于获麟，天下之政、会盟征伐，皆吴楚迭制之。圣王宪度、礼乐衣冠、遗风旧政，盖扫地矣。周道沦胥，逮此而尽。前此犹可言者，黄池之会晋鲁在焉。后此不可言者，诸侯泯泯，制命在吴，无复天子会盟征伐之事也。是故春秋尊天子、褒齐晋，褒齐晋所以贬吴楚也。尊天子所以黜诸侯也。尊天子、黜诸侯始于隐公是也。褒齐晋、贬吴楚终于获

---

① 《春秋尊王发微》卷一。

② 《春秋尊王发微》卷一。

③ 《春秋尊王发微》卷三作"天下日乱，婚礼日坏"，按照孙复的思想，"婚礼日坏"只是"礼乐日坏"的一个侧面，因此上文改作"礼乐日坏"以体现其整体观点。

④ 《春秋尊王发微》卷九。

麟是也。呜呼！其旨微哉！其旨微哉。[①]

此段孙复按照自己的理解概括了春秋时代的历程与形式。在这种概括中，我们可以看到，在孙复看来，情况的确是“每况愈下”的。这一切都是由于“天下无王”。孙复在这里认为“西狩获麟”之后，已“不可言”，蛮夷已经完全主宰了中国，周道至此而绝，天下似乎已无可挽回之势[②]。孔子恰是要透过这样的“历史事实”，体现其尊王攘夷、兴圣道之思想。

面对春秋这样一个衰乱的时代，孙复经常想到的是“古昔”的黄金时代。因此，孙复经常拿这个时代和“古昔”进行对比。孙复心中的“古昔”是一个有秩序的时代，而“春秋之世”则是秩序完全沦丧的时代。如，他在卷一“公子益师卒”注中言：

古者诸侯之大夫皆命于天子，周室既微，其制遂废。[③]

在他看来，这样一个黄金时代美好秩序的失去，恰是由于王不王，自坏礼乐、滥用刑赏，导致无王法，而又无可以兴作的圣王。

（四）孔子之伤

我们上文所讨论的，都是孙复的判断与分析，但在孙复自己看来，这些并不是他的主观想法，他只是在叙述圣人之意，表达孔子想要传达的思想。在孙复看来，孔子对春秋这个时代充满了伤痛与感伤，正是怀着这样一种情绪，孔子作《春秋》以正王法。在上面所引的“元年春王正月”和“西狩获麟”的注中，都可以看到孙复对孔子之伤感的描述。孙复笔下的圣人怀着对时代巨大的忧虑之情。

在孙复看来，他对春秋时代的解释是符合孔子对于这个时代的解释的，他常引《论语》解释《春秋》，将《论语》作为对春秋时代的判断的参考。如卷一“郑人伐卫”注，孙复言：

孔子曰：“天下有道，则礼乐征伐自天子出；天下无道，则礼乐征伐自诸侯出。自诸侯出，盖十世希不失矣。自大夫出，五世希不失矣。”夫礼乐征伐者，天下国家之大经也，天子尸之，非诸侯可得专也。诸侯专之犹曰不可，况大夫乎？吾观隐桓之际，诸侯无小大，皆专而行之，宣成而下，大夫无内外，皆专而行之，其无王也甚矣。故孔子从而录之，正以王法，凡侵、伐、围、入、取、灭，皆

---

① 《春秋尊王发微》卷十二。

② 关于“西狩获麟”孙复的这段注释，杨立华老师在《中国儒学史・宋元卷》中有详细的解读，在他看来，这段话表现了孙复注解的“深婉动人”，推阐了圣人的心绪。参见陈来、杨立华、杨柱才、方旭东：《中国儒学史・宋元卷》，北京：北京大学出版社，2011 年，第 13-14 页。

③ 《春秋尊王发微》卷一。

诛罪也。[①]

在孙复看来,自己对于诛罪的判断,是符合孔子的意思的,自己对春秋时代每况愈下的解释,也是从孔子之意当中梳理出来的。在他看来,孔子恰是要从这一混乱的时代中,揭示出王法,揭示出理想的治理秩序。

三、再论"有贬无褒"与"深刻"

在第一部分,我们已经具体讨论了孙复"有贬无褒"带来的"深刻"问题。下面,让我们结合孙复对春秋时代的理解,再来看一下孙复的"有贬无褒",并尝试回应我们在第一部分提出的第一个问题,即孙复的注释手法与其思想之间的关联。

在我们引用的王得臣的评价中,孙复的"有贬无褒"与其对《春秋》经的内容理解有关,即"常事不书"。这一提法是符合《春秋尊王发微》的相关内容的。这点从其对"书""言"与"不书""不言"的解释中可见一斑。如上引"元年春王正月"注最后谈到隐公缘何不书"即位"时就言,"隐公曷为不书即位?正也。五等之制虽曰继世,而皆请于天子。隐公承惠,天子命也,故不书即位,以见正焉"。正是由于隐公即位是按照正常的秩序和王法,所以孔子才不在经文中写"公即位"。又如,卷一"庚戌天王崩"注,孙复言:"凡书葬者,非常也。"[②]此外,我们还可以从《春秋尊王发微》中看见大量如下格式的注释:凡书……,恶/讥/甚之也。

可见,在孙复看来,凡是《春秋》经文所写下的,都是"变古乱常"之事,甚至用"变古乱常"似乎都不足以表达孙复对这些事件的憎恶和激愤之情。与其说这些事是"变古乱常"之事,不如说这些事都是"恶"事。即在孙复看来,《春秋》经文记载的几乎都是"恶"的行为,都是孔子怀着巨大的"伤",根据事情的实情"从而录之"的。相反,《春秋》中有些没有按照常例记录下的事情,在孙复看来都是正常之事,都是符合礼法之事。这样,《春秋》就变成了一部孔子对"恶"的事件与逻辑充分揭示的著作。孔子用《春秋》把礼乐崩坏之恶充分展示了出来,把种种"恶"的事件与"恶"的可能,以及"恶"的逻辑的演绎都记录下来。而他记录下这些事的目的,就是要"正王法"和揭示王法,从极端的"恶"与黑暗中反衬出治平的秩序与价值的意义。孙复的"深刻"中透着一种急切,他之所以认为《春秋》"有贬无褒",之所以采取一种"深刻"的手法对待这二百四十二年的天子、诸侯、臣子,正是要强调王法与礼乐秩序。既然孔子所筛选和要记录下来的都是"天下无王"的"恶行"与"恶果",那么经

① 《春秋尊王发微》卷一。

② 《春秋尊王发微》卷一。

文的记述自然是“有贬无褒”的。也就是说，孙复会接受《四库提要》所不能接受的那个前提，即“二百四十二年中无人非乱臣贼子”。只不过“四库”馆臣可能没有充分理解孙复的意思，孙复当然承认二百四十二年当中有不是乱臣贼子的人，如果都是乱臣贼子，那么孔子自然也要归于其中，而孙复当然不会这样认为。孙复承认的是，孔子在编写《春秋》时是有取舍的，正常的行为都没有记录下来，而记录下来的都是败坏纲常、礼坏乐崩之“恶”行，就《春秋》经文来说，经文体现的是这二百四二十二年恶的行为与逻辑及其后果，其终极目的在于反衬出“王道”的价值。

在孙复看来，任何微小的恶性事件如果不及时纠正，最终都会导致秩序的沦丧，导致长时间的社会动乱，这也是他“废权”和细微之事都要诛罪的一个重要原因。“谨始”(防微杜渐)是《春秋》学的传统“大义”，孙复亦强调这一点。卷一“戊申卫州吁弑其君完”注，孙复言：

> 州吁不氏，未命也。《易》曰：“履霜坚冰，阴始凝也，驯致其道，至坚冰也。”又曰：“积善之家必有余庆，积不善之家必有余殃。臣弑其君，子弑其父，非一朝一夕之故，其所由来者渐矣，由辨之不早辨也。”斯圣人教人君御臣子，防微杜渐之深戒也。盖以臣子之恶始于微而积于渐，久而不已，遂成于弑逆之祸，如履霜而至于坚冰也。若辨之不早，则鲜不及矣。故春秋之世，臣弑其君者有之，子弑其父者有之，弟弑其兄者有之，妇弑其夫者有之，是时纪纲既绝，荡然莫禁。孔子惧万世之下乱臣贼子交轨乎天下也，故以圣王之法从而诛之。①

既然任何微小的恶性事件都可能导致极其恶劣的结果，那么就要“防微杜渐”，不能因为“恶”刚刚萌动而忽视，亦不能忽视任何一种可能导致王法败坏的逻辑可能。因此，对任何细微之事都要“辨”，都要用王法进行衡量。或许在孙复看来，他对细微之事的诛罪的注释与其他苛责，都是在阐释孔子在经文中灌注的“谨始”之意。“有贬无褒”可以看作孙复对圣人揭示的情势的理解的一种延伸，其基础是他对春秋之世与孔子之伤的理解。

四、“王法”

上一部分，我们已经揭示出，孙复的“有贬无褒”与其对春秋之世的基本理解、对圣人之伤的理解的逻辑关系。其实，我们亦可以看出，“有贬无褒”这种注释手法

① 《春秋尊王发微》卷一。

与孙复所要表达的“尊王”的主旨的关系。可以说孙复“有贬无褒”的注释手法与其对经文所记均为“恶”事的理解，是“一而二，二而一”的有机整体。而从“天下无王”导致的结果中，我们也可以看出，在孙复看来，这些“恶”之所以能够显现，孔子之所以能记下这么多“礼坏乐崩”的行为，究其原因，都是“天下无王”造成的。既然无王导致了“礼坏乐崩”，导致孔子满怀忧伤地记录下如此之多需要“讥”“贬”“恶”的行为，那么要恢复秩序，就要“尊王”，即我们前文所讲的，用绝对的“恶”和黑暗衬托出王道的价值与意义。在孙复看来，只有尊王，才能够重建秩序。

前文我们已经解释了孙复“尊王”的具体含义，即孙复所尊的是与王这个“位”相连的“人道”“王道”与“王法”。在孙复那里，这些概念都不是抽象的，它们有很多具体内容，而这些具体内容，是孔子通过“反衬”的手法表现出来的。在《春秋尊王发微》当中，经常有这样的总结语，即“故孔子从而录之，正以王法”。如，卷五“冬，晋人执虞公”注言：

> 称人以执，恶晋侯也。五等之制，虽其国家、宫室、车旗、衣服、礼仪之有差，而天子命之。南面称孤皆诸侯也。其或有罪，方伯请于天子，命之执则执之，不得专执也。有罪犹不得专执，况无罪者乎？春秋之世，诸侯无小大，唯力是恃。力能相执则执之，无复请于天子。故**孔子从而录之，正以王法**。或则称侯以着其恶，或则称人以夺其爵。称侯以着其恶者，谓虽非王命，执得其罪，其罚轻，故但着其专执之恶。……称人以夺其爵者，谓既非王命又执不得其罪，其罚重，故夺其爵……[①]

孙复揭示王法的手段，就是把“贬”的具体原因诉说出来，再用这些原因展示王法的具体内容。就像这条所展示的，孙复解释之所以此处称“晋人”，是为了揭示晋侯之恶，为何晋侯是恶的呢？因为诸侯不得专执。孔子因此把这件事记录下来，并由此展示王法之正。在《春秋尊王发微》中，孙复所揭示的原因，往往就是他要强调的王法的内容。正因为有这些王法需要尊，正因为这些需要尊王法被孙复时时刻刻铭记在心中，所以其注起《春秋》来就像判案，也是可以理解的。

在《春秋尊王发微》当中，孙复除了用“王法”来“断案”外，还经常使用“非礼”这样的评判。其实在孙复那里，王法、周道、王道、礼乐都是同义词，礼乐恰恰是王法、周道、王道的所指。孙复与一般儒者一样，十分重视礼乐的价值，他甚至直接将“礼乐不兴”看成是儒者的耻辱。在《儒辱》中，孙复说：

> 礼曰：“四郊多垒，此卿大夫之辱也。”地广大荒而不治，此亦士之辱也。

① 《春秋尊王发微》卷五。

噫，卿大夫以四郊多垒为辱，士以地广大荒而不治为辱，然则仁义不行、礼乐不作，儒者之辱欤？夫仁义礼乐，治世之本也，王道之所由兴，人伦之所由正，舍其本则何所为哉。[①]

在孙复看来，“仁义礼乐”恰是王道之具体内容，也是《春秋》所要端的本。而强调以仁义礼乐为内容的王道，强调与王道相连的王位，其最终目的还是儒家一直强调的“保民”，在孙复看来，所有有“位”的人都有这一职责。如卷一“五年春，公观鱼于棠”注言：

观鱼非诸侯之事也。天子适诸侯，诸侯朝天子，无非事者，动必有为也。故孟子曰：“天子适诸侯曰巡狩，巡狩者，巡所守也；诸侯朝于天子曰述职，述职者，述所职也”。是故“春省耕而补不足，秋省敛而助不给”。隐公怠弃国政，春观鱼于棠，可谓非事者矣。[②]

在孙复看来，礼乐规定了在位者的具体职能，而这些具体职能背后指向的都是与“保民”相关的政治。如何保民，这些已经在礼乐当中得到了规定。

还需要指出的一点是，孙复的“王法”与尊王相联系的有两项重要内容，即“黜霸”与“攘夷”，这可以说是孙复“尊王”思想的两翼，也是传统《春秋》学的重要内容。其中一段文字十分重要，即卷五“夏四月己巳晋侯齐师宋师秦师及楚人战于城濮楚师败绩”注：

晋文始见于经，孔子遽书爵者，与其攘外患、救中国之功不旋踵而建也。昔者齐桓既殁，楚人复张，猖狂不道，欲宗诸侯，与宋并争。会盂、战泓以窘宋者数矣，今又围之逾年，天下诸侯莫有能与伉者。晋文奋起，春征曹、卫，夏服强楚，讨逆诸乱，以绍桓烈，自是楚人远屏不犯中国者十五年。此攘夷狄、救中国之功，可谓不旋踵而建矣。噫！东迁之后，周室既微，四夷乘之以乱中国，盗据先王之土地，戕艾先王之民人，凭陵寇虐，四海汹汹，礼乐衣冠盖扫地矣！其所由来者，非四夷之罪也，中国失道故也。是故吴楚因之交僭大号，观其蛮夷之众，斥地数千里，驱驰宋郑陈蔡之郊，诸侯望风畏栗，唯其指顾，奔走之不暇，乡非齐桓晋文继起，盟屈完于召陵，败得臣于城濮，驱之逐之惩之艾之，则中国几何不胥而夷狄矣，故召陵之盟、城濮之战，专与齐桓晋文也。孟子称“仲尼之徒无道桓文之事”，此言专与齐桓晋文者，其实伤之也。孔子伤周道之绝，与其攘夷狄救中国一时之功尔。召陵之盟、城濮之战，虽然迭胜强楚，不能绝其僭

① 《孙明复小集》。

② 《春秋尊王发微》卷一。

号以尊天子。使平惠以降,有能以王道兴起如宣王者,则是时,安有齐桓晋文之事哉! 此孔子之深旨也。[①]

这段文字中,“四库本”删去众多内容,然而这段话,尤其是“四库本”删去的内容,在《春秋尊王发微》当中的重要性是不言而喻的。首先,这段话呼应了我们前面引用的那些孙复对春秋之世的描述,尤其是“蛮夷滑夏”与诸侯攘夷的情况,可以算是孙复在这个主题上的重要总结。其次,这段话再次强调了“孔子之伤”以及所伤之内容,突出了孙复对于“圣人之意”的理解。第三,此段内容称赞了齐桓晋文攘夷之功,在孙复看来,能攘夷者与能进礼乐者一样,都是孔子所要称赞的。第四,这段话也表现了孙复“深刻”的一个侧面,即褒完又抑,表面上这段话赞扬霸的功业,实际上却是“尊王黜霸攘夷”。霸值得称赞,是因为霸能够攘夷,霸能发挥作用恰是在王道缺失之时,但即便如此,霸道还是比不上王道,霸道只能成就一时的攘夷狄之功,但终究还是抵挡不住夷狄的兴起。而王道确实能够长久保证中华之安宁,如果能有像宣王这样的人重兴王道,也就没有了霸者的事业。第五,孙复在这段话中还强调,夷狄之祸不是由于夷狄,而是由于中国失道,假若中国能够一直坚守王道,夷狄也就不能侵扰中国。孙复攘夷不是以消灭、占有夷狄为目的的,攘夷驱之逐之则可,灭则不可,攘夷的最终目的是中国的自我保存。

这段注释,从众多侧面展现出孙复的思想与内在逻辑。我们可以看到,在孙复那里,无时不尊王,无时不伤时,其对于春秋那个时代的判断,始终构成其思想逻辑展开的“底色”,成为其思想逻辑展开的起点。“有贬无褒”在孙复那里之所以是有效的,正是因为这一逻辑基础。也正是由于这一逻辑基础,由于“有贬无褒”所要反衬的那些内容,“尊王”看起来才那么急迫与重要。

五、结　　语

以上,我们结合《春秋尊王发微》的文本,着重分析了孙复所采取的注释手法与孙复所要表达的思想之间的内在逻辑关系,以及孙复思想强调的一些重点。我们可以看到,在那样一种春秋情势下,孙复的“深刻”表现出的是一种“急迫”,我们能感觉到孙复对于王道急切的招望。

但还有一个问题有待解释,即为何不同的思想家对孙复的评价会产生如此大的分歧?《四库提要》言“宋代诸儒,喜为苛议,顾相与推之”,难道王得臣、欧阳修、朱子对于孙复较高的评价仅仅是由于性格上喜欢苛议吗?(当然我们也应看到,宋

① 《春秋尊王发微》卷五。

人对于孙复也不都是褒扬,《四库提要》所引常秩的评价就更接近四库馆臣的意见。此外,叶梦得对于孙复的评价也比较低,认为其深刻且不通礼学、不达经义[①]。)四库馆臣为何对《春秋尊王发微》的评价如此低,认为其仅有反面教材的意义呢?

对于这一问题,由于材料较少,我们不一定能给出最为确切的答案,但我们可以尝试从思想史的背景,从这些评价本身来寻求答案。

首先,我们或许可以从孙复所处的那个时代理解[②]。孙复之时,宋兴“八十余祀”,距五代未远,时人对于五代的记忆与印象是深刻的。今存孙复著作似没有对于五代的详细论述,但是孙复对于宋朝兴起所带来的新气象的赞誉以及对于在宋代复兴儒道的殷切期望是溢于言表的。我想,在孙复眼中,在王得臣等人眼中,孙复对于春秋时代的描述转换成“五代”是同样适用的。面对一个可能与春秋一样,甚至更混乱的时代,孙复与宋人之“移情”是可以想见的。当然,这只是一种推测,并没有直接的证据可以说明。但是两宋“尊王”“攘夷”面临的历史情势,似乎可以作为一种旁证。另外,我们可以指出的是,宋人常喜欢用“五季”这一称呼来指称“五代”,用这个称呼把五代视为最混乱的历史时代,甚至认为没有比它更为衰乱的时期了。而这一称呼的发明人恰是孙复的弟子石介[③]。可以想见,孙复在《春秋尊王发微》中表现出那种“急迫”与“忧虑”,是与其所处的那个时代分不开的,而宋人在面对孙复时,也许或多或少也带进了他们对于“当代”的忧虑。

其次,我们可以看到,欧阳修、朱子对孙复的评价,强调其得“圣人之意”。那么孙复所强调的“圣人之意”是什么呢?从以上分析中我们可以看出,“王法”是孙复所要表达的“圣人之意”,而“尊王攘夷”无疑是其中的重要内容。牟润孙先生指出,虽然两宋《春秋》学各有侧重,但“尊王攘夷”始终是其主旨[④]。从欧阳修、朱子的著作中我们也可以看出,这点也是他们所要重点强调的。可见,宋人对于孙复的褒扬,是与两宋《春秋》学始终围绕“尊王攘夷”这一主旨展开相关的,而“尊王攘夷”无疑与两宋的时代主题切合。

最后,关于四库馆臣的评价,牟润孙先生认为,这与四库馆臣“不喜宋儒,治考据不通义理,不重知人论世、不了解孙复所处之历史环境”有关[⑤]。在笔者看来,四库馆臣未见得“不通义理”,也未见得不了解孙复所处的历史环境,他们做出的评价

① 可以参考牟润孙先生《两宋〈春秋〉学之主流》一文的相关论述,在牟先生看来,对孙复的批评主要集中在过刻与不达经义两点,见氏著《注史斋丛稿》(增订本),北京:中华书局,2009年,第76页。

② 关于孙复所处之时代,林毓婷在《〈春秋尊王发微〉研究》一文中有详细介绍。

③ [宋]石介:《徂徕集》卷十九,《宋城县夫子庙记》,文渊阁四库全书本。

④ 《注史斋丛稿》,第70页。牟润孙先生亦提示出欧阳修、朱子在“深刻”上与孙复的相似性,即欧阳修《新五代史》颇有效法孙复之意,而朱子也认为《春秋》是个“严底文字”。参见《注史斋丛稿》,第76页。

⑤ 《注史斋丛稿》,第76页。

很有可能与其自身所处的历史环境有关。清朝满族入主中原，情势已与宋人抵御异族大不相同。这一情势反映到《春秋》学上的结果就是，清代《春秋》学多强调“大一统”，而不强调“攘夷”。在《四库全书》的编撰过程中，《春秋》学著作当中，“攘夷”和“夷夏之辨”的内容被大量删除，《春秋尊王发微》亦不能幸免。对比摛藻堂本和文渊阁本我们就可以发现这一点[①]。由于历史情势的变化导致的《春秋》学主旨的不同，可能是学界对《春秋尊王发微》褒贬不一的重要原因吧。

---

① 由于摛藻堂《四库全书荟要》与《四库全书》编撰目的不同，其主要是供皇帝御览，因此大量内容得以保存。

程颐《春秋传序》疏解及朱子对其的理解

按照牟润孙先生的理解,《易》学与《春秋》学是两宋经学的两大主流①。程颐唯一的成书著作就是关于《周易》的《程氏易传》。对于《程氏易传》,哲学界给予的关注较多,有不少研究性文章和论文,其中唐纪宇的博士论文就是以《程氏易传》为对象展开的专门性研究。但是,关于程颐的《春秋》学,据笔者了解,在哲学界关注的人比较少。这一方面是由于程颐的《春秋传》没有最终成书,仅是一部未完成著作,而另一方面,或许也与"《春秋》学如何进入现代中国哲学"这一问题有关。在"《易》学哲学"方面,我们有很多成熟的研究成果,朱伯昆先生的《易学哲学史》更是其中的典范。但是,在《春秋》学方面,我们却没有"《春秋》学哲学",也少有这一方面的专著。这关系到今天哲学领域是否需要关注《春秋》学的材料问题,也关系到《春秋》学如何在今天开展与时代学术结合的研究问题。

本文只是将这一问题提出,笔者目前还没有能力对这一问题进行解答。本文所要做的,是关注程颐的《春秋传序》,并对其进行文献疏解,同时,从朱子的角度,对这篇文献进行一些观察。

一、《春秋传序》疏解

程颐本人对于《春秋》学还是十分重视的。他曾经让自己的弟子刘绚作《春秋传》,但看过此《春秋传》后,伊川并不满意,认为还是需要自己重新作传。对于此事,《二程集》有如下记载:

> 春秋之书,待刘绚文字到,却用功亦不多也。②
>
> 昔刘质夫作《春秋传》,未成,每有人问伊川,必对曰:"已令刘绚作之,自不须某费工夫也。"刘传既成,来呈伊川,门人请观。伊川曰:"却须着某亲作。"竟不以刘传示人,伊川没后,方得见今世传解至闵公者。③

---

① 牟润孙:《注史斋丛稿》(增订本),北京:中华书局,2009年,第69页。

② 《二程遗书》卷十七,[宋]程颢、程颐著,王孝鱼点校:《二程集》,北京:中华书局,1981年,第175页。

③ 《河南程氏外书》卷十二,《二程集》,第432-433页。

茅星来总结伊川作《春秋传》一事言道：

刘质夫传《春秋》，程子以为不尽本意，故欲更为之，而书未及竟，庄公后解释多残缺，今见《经说》中，序文则崇宁二年作也。[①]

伊川本人所作的《春秋传》，在庄公以后多有残缺，并未最终完成，这其中有多种原因，本文对此不进行讨论。但是，《春秋传》有一篇首尾相贯的完整序文保存了下来，并收录于《二程集》中。特别是，朱子和吕祖谦在编订《近思录》的时候，还将这篇文章收了进去，可见，这篇文章在朱子和吕祖谦看来，应是能够反映他们所认为的伊川思想的某一部分的[②]。《春秋传序》虽然只是一篇“序文”，却集中体现了伊川《春秋》学的一些基本思想。《春秋传序》全文如下：

天之生民，必有出类之才，起而君长之，治之而争夺息，导之而生养遂，教之而伦理明，然后人道立，天道成，地道平。二帝而上，圣贤世出，随时有作，顺乎风气之宜，不先天以开人，各因时而立政。暨乎三王迭兴，三重既备，子丑寅之建正，忠质文之更尚，人道备矣，天运周矣。圣王既不复作，有天下者，虽欲仿古之迹，亦私意妄为而已。事之谬，秦至以建亥为正；道之悖，汉专以智力持世；岂复知先王之道也？夫子当周之末，以圣人不复作也，顺天应时之治不复有也，于是作《春秋》为百王不易之大法。所谓“考诸三王而不谬，建诸天地而不悖，质诸鬼神而无疑，百世以俟圣人而不惑”者也。

先儒之《传》曰：“游、夏不能赞一辞。”辞不待赞也，言不能与于斯耳。斯道也，惟颜子尝闻之矣。“行夏之时，乘殷之辂，服周之冕，乐则韶舞”，此其准的也。后世以史视《春秋》，谓褒善贬恶而已，至于经世之大法则不知也。《春秋》大义数十。其义虽大，炳如日星，乃易见也。惟其微辞隐义，时措从宜者为难知也。或抑或纵，或与或夺，或进或退，或微或显，而得乎义理之安，文质之中，宽猛之宜，是非之公，乃制事之权衡，揆道之模范也。

夫观百物，然后识化工之神；聚众材，然后知作室之用。于一事一义而欲窥圣人之用心，非上智不能也。故学《春秋》者，必优游涵泳，默识心通，然后能造其微也。后王知《春秋》之义，则虽德非禹、汤，尚可以法三代之治。自秦而下，其学不传。予悼夫圣人之志不明于后世也，故作传以明之，俾后之人通其文而求其义，得其意而法其用，则三代可复也。是传也，虽未能极圣人之蕴奥，庶几学者得其门而入矣。[③]

---

① [宋]朱熹、吕祖谦纂，张京华辑校：《近思录集释》，长沙：岳麓书社，2010年，第385页。
② 见《近思录》卷三《致知》第61条。
③ 《二程集》，第583-584页。

下面让我们对这些思想进行逐一梳理。

首先是君主的产生和君主的社会功能问题。在伊川看来，圣贤之君的出现，是上天生民的必然结果，上天降生下不同于一般民众的出类拔萃之人而为之君长。而所现的圣贤之君，就是要用其"聪明"治理人民，成就"天道"与"人道"，息争夺、遂生养、明伦理。伊川在这里强调君主对于社会的重要作用，强调君主的必要性。但需要指出的是，伊川在这里所说的君主并不是单纯就"位"而言，他强调的更多是"君道"。若说伊川"尊君"，可以说伊川尊的"君"主要是能够按照"道"来成就生民的"君"。他对君主的强调不能被简单地化约为一般的"小忠君"式的"尊君"，也不能理解为一般意义的"君权神授"。

伊川此种说法可以说是渊源有自。《尚书·仲虺之诰》言：

> 惟天生民，有欲无主乃乱。惟天生聪明时乂。

《泰誓》言：

> 天佑下民，作之君，作之师，惟其克相上帝，宠绥四方。

陈来先生在解释以《尚书》为代表的"民意论"的天命观时说：

> 在理论上、在价值上民意比起皇天授命的君主，更具有优先性，因为皇天授命君主的目的是代行天意来保护人民。在这样一种思想和信念中，在上天面前，人民与君主不是平等的，人民对君主具有本体论的和价值论的优先性和重要性。人民对君主并没有无条件服从和忍受压迫的义务，反而，可以皇天作为终极支持者，人民有权利要求君主实行德政；如果君主不行德政而施暴虐，则人民视君主为寇仇是正当的，作为正义的代表上天就会降罚给君主，或改变他对人间君主的任命。①

笔者以为，这段话用在伊川对"天—君—民"的关系理解上同样适合。从《春秋传序》的全文来看，伊川强调君，言"君道"以及孔子强调的"《春秋》经世大法"，主要还是为了"保民"，恢复儒家认为的"三代"这一"黄金时代"。

同时也应看到，伊川的此种讲法也和同时代的其他思想家有所不同。如苏辙在《古史·五》当中说道：

> 生民之初，父子无义，君臣无礼，兄弟不相爱，夫妇不相保，天下纷然而淆乱，忿斗而相苦，文理不著而人伦不明，生不相养而死不相葬，天下之人举皆戚

---

① 陈来：《中国早期政治哲学的三个主题》，《天津社会科学》2007年第2期，第48页。

然不宁于中,然后反而求其所安,属其父子而列其君臣,联其兄弟而正其夫妇。[①]

在苏辙看来,人类历史秩序的建立,并不是依靠"天生神圣",而是靠天下之人对于混乱的"自反",是天下之人面对混乱的结果。在这一逻辑之下,君主并不具有天然的合法性,其合法性建立在天下之人的"反"上,君主在秩序的建立过程中缺位,也不是秩序的终极保证者。这与伊川对君主在历史源头重要作用的强调是完全不同的。

其次是伊川关于历史时期的划分问题。上面说到,伊川尊君是尊君道,借行君道来恢复三代这一黄金时代。这就涉及伊川对历史的划分。总体上来讲,伊川将历史分成两个阶段,一个是"道""流行"、显现的黄金时代,另一个则是秦汉以降,"道"被遮蔽的时代,很显然是按照"道"的实现状况划分历史。细致来看,第一阶段包括二帝与三王(即夏商周三代)两个不同时期,二帝阶段圣贤世出,而三王阶段按照忠、质、文的更迭治理天下[②]。无论是二帝"因时而立政",还是三王迭兴,我们都可以看出,在伊川那里,没有一种一劳永逸的政治"治理模式"可以永久保证天下太平,政治治理方式是需要随着不同时代的不同状况与不同弊病而改变的。但是,只要能依照"道"来治理,终究会达到一种好的政治状态。需要指出的是,伊川这里其实隐藏着他对历史的基本判断,即历史的治乱循环,伊川在《程氏易传》中言"自古天下安治,未有久而不乱者"[③],这是与宇宙"动静无端、阴阳无始"的运行模式相契合的。但是,"自古治必因乱,乱则开治,理自然也"[④],只要能按照一定的方式,终究可以达到"治"。

伊川对于历史的理解与划分,也与之前以及同时代的一些思想家有些许差异。例如,伊川没有像邵雍那样把历史构造成为"皇王帝霸"的精巧模式,而只是按照大的阶段进行区分。这样虽然没有邵雍那样精巧,但也少了"精巧"带来的"困境"。在这种粗糙面前,"经世大法"的意义与作用更为突出,政治主体的积极性更为明

---

① [宋]苏辙:《古史》(宋刻元明递修本),中国基本古籍库。

② 三代迭用忠质文治理天下,最早由董仲舒提出。"三重"的说法本自《中庸》"王天下有三重焉"的讲法,郑玄说:"三重,谓三王之礼"。伊川本郑玄之说而结合董仲舒的讲法。伊川此说亦与苏辙有所不同,在苏辙看来,"余读诗、书,历观唐虞至于夏商,以为自生民以来天下未尝一日而不趋于文也。……夫自唐虞以至于商,渐而入于文,至周而文极于天下。当唐虞夏商之世,盖将求周之文而其势有所未至,非有所谓质与忠也。自周而下,天下习于文,非文则无以安天下之所不足,此其势然也。"(《古史·五》)苏辙认为,没有所谓忠与质,人们认为存在质与忠只是由于没有认识到他们只是不像周代那么"文"而已,夏商就其本质来讲,依旧体现的是"文"。

③ 《二程集》,第794页。

④ 《二程集》,第788页。

显。这一问题涉及对伊川与邵雍历史观的进一步对比，这里不详述。同样，伊川的历史观也与李觏、司马光有所不同，这涉及对于霸者的态度、对于三代与汉唐君主的态度等诸多问题，此处只是借此提出，也不进行展开。

伊川的历史观涉及一个问题，即为什么三代之后，黄金时代就丧失了呢？在伊川看来，这恰是因为君主不能按照“道”来治理天下，秦汉以降，只知逞私意、智力，而不知道“先王之道”。

这也就涉及第三个问题，即孔子作《春秋》的意义问题。在伊川看来，孔子之所以要作《春秋》，是要在这个衰世之下记录“先王之道”，为后世提供良好的政治治理方式。因此，《春秋》的内容为“经世之大法”，寄寓了孔子的“微言大义”。伊川反对把《春秋》当成史书来看待，认为它不仅仅褒贬善恶，还包含了丰富内容，需要后人用心体味。在伊川看来，孔子的弟子中只有颜回了解孔子的“大法”，孔子对颜回问“为邦”的回答就记述了这一大法的“准的”。伊川对《论语》此句意义的界定直接影响了其后胡安国对《春秋》的理解，胡安国就把这句话作为理解《春秋》的纲领之一。

第四是后世学《春秋》的作用。正是因为《春秋》蕴含了孔子所要表达的“经世大法”与微言大义，在伊川看来，后世学《春秋》也就有了极其重要的意义。伊川认为，《春秋》之学在后代不传，因此盛世也就没有再度出现，相反，如果人们能够用心于此，那么，理想的政治治理就可以即此而实现。“后王知《春秋》之义，则虽德非禹汤，尚可以法三代之治”，虽然达不到圣王的“德”的高度，但是“治”还是可以与三代齐同的。我们可以看到，伊川的此种态度与王安石将《春秋》视为“断烂朝报”的态度极为不同，可见虽然伊川与王安石都有恢复三代的政治理想，但在对经典的态度上却是完全不一样的。

以上四点，就是我们从伊川《春秋传序》中疏解出来的伊川的一些思想。当然，《春秋传序》中还包含着很多细致的《春秋》学思想与其他思想，但仅就上面揭示出来的内容来看，我们已经可以发现伊川思想的一些特点与针对性了。

伊川的这篇文献影响了后代诸多理学家的思想，或被他们继承，或被他们批判。下面，我们就以南宋朱子为对象，看一下朱子对伊川思想的理解。

二、朱子对《春秋传序》的理解

朱子对《春秋》学的态度较为复杂，他一方面承认《春秋》是孔子所作，有孔子寄托的“大义”在其中，另一方面又认为“《春秋》难晓”，有很多无法解释的地方。因此，朱子本人对《春秋》抱着一种谨慎的态度，也没有为《春秋》作传。晚年时，朱子甚至认为不研究《春秋》也没有关系，《文续集》卷一《答黄直卿》言：

《春秋》难看，尤非病后所宜。且读他经《论》《孟》之属，如不食马肝，亦未为不知味也。[①]

朱子对《春秋》的此种态度是一贯的，但是对伊川《春秋传序》的一些基本思想也都认同。如关于君主是如何出现的问题，朱子在《大学章句序》中有着与伊川相同的说法，朱子言：

盖自天降生民，则既莫不与之以仁义礼智之性矣。然其气质之禀或不能齐，是以不能皆有以知其性之所有而全之也。一有聪明睿智能尽其性者出于其间，则天必命之以为亿兆之君师，使之治而教之，以复其性。此伏羲、神农、黄帝、尧、舜，所以继天立极，而司徒之职、典乐之官所由设也。[②]

在朱子看来，现实中的每个人都具有"善的可能性"，然而表现在现实当中，由于气禀的差异，每个人并不能现成地表现出完整的"善"。与一般人不同，历史上之圣人则"聪明睿智能尽其性"，即可以完整地表现出自己的"道德本性"，那么如此的圣人也就承担着"新民"的使命，使民"自明明德"而"复其性"。可见，在基本观点上，朱子与伊川是一致的，只不过引用的思想资源不尽相同。

在历史阶段的划分上，朱子与伊川相同，标准也基本上承继伊川。在朱子看来，"三代"与"汉唐"是"质"上截然不同的两个历史阶段。朱子的这一观点和判断，直接反映在他与陈亮的"王霸义利"之辩上。对于三代内部的演进，朱子基本也承认伊川继承董仲舒所讲的忠质文的说法[③]，只是朱子认为伊川在这里用其来解释《中庸》所说的"三重"是不恰当的。

但在一些细节上，朱子有不太认同伊川的地方，如，朱子承认《春秋》有"大义"，却否认其有"微言"。与伊川认为不应该把《春秋》当成史来看的观点不同，朱子有时认为要把《春秋》当作史书去阅读而把握其内容。《语类》载：

问："春秋当如何看？"曰："只如看史样看。"曰："程子所谓'以传考经之事迹，以经别传之真伪'，如何？"曰："便是亦有不可考处。"曰："其间不知是圣人果有褒贬否？"曰："也见不得。""如许世子止尝药之类如何？"曰："圣人亦只因国史所载而立之耳。圣人光明正大，不应以一二字加褒贬于人。若如此屑

---

① 《晦庵先生朱文公续集》卷一，朱杰人等主编：《朱子全书》第二十五册，上海：上海古籍出版社，2002年，第4653页。

② [宋]朱熹：《四书章句集注》，北京：中华书局，1983年，第1页。

③ 《朱子语类》中有记载朱子对《孟子》中提出的"一治一乱"的历史观的一段议论，朱子讲："圣贤遭时之变，各行其道。"

屑求之，恐非圣人之本意。”[①]

朱子把《春秋》当作“史”，是和其把春秋定位为孔子根据鲁国旧史直书其事相关的，也是和朱子反对“一字褒贬”等观点相关的。在朱子看来，把《春秋》作“史”来看，有一分可考的就说一分话，有些不可考的地方就不需要强解，而不是“屑屑求之”，弄得如此琐碎。同时，我们也应该看到，朱子把《春秋》当作“史”看，并不是要降低《春秋》的地位。当作“史”看，是因为《春秋》有不可解的地方，需要有“义理”作为指引，而不是“独抱遗经”刻意求索。正是因为《春秋》难晓，缺乏参照，朱子才认为要以义理作为指引去看《春秋》，这是与他对待历史著作的观点相通的。同时，朱子认为，《春秋》是有“大义”的，这些大义是可以从孔子记载的事上直接看出来的，正所谓“义理自见”，而不需要我们刻意推求。我们可以说朱子承认“大义”，但反对“微言”。

以上是一些细节问题的同异，还没有关涉历史观的核心问题。朱子与伊川最关键的差异，在于朱子对伊川“后王知《春秋》之义，则虽德非禹汤，尚可以法三代之治”的说法十分不认同。这涉及朱子历史观的关键逻辑问题。《语类》卷八十三评价言：

“德非汤武，亦可以法三王之治。”如是，则无本者亦可以措之治乎？语有欠。[②]

在伊川看来，孔子作《春秋》是为了使后王有所参照、有所标的，后王能够知道《春秋》的意义，认真研究传世的经典，则善恶自然分明，依照这些来执行，即使没有禹汤的德性，也可以达到三代的治理。而在朱子看来，此种说法忽视了政治和历史的根本，是一种“无本”的讲法。他认为，没有“本”就无法恢复“三代”之治。这个本是什么呢？在朱子看来，“本”就是人君的“心术”，是人君通过“正心诚意”的功夫最终达到的心灵状态。

淳熙十五年（1188 年）戊申，朱子入朝奏事。《宋元学案・晦翁学案》记载：

是行也，有要之于路，以为正心诚意之论，上所厌闻，戒勿以为言。先生曰：“吾生平所学惟此四字，岂可隐默以欺吾君乎？”[③]

就在这一次朱子所上的《戊申封事》中，朱子言：

① [宋]黎靖德：《朱子语类》第六册，北京：中华书局，1986 年，第 2148 页。

② 《朱子语类》第六册，第 2154 页。

③ [清]黄宗羲原本，[清]全祖望补修：《宋元学案》第二册，北京：中华书局，1986 年，第 1498 页。

盖天下之大本者，陛下之心也。……臣之辄以陛下之心为天下之大本者，何也？天下之事千变万化，其端无穷而无一不本于人主之心者，此自然之理也。故人主之心正，则天下之事无一不出于正；人主之心不正，则天下之事无一得由于正。盖不惟其赏之所劝、刑之所威，各随所向，势有不能已者，而其观感之间，风动神速，又有甚焉。[①]

朱子在这篇封事中直接用正心诚意向皇帝表达自己的政治思想，并明确指出，他认为的政治根本是人君的心术。在朱子看来，如果君主不能够做“正心诚意”的功夫，使自己的心同于古代圣王的心，那么，即使君主有心想要恢复三代，也是无法实现的。在现实的实践过程中，很有可能出现君主的目的与最终的结果相背离的现象，甚至可能出现皇权被权臣窃取，“名为陛下之独断，而实此一二人者阴执其柄”[②]的现象。如果君主“心正意诚”，那么在朱子看来，恢复三代之治就有了必要保证。如果君主在此基础上顺应时势，“以理导势”，任用贤臣，解决现实中的种种问题，则最终可以使天下太平。

朱子的这一思想是一贯的，其历次给皇帝上的封事，基本上都表达了这一思想内容，其给同时代政治人物的信中对此亦屡屡提及。同时，朱子本人的著述中也嵌入了其对这一问题的理解，并把这种理解诉诸历史，在历史中为其寻找证据。

在朱子看来，《周南》《召南》是文王教化的具体体现，在《周南》的题解中，朱子就把周的历史事实与“八条目”联系在一起，认为后世要“修身、齐家、治国、平天下”，需要从文王教化中取法[③]，文王的教化具有“历史经验”的意义，因为这一教化本身就是“修齐治平”实然发生过的历史事实。在总结《周南》的内容时，朱子言：

按此篇首五诗皆言后妃之德。《关雎》举其全体而言也，《葛覃》、《卷耳》言其志行之在己，《樛木》、《螽斯》美其德惠之及人，皆指其一事而言也。其词虽主于后妃，然其实则皆所以著明文王身修家齐之效也。至于《桃夭》、《兔罝》、《芣苢》则家齐而国治之效。《汉广》、《汝坟》则以南国之诗附焉，而见天下已有可平之渐也。若《麟之趾》则又王者之瑞，有非人力所致而自至者，故复以是终焉，而《序》者以为“《关雎》之应”也。夫其所以至此，后妃之德固不为无所助矣。然妻道无成，则亦岂得而专之哉？今言《诗》者，或乃专美后妃，而不本于文王，其亦误矣。[④]

① 《朱子全书》第二十册，第590-591页。

② 《文集》卷十一，《庚子应诏封事》，《朱子全书》第二十册，第587页。

③ [宋]朱熹：《诗集传》，北京：中华书局，2011年，第2页。

④ 《诗集传》，第10页。

在朱子看来,《周南》实质上体现的不仅仅是"后妃之德",它要着力表现的其实是后妃背后的文王。朱子直接将《周南》置于《大学》"八条目"的顺序当中,认为《诗经》篇章的顺序体现的是文王教化、治理过程中的每一个具体阶段的效验。《关雎》到《螽斯》是"身修家齐"的效验,《桃夭》《兔罝》《芣苢》则是"家齐国治"的效验,而《汉广》《汝坟》则可以看作"天下平"的前兆,《麟之趾》表现的"王者之瑞"则可以看作文王"始受天命"。可以说,在朱子那里,"八条目"的次序可以验之于历史事实,是逻辑顺序与历史顺序的统一,而且这一统一并不是偶然出现的。

对于《召南》的总结进一步体现了这一点,朱子言:

> 愚按:《鹊巢》至于《采蘋》,言夫人、大夫妻,以见当时国君、大夫被文王之化,而能修身以正其家也。《甘棠》以下,又见由方伯能布文王之化,而国君能修之家以及其国也。其词虽无及于文王者,然文王明德、新民之功,至是而其所施者溥矣。……程子曰:"天下之治,正家为先。天下之家正,则天下治矣。二《南》,正家之道也。陈后妃、夫人、大夫妻之德,推之士庶人之家,一也。故使邦国至于乡党皆用之,自朝廷至于委巷,莫不讴吟讽诵。所以风化天下。"[①]

此段总结了《召南》以及"二南"的内容,更引用了程子的话直接对应于《大学》,强调文王明德、新民之功。

上述两段话明显提到了"修齐治平",似乎没有"格致诚正",这里需要交代的是,在朱子的《大学》注释中,修身可以含纳"格物、致知、诚意、正心"。不仅如此,朱子在《召南·驺虞》的注释中更是直接提到了"意诚心正"与文王之化的关系,朱子言:

> 文王之化,始于《关雎》而至于《麟趾》则其化之入人者深矣。形于《鹊巢》而及于《驺虞》则其泽之及物者广矣。盖意诚、心正之功,不息而久,则其薰蒸透彻,融液周遍,自有不能已者,非智力之私所能及也。故《序》以《驺虞》为《鹊巢》之应,而见王道之成。其必有所传矣。[②]

这一论说引入了"意诚""心正",并与"智力之私"作对比。在这点上,朱子与伊川一样,都反对"智力之私",但是朱子更强调"王道之成"之次序,而这正对应《大学》八条目的次序,文王能修齐治平,起点在于"格致诚正",这是文王的"根本"。

可见,在朱子看来,历史上的圣王如文王,其之所以能够实现周代最后的盛世,就在于"修"其根本,而后代没有再度达到这一盛世,恰是因为根本的缺失。

---

① 《诗集传》,第17-18页。

② 《诗集传》,第17页。

这里需要指出的是，伊川并不是不重视“正心诚意”的功夫，朱子很多关于正心诚意的讲法恰是来自伊川，只不过伊川没有像朱子那么强烈地强调“正心诚意”对于历史的逻辑必然意义，而是更多地用“君—臣”模式去分析历史当中的治乱现象。在讨论伊川《周易程氏传》卦爻象征的“君臣关系”时，唐纪宇博士指出，“在中国实行君主世袭制之后，君主的产生已经不是依靠某种选贤与能式的选拔机制，所以君主是否贤明常常带有很大的偶然性，或者说在中国社会里中常之人为君似乎已经成为历史的常态，因此探讨六二、九五所代表的君臣关系可以说更具现实意义。其现实意义在于告诫儒者不论君主的才德高低与否都有推行儒家政治理想的可能，这实际上构成了对儒者积极参与政治活动的某种激励。……一方面，劝勉才智不甚高之君主，如果选贤任能依然可以成就一番不小的政治功业；另一方面，告诫有才德的儒者，如果能获得君主的信任和支持仍然可以实现儒家的政治理想和价值”①。那么是否就可以说，朱子正是因为没有看到历史上中常之君和刚明之臣的组合达到治理的现象，才否定伊川的观点的呢？笔者认为不能这样看。朱子对于中国历史的情势是有着清楚的认识的，这点可以从他主持编撰的《资治通鉴纲目》中看出。既然如此，朱子和伊川之间为何会有如此差异，朱子为何不同意伊川的讲法呢？我想，这可能需要从南北宋的历史差异入手，进行分析。

三、历史差异中的“历史阐释”

刘子健先生在《中国转向内在》一书中指出了南北宋知识分子之间的差异，在他看来，“11 世纪是文化在精英中传播的时代。它开辟新的方向，开启新的、充满希望的道路，乐观而生机勃发。与之相比，在 12 世纪，精英文化将注意力转向巩固自身地位和在整个社会中扩大其影响。它变得前所未有地容易怀旧和内省，态度温和，语气审慎，有时甚至是悲观。一句话，北宋的特征是外向的，而南宋却在本质上趋向于内敛”②。相较于北宋的知识分子，南宋的知识分子更加关注道德内省，而不像前者那样关注变革、外王这些方面。

关于南宋知识分子不注重“外王”的说法，余英时先生在《朱熹的历史世界》中给予了充分的回应，他向我们展示了以朱子为中心的南宋道学群体的政治生活以及其对“外王”的关注，这里不再赘述。但是，我们也应该看到，南宋知识分子，尤其是道学群体，的确如刘子健先生所言，更加关注“道德内省”。这一点体现在政治

---

① 唐纪宇：《程颐〈周易程氏传〉研究》，北京大学博士论文，2006 年，第 234 页。

② ［美］刘子健：《中国转向内在》，南京：江苏人民出版社，2002 年，第 7 页。

上，则是更加关注君主的心术。在刘子健先生看来，南宋道学家普遍相信，治国的根基在于修身，只有教导皇帝正其心、诚其意，才能使他治理好国家。前述朱子和伊川的差异，也可以看作这点的一个注脚。而这点在程门高弟杨时那里就已经表现了出来。杨时言：

> 人臣之事君，岂可佐以刑名之说，如此是使人主失仁心也。人主无仁心则不足以得人，故人臣能使其君视民如伤，则王道行矣。
>
> 或曰特旨乃人君威福之权，不可无也。曰：不然。古者用刑，王三宥之，若案法定罪而不敢赦，则在有司。夫惟有司守法而不敢移，故人主得以养其仁心。今也法不应诛而人主必以特旨诛之，是有司之法不必守而使人主失仁心矣。[①]

在杨时看来，人主能够“视民如伤”，就可以行“王道”，大臣要做的就是保证君主的仁心不失。杨时对君主心术作用的强调，似乎和朱子更为亲近。朱子的老师李侗也有这种倾向。笔者认为，朱子对于心术的强调，可以说是继承了“道南”学派的传统。

那么，为何会出现这种差异，为何南宋道学家会更关心“内在”对历史逻辑的影响呢？在笔者看来，这似乎与南北宋的历史差异有关，更与南北宋“皇权”的差异有关。需要指出的是，目前史学界对南北宋差异关注较少，而笔者也不是专业的宋史研究者。因此，笔者对此点的判断的支持，首先源于对伊川、朱子政治文献阅读的感受，其次来自刘子健先生的判断。刘子健先生在《略论南宋的重要性》一文中指出，通过不断回收代理权相的权力，南宋君权不断扩大，士大夫的发言权较北宋降低[②]。随着皇权的扩大和代理权相的专权，加之不同于北宋的政治环境而导致的士大夫集团的分化，理学家不得不思考，在这种情势下如何“回复三代”，因为他们也很难改变当时的政治结构。那么，强调君主的心术，借以避免恶劣政治局势的出现，防止奸佞把持朝政，就成了理学家无奈、同时也是无力的一种选择。

我们知道，儒家的历史观在某种意义上指向“当代史”，他们的历史思考基于现实政治的历史思考。那么，由于政治局势与现实处境或政治思考点的不同而导致的历史观的不同，也就可以理解了。伊川与朱子的差异，在某种意义上，正是历史变动本身导致的历史观的差异的体现。

---

① [宋]杨时：《龟山集》，中国基本古籍库“清文渊阁四库全书补配清文津阁四库全书本”。

② [美]刘子健：《略论南宋的重要性》，见杭州市社会科学院南宋史研究中心编：《南宋史研究论丛》(上)，杭州：杭州出版社，2008 年，第 3 页。

“父子相敬”与“父子相亲”
——“哪吒”背后的古今人伦

2019年上映的电影《哪吒之魔童降世》，票房屡创新高，并收获众多观众的眼泪。它的成功不仅是“传媒效应”的产物，也和电影故事叙事与大众“文化心理”的契合密切相关，特别是电影中涉及的“亲子”关系，更是成为讨论的热点。其实，从《封神演义》中的哪吒开始，“哪吒”这一“文化符号”就与父子等人伦问题密切相关。从《封神演义》中的“哪吒”到电影《哪吒之魔童降世》中的“哪吒”的转变，更是反映了人伦关系由传统向现代转化的一般特征。

一、天命与父子：家内家外的秩序

哪吒形象起自佛教，而定型于《封神演义》。《封神演义》艺术性不高，叙述粗糙，但反映了很多深刻的义理问题，如三教、忠孝、革命等，其中哪吒这一人物形象则展现出了对人伦问题的传统理解与张力。

《封神演义》为哪吒的出场提供了一个不可或缺的大的政治背景，即“武王伐纣”。“武王伐纣”在《封神演义》中与“天命”“革命”有关，哪吒与李靖的诸多关系的展开均与此脱不开：哪吒的出生与辅佐周朝有关，哪吒的种种行为的后果受此天命影响，其父子矛盾的化解也依托于此一背景。

哪吒之出生充满“异象”，其母怀孕三年零六个月，梦遇道人送麟儿方才降生——孕是肉身的形成、送是灵魂的赋予，然而生下来的却只是一个肉球。哪吒在李靖一剑砍下后才变成真正的小孩，成为一个“好孩儿”。这其实意味着，生之亲还不能使人成为真正的人，三岁之后的“人的意识”的唤醒需要父亲力量的塑造，而“宝剑”其实代表的是父子关系当中的“敬”，象征着父的“严”。哪吒从肉球变成孩儿，依靠的不仅仅是“亲亲”，更依赖严父的塑造。当然，哪吒与父母的“亲”并不缺位，无论是李靖还是殷夫人，虽然在孩子出生前有种种“忧心”——这其实恰是每一对父母在孩子降生前或多或少会有的忧虑——但当亲眼见到生出的孩子后，却都

“恩爱不舍，各各忧喜”[1]。

作为姜子牙先行官的哪吒，虽是灵珠子的化身，但因生在丑时，犯了杀劫，此是“命数”，然而哪吒对此却十分“无知”——当然，此一命数是内涵于汤武革命这个“天命”移转之中的。当哪吒出去玩耍时，并不知道自己要遭遇什么，也不知道他与父亲之间会发生什么。哪吒洗澡时完全不知道这里是“九湾河”，也不知道自己出生带来的法宝的威力。哪吒无意的“无知”之举，却带来了巨大的影响——被此种无知引发的一系列“无妄之灾”。法宝引起水晶宫晃动，才有了哪吒与龙王的一系列恩怨。

当哪吒杀死敖丙之后，首先想到的是“做一条龙筋绦与俺父亲束甲”[2]，这正是由父母之爱所产生的“报”的心理的自然反应。有趣的是，这里哪吒报的首先不是“爱子之心重”的“母”，而是为国操劳的“父”。当龙王遭此无妄之灾，前来问罪时，李靖对儿子还是十分信任的；当哪吒将原委告知父亲之后，李靖的表现也很正常——是受“吓”，但并不是要处罚哪吒，而只是让他道歉。但哪吒却讲“不知者不坐罪”，因为在他看来，无心之失并不会惹来惩处。可龙王显然不如此想，他遭受这一切，自然要讨个说法。龙王想到的是向玉帝伸冤，而不是动用“私刑”——因为在“苦主”龙王看来，处理父子这样的“私”事，也要付诸正常的秩序，而不是马上行“血亲复仇”。面对要讨说法的龙王，李靖夫妇的表现是任何正常父母都会产生的“怨”，而不是要处罚自己的儿子以免灾，这里有浓厚的“亲”在。而“哪咤见父母哭泣，立身不安，双膝跪下”[3]，表示要自己承担过失，这也是孝子的正常表现。

哪吒对此灾祸的化解方式是向“师”寻求帮助，而太乙真人将此理解为“天数”，并认为龙王不谙事体——太乙真人作为“师”，将天命、天数作为评价哪吒行为对错的准则，天命似乎也就成了化解哪吒众多无知之过的理由。哪吒被太乙真人画了隐身符，在宝德门前揍了龙王，并仗着“天命”觉得自己打得有理。而龙王遭受此番苦难之后，依旧是要向玉帝讨说法。而在天命面前，李靖的“恨”终究被“爱”压倒，在殷夫人同样的“爱”的作用下，哪吒并未受到李靖的惩罚。这里我们可以看出父母之别，殷夫人对待儿子始终以爱为主导，而李靖则爱、严交织。

哪吒闯下的第二祸依旧出自“无知”，为了当好先行官而用乾坤弓、震天箭练习，却射死了石矶娘娘的童子。石矶娘娘问罪，李靖先觉得此是“运蹇时乖”，后才觉得可能是哪吒闯祸。哪吒闯祸后，李靖表现的是“怒”，但也希望化解矛盾，而非

① [明]许仲琳：《封神演义》，北京：中华书局，2009年，第77页。

② 《封神演义》，第80页。

③ 《封神演义》，第81页。

直接对儿子痛下杀手。而此时哪吒展现的则是另一种“无知”：不仅是对命运的无知，更是某种自信带来的狂妄。哪吒企图对石矶娘娘先下手为强，却打不过她，只得再次向“师”寻求帮助，而太乙真人对待石矶依旧是晓以“天命”。当石矶不信此天命时，太乙真人则开杀劫，应了自己的“命数”。此时，太乙真人告知哪吒，龙王要来拿哪吒的父母问罪，哪吒“满眼垂泪”，讲“子作灾殃，遗累父母，其心何安”[①]，孝心呈露无疑。为了救父母，哪吒“一人行事一人当”，“剖腹、剜肠、剔骨肉，还于父母”，而龙王也认为这一救父母的行为“有孝名”——其实这里我们可以看到中国古代诸多极端“孝行”的影子。龙王与哪吒父子的恩怨在这一极端做法后化解，可见龙王背后遵循的是“一命换一命”的原则以及对“孝”的尊重——这依旧可以看作龙王对“天条”秩序的遵守。

当哪吒“魂无所依，魄无所倚”时，要依靠母亲的力量为他造庙而再立于人间。在为哪吒造庙之事上，依旧可以看出父母之别：母纯是爱，父则有“责”。李靖并不因为父子之爱而忘却对哪吒的“责”，而母亲却可因为母子之爱而承担子的一切胡搅蛮缠。李靖因哪吒“生前扰害父母，死后愚弄百姓”而毁了哪吒庙，背后有父之“严”，也交织着李靖的家国意识——李靖之所以此时大怒，与国事密切相关，而这也是古代父子之伦的独特处：母子之亲与“国”的关系较浅，而父子之间则多了政治秩序的“干扰”。

李靖毁了庙，他与哪吒的冲突也因此升级。此前，父虽严，但子对父不曾有怨。而此时，哪吒认为“骨肉还于父母”，自己便与李靖没有了父子关系，父子关系既已斩断，那么他们之间便只是普通人的恩怨——这里我们可以看到，李靖并不因为哪吒已死，就认为哪吒不是自己的儿子，但哪吒则由此对此父子关系进行了否定。此时哪吒只得依靠“师”的力量重塑形体，而对待李靖与哪吒的关系，太乙真人似乎站在徒弟一边，甚至鼓励他寻仇，但其他人却不认为如此。首先出场的是木吒，在他看来，“子杀父，忤逆乱伦”，“天下无有不是的父母”[②]——此种理解强调父子关系中“父”的绝对优先性和子对父的绝对服从。同时，木吒也不认为哪吒将肉身还于李靖后，父子关系就因此斩断。当其次出场的文殊广法天尊制服哪吒之后，太乙真人试图与之一起化解矛盾，此时他们都承认李靖与哪吒的父子关系。但哪吒并不领命，直至被燃灯道人的玲珑塔制服，在燃灯道人的逼迫下，哪吒重又承认与李靖的父子关系。

这里值得注意的是，此时的父子关系已经不再是纯粹天然的出于“生”而有的、

---

① [明]许仲琳：《封神演义》，北京：中华书局，2009年，第89页，

② 《封神演义》，第94页。

建立在“亲”基础上的关系。历经各种冲突，在多种社会关系的共同努力下，这一重新奠定的父子关系更具社会性。《封神演义》讲“道人原是太乙真人请到此间磨哪咤之性，以认父之情”[①]，可见真正的父子之情并不能靠天性完全确立，需要子经过磨砺之后，才能重塑父子之情，此种父子之情是“爱敬”的合一。燃灯道人对父子关系的化解有两重。首先是将玲珑塔授予李靖，以玲珑塔压制哪吒。玲珑塔象征着超越“生”的社会性的对父子秩序的承认，也意味着父对子的严，子对父的敬，如是，父子就不能够仅仅用“亲”来理解。其次是用天命安顿父子，用政治关系统摄、调和父子关系，即父子齐心服务兴周伐纣的革命，父子同立功业。政治秩序与家内秩序，在这里形成一个微妙的关系。

这里特别需要注意的有两点：

首先是生带来的父子关系的绝对确定性。哪吒以为肉身还给父母之后，他与父母的人伦关系也就被斩断，但此种斩断不但不为父亲承认，也不被“社会”认可。也就是说，在《封神演义》的伦理世界当中，一旦生为父子，此种关系就超越了生死、超越了肉身，父子的人伦纽带是不可斩断的。此种认识并不孤立，如果我们看元杂剧《赵氏孤儿大复仇》，也会发现对“生”所带来的父子关系的强调：赵朔生了赵武，却没有养，他们是血缘上的父子关系；而屠岸贾是赵武的养父，可赵武却可为了给生父复仇而果断地杀掉养父。这两个故事背后的人伦认识值得我们思考。当然，此种认识部分符合儒家伦理，儒家伦理特别强调父子关系的确定性，儒家讲的“慎终追远”“祭如在”均与此有关，鬼神观也与此呼应，如谢良佐、朱熹强调“自家之精神便是祖考之精神”[②]。只是，由于伦理关系的复杂性，儒家在维护“生”所带来的父子关系的确定性时，也要照顾“养”所带来的伦理价值。儒家伦理与世俗儒家伦理之间多少是有张力的，而此种确定的父子关系，同样也与以“罗马法”为代表的父子关系形成对照。在罗马法中，“家父”有权利转让孩子给他人领养，“法”奠定的亲子关系高于血缘关系，“血亲”并不具有至高地位，“生”不能保证“宗亲”关系的稳定。

其次是爱与敬带来的父子与政治的关系。传统儒家特重“亲亲”与“尊尊”，而父子关系不仅是“亲亲”，还有“尊尊”。吴飞教授指出，“父亲代表的是在爱之上还有一个‘敬’字。它不仅仅是彼此之间因为血缘和长时间地生活在一起，因为亲密等产生爱，爱是不能导致秩序的。爱必须要转化成敬，才能有秩序，才能有‘礼’的

---

① ［明］许仲琳：《封神演义》，北京：中华书局，2009年，第97-98页。

② 赵金刚：《朱子思想中的“鬼神与祭祀”》，《世界宗教研究》2017年第6期。

产生,才会有种种文明形态。中国人是这样来理解这个问题的。”[①]哪吒与李靖的关系就展示了父子关系的此种两重性。《封神演义》中揭露的是父子冲突,母子之间的“亲亲”并未展现出冲突的面向。恰恰是父子关系的两重性,使得它变得比母子关系更为复杂。当然,按照儒家的理解,家外的政治秩序是由父子的爱、敬推出来的,《封神演义》似乎也强调政治秩序对父子秩序的再塑造。当然,正如张晖所指出的,“在小说中,‘孝’的重要性不仅与武王‘革命’的理想世界有关,而且还与其在人伦中的特殊地位相关。当我们把黄飞虎、殷洪兄弟以及哪吒的故事联系在一起,便可以发现,当‘父慈子孝’的模式受到挑战时,必然有外在的力量来帮助修复父子关系。……改朝换代,只允许针对暴君,而不能破坏父子人伦。……‘革命’必须以‘孝’为底线,并且只有当其被纳入‘孝’的话语系统之时才能取得合法性”[②],父子之大伦始终是小说所要坚守的价值基石。

结合上述论述,可以看到,父子关系在中国古代世界具有重要意义。然而,也恰恰是这个父子关系,存在着巨大的“古今之辩”。

二、师与父:师的高扬和父的沉沦

1979年,上海美术电影制片厂根据《封神演义》中的哪吒故事出品动画《哪吒闹海》,此一动画形塑了当代中国人对哪吒的基本认识。虽然这一故事出自《封神演义》,但其叙事基调发生了重要转换。此片虽面向少年儿童,但有强烈的现代中国的思想政治观念表达,有着很强的现代思想叙事。此片叙事的核心由汤武革命转向了现代政治革命,在人伦关系上从父子关系转向了师徒关系。

首先发生重大改变的是龙王的“黑化”和“腐化”,龙王不再遵守天条秩序,成了对人民作威作福的压迫阶级的化身;与龙王成为邪恶化身相对应的则是哪吒彻底变身成了正义的化身,他天真无邪,不再无知、骄纵、需要磨炼才认识道理,而是关心普通百姓的疾苦、敢于牺牲。由此,龙王与哪吒之间的关系不再是由天命与无知交织而有的矛盾,而是正义与邪恶、压迫与反压迫的斗争。此外,母亲完全消失了,父亲则成了另一种负面的象征。与之对应的则是太乙真人作为老师的地位的上升。

影片一开始,李靖就对出生奇异的儿子充满了不信任,是老师的出现,让父亲

---

① 甘阳、张祥龙、吴飞:《家与人伦关系》,《读书》2017年第11期,第129页。

② 张晖:《忠孝观念与革命困境:〈封神演义〉中的忠孝与武王伐纣的合法性》,《复旦学报》2008年第5期,第120-121页。

多少接受了儿子，一定程度上化解了父子冲突。当人民遭遇大旱向龙王求雨时，作为陈塘关总兵的李靖是失语的，而龙王却不满足老百姓的"献祭"，而要更多的索取——"献祭"不等于"斗争"，说明此时群众面对压迫只能寻求统治者的"恩惠"，斗争意识还没有觉醒。影片中龙宫的每个人都成了剥削的象征，都站在了人民的对立面。龙王讨要童男童女，成了哪吒与其矛盾的展开点，"天真无邪"的哪吒自觉地与龙王作斗争，打掉了龙王的仆从与儿子。当龙王向李靖讨说法时，李靖正在抚琴，而此时人民群众则在水深火热之中，"抚琴"恰是李靖闲情逸致的体现。面对龙王，李靖毕恭毕敬，而对龙王的指控，他眼神左右游移，充满了对"儿子"的怀疑。李靖对儿子无一丝一毫的爱和理解，只是埋怨儿子伤害"天神龙种"，而不在乎儿子行为的正义性。哪吒处处占理，龙王时时威逼，李靖总是妥协——这些都与《封神演义》全然不同。

当龙王要告上天庭时，哪吒向师父寻求帮助。面对徒弟的斗争精神，太乙真人十分欣赏，在他看来哪吒这"祸闯得不错，有点儿道理"，而他自然站在道理这边，鼓励学生继续斗争。在他看来，龙王凶狠狡诈，而哪吒懂事明理，他给哪吒出谋划策，让哪吒制服了龙王。而面对被制服的龙王时，李靖依旧不理解儿子，认为打龙王是"以下犯上""胆大包天"，因此要断绝与哪吒的父子关系。李靖讲的不是"理"，而是上下尊卑之序。更有甚者，父亲不但不理解儿子，反而剥夺了儿子的斗争武器，将儿子捆绑起来。这里父权完全服从于君权，父子之间无丝毫爱、敬可言，父亲成了儿子斗争的"枷锁"。在此可以看出，龙王代表了压迫阶级，哪吒代表了革命青年，父亲则是旧秩序的维护者。这就已经不是传统的伦理叙事，而是现代革命的政治叙事。革命青年要想打倒压迫者，就必然要冲破旧家庭的束缚。

当然，动画里的哪吒低估了龙王的狡诈，革命青年是需要在斗争中成长的。龙王面对哪吒，寻求的并不是公理抑或天理，而是联合世界上各种恶势力反扑。他们要求父亲惩罚敢于挑战权威的儿子，而父亲也处处展现出妥协。四海龙王作威作福，这里颇有一种"胡汉三又回来了"的感觉。此处较有意谓的是，当哪吒生命受到威胁时，是压迫者的仆人放走了哪吒，父亲则要哪吒跪下认错，利用父权压制他，甚至要亲手杀了他。当李靖要动手时，又是仆人阻止了李靖。而哪吒选择自杀，并不是要保全父母——父子此时已全然无情义，李靖的做法更是完全斩断了哪吒心中的父子情。哪吒选择自杀，是看到苍生遭受苦难，希望用自己的死换来受灾群众的解脱，他此时内在的情感是对广大穷苦无告者的同情。哪吒挥剑自刎前背视父亲，呼唤的是"师父"。然而，哪吒的死只给群众换来暂时的解脱，李靖依旧要满足龙王的各项要求。

哪吒自杀后，父亲并未考虑儿子，也未为儿子收尸。至此父亲完全退场。真正拯救哪吒的是“师父”。导师让青年获得了新生,并重新赋予青年斗争的武器。哪吒通过斗争与师父的重塑,得以“长大”。太乙真人作为“师”,成了哪吒精神上的“父”,并让哪吒冲破一切旧的束缚。动画中的师徒情完全替代了父子情。经过升华的哪吒打破了一切旧“牌匾”——砸碎“龙王庙”“水晶宫”这些行为,可以让我们做很多联想。面对有了“新的武器”的哪吒,四海龙王并不是对手。而在哪吒遇到危险时,师父也会以某种方式帮忙。哪吒最终完全战胜了龙王,大海重归平静,人民得以安居乐业。这时,被哪吒解救的人民和曾经给予哪吒帮助的仆人欢迎哪吒归来——这里没有父亲的位置,我们没有看到父子的和好、父亲的忏悔等表现,有的只是哪吒重新奔赴新的征程。

《哪吒闹海》的结构是十分清晰的,“闹”成了影片要展现的中心意涵,其二元斗争也是近代以来革命史观和革命文学叙事的重要展现。作为革命青年的哪吒与作为青年导师的太乙真人代替了原有的父子关系,打破压迫、追求更高的理想代替了汤武革命。“师”得到了高扬,“父”则彻底沉沦,成了吃人的礼教的象征。可以看到,哪吒的形象是近代无数文学作品中革命青年的化身,他们走出旧家庭,为了人民的疾苦而斗争,在斗争中成长,在革命导师的教导下获得提升。传统的父子完全不在了,无论是爱还是敬,在这一叙事中都不占有任何位置。《哪吒闹海》成为近代以来人伦关系的一种形象的象征。

三、人伦化魔:敬的退位与亲的突出

哪吒的叙事随时代而变化,此种变化并未停留在《哪吒闹海》,父子人伦也并未始终处于“告别”状态——电影《哪吒之魔童降世》就让人伦重新成为叙事的核心。但是,随着时代的发展以及文化心理的变化,人伦形态与其内在思想的张力也发生了巨大变化,我们可以从中窥探出隐藏在传统名称下的现代人伦关系。

首先,“天命”转化为“定命”,“汤武革命”等政治因素虚化,而“定命”也遭遇挑战,善恶的天定被打破。武王伐纣这一事件仅仅成了故事的“引子”,抑或出于“母题”而不得不有的“背景”,完全不影响后续故事的展开。政治不再是故事讲述者关注的中心,无论哪种形态的古今政治,都可以从叙事中抽离。哪吒面对的是“定命”,但此种定命也没有终极的决定力量,是可以被后天的“教化”打破的。此外,善恶也不需要由“命”来保证,不再具有古典的形而上学基础。

其次,女性形象不再缺失或无力。《封神演义》中的殷夫人除了爱子之心别无表现,母亲对子女的塑造不具备决定性力量,而女性自身也完全局限在“家内”。《哪吒闹海》则完全将母亲“隐退”。在各个版本的哪吒故事中,母亲具有地位的是

TVB版《封神榜》中的殷十娘，她学法于女娲，协助李靖征战沙场，同时以“母爱”守护并感化哪吒，使得最终塑造哪吒的不是“父”，而是“母”的牺牲。比起TVB版的殷十娘，《魔童降世》中的殷夫人则与李靖地位更加平等，不再是辅助性角色，她披挂上阵、斩妖除魔，能力不在李靖之下；性格则突破了前版殷十娘的“柔”，更加刚柔相济，在事业上更加积极主动，对待“魔童”则又充满了柔情。此外，她身上还多了事业与亲情的矛盾，为了事业，母亲不能时刻陪伴在孩子身旁，这也是以往版本所不具有的。新版中的母亲可以说是当代某种对女性形象“想象”的影视展现，至于这种“刻画”是否正确，则有待检验。

第三，“师”的作用完全发生了变化。比起《哪吒闹海》，“师”的形象在《魔童降世》中彻底反转，甚至“弱化”。太乙真人、申公豹都被娱乐化了。太乙真人像是一个“段子手”，不停地“讨好”学生，而无丝毫“权威”。同时，师的教化在哪吒和敖丙那里都不是决定性的力量。真正改变两人命运的都不是老师，老师没有在学生心灵当中留下有效的印记。老师在孩子命运面前是“辅助性”的，而非主导性，这与《封神演义》和《哪吒闹海》都不一样。这一变化根源上的原因在于叙事基调的差异，在价值基底上，《魔童降世》已经与之前版本分离，彻底地“去政治化”。其中的老师形象已经远离了古典的“东亚世界”，也远离了革命语境，而更接近好莱坞娱乐片，也更符合当下的某些情景。

第四，朋友一伦得到强化，但朋友的内涵与古典相比发生了变化。《魔童降世》中激发哪吒“魔性”的与其说是“命”，不如说是人们的“偏见”。哪吒渴求朋友，却得不到同龄人的理解，这激发出他的“叛逆”，而在拥有朋友之后，哪吒则换了面孔。故事中，敖丙不再仅仅是一个反派小角色，他与哪吒成了“朋友”，成了故事的另一主角，而朋友关系也深刻影响了二人的行动选择。面对“命”的不仅有哪吒，也有敖丙，朋友共同面对命运，也一同尝试“改命”。当然，此种朋友关系依旧是现代的，是两个“孤独”个体的相互吸引造就了友谊。这种友谊不是古典的“同志曰朋”，更非革命友谊。

第五，比起前面几种变化，更为深层的差异是“敬”的消失，“爱”完全替代了“敬”。在《魔童降世》中，“爱”和由爱产生的牺牲成了改变“命”的主导性力量。哪吒与父母只剩下了“爱”，而没有了“敬”，我们没有看到父亲以“敬”约束“顽童”，更看不到哪吒对父母的“敬”。而此种爱敬模式，也更符合当代家庭形态。当代核心家庭的“亲亲”性更强，爱更浓，同时“尊”的权力不会声张。没有一个父亲可以名正言顺地诉诸“敬”而要求其家内地位，此种要求也得不到社会性的支撑，只会带来父子间的冲突。父母对子女的“规训”只能以“爱的名义”，家内秩序只能建立在爱的基础上，而子女对父母也只有“爱”而非传统的“报”。由于“敬”的退场，父子关系的实质也就发生了转化，进而政治秩序与家内秩序的关系也被斩断，因此，影片不需要一种政治关系作为情节支撑。当然，在敖丙那里，“敬”还有残存，但此种残存也并非以正面形象示人，反而成了一种“负担”。

由于以上种种变化，面对命运，起决定性力量的成了“亲”。此种“亲亲”的强化有着思想史的背景，我们可以看到，在晚明思想中，由于阳明学的兴起，“亲”的地位变得突出。但是，社会结构的变迁则是影片中反映出的亲亲压倒尊尊的根源性力量。当然，亲的力量在哪吒那里是正向的，而在敖丙那里则成了负担性的“家族”。为了一个背景性的“家族”，敖丙要做出自我牺牲，进而造成自己命运的改变。而哪吒则不具有此重负担，父母对他的要求相对简单，甚至这种要求最后完全可以化约为爱。而这也是哪吒与敖丙的“一体两面”。哪吒与敖丙的一体两面，表面上与“善恶”有关，其实与原生家庭密切相关。

对哪吒而言，对改变其命运起决定性作用的“亲”不仅有母亲，更有父亲。故事中的李靖以其实际行动“控诉”着当下社会中的“丧偶式抚养”。在革命中退场的父亲在“化魔”中回归。更为有趣的是，影片中，最后做出牺牲的模式并非一般想象的“母爱”付出，而是父亲主动要求牺牲。但由于“敬”的缺失，此种父爱其实已经“母爱化”了。拥有性别差异的父母在“亲”面前，对子女的爱没有实质性的差异。这其实是核心家庭的基本形态。有学者指出，为了叙事，电影中哪吒和敖丙均“独子化”了，而故事的逻辑也更符合此种独子化的核心家庭的人伦关系，这也是影片能打动很多当下观众的一个重要原因。在此种核心家庭中，父亲重获尊严，但不是依靠“尊”“敬”，而仅仅靠牺牲性的爱。当然，父的牺牲在哪吒与敖丙这里同样是“一体两面”的。龙王的牺牲并没有赢得尊严，而只是加重了敖丙的负担。影片似乎要求的是一种“纯粹的爱”与“纯粹的牺牲”，而不能夹杂任何多余的诉求。龙王的牺牲与敖丙的命运，其实留下了近代对家庭、家族批判的尾巴。但总的来说，在《魔童降世》中，礼教不再吃人了，因为礼教消失了。

四、小　结

在整部影片中，最让人感动的就是纯粹的爱对魔童的感化。其实魔童哪吒可以是无数现实版“魔童”的化身，他的“魔性”在不少孩子身上都存在，而不少父母则看不到此种魔性，或将魔性视为“天真”，乃至一定程度上在培养此种“魔性”。而在此种“魔性”面前，“纯粹的爱”也很容易转化为“溺爱”。这种爱在魔童面前就真的那么有效吗？影片对此种可能没有展开，但问题其实呼之欲出。当魔童的魔性显现时，不少人往往将之归为教育或者社会的“错”，而不会去思考“爱”是否有错。相比而言，哪吒是幸运的，他的父母至少正视此种“魔”，并信任“师”。当然，故事的创作者应该坚信“爱的力量”，而不主张某种形式的“敬”的回归以建立秩序性的教化。

影片最终的理想主义诉求体现在哪吒讲的那句“我命由我不由天”上，但由于故事情节的展开，可以说这里的“我”已经不是魔童的“小我”了：在哪吒成长的过程中，不断有力量塑造这个我，改造这个我，养育这个我，关心这个我，有父母、老师、朋友共同作用于它，最后改变“我命”的其实是“大我”。这里的“小大之辩”或许还保有着传统因素，因之哪吒作为英雄也就有可能超越“个人主义”的英雄塑造。当然，在“天地君亲师”及背后的“礼”结构解体的背景下，如何进一步理解“我”，理解、反思亲子之爱与家庭关系，这一问题尚待展开，这或许也是《魔童降世》留给我们的课题。

《左传》中的"仁"

"仁"是儒家学说的核心观点之一。《论语》中 的"仁",是孔子及其弟子经常讨论的话题,也是最为重要的话题之一。《论语》中一共出现了一百零九处"仁",分布在五十九章当中,即使排除被认为是"人"字的通假的地方,依旧有一百零五个"仁"分布于五十八章之中。这远远超过了孔子对于"礼""义""孝"的论述。"仁"的含义在孔子那里也极为丰富。然而,与《论语》《孟子》等先秦儒家文献相比,作为儒家十三经之一的《左传》谈"仁"却要弱许多,只有三十几处谈到"仁"[①],意义也较为单一,这似乎与其儒家化的经典身份不相符[②]。但是,如果将《左传》看成一部记述春秋时代历史的史书,把其作为研究思想史发展的材料来看,那么在分析《左传》中的"仁"并将之与《论语》相对比时,就可以看出"仁"这一观念的变化和发展,并更好地审视孔子对于"仁"的创造性诠释。以往对春秋时代"仁"的观念的研究,多结合《左传》《国语》以及其他文献,以勾勒这一时期"仁"的"全貌"[③]。这种以"仁"为核心的研究,有助于增强我们对于"仁"的理解,然而《左传》的"仁"的特殊性也会因此被忽略掉。本文以《左传》为核心讨论"仁",即在《左传》的视域下讨论"仁"的问题,以解释前文所述的相关问题。

一、"仁"在《左传》中的发展脉络

西周后期,"仁"的观念就已经被提出,《逸周书·宝典解》就谈到了"仁"的问

---

① 据统计,《左传》中"仁"凡三十三见。参见葛荣晋:《"仁"范畴的历史演变》,见王中江主编:《中国观念史》,郑州:中州古籍出版社,2005年,第102页。笔者也检索了一下《左传》当中的"仁",共有三十三个意义段落谈到"仁",出现三十九个"仁"字。

② 这里所涉及的问题较为复杂,涉及文本的经典化问题以及经典的儒家化问题。当然,我们也不能因为《左传》谈"仁"较少而否定其"儒家化"的意义,《左传》对于"礼"的关注与记载,对于其他德目的关注也使其具有"儒家化"的气质。

③ 这方面的研究比较有代表性的是陈来先生的《古代思想文化的世界》(北京:生活·读书·新知三联书店,2002年),该书第九章第二节结合《左传》《国语》《逸周书》以及其他文献勾勒"仁"的发展历程以及特性。此外还有白奚先生的《从〈左传〉〈国语〉的"仁"观念看孔子对"仁"的价值提升》,《首都师范大学学报(社会科学版)》2007年第4期。

题，只是意义还不明确[①]。《左传》出现三十几处“仁”，次数虽然不多，但是其中“仁”的意义相对于西周后期来说，还是相对比较清楚的。同时，《左传》当中的“仁”也有一定的发展脉络。

从频次上讲，隐、桓、庄、闵时期谈“仁”较少，而僖公之后，谈“仁”的次数明显增多。

《左传》中第一次谈到“仁”是在隐公六年，可见在春秋早期就已经出现了对仁的讨论。但是，僖公之前，“仁”凡两见，隐公六年一次，庄公二十二年一次，而且都比较简略。隐公六年《左传》记载“亲仁善邻，国之宝也”[②]，只是提到“仁”与国家政治相关，是国家政治的一种考量，除此之外没有多余的意义空间。“仁”可以作为一种德目，但“善邻”可以作为一种品行，却不能说是某种德目。庄公二十二年的论述相比于隐公六年，有了较大的进步，《左传》载：“酒以成礼，不继以淫，义也；以君成礼，弗纳于淫，仁也。”[③]此处以“礼”来言“仁”，仁、义、礼并言，具有较丰富的意义，但也可以看到，此处“礼”为核心，“仁”还没有获得独立的意义。

僖公之后，言“仁”的次数明显增多，虽然其意义仍相对集中，但是在某种集中的意义下具有了更多的可讨论空间和意义层次。如僖公三十三年载：“出门如宾，承事如祭，仁之则也。”[④]就是针对“仁”的内在属性的讨论。这段话虽然还是在谈“仁”和“礼”的关系，但是相比庄公二十二年的记载，却有一个重要的不同。这里谈的“仁之则”，是指仁的内在的法则、内在的属性和意义，涉及“仁”作为一个哲学范畴的内涵。而上文说的“仁也”则较为宽泛，只是建立了仁和礼的关联，提示了其相关性，但没有揭示其具体的关联。

从《左传》中言“仁”的发展我们可以看出，在春秋早期，“仁”还没有得到足够的关注和讨论，而春秋中期之后，“仁”被逐渐重视，得到更为深入的讨论。《左传》反映的这一情况与其他文献类似。但是，《左传》谈“仁”还有一个明确的特点，那就是集中于“政治德性”。我们上面所引的三处结合上下文来看，基本上都在谈论政治问题，具体包括外交、君臣、人才三个层面，而《左传》其他谈到“仁”的地方也是如此，只有少数几处“仁”的意义超出了“政治德性”。

---

① 参见《古代思想文化的世界》，第 248 页。陈来先生还论述到，“周人德性论的叙述中有些地方已经提到仁德，但或意义不清，或强调不力。而在春秋各诸侯国，仁的意义渐渐明确，其地位也越来越重要”，但“在多数场合，‘仁’只是众德之一，地位并非突出于诸德之上”。参见上书，第 256、269 页。陈来先生的论述是结合众多文献得出的，具体到《左传》情况还有些许差异。

② 杨伯峻编著：《春秋左传注》，北京：中华书局，1981 年，第 50 页。

③ 《春秋左传注》，第 221 页。

④ 《春秋左传注》，第 502 页。

二、作为政治德性的“仁”

如果我们考察《左传》当中这些对“仁”的论述，不难发现，“仁”是作为“政治德性”被讨论的，其主要意义都和政治有关。例如：

> 宋公疾，太子兹父固请曰：“目夷长且仁，君其立之！”公命子鱼。子鱼辞曰：“能以国让，仁孰大焉？臣不及也，且又不顺。”遂走而退。①

这里的“仁”是和“让国”相关的，而且明显把“让国”当作“仁”之中较高的层次来考虑。

又如：

> 夫乐以安德，义以处之，礼以行之，信以守之，仁以厉之，而后可以殿邦国、同福禄、来远人，所谓乐也。②

这里“仁”所要实现的目的依旧与国家的政治目标相关，是为了国家的政治利益。《左传》当中类似于这样排比德目、最后指出其政治意义的论述很多。

《左传》中谈到“仁”的地方与政治有关，而“不仁”作为“仁”的反面，依旧是政治领域的问题，例如：

> 仲尼曰：“臧文仲，其不仁者三，不知者三。下展禽，废六关，妾织蒲，三不仁也。作虚器，纵逆祀，祀爰居，三不知也。”③

这里的“不仁”的三点，涉及人才、财用、民生几个方面，无疑还是和政治相关。这里引孔子的话谈到这一点，也值得我们关注。我们无法判断这句话是否真为孔子所说，但是，我们可以相信，在《左传》的作者看来，即使是孔子所谈的“仁”的问题，也依旧有政治指向，可以是“政治德性”。

以上只是我们举出的一些例子，我们就不再列举出每一处言“仁”的地方了。如果细致地分析这些涉及“仁”的地方，我们就不难发现，除了几个地方之外，《左传》当中的“仁”都可以归结为“政治德性”，这是《左传》言“仁”比较特殊的地方，不仅和《论语》有很大不同，即使和《国语》当中有关春秋时期的“仁”的论述相比，也比较特殊。

《国语》当中的“仁”也涉及政治德性，如《国语·晋语》记载：

---

① 《左传·僖公八年》，《春秋左传注》，第 323 页。

② 《左传·襄公十一年》，《春秋左传注》，第 993-994 页。

③ 《左传·文公二年》，《春秋左传注》，第 525-526 页。

优施教骊姬夜半而泣谓公曰：“吾闻申生甚好仁而强，甚宽惠而慈于民，皆有所行之。今谓君惑于我，必乱国，无乃以国故而行强于君。君未终命而不殁，君其若之何？盍杀我，无以一妾乱百姓。”公曰：“夫岂惠其民而不惠于其父乎？”骊姬曰：“妾亦惧矣。吾闻之外人之言曰：为仁与为国不同。为仁者，爱亲之谓仁；为国者，利国之谓仁。”[1]

这段话讲“为国者，利国之谓仁”，就是作为一种政治德性谈“仁”。但是，我们也需要注意，这段话还谈到“为仁者，爱亲之谓仁”，是从“爱亲”的角度谈“仁”。这样，《国语》的这处记载就涉及了家庭伦理和国家伦理两个方面。又，《国语·周语》中有“仁，文之爱也”，“爱人能仁”，《楚语》有“明之慈爱，以导之仁”，多有以“爱”言“仁”之处，而且谈到了“爱亲”与“仁”的关系。而以“爱”言“仁”、讲“仁”与爱亲的关系也是孔子之后儒家言“仁”的一大特色，《论语》当中多有这方面的记载。《论语》有：“樊迟问仁，子曰：‘爱人。’”[2]又有：“有子曰：‘孝悌者，其为仁之本与。’”[3]同时，在《论语》的逻辑当中，从政治意义上讲，“爱人”为“爱民”，以爱为仁，是从爱亲引申出的普遍的爱。郭沫若先生认为，古文字之中从身从心之字就是“仁”，这为郭店楚简当中六十七个“仁”字所证明[4]；廖名春认为，“仁”的本字从“亻”从“心”，意味着心中爱人，“心中有人，也就是爱人”[5]。《左传》当中的情况似乎并没有证明这一点，《左传》当中的“仁”多为政治德性，而且直接就在政治视域下讨论这一问题。当然，《左传》当中似乎不是没有以“爱”来言“仁”的地方，《左传》昭公二十年载：

无极曰：“奢之子材，若在吴，必忧楚国，盍以免其父召之。彼仁，必来。不然，将为患。”王使召之曰：“来，吾免而父。”棠君尚谓其弟员曰：“尔适吴，我将归死。吾知不逮，我能死，尔能报。闻免父之命，不可以莫之奔也；亲戚为戮，不可以莫之报也。奔死免父，孝也；度功而行，仁也；择任而往，知也；知死不辟，勇也。父不可弃，名不可废，尔其勉之！相从为愈。”伍尚归。奢闻员不来，曰：“楚君、大夫其旰食乎！”楚人皆杀之。[6]

结合上下文看，此处的“仁”似乎和“爱亲”发生关联。但是，这一关联也只能是在推测的意义上得出。而且此段言“仁”又和“孝”并举，没有说二者的关系，二者又

① 上海师范大学古籍整理组：《国语》，上海：上海古籍出版社，1978 年，第 274-275 页。
② 《论语·颜渊》。
③ 《论语·学而》。
④ 参见郭沫若：《郭沫若全集》第八卷，北京：科学出版社，1957 年，第 22 页。
⑤ 廖名春：《“仁”字探原》，《中国学术》2001 年第 4 期，第 138 页。
⑥ 《春秋左传注》，第 1408-1409 页。

分属不同的范畴。“仁”和“爱亲”的关系就更是微妙。

“爱亲”相对比较弱，“爱民”的意思却很明显，襄公二十五年载：

> 晋程郑卒，子产始知然明，问为政焉。对曰：“视民如子。见不仁者，诛之，如鹰鹯之逐鸟雀也。”子产喜，以语子大叔，且曰：“他日吾见蔑之面而已，今吾见其心矣。”[①]

这里讲“不仁”，其反面的“仁”就是“爱民”，即“视民如子”。“仁”从爱民的意义上讲，意思较为明确，但是其中爱民和爱亲的逻辑关系还不是很明显，我们至多可以从“如子”这个类比的意义上认为它们有逻辑关系。

总之，我们仔细审视《左传》当中的“仁”，就会明显地感到这些“仁”属于政治德性，和“爱”“爱亲”的关系不甚明确。这与我们前文所引述的文献十分不同，也与一般对春秋时代“仁”之观念审视得出的结论不符合。那么，我们是否就可以从《左传》出发，否认“爱”作为“仁”的本义呢？实际上，《左传》当中的“仁”集中在政治德性上这一点，并不足以否认“仁”的“爱亲”的本义。我们必须注意到《左传》这一文本的特性，才能理解其谈“仁”集中在“政治德性”上的原因。

《左传》讲“国之大事，在祀与戎”[②]。《左传》一书主要与“国之大事”有关，它记述了当时诸侯国之间的政治事件以及诸侯国内部的政治变动。政治可以说是《左传》的主旋律，《左传》对政治逻辑和政治事件的关注明显超过其他儒家经典[③]。那么，在这种政治氛围笼罩下的对“仁”的论述，自然会和政治发生紧密的联系，而以“政治德性”的面目出现。

我们还可以从《国语·楚语上》的一段文字来看这一点：

> 问于申叔时，叔时曰：“教之《春秋》，而为之耸善而抑恶焉，以戒劝其心；教之《世》，而为之昭明德而废幽昏焉，以休惧其动；教之《诗》，而为之导广显德，以耀明其志；教之礼，使知上下之则；教之乐，以疏其秽而镇其浮；教之《令》，使访物官；教之《语》，使明其德，而知先王之务用明德于民也；教之《故

---

① 《春秋左传注》，第1108页。

② 《春秋左传注》，第861页。

③ 即使是与《公羊传》和《穀梁传》相比，《左传》的这一特色依旧十分明显。《公羊传》《穀梁传》言“义例”较多，讲求“春秋大义”，而《左传》更关注“事”。另一方面，即使是《春秋经》，也主要集中在政治事件上，据统计，经文所记的内容：征伐40%，会盟20%，朝聘20%，祭祀、婚丧10%，日月食、星变、地震、陨石、雨雪、水旱灾10%。从义理的角度看，《左传》与《公羊传》相比也更加突出政治逻辑的优先性，虽然《公羊传》也讲“君臣大义”“尊君”，但《公羊传》强调“大复仇”，其中一个重要内容就是“血亲复仇”，而《左传》则讲“大义灭亲”，这在“卫州吁之乱”这一事件的记载中体现得较为明显。

志》,使知废兴者而戒惧焉;教之《训典》,使知族类,行比义焉。”[1]

这里的《春秋》可以说是《左传》一类的文本,或者可以看作《左传》的史料来源。我们可以看到,教授这一类文本的主要目的不是宣扬爱亲之类的德目,而是通过政治上的惩恶扬善劝诫太子之心,而德性的丰富性则主要在《世》《诗》《语》等文献中体现。因之,我们也可以理解《国语》对“仁”论述的丰富性的原因。可见,《左传》谈“仁”主要集中在政治德性这一特点,与其文本性质密切相关。

如果我们联系西周后期、春秋早期的文献,就可以看出,“仁”有明确的政治德性的意思[2],“政治德性”是“仁”的一个古老的向度,《左传》谈“仁”是对这一古老向度的延续。在“政治德性”的意义下,“仁”的各种政治意义被展开讨论。

在《左传》当中,“仁”的政治意义较为广泛,除了前面已经谈过的“爱民”层次的意义之外,还有选材、外交、行礼、君臣、德刑等诸多方面的含义。选材、外交、行礼、君臣这几方面我们在上述引文中可以看出来,而关于“德刑”,我们可以举一例来看,以丰富我们对作为政治德性的“仁”的理解。《左传》昭公三年载:

> 初,景公欲更晏子之宅,曰:“子之宅近市,湫隘嚣尘,不可以居,请更诸爽垲者。”辞曰:“君之先臣容焉,臣不足以嗣之,于臣侈矣。且小人近市,朝夕得所求,小人之利也,敢烦里旅?”公笑曰:“子近市,识贵贱乎?”对曰:“既利之,敢不识乎?”公曰:“何贵?何贱?”于是景公繁于刑,有鬻踊者,故对曰:“踊贵,屦贱。”既已告于君,故与叔向语而称之。景公为是省于刑。
>
> 君子曰:“仁人之言,其利博哉!晏子一言,而齐侯省刑。《诗》曰:‘君子如祉,乱庶遄已’,其是之谓乎!”[3]

这处的“仁”出现在“君子曰”当中。“君子曰”是《左传》义理阐发的一个重要方式,而此处的“君子曰”就主要阐释了“仁人”之言的“利”,而其利就在于“省刑”。可见,仁作为一种政治德性,其反面就是“任刑”,仁政必然不是依赖于刑法的实施的。这也可以方便我们理解《论语》当中“道之以德”和“道之以刑”的区分。

三、仁与其他德目

《左传》当中言“仁”还有一个特点,即“仁”不是作为一个主德出现,而是往往与

---

① 《国语》,第528页。

② 如果我们看《逸周书·宝典解》就可以发现这一点,在《宝典解》当中,主要是从政治德性的角度思考问题,谈政治上仁的意义。具体可以参见《逸周书汇校集注》,上海:上海古籍出版社,1995年,第299-302页。

③ 《春秋左传注》,第1237-1238页。

其他德目并列出现，一同论述。事实上，这种论述在某种意义上丰富了“仁”的内容，虽然这种丰富性还无法和《论语》相比，深刻性也不及《论语》。

我们可以看到，与“仁”一起出现的德性有“信”“义”“忠”“敏”等，其中比较值得我们注意的有以下几种情况。

首先是“仁”与“礼”的关系。在《论语》中，“仁”与“礼”是相辅相成的两个概念范畴。而“仁”与“礼”的这种关联性在《左传》中就有体现，而且直接与《论语》相关。

我们先看一下《左传》当中出现“仁”和“礼”关系的几段话。

1. 出门如宾，承事如祭，仁之则也。①

2. 夫乐以安德，义以处之，礼以行之，信以守之，仁以厉之，而后可以殿邦国、同福禄、来远人，所谓乐也。②

3. 闲之以义，纠之以政，行之以礼，守之以信，奉之以仁；制为禄位，以劝其从；严断刑罚，以威其淫。③

4. 仲尼曰：“古也有志：‘克己复礼，仁也。’信善哉！楚灵王若能如是，岂其辱于乾溪？”④

我们可以看到，第3段材料之中，仁与礼、义、信等德性是并列的，都共同指向良好的治理。第2段与之类似，但是，最终指向的是“乐”，如果我们从广义来理解的话，“乐”可以看作包含礼乐的“礼”的一部分，或最终效果。那么，这里“仁以厉之”最终所指向的就是礼乐共同体的实现，仁成为礼乐最终效果实现的一个重要环节。第1、4段材料尤其值得注意，如果我们熟悉《论语》的话，一定会发现它们之间的亲缘关系。《论语·颜渊》载：“出门如见大宾，使民如承大祭。己所不欲，勿施于人。在邦无怨，在家无怨。”“克己复礼为仁。一日克己复礼，天下归仁焉。为仁由己，而由人乎哉？”⑤与《论语》相比，《左传》直接把“出门如宾，承事如祭”称为“仁之则”，即以礼为行仁的准则，“克己复礼为仁”更是用“礼”来解释仁。可见，礼与仁的关系是十分古老的，《论语》之前的时代就已经用“礼”来规定“仁”了。以“克己复礼”讲仁是孔子之前对仁的了解。孔子之前，春秋时代人们最重视“礼”，“礼”与“非礼”是最重要的评价体系，“一切文教与制度，盖皆统于一礼之名下”，“春秋时人之言德行，恒环绕礼文之名而说”。⑥“一切亲亲、尊尊、贵贵、贤贤，天子与诸侯，诸侯

① 《左传·僖公三十三年》，《春秋左传注》，第502页。
② 《左传·襄公十一年》，《春秋左传注》，第993-994页。
③ 《左传·昭公六年》，《春秋左传注》，第1274-1275页。
④ 《左传·昭公十二年》，《春秋左传注》，第1341页。
⑤ 《论语·颜渊》。
⑥ 唐君毅：《中国哲学原论·原道篇》，北京：中国社会科学出版社，2006年，《导言》第40页。

与诸侯及士大夫之相与之事，无不可以礼敬之意行之，皆可名之为礼。此礼遂于宗教、艺术、文学、人伦、政治之事，无所不贯；而人在种种为礼之事中，亦同时即可养成种种不同之德矣。”[①]而在孔子处，“仁”的地位显然获得了提升。孔子指出这句古语，“克己”有其深意。礼更多关注行为，“克己”则从行为深入到内心层次，不是压抑内心，而是真正克服私欲。可见孔子不仅仅从礼乐文化来讲仁，还从内心来讲。《左传》的仁没有孔子所讲的深意，只是认为应在礼的框架下定义。我们可以看出孔子对春秋时代文化的继承和发展，也可以看到《左传》用“礼”来约束“仁”，说明“仁”在春秋时代还没有成为核心的哲学范畴。但是，《左传》的记述可以看作孔子的思想资源与问题针对。

其次是“三达德”在《左传》当中的出现。我们知道，“三达德”是《中庸》所提出的儒家重要的德性系统。《中庸》的表达可以说是渊源有自，《左传》当中就有类似的记载。僖公三十年有“因人之力而敝之，不仁；失其所与，不知；以乱易整，不武。吾其还也”[②]。《中庸》里的“三达德”是“智仁勇”，而此处是“仁知武”，“武”和“勇”的意思是接近的，因此，《左传》的这处记载可以看作《中庸》“三达德”的原型。当然，我们也应注意，《左传》此处所讲的三种德性还只是政治德性，而非《中庸》里所谈的普遍德性，《左传》里的这三种德性是并列关系，我们无法判断其排序是否有深意，而《中庸》的“三达德”则更有深意。《左传》当中还有关于“仁”“武”和“知”相关的记载，我们也可以发现，无论在此处还是在其他几处记载中，“仁”都很难与其他德性分出等级，也就是说，“仁”还没有成为一种“主德”。

当然，《左传》当中也有一些地方的“仁”是具有优先地位的，如成公九年载“不背本，仁也；不忘旧，信也；无私，忠也；尊君，敏也。仁以接事，信以守之，忠以成之，敏以行之”[③]。“仁”开始作为逻辑线条的起点出现，但依旧不是主德，没有像《论语》中的那样成为全德。在孔子之前的中国思想中，“文”涵盖很广，是“全德”，当时人解释各种德性时，常将其说成是“文”的某一个方面，如仁是“文之爱”。徐复观先生在《原人文》一文中讨论了周初“文”的含义，他认为，周初，姬昌谥号为“文”，被称为周文王，周公的谥号也是“文”，这说明“文”被赋予了较高的境界，在德行层次上较高[④]；唐君毅先生也指出，西周种种德都围绕礼文来讲[⑤]。《左传》当中“仁”的地位可以体现出这一点，而《左传》对“礼”的重视更体现了唐徐诸先生的观点。

---

① 《中国哲学原论·原道篇》，《导言》第 40 页。

② 《春秋左传注》，第 482 页。

③ 《春秋左传注》，第 845 页。

④ 徐复观：《中国思想史论集》，上海：上海书店出版社，2004 年，第 205 页。

⑤ 《中国哲学原论·原道篇》，《导言》第 40 页。

但到了孔子那里，"仁"取代"文"成为全德，孔子未把仁视为单一德目，而是对其进行多角度的阐发，相比于《左传》对仁的阐释，有了极大的推进。

最后，是"四德"与"五常"的关联。在儒家思想当中，"四德"一般指《周易》乾卦的"元亨利贞"四种属性，五常则指"仁义礼智信"五种伦理道德德性。宋明儒者，如朱子，经常把"四德"和"五常"联系在一起，并赋予对应关系，这种对应关系其实在《左传》之中就有着古老的依据。襄公九年载：

> 是于《周易》曰："'《随》，元、亨、利、贞，无咎。'元，体之长也；亨，嘉之会也；利，义之和也；贞，事之干也。体仁足以长人，嘉会足以合礼，利物足以和义，贞固足以干事。然，故不可诬也，是以虽《随》无咎。今我妇人，而与于乱。固在下位，而有不仁，不可谓元。不靖国家，不可谓亨。作而害身，不可谓利。弃位而姣，不可谓贞。有四德者，《随》而无咎。我皆无之，岂《随》也哉？我则取恶，能无咎乎？必死于此，弗得出矣。"①

这里讲《周易》就直接用"元"对应"仁"，其他几者也一一对应。可见，至少在襄公时代，"仁"就已经开始和易卦的属性发生关联。这种关联本身就丰富了"仁"的内容，同时，仁与元的关联也使原本作为卜筮之书的《周易》的属性开始扭转，占卜不只依靠"数"了，而且和占卜之人的"德性"发生关联，德在生活世界的地位开始突出。而仁对应元则可能为仁日后地位的突出提供更为丰富的解释空间，正如汉代、宋明儒者那样，把作为德性的"仁"与宇宙本体关联。

综上，《左传》中的"仁"具有自身的特点，主要与"政治德性"相关，且不作为"主德"出现，而往往与其他德目并列出现。从思想史发展的角度审视《左传》当中的"仁"，便不难发现，《左传》当中的论述是"轴心时代"哲学突破的重要基础，《左传》当中"仁"的讨论，更为日后儒家的讨论提供了丰富的材料和历史背景，有些甚至直接是后代儒家讨论的逻辑生发点。

---

① 《春秋左传注》，第965-966页。

“明器”可能的义理诠释

“明器”作为一种器物，在先秦主要有两种：一种是周王分封诸侯时赏赐的宗庙重器，例如，《左传·昭公十五年》记载：“诸侯之封也，皆受明器于王室，以镇抚其社稷。”杜预注“明器”云：“谓明德之分器。”另一种指专为随葬而制作的器物，本文所讨论的“明器”即是这种意义上的器物。关于明器，既有考古学上的讨论，也有艺术史上的讨论，这两方面的研究都有助于我们理解明器，但是，受笔者的知识所限，本文将重点集中在义理层面，讨论古代典籍关于明器的记述中可能具有的义理诠释空间，并从儒家礼学角度出发，探讨明器这种礼器可能拥有的思想指向。

一、明器之为器

葬器意义上的明器，最早见于《仪礼·既夕礼》，该篇文献描述了葬日在祖庙举行的大遣奠仪式中陈放的一组器物：

> 陈明器于乘车之西。折，横覆之。抗木，横三缩二。加抗席三。加茵，用疏布，缁翦，有幅，亦缩二横三。器，西南上，綪。茵。苞二。筲三，黍、稷、麦。甕三，醯、醢、屑，幂用疏布。甒二，醴、酒，幂用功布。皆木桁，久之。用器：弓矢、耒耜、两敦、两杅、槃、匜。匜实于槃中，南流。无祭器。有燕乐器可也。役器，甲、胄、干、笮。燕器，杖、笠、翣。

郑玄注释此段话言：“明器，藏器也。”贾公彦疏云：“自筲以下，皆是藏器。”①从这段话出发，巫鸿先生做出了四点分析：

1. 明器与祭器严格分开。

2. 明器中的几种容器均非铜器，而是以芦苇、菅草和陶土制造。

3. 明器并不专指为葬礼制造的器物，而是包括了死者生前的燕乐器、役器和燕器。

---

① 《仪礼注疏》。

4. 记载的重点不在于器皿形态及其象征性，而在于它们盛放的食物和饮料。[①]

关于明器与祭器的严格区分，还可以从《礼记·檀弓》中曾子的一段话中得到印证，《檀弓》记载：

夫明器，鬼器也。祭器，人器也。

明器非铜制也体现在《檀弓》的记载上，《檀弓》所记载的明器为竹制、木制或陶制。关于第三点和第四点，巫鸿先生指出，“把这些特点和《荀子》以及《礼记》中有关明器的文字加以比较，可以明显看出后者的两个重要发展，一是明器作为容器的实际功能转移到这些器物本身的象征意义，二是对明器进行哲理和道德的解释，结合其他类别的礼仪用具综合讨论，逐渐形成对一套丧葬用具的系统阐释。”[②]确如巫鸿先生所说，《荀子》区分了“明器”和“生器”，对明器的意义加以诠释；《礼记·檀弓》则分析了明器与儒家一般义理的关系；而《仪礼·既夕礼》中关于明器的记载则仅此而已，可见真正对于明器的理论观察出现在《荀子》和《礼记》当中。综合《荀子》和《礼记》当中的记载，我们可以发现，明器作为一种葬器，除《仪礼》中所揭示出的两个特点（非祭器与非铜制）外，最主要的特点是“备物而不用”，如《檀弓》言：

孔子谓为明器者，知丧道矣，备物而不可用也。哀哉！死者而用生者之器也，不殆于用殉乎哉！其曰明器，神明之也。涂车、刍灵，自古有之，孔子谓为刍灵者善，谓为俑者不仁，殆于用人乎哉！

又言：

孔子曰：“之死而致死之，不仁而不可为也。之死而致生之，不知而不可为也。是故竹不成用，瓦不成味，木不成斫，琴瑟张而不平，竽笙备而不和，有钟磬而无簨虡。其曰明器，神明之也。”

《檀弓》反对那种以“用”的态度对待明器的方式，这点体现在曾子对宋襄公的批评上：

宋襄公葬其夫人，醯醢百瓮。曾子曰：“既曰明器矣，而又实之。”

关于明器为何“备物而不可用”，《礼记》《荀子》的解释都很简单，没有详细展开，后世对这个问题的讨论也不似对其他问题讨论得那么充分。现代一些学者给出了一

---

① 参[美]巫鸿：《“明器”的理论和实践——战国时期礼仪美术中的观念化倾向》，《文物》2006年第6期，第77页。

② 《“明器”的理论和实践——战国时期礼仪美术中的观念化倾向》，第77页。

些解释，例如，巫鸿先生认为：

> 在他（荀子）看来，丧礼的本质在于“以生者饰死者”，以表示生者对死者始终如一的态度。这个道理贯穿于丧礼的所有细节，从对死者沐浴更衣到为他（她）饭唅设祭，从建造“象宫室”的墓穴棺椁到准备随葬器物，无一不是为了表达“象其生以送其死”的中心思想。和《仪礼》一致，荀子所记载的“荐器”只包括明器和生器而不含祭器。但与《仪礼》不同的是，他把明器和生器这两个词相提并列，作为两个相辅相成的概念使用。因此明器在这个新的解释系统里不再包括生器，而是指为丧礼所特别制造的器物。生器所指的仍是死者生前的衣饰、乐器和起居用具。但是荀子特别强调它们陈放方式必须显示出“明不用”的含义……综合起来看，荀子的侧重点不再是丧葬器物的具体用途，而是它们的“不可用”的意义。这种意义必须通过视觉形象表达出来，因此不管是“不成物”的陶器还是“无床笫”的簟席，明器和生器都是“不完整”的，只有形式而无实际功能的器物。用荀子的话来说，就是“略而不尽，貌而不功”。……荀子抨击了墨家的薄葬主张和“杀生送死”的殉葬方式。其结论是：“大象其生以送其死，使死生终始莫不称宜而好善，是礼义之法式也，儒者是矣。”……荀子所强调的可以说是明器的象征含义：通过使用这种象征物，儒家的丧礼得以用“比喻”的方式传达生者对死者的感情，因此可以避免同是强调物质性的薄葬和杀殉这两个极端。①

巫鸿先生对明器的理解很细致，指出了明器包含的象征意义及其指向。但是，这其中也有一些问题尚未得到说明，其中最重要的一点可能是这种象征意义背后的“机制”问题。即，为何要用“比喻”传达情感而不是用实物？为何这种象征、“比喻”可以达到传达感情的作用？何以实现避免薄葬和杀殉？这其中的机制到底是什么？古人什么样的信念保证了明器作为一种礼器具有如此作用？这些问题还隐而未发，因此值得我们通过进一步讨论，去揭示明器可能有的义理空间。

另一些现代学者从经济出发，结合当时的生产力水平，认为明器的使用主要是为了节约当时缺乏的资源。笔者认为这种观点有其合理性，但也面临与巫鸿先生的解释同样的问题。此外还有一个困难，即当时出现了宋襄公那类的人，为何儒家不能通过礼制上的安排，区分出不同阶层的不同明器，使国君一级的人可以使用珍惜的资源，其他阶层则不许使用？相反，儒者认为各个阶层都应怀有同样的态度，都要“备物而不可用”。那么在物质性考虑之外，儒家到底在强调什么呢？

---

① 《“明器”的理论和实践——战国时期礼仪美术中的观念化倾向》，第77-78页。

此外，还有一派学者认为，古人不知道死者到底用不用这些器物，他们对此存疑，但由于他们对死者也具有感情，怕死者会用到这些器物，因此准备了明器。但是，这种解释面临两个质疑：第一，从逻辑上讲，既然不知道死者用不用，而感情上又担心死者没的用，为何不从最好的方面出发，准备好最齐全、最可用的东西，做最好的打算；第二，从当时的信仰角度出发，古人的确“知道”鬼神是不用这些器物的，鬼神是要用鬼神之道对待的(这点我们通过下文的分析会详细看到)。

如此，面对“备物而不可用”，我们似乎需要提出其他的解释，以打开明器所含有的义理空间。

二、明器之“明”

在讨论“明器”可能的义理空间的开始，笔者认为，我们或许应该“循名责实”，思索一下明器为什么叫“明”器，明器这一名称透露给我们哪些信息。

显而易见的是，明器与祭器相对应。祭器，顾名思义，就是指祭祀时所陈设的各种器具，“祭”之名就交代了它的实际用途。那么明器之“明”是否与之类似呢?

在笔者有限的阅读里，没有发现对明器之“明”的专门阐释。例如，《释名·释丧制》在解释明器时说：“送死之器曰明器，神明之器，异于人也。”这一定义基本上交代了明器的用途，以及明器的对象，即“神”，这种器具是与人所使用的器具不同的。那么，明器为什么在最初的命名上会使用“明”这一字眼呢?

卫湜的《礼记集说》中有一段话讨论了明器的命名问题：

> 长乐陈氏曰：不曰“神明之器”，特曰“明器”者，以神之幽不可不明故也。《周官》凡施于神者皆曰“明”，故水曰明水，火曰明火，以至明齍、明烛、明竁者，皆神明之也。盖其有竹瓦木之所用，琴瑟竽笙钟磬之所乐者，明之也，所用非所用，所乐非所乐，神之也。宋襄公葬其夫人，醯醢百瓮，岂知此哉。[1]

卫湜所引的陈祥道的这段话告诉我们几点信息。首先，明器在实质上应该是神明之器，之所以叫作“明器”，是为了强调神的隐秘不知、不被“明”。这里引用《周礼》上的器物强调明器是“施于神者”。其次，施于神的这种“明”是区别于人对器物的行为的(即一般人使用器具时把器具当成用具的“用”“乐”等行为)，明器之“明”直接指向某种“神”之道。

其实这段话与《释名》的解释是相通的，它们都指出了明器的对象是“神”，且这

---

① [宋]卫湜：《礼记集说》卷十八，文渊阁四库全书本。

种器物的使用区别于"人器",这也回应了《檀弓》的记述。无独有偶,郑玄在解释《礼记·郊特牲》"明之也"时注言"明之者,神明之也",陈澔《陈氏礼记集说》也言"谓之明器者,是以神明之道待之也"[①]。可见,"明"最终都指向了"神"。但是,《檀弓》一方面说明器是"神明之",一方面说明器是"鬼器",上引两处都把明器的对象说成"神",这里面是否有不相合的地方呢?其实,在笔者看来,《檀弓》《释名》《礼记集说》这些地方所说的"神"均是指"鬼",而不是指神仙之神。郑玄的注释说得很清楚,他讲:"言神明,死者也。"[②]先秦文献中单独谈"神"时,有时就是兼指"鬼神";此外,先秦文献当中谈到的"神"很多就是指人死后的某种状态(有些人解释为"魂灵"),如《礼记·乐记》有"明则有礼乐,幽则有鬼神",郑玄注言"圣人之精气谓之神"[③]。此处把神解释为圣人死后的状态。又如《左传·昭公七年》记载"昔尧殛鲧于羽山,其神化为黄熊,以入于羽渊,实为夏郊,三代祀之",此处之神也是指人死去的状态[④]。需要说明的是,作为明器对象的"神"不是指一般的死者,而是指丧礼中死去的丧主的父或母,这种神或者鬼是有特殊指向的。

通过以上论述,我们可以发现,明器在命名的层面上就是直接与死者关联在一起的,"明器"的"明"与"祭器"的"祭"在这个层面上具有相似的意涵。但是,我们可以发现,"祭器"的"祭"的意义是很明确的,那么,"明器"的"明"的具体含义是什么呢?区别于一般的"用""乐"的这种"明",是一种什么样的活动呢?

郑玄在注释"神明之"时言:"神明者,非人所知,故其器如此。"[⑤]郑玄认为,神明的这种状态不是人可以知的,这似乎取消了我们探索"明"这种状态的可能性。但是,如果我们细致地紬绎古代典籍文献,似乎可以为这种"明"的状态提供一种解释。

郑开先生指出,"神明"的用法不见于《论语》,《孟子》谈得也很少,只有《荀子》对"神明"情有独钟,他认为,"敬鬼神而远之"是儒家的思想倾向,其哲学话语罕言"神明"的事实表达了一种批判性的立场,即对古代宗教的扬弃[⑥]。但是,我们可以发现,儒家的礼学文献中却很喜欢谈鬼神、神明的问题,那么能否说礼学当中对神

---

① [元]陈澔:《陈氏礼记集说》卷二,文渊阁四库全书本。

② 《礼记正义》。

③ 《礼记正义》。

④ 郑开先生指出,"毫无疑问,古籍中的'神'和'神明'(亦作明神)即鬼神,它们是古代宗教意识形态的特征性话语。"参见氏著:《道家形而上学研究》,北京:宗教文化出版社,2003年,第124-125页。郑德坤先生也指出,"古代中国人神鬼魂是闹不清的",即神鬼二字并未十分严格区分,他举出了先秦两汉典籍中的大量例子,参见氏著《中国明器》,上海:上海文艺出版社,1998年,第2页。

⑤ 《礼记正义》。

⑥ 《道家形而上学研究》,第135页。

明的态度表达了对古代宗教的继承呢？笔者认为是可以的，这点我们下文还要具体分析。

在古代宗教的思维中，鬼神观念预设了鬼神“知道”一切的前提，这点可以从古代卜筮问吉凶这一活动中体现出来。而鬼神知道的方式即是“明”，《管子·内业》说“神明”可以“照知乎万物”，《淮南子·兵略训》更进一步说“见人所不见谓之明，知人之所不知谓之神”。最为明显的要数《墨子·耕柱》的记述，“鬼神之明智之于圣人，犹聪耳明目之于聋瞽也”，明确地把“明”和鬼神的“智”联系起来，而区分其与圣人的“智”。可见，鬼神的“明”的状态与鬼神的认知能力相关[①]。儒家文献也强调神明有“明”和“知”的能力，《左传》《国语》和《礼记》中这点体现得相对明显，例如《中庸》讲“故君子之道：本诸身，征诸庶民，考诸三王而不缪，建诸天地而不悖，质诸鬼神而无疑，百世以俟圣人而不惑”[②]。而较为突出的是，儒家将鬼神的种种能力与“德”联系在一起，而不是单纯对其进行物质性的祭祀，《尚书·君陈》言：“至治馨香，感于神明。黍稷非馨，明德惟馨。”《左传》《国语》这方面也多有记述，我们可以先看《礼记·祭统》的一段论述，然后回到我们关于“明器”的讨论中。《祭统》言：

> 是以君子非有大事也，非有恭敬也，则不齐。不齐则于物无防也，嗜欲无止也。及其将齐也，防其邪物，讫其嗜欲，耳不听乐，故《记》曰“齐者不乐”，言不敢散其志也。心不苟虑，必依于道。手足不苟动，必依于礼。是故君子之齐也，专致其精明之德也，故散齐七日以定之，致齐三日以齐之。定之之谓齐，齐者，精明之至也，然后可以交于神明也。

可见，在祭祀这一问题上，交于神明最重要的还是“德”，还是要靠君子自身的修身，而不是要靠物质性的东西。《礼记》中谈到与神明打交道也多强调“德”的作用，当然，需要指出的是，这种德包含着生者对死者的真挚感情，特别是儒家所强调的“诚敬”。

以上，我们得到两点结论：第一，“明”是与鬼神的某种认知能力有关的；第二，鬼神的这种能力的效验是与“德”有关的。如果带着这些认识回到我们关于明器的论述，尤其是“备物而不用”的论述中，是否可以得到一种解释，即明器强调“备物而不用”是与明器的“使用”对象“鬼神”有关，而鬼神对人所奉献的器物的使用不是靠物质性的东西，而是靠奉献者的“德”。“备物”所表达的不是“物”，而是“备”背后所

---

① 关于这一点的详细论述可参考郑开先生《道家形而上学研究》第二章之“神明辞例考”，笔者观点多参考这一部分的论述，故不再赘述。

② 此处的解释不考虑宋儒，如朱子，将鬼神理解为“造化之迹”的说法。

代表的生者对死者的“德”，尤其是生者对死者的“诚敬”，而“不用”则体现出古人所有的特定的鬼神观，即死者不似生者那样“使用”物品，死者是“不用”“不乐”那些物品的，正如郑玄所说，“神与人异道”[①]，所以对待死者要“以神明之道待之”。

卫湜《礼记集说》言：

> 马氏曰：君子之事亲无所不用诚信，而至于明器则备物而不可用者，亦可以为诚信乎？盖之死而致死之，不仁而不可为也，之死而致生之不知，而不可为也。明器之用，仁知之道，诚信之至者也。知此则可以无悔也。[②]

此段话强调明器“备物而不用”所体现的是孝子对父母一贯的“诚信”之德。

如此，则“备物”体现的是“仁”的向度，而“不用”体现的是“知”的向度，这两种向度背后都包含了古人对于生死的理解。更为深刻的是，明器背后所体现出的信仰的内涵，表现了儒家对于“死亡”的安顿，这点又超越了单纯的宗教信仰，表现出对生死的深刻的理性认识。明器种种观念背后所牵涉的是儒家一整套对于生死的考虑。

三、明器背后的生死世界

以上，我们从对“明”的分析开始，打开了一扇通向死者、通向鬼神世界的大门。明器之“备物而不可用”不是一个简单的器物使用问题，其背后的机制可能牵引出儒家的众多问题。

首先，再让我们把视角转回到“神”。上文谈到，郑玄在讲到神明时讲“非人所知”，但是文献的细节却透露给我们这样一种信息，即古人对“神明”还是多少有些了解的，而且古代宗教也讲“通于神明”的问题，神并不是完全不可知的。完全的不可知会导致一个问题，即既然不可知，为什么还可证明它的存在。古人对神的表现处在知与不知之间。古人对神有多种解释，儒家也并没有抛弃神明这样一个向度，“神道设教”也是儒家的重要内容之一。但是，除了对神进行诸多哲学化的解释之外，儒家也继承了古宗教的一些内容。为什么儒家要继承古宗教的内容呢？在笔者看来，一个重要的原因是，儒家所建构的思想体系不是一种纯粹的哲学理论体系，而是一个生活的世界，并且，儒家不单单关注知识分子的生活，而且更要关注这个世界最大多数的人——“愚夫愚妇”的心灵世界，安顿他们现世的生活。因此，之所以对古宗教观念进行保存，尤其是在关涉到日常生活的“礼”中保存古宗教的信

---

① 《礼记正义》。
② 《礼记集说》卷十五。

仰成分,是为了通过人人可接受的信仰,安顿大多数人的心灵。这种信仰不是“拔地而起”的凭空创造,而是对以往信仰的继承,但是,这种继承又体现出儒家对古宗教理智的扬弃——不是全盘接受古宗教的内容,而是对古宗教的内容加以改造。回到与“明器”主题相关的鬼神问题上,我们可以看出,儒家承认鬼神的存在,也强调鬼神的作用,在强调鬼神不可知的成分时,也给出了我们可以把握的鬼神的可知的内容。第一,鬼神也是要“吃喝”的,但是,鬼神吃喝的方式与人不同,鬼神是“歆享”,即享用的是祭品的香气,而不是像人一样吃实实在在的物品；第二,神灵“歆享”与否不是靠贡品的丰盛与否,而是靠祭祀者之“德性”,这点我们上文已经交代出,我们所熟知的“曹刿论战”这一故事中,曹刿对鲁庄公的话也体现出这点。鬼神知道一切,我们对于鬼神的了解却有限,唯一可以把握的是“德”[①]。

从此出发,我们再看“明器”就会发现,明器之“虚”的“知”可能建立在这种对鬼神的“知”上,即鬼神是真的不会用和吃我们活人所使用的东西的,鬼神是否享用祭品也是要靠我们的德性,看我们是否能够尽其至诚。而“备物”——准备好各种器物,恰恰是体现我们的德,体现我们对死者的感情的行为。

通过以上的分析,我们似乎可以从另一个向度看曾子对宋襄公的批评,即那种以实用化的态度对待明器的方式,虽然可以体现生者对死者的感情,却是“不知”的。如此,那种从经济的角度观察明器的路径似乎也有了着落,即“明器”可以完成其节约资源的作用,但所依靠的是明器背后的信仰的内容。我们也可由此知道,为何要用象征,而不是用实物表达我们的情感。

我们还可以解释另外一个问题,即与明器问题相关的“杀殉”与“始作俑者”的问题。正是因为鬼神所歆享的是德,而杀殉和用俑是不仁的事情[②],所以,我们在对待鬼神的时候不能杀殉和用俑。正是因为让死者用生者的器具近于殉,所以采用明器这样一种“备物而不可用”的形式是可以接受的,因为明器不同于生者之器。“神明之”,正是在明此器之德。

这里存在一个问题有待解决,即为何“备物”可以体现出“德”呢？既然我们对鬼神有如此一种“知”,我们为何不用任何物品呢？荀子所要制止的“薄葬”如何落实？这就关涉到儒家的生死观的问题。

让我们先看我们熟知的两句话：

---

① 关于对鬼神的“知”的问题,《檀弓》有一段话很微妙,《檀弓》言：“奠以素器,以生者有哀素之心也。唯祭祀之礼,主人自尽焉尔,岂知神之所飨？亦以主人有齐敬之心也。”这段话似乎在告诉我们,讨论鬼神知与否这一问题背后,真正关键的是“德”。

② 用俑之不仁可以参见朱子在《孟子集注》中的解释,朱子讲,“古之葬者,束草为人以为从卫,谓之刍灵,略似人形而已。中古易之以俑,则有面目机发,而大似人矣。故孔子恶其不仁,而言其必无后也”。

> 季路问事鬼神。子曰：“未能事人，焉能事鬼？”敢问死。曰：“未知生，焉知死？”[①]

> 践其位，行其礼，奏其乐，敬其所，爱其所亲，事死如事生，事亡如事存，孝之至也。[②]

一般现代人对这两句话往往理解为儒家强调活着的世界，而将死后的世界则置于次要的地位。但是，如果我们回到古代生活世界，回到古人的解释中，却可以发现不同的解释。朱子在注释《先进》那句话时说：

> 问事鬼神，盖求所以奉祭祀之意。而死者人之所必有，不可不知，皆切问也。然非诚敬足以事人，则必不能事神；非原始而知所以生，则必不能反终而知所以死。盖幽明始终，初无二理，但学之有序，不可躐等，故夫子告之如此。程子曰：“昼夜者，死生之道也。知生之道，则知死之道；尽事人之道，则尽事鬼之道。死生人鬼，一而二，二而一者也。或言夫子不告子路，不知此乃所以深告之也。”[③]

在朱子看来，死亡是人所必有之事，不可以不知道，而祭祀、事鬼神也是十分重要的。孔子对子路的回答含有很深的含义，即孔子是在说，只有深刻地体察了生之道，才可以理解死之道，生和死并不是异质的，对待死者和对待生者的态度不是完全不同的，我们不能把死生人鬼完全割裂开来。事鬼就要按照他活着那样侍奉，知道了活着的世界也就知道了死去的世界。

前文我们讲到，儒家的确认为神之道与人之道是不同的，但是，我们也可以看到，这种不同并不意味着“异质”，即完全的、彻底的不同。同时，死后虽然不和活着完全异质，但也不是绝对的相同。这种非异质下的不同不是设立一种人与鬼神的绝对鸿沟，而是以“德”为中介，沟通这两个世界。我们可以看到，儒家文献，乃至先秦文献，在讲到死的问题时会讲到人对于死亡的厌恶与恐惧，这也是我们一般人可能拥有的真实感情，而这种感情恰恰建立在某种“异质性”的认识之上。《荀子》和《檀弓》都讲到了这一问题[④]。正是因为我们会把死和生当成是异质的，才会对死产生厌恶和恐惧，而这一恐惧和厌恶也会导致我们对生的恐惧和厌恶，会使生者失

---

① 《论语·先进》。

② 《中庸》第十九章。

③ [宋]朱熹：《四书章句集注》，北京：中华书局，1983年，第125页。

④ 如《檀弓》讲“尸未设饰，故帷堂，小敛而彻帷”这一问题，一种解释是遮蔽对死的厌恶。又如卫湜《礼记集说》言：“严陵方氏曰：人死斯恶之矣，以未设饰，故帷堂，盖以防人之所恶也。小敛则既设饰矣，故彻帷焉。若是则帷堂之礼为死者尔，岂为生者哉？而仲梁子以为夫妇方乱故帷堂，则失礼之意远矣。”（《礼记集说》卷十八）

去对于生存的希望。但是，如果我们通过某种信念消弭这种异质性，就会避免人的恐惧和厌恶，使生存具有某种希望。同时，《荀子》和《檀弓》也表达得很清楚，异质性所带来的厌恶会减弱生者对死者的感情，我们对于死者的感情，会因为意识到某种“异质”而减弱。在一种异质面前，生者的感情是很难表达的。在笔者看来，儒家的生死观正是在努力地消解掉这种异质性，借以建立生活的希望，维系生者对于死者的感情。但在消弭这种异质性的同时，儒家也看到了完全的同质性可能带来的问题，即“绝地天通”前出现的那种状态，因此，儒家又为死、鬼神设立了“不可知”的部分，把可以把握的规定为“德”。我们可以认为，儒家的这种努力即是儒家所说的“神道设教”的一种体现，而这种努力在“礼”上体现得很明确，如《礼记·祭义》言“因物之精，制为之极，明命鬼神，以为黔首则，百众以畏，万民以服”。鬼神可以说是现世伦理的重要保证。

儒家似乎把死与生的关系理解为在“异质”与“同质”之间，而这点也在“明器”问题上体现得很明显。回到《檀弓》“之死而致死之，不仁而不可为也。之死而致生之，不知而不可为也”这句话，我们似乎可以做出如下解释：

首先，“之死而致死之”是把死者完全当成异质性的存在，割裂死与生的关系，这可以说是一种极端的“知”的表现，但是，这种对待死者的态度，一方面，可能存在一种导向，即加剧人对死亡的恐惧，浇灭生者生存的希望，其逻辑的极端可能就是人与人之间的冷漠，人与人之间失去情感的纽带。另一方面，在信仰的意义上，此种做法失去了对死者的“诚信”，不是以德去完成对死者的歆享。因此，这种态度是“不仁”的，是不能做的。“备物”的意义正在于此，它是为了消弭生与死的异质而存在的。生者以备物的形式表现出对死者的感情，“备”即是“丧尽礼”“祭尽诚”之“尽”的另一种表达，通过“备”，生者传达了对待死者的“诚信”。

其次，“之死而致生之”是把死者当成了完全的同质性的存在，而忽视了死者与生者的不同。其实，比起生与死的同质性，生和死的异质性是显而易见的，也是不能完全否认的，这点也是儒者所不否认的。这种忽视生与死差异的行为是“不知”的，在儒家看来，这种观点所不知道的不仅仅是生与死的不同，更是不知道我们需要用德、而不是用物，表达我们对死者的感情。“不用”所不用的是实物，它背后所强调的是对德的用。

因此，在“德”的意义上，我们不仅不能“实物”，还不能完全不用“物”。这种解释也可以用来理解荀子消解“薄葬”的“机制”问题。儒家反对彻底的“薄葬”，《孟子》在面对墨家薄葬这一问题时，把薄葬的逻辑推到了极端，孟子言：

> 孟子曰：“盖上世尝有不葬其亲者。其亲死，则举而委之于壑。他日过

之，狐狸食之，蝇蚋姑嘬之。其颡有泚，睨而不视。夫泚也，非为人泚，中心达于面目。盖归反蘽梩而掩之。掩之诚是也，则孝子仁人之掩其亲，亦必有道矣。”徐子以告夷子。夷子怃然为闲曰：“命之矣。”①

在儒家看来，薄葬是“人情”所不允许的，薄葬会导致人情之淡泊。而在“明器”背后所揭示的逻辑下，“薄葬”而不“备物”是“不仁”的表现。不薄葬而又不走向过分的厚葬，则是靠“不知”与“不用”的逻辑关系。

综上分析，在笔者看来，明器“备物而不可用”这一特征背后所体现的，是儒家对生死，以及对生死所带来的一系列现实问题的安顿。儒家生死观中“仁”与“知”两个向度体现在对明器的应用上，而这种“仁”与“知”则依靠对鬼神的信仰和对鬼神的“知”得以保证。最后这一切又汇聚到“德”这一枢纽上——儒家引入了鬼神信仰，但是在面对鬼神信仰时又转回到对“德”的关照。儒家的生死观以及儒家对鬼神的态度，是明器背后所传达出来的意义，只有理解了这两点，我们才能进一步理解巫鸿先生等的论述，理解“明器”众多阐释背后的机制问题。

明器与情感的关联是显而易见的，关键是其背后的机制，什么样的机制使其可能在情感上被人接受，什么样的机制保证人的情感的落实，而又使这种情感的落实不至于走向另一种极端。这种机制可能就是我们上文所看到的“鬼神”与“德”的微妙平衡，可能也就是儒家所讲的“极高明而道中庸”吧。

明器的问题不仅仅是知识精英对生死、对鬼神的理解的问题，其所真正传达的是儒家对一般人的生死与情感的安顿，是对现世生活希望的安顿。《檀弓》对知识精英的“愈情”多有批评，此正是儒家对“礼”的一种理解的体现，即礼要能够普遍化。“夫礼，为可传也，为可继也”②，“明器”的使用所传达也正是这种“可传”“可继”。“明器”之所以引入“神明之”这一鬼神的向度，正是为了安顿一般人的生死，维系大众之间的感情。“信仰”可以说是“明器”所面临的诸多问题的“润滑剂”。正是通过对古代信仰的继承与改造，明器在解决“杀殉”“薄葬”问题上才起到切实的社会作用。而这也体现了儒家对现实世界大多数人的真正的“理性”的关怀态度，这种“理性”不是冷漠孤傲的，而是带有可普遍化的温存。

---

① 《孟子·滕文公上》。

② 《礼记·檀弓》。

中篇

哲学与思想动力

体性与体用

张岱年先生将“体用”视作最重要、最具有中国特色的十六对哲学范畴之一[①]，此一范畴由于其“哲学”与“文化”的双重意谓[②]，在当代哲学研究中颇受学者重视。从中国哲学史的角度来看，“体用”首先与中国哲学的“本体论突破”问题密切相关[③]；其次还涉及儒释道三家思想的相互关系，特别是玄学与佛学、佛学与理学的“影响史”[④]；最后，“体用”还关系着中国哲学与西方哲学的异同[⑤]。

当然，讨论体用问题需要从“体用”思维、“体用”范畴与体用思维的联系两方面入手。早期中国哲学家并未使用“体用”这一范畴讨论哲学问题，但这不意味着他们没有“体用”思维。即使使用“体用”这一范畴，不同时期的不同哲学家对其界定的内涵也可能不同，尤其是不同于今天参照西方哲学对这一范畴的一般性理解。张岱年先生以为，“‘体用’是唐宋以至明清的哲学著作中常用的范畴，其渊源亦在先秦时代。与‘体用’意义相同或相近的观念有‘本用’、‘质用’”，“‘体用’似乎是由‘本用’观念衍化而来的”[⑥]。其实汤用彤先生更多地是从“本末”这一观念来讨论玄学的“体用”思维的。可以说，宋明道学确立了我们今天一般的对“体用”范畴的理解，并将“体用”范畴与“体用”思维的关系相对固定了下来，“本末”“本用”“质用”

---

① 张岱年：《中国古代哲学概念范畴要论》，《张岱年全集》第四卷，石家庄：河北人民出版社，1996年，第465页。

② 其中的“文化意谓”主要指近现代思想史当中的“中西”“体用”之争。

③ 汤用彤先生以为，“魏晋玄学者，乃本体之学也”（汤用彤：《汉魏两晋南北期佛教史》，《汤用彤全集》第一卷，石家庄：河北人民出版社，1999年，第188页），他认为魏晋玄学有所谓“本体论突破”，王弼之前的主要思维模式是宇宙论的，王弼则将之转为“本体论”（参汤用彤：《魏晋玄学论稿及其他》，北京：北京大学出版社，2010年，第45-46页），他将此一转向视为中国思想在玄理上接引佛教的契机（参《汤用彤全集》第七卷，第365页）。张岱年先生则认为“有些哲学史论著说‘理’是韩非首先提出的，体用、本末是王弼首先提出的，其实都不符合历史事实”（《张岱年全集》第四卷，第457页），早在《中国哲学大纲》中他就在“本根论”中讨论“体用”问题，并认为早在先秦中国就有此思维。

④ 顾亭林与李二曲关于此问题的争论颇能说明此一方面，顾李之争论还影响清代汉学对宋学的评价，关于这些争论，具体可参考钱钟书《管锥编》之《周易正义》第二则的相关讨论（钱钟书：《管锥编》第一册，北京：中华书局，1979年，第8-11页）。白辉洪博士认为，汤用彤先生对玄学“本体”问题之研究，实承顾李争论之余序，背后关注的依旧是“体用”与儒释道思想的关系（参白辉洪：《物之终始》第四章第一、二节的相关论述，北京大学博士论文，2018年）。

⑤ 张岱年先生早在《中国哲学大纲》中就关注了这一问题，并进行了详细讨论。

⑥ 《张岱年全集》第四卷，第515页。

等则可视为走向“体用”的过渡形态[1]。关注哲学家对这些“过渡形态”的使用，或许有助于我们厘清“体用”思维的发生与演进，进而探讨与之相关的哲学史问题。

在以往的哲学史研究中，学者对“本末”“本用”“质用”等范畴都有较多的关注，然而尚有不少范畴未走入研究者的视野当中，其中颇为有趣的是隋代萧吉在《五行大义》一书中专门讨论的“体性”问题，其含义与后代较为成熟的“体用”用法十分接近。萧吉（约525—约606），字文休，祖父为梁武帝之兄，“江陵陷，归于魏”，后入隋，约略在公元594年向隋文帝上书《五行大义》[2]。《五行大义》成书之前，“体用”使用已较为广泛，尤为受佛教学者青睐；《五行大义》成书之后，“体用”更是被普遍使用。然而在唐代一些经学著作中，“体性”却未被完全淘汰，我们依旧可以发现这一范畴的踪迹。关注“体性”这一“体用”之“过渡形态”，或许有助于我们进一步理解中国哲学史中的“体用”问题。

一、体形、性用

“体性”之用在萧吉之前已有之，但不十分系统，关注也不多，含义较难确定。《国语·楚语上》言：“且夫制城邑，若体性焉，有首领股肱，至于手拇毛脉，大能掉小，故变而不勤。”《国语集解》引高注《吕氏春秋》言“性，犹体也”[3]，将“体性”视为“体”，然《吕氏春秋》中讲“牛之性”“羊之性”，并无“体性”，略去“性”而认为此处含义为“身体”，似可通，但身体“大能掉小”的动态运用之意则丧失。《商君书·错法》言：“夫圣人之存体性，不可以易人。”高亨解此“体性”为“才能”[4]，又有解为“禀性”者[5]，“才能”与“禀性”差别实较大，然古今注家似对此概念颇不注意。《文心雕龙》有“体性”篇，此“体”指文体，“性”指人的“气性”，“体性”篇讨论的是人的气性、才性与文体的关系。这些都尚未明确具备我们关注的“体用”的思维问题。而《五行大义》则明确地用“体性”指“体用”。

[1] 方克立先生认为，“在中国哲学中，体用观念的萌芽，可以说早就见于先秦诸子（不只是儒家）书中。这种萌芽并不限于言及‘体’、‘用’二字者，有的以‘本’、‘物’并举，或以‘本’、‘用’相对，实质上都以萌芽形态表达了后来体用范畴的基本涵义或部分涵义。先秦已有体用并举的提法（如《荀子》），但还是个别的、偶然的，尚未形成一对有确定涵义的哲学范畴。这种情况在两汉时期并无根本改变，不过‘有体有用’的观念已经运用到较为广泛的领域罢了。直到魏晋时期，‘体’和‘用’才成为一对重要范畴、有了明确的哲学涵义”（方克立：《论中国哲学中的体用范畴》，《中国社会科学》1984年第5期，第188页）。

[2] 钱杭：《萧吉与〈五行大义〉》，《史林》1999年第2期。

[3] 徐元诰：《国语集解》，北京：中华书局，2002年，第499页。

[4] 高亨：《商君书注译》，北京：中华书局，1974年，第236页。

[5] 石磊：《商君书》，北京：中华书局，2009年，第98页。

《五行大义·释名第一·第一释五行名》言：

> 夫万物自有体质，圣人象类而制其名。故曰“名以定体”。无名乃天地之始，有名则万物之母。以其因功涉用，故立称谓。《礼》云：“子生三月，咳而名之。”及其未生，本无名字。五行为万物之先，形用资于造化。岂不先立其名，然后明其体用？[①]

这里讨论“名”“称谓”与万物“体质”“功用”的关系。确立“名”才能明“体用”，“体”指“体质”，“用”则是“功用”。这里并未出现“体性”，而是直言“体用”。需要注意的是，萧吉以为“名”指称“体”，而“称谓”与“功用”有关。在王弼那里，“名”不能指称无形的“本体”，“名”据“形”而定，“称谓”则用来刻画无形无象的“本体”。这里还涉及五行之“形用”，也就是五行的形体与功用，可以说此处“形用”即“体用”。《五行大义》以“体”表示“形”“体质”十分常见，如“树体”“身体”等。《五行大义》的“体”还不是“本体”。

《辨体性第二》则直接使用“体性”表示“体用”，并详细讨论了五行的“体性”：

> 体者，以形质为名；性者，以功用为义。以五行体性，资益万物，故合而辨之。[②]

“体”依旧是“形质”，而用“性”指称“功用”，“为名”“为义”即“名”与“称谓”之别。《五行大义》是按照“气—阴阳—五行—万物”的逻辑来讨论天地事物的。本篇讨论“五行体性”，万物凭借其生长发育。五行与万物对举，从《五行大义》的讨论来看，相对于更加有形有象的万物，五行之“体”的“形质”性则没有那么明确。当然，对比上文，我们可以说五行有五行之体性，万物有万物之体性（体用），“体性”并不仅仅是天地万物之本体与发用这一个层级的关系。更何况无论是五行之“体”，还是万物之“体”，都不是“总体”“统体”“一体”的“体”，而是“分体”，在萧吉那里，“无”“气”才具有总体性的意谓，当然，“无”要更加根本。并且，《五行大义》的“无”与王弼的“无”含义并不能等同，而是更接近汉代元气论的“无”，《明数第三·起大衍论易动静数》讲：

> 凡万物之始，莫不始于无，而复有。是故易有太极，是生两仪，两仪生四序。四序，生之所生也。有万物滋繁，然后万物生成也，皆由阴阳二气，鼓舞陶铸，互相交感。故孤阳不能独生，单阴不能独成，必须配合以炉冶，尔乃万物化

---

① [隋]萧吉撰，[日]中村璋八校注：《五行大义校注》，东京：汲古书院，1998年，第7页。

② 《五行大义校注》，第13页。

通。是则天有其象，精气下流，地道含化，以资形始，阴阳消长，生杀用成。[①]

“有”始于“无”，万物的生成均为“阴阳”二气的相互作用。这里还有“象”与“形”的区分，在天成“象”，天道、地道配合才有了“形”。这里没有明确讲“象”有没有“性”“用”，但从“阴阳消长，生杀用成”判断，“用”似乎是在五行、万物这两个阶段才有，无和阴阳没有“体性”，体性是到了有一定“形质”后才有的。可以说，体性/体用是与“形质”密不可分的一对范畴。当然，五行与万物的体、性，根源上都是因为阴阳的作用而有，在天之象若有一“用”对应，则应是大化流行“炉冶”“化通”之“用”。就《五行大义》自身概念范畴的使用而言，“体性”当在有“形”之后。

二、五行体性

《辨体性》言五行之体性：

木居少阳之位，春气和，煦温柔弱，火伏其中。故木以温柔为体，曲直为性。

火居大阳之位，炎炽赫烈，故火以明热为体，炎上为性。

土在四时之中，处季夏之末，阳衰阴长，居位之中，总于四行，积尘成实。积则有间，有间故含容，成实故能持。故土以含散持实为体，稼穑为性。

金居少阴之位，西方成物之所。物成则凝强，少阴则清冷。故金以强冷为体，从革为性。

水以寒虚为体，润下为性。

《洪范》云“木曰曲直，火曰炎上，土曰稼穑，金曰从革，水曰润下”，是其性也。

《淮南子》云：“天地之袭精为阴阳，阴阳之专精为四时，四时之散精为万物。”积阴之寒气，反者为水；积阳之热气，反者为火。水虽阴物，阳在其内，故水体内明。火虽阳物，阴在其内，故火体内暗。木为少阳，其体亦含阴气，故内空虚，外有花叶，敷荣可观。金为少阴，其体刚利，杀性在外，内亦光明可照。土苞四德，故其体能兼虚实。[②]

结合上引《明数》可见，此以阴阳来解释五行之“体性”，五行有不同的“体”与“性”，与其阴阳构成相关。这里值得注意的是，《五行大义》引《洪范》“曲直”“炎上”

---

① 《五行大义校注》，第17-18页。

② 《五行大义校注》，第13-14页。

“稼穑”“从革”“润下”等五行“自然之常性”[①]，并言其“体”，此与“体”对言的“性”，就不是“本性”“本质”，而是功能、功用、“性能”。《洪范传》言“木可揉使曲直”“金可以改更”“土可以种、可以敛”[②]，其实也强调“曲直”“从革”等是五行的一种能力。这里的“性”之功能还未到具体的“使用”“运用”“作用”层面，而是有某种“使用”的可能。当然，五行有此“性”、有此可能，是根源于五行之气的，“性”与“形气”是不可分割的，如火是“气极上，故曰炎上”[③]。《五行大义》讲“阳性升，阴性降”，此阴阳升降之性，构成五行、万物性能之基础。

而这里言的“体”的含义则较为复杂。首先讲五行有阴阳构成的“气”体，这是从结构说。其次以“温柔”“明热”等言“体”，如此则“体”类似性质或性相。这样来看，“体”就不仅包含了物质性的构成，而且包含了构成后具有的性质、属性。也即在《五行大义》中，现成的物质性以及由之而来的性质属于“体”，而此形体可以发挥的功能是“性”，也就是说，“体性”并不表达形体和运用的关系，而是表征形体及其性质与由之而有的可能性。如讲脏腑时，《五行大义》言：

> 脏府者，由五行、六气而成也。脏则有五，禀自五行，为“五性”；府则有六，因乎六气，是曰“六情”。[④]

这里就是从禀受的角度言形质以及其“性”“情”。

此“性”并非具体的“使用”，还体现在“气顺如性”的种种描述中。如王者“明则顺火气，火气顺则如其性，如其性，则成熟，顺人士之用。用之则起，舍之则止”[⑤]，其他四行同样如此。我们可以看到，在《五行大义》看来，气顺“性”才能实现自己，其功用才能得到发挥，而现实世界气顺与否，则依人主作为。这里“主明”“气顺”“如性”“民用”构成一个链条，一般的应用、使用处于链条的最末端。

《五行大义》中的“体”非“本体”，还体现在“五行相杂”：

> 凡五行均布，遍在万有，不可定守一途。今先论五行体杂，但其气周流，随事而用。若言不杂，水只应一，何故谓五而为六？火、金、木、土，并尔。当知生数为本，成数为杂。既有杂，故一行当体，即有五义。[⑥]

一行之中并有四行，五行遍在万物而非固定不变。这里与体用有关的是，随着气的

---

① [汉]孔安国传，[唐]孔颖达疏：《尚书正义》，北京：北京大学出版社，2000 年，第 357 页。

② 《尚书正义》，第 357 页。

③ 《五行大义校注》，第 15 页。

④ 《五行大义校注》，第 101-102 页。

⑤ 《五行大义校注》，第 15 页。

⑥ 《五行大义校注》，第 61 页。

周流，在不同的情形之下，“用”会不同。某一行只是某一方面性相占主导，但它其实也同时兼具五行之义。如此可见，对具体事物来讲，体用并非一成不变。

三、五常体用

《五行大义》对体用描述的复杂性，还体现在五常体用、性情本末等问题上。《五行大义》以为，禀气而后有性理[①]。“诚于中”必会“形于外”，“五常之色动于五脏，而见于外”[②]，对人来讲，五常之性与形体是相互关联的，“人情不可隐也”[③]。

《论五常》言：

> 夫五常之义，仁者以恻隐为体，博施以为用；礼者以分别为体，践法以为用；智者以了智为体，明睿以为用；义者以合义为体，裁断以为用；信者以不欺为体，附实以为用。[④]

一般认为五常为“性”，《五行大义》有“体性”之“性”，也有五常之“性”，还有其他种种对“性”的使用，“性”的含义在书中颇为多样，较为复杂。这里作为五常的仁、义、礼、智、信也有“体用”可分。以“仁”为例，在后世理学的话语体系中，仁作为“性”是“体”，恻隐为“情”是“用”，“博施”是外在事业、“做处”；旧疏则以恻隐为“端本”，仁“本起于此”。此处以“恻隐”为体，“博施”为用，“用”可较为明确地确定为“功用”（解为仁者能博施、礼者能践法似可），“体”的含义则不甚明确，若结合《五行大义》一贯将“体”与形体联系起来的倾向，这里的“体”似不能解为“本质”之“本体”，而偏向“端本”，但又更强调仁之“形象”可琢磨把握处[⑤]。

当然，《五行大义》特别讲究五行、五常与万事万物的配比，在解释五常体用时，还将之与五行之属性联系起来：

> 其于五行：则木有覆冒滋繁，是其恻隐博施也；火有灭暗昭明，是其分别践法也；水有含润流通，是其了智明睿也；金有坚刚利刃，是其合义裁断也；土有持载含容，以时生万物，是其附实不欺也。[⑥]

---

① 《汉书·艺文志》言“五行者，五常之形气也”，其实也把五行和五常联系起来讲。

② 《五行大义校注》，第 89 页。

③ 《五行大义校注》，第 89 页。

④ 《五行大义校注》，第 117-118 页。

⑤ 张岱年先生曾举西晋袁准“质用”之例讨论体用问题，认为“质指内在的本性，用指外在的表现”（《张岱年全集》第四卷，第 517 页），这似乎可以和此处讲五常之体用相比较呼应。同时，袁准讲性言“曲直者，木之性”，而此性为质，对应“才”“用”，这样的讨论放在一起，颇可观察这些范畴早期的使用形态。

⑥ 《五行大义校注》，第 118 页。

五常对应五行，五常的体用是由五行的本质倾向带来的。对人来讲，禀此五行之气，就有五常之体用。在《五行大义》的系统中，“性”与“气”是不可分离的，前言脏腑性情与五行、六气就是一例，人性、物性是由气性而有，而气性又是其体之“性”。在这个意义上，我们似可理解《五行大义》何以言“体性”，又言“五常之性”，各种性之统一在“气体”。

在言性情关系时，《五行大义》并未使用“体用”或“体性”范畴来讲，而是一方面继承汉代以来的传统，以阴阳言性情，另一方面以本末、动静讲性情：

> 《左传》子产云“则天之明”，天有三光，故曰明也；“因地之性”，性，生也，生万物，故因其所生而用之；“生其六气，用其五行”，五行者，为五性也，六气者，通六情也。翼奉云：“五行在人为性，六律在人为情。”性者，仁、义、礼、智、信也；情者，喜、怒、哀、乐、好、恶也。五性处内御阳，喻收五藏；六情处外御阴，喻收六体。故情胜性则乱，性胜情则治。性自内出，情从外来。情性之交，闲不容系。《说文》曰：“情，人之阴气，有欲嗜也。性，人之阳气，善者也。”《孝经援神契》云：“性者，人之质，人所禀受产。情者，阴之数，内传着流，通于五藏。”故性为本，情为末；性主安静，恬然守常；情则主动，触境而变。动静相交，故闲微密也。[①]
>
> 五性居本，六情在末。情因性有，性而由情，情性相因。[②]

这里引经典言性情关系，以五行对性、六气对情。其以生训“地之性”，讲“因其所生而用之”，具体的使用在生性之后，这就与前文所讲之体性较为契合。性为阳而善，情为阴则可恶，性内在于人，而情则受外在作用影响。因阳本阴末，故性本情末。但在一般的理解中，阳动阴静，这里却讲情动性静，这主要还是从内外的角度，以及内在与外物的交互作用来说。这些说法都较为古老。《五行大义》还未用体用这样的范畴讨论心、性、情问题，这或许与其言体与“气体”“形体”有关。哲学史上，真正的以体用讲心性情，还是要看佛教和理学[③]。《五行大义》对本末的运用也当与“体用”有一定区分，也即我们似乎不能直接将言本末的用例一概视作其在讨论“体用问题”。《五行大义》对这些范畴的使用提醒我们注意，现在一般理解的体用思维与体用、本末这样的用例的关系到底如何，是否可以直接以为言本末就是言体用，或者古人使用体用是否就同于我们今人的一般理解。

---

① 《五行大义校注》，第 154-155 页。此段涉及引文，断句有费思量处。

② 《五行大义校注》，第 159 页。

③ 梁武帝《立神明成佛义记》及沈绩注以“本用”“体用”讨论心的问题。

四、余 论

《五行大义》以“体性”表达“体用”的含义，这一使用在思想史上较为独特，可以视作体用范畴发展的一个过渡形态。其“体性”“体用”含义颇能代表早期“体用”这一范畴的基本意涵。张岱年先生认为崔憬（唐，生平不详，大概在孔颖达之后）的《周易探玄》对“体用”的阐释在中国古代哲学史上较为重要，我们可对崔憬之论再作一分析，并与《五行大义》作一比较：

> 凡天地万物，皆有形质。就形质之中，有体有用。体者，即形质也。用者，即形质上之妙用也。言有妙理之用，以扶其体，则是道也。其体比用，若器之于物。则是体为形之下，谓之为器也。假令天地圆盖方轸，为体为器，以万物资始资生，为用为道。动物以形躯为体为器，以灵识为用为道。植物以枝干为器为体，以生性为道为用。[①]

崔憬此段实是用来解释《周易》“形而上者谓之道，形而下者谓之器”的，故言体用亦在此背景下。张岱年先生指出，此段“体指形质而言，用指形质的作用而言”[②]，这与《五行大义》颇为一致。在早期非佛教用例中，以形体、形质言“体”似乎更为普遍。但崔憬将“体—器—形下”“用—道—形上”联系起来，似乎更突出“用”的地位，尤其是讲“妙用之理”起着“扶其体”的作用。崔憬的这一讲法既不离“有”讲体用，然又强调了“用”的重要，与王弼既有不同（不同于王弼倡“无”），又有继承（继承王弼对“用”的突出）。比诸《五行大义》，我们则可看到，同样是从“形体”上讲体用，其重点和模式亦可有差别，《五行大义》更重形体的基础性地位，强调“性”“用”依赖于“体”，更注重阴阳之气对万物性质、作用的影响。在这个意义上，《五行大义》的讲法似乎更“唯物主义”。

《五行大义》从形体上讲“体用”与当时非佛教的讲法具有一致性，其特异处，在于将此体用系统与五行复杂系统联系起来，也在于使用“体性”来言“体用”。《五行大义》以“体性”言“体用”在思想史上似乎“昙花一现”，其对“体性”的独特使用，后世很少见到，能寻到的“体性”踪迹，多在《五经正义》系统，然其对此论述则颇不详细，含义也较难确定。兹举两例。《周易正义·系辞》有：

> “乾以易知，坤以简能”，论乾坤之体性也。“易则易知，简则易从”者，此论

---

① 李道平：《周易集解纂疏》，北京：中华书局，1994 年，第 611 页。

② 《张岱年全集》第四卷，第 518 页。

> 乾坤即有此性，人则易可仿效也。“易知则有亲”者，性意易知，心无险难，则相和亲，故云“易知则有亲”也。“易从则有功”者，于事易从，不有繁劳，其功易就，故曰“易从则有功”。此二句论圣人法此乾坤易简，则有所益也。[①]

《周易正义》解释乾卦时讲“天者定体之名，干者体用之称，……天之体以健为用”[②]，以体用分别天的形体与作用，认为乾之一名该体用，而此段则讲“体性”，且后论乾坤“性”之功用较多。“易”“简”是乾坤之“性”，“知”“能”则是对此性的运用。“天阳之气”“地阴之形”似乎是乾坤之“体”。这些只是从《周易正义》的上下文中推测而来，本文并无特别明确的界定。然若可成立，则可见此处对“体性”的使用与《五行大义》颇具一致之处，尤其是既讲“体用”，又讲“体性”。

《尚书正义・洪范》有：

> 正义曰：此以下箕子所演陈禹所第畴名于上，条列说以成之。此章所演，文有三重，第一言其名次，第二言其体性，第三言其气味，言五者性异而味别，各为人之用。《书传》云：“水火者百姓之所饮食也，金木者百姓之所兴作也，土者万物之所资生也，是为人用。”“五行”即五材也，襄二十七年《左传》云“天生五材，民并用之”，言五者各有材干也。谓之行者，若在天则五气流行，在地世所行用也。[③]

《洪范》言“五行”，《洪范》之注疏，在一定程度上可以和《五行大义》参考来看。这里言箕子讨论五行之“体性”，但未明确界定何为“体性”。从《正义》上下文，我们似乎可以大胆地推测，“体”当指五行之气与材干，“性”指“曲直”“炎上”等，“用”则指具体的被人应用、使用，也就是说《洪范正义》此处依旧同《五行大义》一样区分了体、性、用，其使用“体性”当与《五行大义》有一致之处。

结合上述这些用例以及我们对《五行大义》的讨论可知，我们在处理汉唐注疏和其他著述时，似乎需要关注其“体”“性”“用”等概念的具体含义，对其作细致梳理。在处理“本末”等问题时，也需要结合哲学史作更为细致的辨析。这有助于我们进一步探索“体用”范畴、“体用”思维的发展演进脉络，进而理解这一范畴在佛学与理学中的独特性。

---

① [魏]王弼注，[唐]孔颖达疏：《周易正义》，北京：北京大学出版社，2000年，第305页。

② 《周易正义》，第1页。

③ 《尚书正义》，第357页。

“孔颜乐处”与宋明理学的展开

“宋明理学最初的动机是对佛道哲学,特别是对佛教挑战的一种回应”①,但在讲到理学回应佛教时,仍需讲清楚,佛教是在哪些具体问题上对儒学造成了挑战。而这就需要将汉唐经学、佛教、理学置于一个三角关系中进行思考。因为直接面对佛学挑战的儒学形态是汉唐经学,那么我们就需要理解,它究竟在哪些点上,面对当时的问题所给出的答案,相较佛教来讲是不充分的。而理学又是如何在儒家原有资源的基础上进一步发展儒学,以解答这些问题的。在这样的脉络中,我们可以更加清晰地理解理学的发生以及理学特有的思想命题。向世陵先生指出,“从儒学发展的内在性看,是唐宋经学在自身的变革中走向了理学;在外在性方面,就是佛老的助缘;最终促使经学由章句注疏为主走向义理思辨为主,理学也因此形成”②。要处理好这一命题,我们需要深入地对很多具体问题展开研究,而“孔颜乐处”这一问题,可以为我们提供一个切入视角。“孔颜乐处”这一问题在理学的发生中具有首出性,更具有贯穿性,重要的理学家都对此问题有所发挥。循着“孔颜乐处”在理学发展的线索以及背后的原因进行探究,或可丰富对理学回应佛教、理学的发生的理解。

一、“孔颜乐处”与理学的展开

《二程遗书》卷二上有言:

昔受学于周茂叔,每令寻颜子、仲尼乐处,所乐何事。③

“周程授受”是理学史的一个重要问题④,周敦颐作为“道学宗主”⑤,一方面以

本文为国家社科基金项目“朱熹理学中‘气’的思想研究”(18CZX028)阶段性成果。

① 陈来:《陈来讲谈录》,北京:九州出版社,2014 年,第 92 页。

② 向世陵:《理学、儒学、经学与阳明学》,《复旦学报(社会科学版)》2018 年第 3 期,第 13 页。

③ [宋]程颢、程颐:《二程集》,北京:中华书局,2004 年,第 17 页。

④ 吾妻重二先生对“周程授受”问题有着较为全面的审视。参[日]吾妻重二:《朱子学的新研究——近世士大夫思想的展开》,傅锡洪译,北京:商务印书馆,2017 年,第 31-35 页。

⑤ 关于周敦颐在道学中的地位,杨柱才先生有着较为详细的讨论,参杨柱才:《道学宗主》,北京:人民出版社,2004 年,第九章《周敦颐在宋明理学中的地位》。

《太极图》和《太极图说》开创了理学的形上学建构，一方面以“孔颜乐处”这一命题打开了理学的境界论。《太极图》及《图说》对二程的影响，二程未明言①，但二程却直接点明了在“孔颜乐处”这一命题上对周敦颐的直接继承。

其实，“乐”的问题在宋代新儒学的先驱处就有所涉及，如范仲淹就十分关注“乐”的问题②，他在劝导张载时就讲“儒者自有名教可乐，何事于兵?”，他的诗文也较为明确地提出“颜子之乐”，如《睢阳学舍书怀》(《范文正公集》卷三)：

白云无赖帝乡遥，汉苑谁人奏洞箫。
多难未应歌凤鸟，薄才犹可赋鹪鹩。
瓢思颜子心还乐，琴遇钟君恨即销。
但使斯文天未丧，涧松何必怨山苗。

范仲淹对此“乐”的关注有两点值得注意，一是此“乐”与宋初“困穷苦学”之学者经历的映照。宋代新儒学的先驱，无论是范仲淹还是“三先生”，均有“困穷苦学”的经历③，而在此经历中能思颜子之乐，在一定意义上将此乐所面对的现实境遇凸显了出来。二是，范仲淹对张载讲“名教可乐”，其实也揭示出来：“乐”这一问题在儒学史上是一个老问题，这一老问题在新的时代又再次被点出来④。只不过范仲淹和“三先生”等人还没有对这一问题提出新解释，真正给予其创新性解释的还是周敦颐、二程以降的理学家，他们普遍地将这一问题与理学家所追寻的“道”“天理”联系在一起。

关于“孔颜乐处”，周敦颐《通书》讲：

颜子“一箪食，一瓢饮，在陋巷，人不堪其忧，而不改其乐”。夫富贵，人所爱也。颜子不爱不求，而乐乎贫者，独何心哉? 天地间有至贵至爱可求，而异乎彼者，见其大、而忘其小焉尔。见其大则心泰，心泰则无不足。无不足则富贵贫贱处之一也。处之一则能化而齐。故颜子亚圣。⑤

在周敦颐看来，颜子内心追求的东西超过了一般的世俗意义的富贵，颜子的乐或者不乐，不依靠于现实的对象化的贫富，他所追求的是“天地间”的“至贵至爱”

---

① 李存山：《〈太极图说〉与朱子理学》，《中共宁波市委党校学报》2016 年第 1 期，第 41 页。

② 关于这一问题，参考王琳琳：《范仲淹与“孔颜乐处”》，《沈阳教育学院学报》第 9 卷第 4 期，2007 年 8 月。

③ 关于此“穷困苦学”参照陈来《宋明理学》第一章第二节的相关论述。

④ 关于这一“老问题”下文还会涉及。

⑤ [宋]周敦颐：《周敦颐集》，北京：中华书局，2009 年，第 34 页。

者[①]。周敦颐这里所点出的"天地间"是值得注意的，颜子追求的是"天地间"的"大"者，此"大"与"小"的对举也不是一般现象意义的大小，追求此大、实现此大之后有一种独特的心灵状态，能够"心泰而无不足"。"无不足"这一表达很重要，它突出了颜子内在化的一种感受。在周敦颐看来，颜子能达到亚圣（仅次于孔子），与这种"乐"密不可分。

朱子认为：

> 所谓"至贵至富、可爱可求"者。即周子之教程子，"每令寻仲尼颜子乐处，所乐何事"者也。然学者当深思而实体之，不可但以言语解会而已。[②]

二程的确沿着周敦颐的教授方向，对此一问题有所思考。

《程氏外书》卷七有：

> 鲜于侁问伊川曰："颜子何以能不改其乐？"正叔曰："颜子所乐者何事？"侁对曰："乐道而已。"伊川曰："使颜子而乐道，不为颜子矣。"侁未达，以告邹浩。浩曰："夫人所造如是之深，吾今日始识伊川面。"[胡文定公集记此事云：安国尝见邹至完，论近世人物，因问程明道如何？至完曰："此人得志，使万物各得其所。"又问伊川如何？曰："却不得比明道。"又问何以不得比？曰："为有不通处。"又问侍郎，先生言伊川不通处，必有言行可证，愿闻之。至完色动，徐曰："有一二事，恐门人或失其传。"后来在长沙，再论河南二先生学术。至完却曰："伊川见处极高。"因问何以言之？曰："昔鲜于侁曾问：'颜子在陋巷，不改其乐，不知所乐者何事？'伊川却问曰：'寻常说颜子所乐者何？'侁曰：'不过是说颜子所乐者道。'伊川曰：'若说有道可乐，便不是颜子。'以此见伊川见处极高。"又曰："浩昔在颍昌，有赵均国者，自洛中来。浩问：'曾见先生，有何语？'均国曰：'先生语学者曰："除却神祠庙宇，人始知为善。古人观象作服，便是为善之具。"'"又震泽语录云：伊川问学者，颜子所乐者何事？或曰："乐道。"伊川曰："若说颜子乐道，孤负颜子。"邹至完曰："吾虽未识伊川面，已识伊川心。何其所造之深也！"[③]]

陈来先生解释此条时讲，"'道'并不是乐的对象，乐是达到与道为一的境界所自然享有的境界的和乐"[④]。上述引文小字所讲其实颇为有趣，涉及对伊川的评价：孔颜乐处的发挥直接与"伊川见处"联系在一起，这一揭示成了伊川"见处极高""所造之深"的重要佐证。可见对这一问题的揭示，在二程后人看来，有着独特的思想位置。

---

① 在周敦颐看来，君子并不在乎现实中的富贵，而是"以道充为贵，身安为富，故常泰无不足"（《周敦颐集》，第 41 页）。这里依旧强调"无不足"，这种满足仍然是精神上的满足，而不是财富的获得。

② 《通书解》，《周敦颐集》，第 34 页。

③ 《二程集》，第 396-397 页。

④ 陈来：《宋明理学》，上海：华东师范大学出版社，2004 年，第 36 页。

陈来先生在《宋明理学》一书中指出,"'孔颜乐处'是一个人生理想,也是一个理想境界的问题","学颜子之所学是指像颜子一样去追求圣人的精神境界",是内圣问题[1]。经过周敦颐与程子的诠释,"乐"不再仅仅作为"喜怒哀乐"意义上的感性的"快乐",而是获得了一种提升,成为"一种高级的精神享受",这是理学家对这一问题的独特揭示。当然,按照理学家的讲法,要达到这种境界,就需要"功夫",能够"造道",实体会到此种乐处,而不是仅仅靠言说。这就把"孔颜乐处"与理学所讲的宇宙本体、现实功夫结合起来,进而形成本体、功夫、境界的完整链条[2]。

二、"孔颜乐处"与理学的深化

"周程授受"以及理学的深入,使"孔颜乐处"在理学中变成了一个重要的话题。我们会发现,由周敦颐所揭示、二程所阐释的"孔颜乐处"在理学的发展史中具有很强的"贯穿性",几乎所有重要的理学家都对这一问题有所阐发。如朱子讲:

> 别纸所论敬为求仁之要,此论甚善。所谓"心无私欲即是仁之全体",亦是也。但须识得此处便有本来生意,融融泄泄气象,乃为得之耳。颜子不改其乐,是它功夫到后自有乐处,与贫富贵贱了不相关,自是改它不得。[3]
>
> "人于天地间并无窒碍,大小大快活!"此便是颜子乐处。这道理在天地间,须是直穷到底,至纤至悉,十分透彻,无有不尽,则于万物为一无所窒碍,胸中泰然,岂有不乐![4]

朱子将颜子之乐视为功夫到后的境界与气象,认为只要实做求仁的功夫,"循理"就可以获得超越世俗的"乐"。当然,还需注意的是,朱子对将"乐"的境界讲得过高是有所警觉的,《朱子语类》记载:

> 或问:"程先生不取乐道之说,恐是以道为乐,犹与道为二物否?"曰:"不

---

① 《宋明理学》,第34、35页。

② 明道《秋日偶成》诗颇能展现此一问题与理学家追求的精神境界、达此境界需要的努力以及从此出发对世俗一些问题的看法:

> 闲来无事不从容,睡觉东窗日已红。
> 万物静观皆自得,四时佳兴与人同。
> 道通天地有形外,思入风云变态中。
> 富贵不淫贫贱乐,男儿到此是豪雄。

③ 《答林德久》,[宋]朱熹:《晦庵先生朱文公文集》,见朱杰人、严佐之、刘永翔主编:《朱子全书》第二十三册,上海:上海古籍出版社;合肥:安徽教育出版社,2002年,第2946页。

④ [宋]黎靖德编:《朱子语类》第三册,北京:中华书局,1999年,第795-796页。

消如此说。且说不是乐道,是乐个甚底?说他不是,又未可为十分不是。但只是他语拙,说得来头撞。公更添说与道为二物,愈不好了。而今且只存得这意思,须是更子细看,自理会得,方得。"(赤。)(去伪录云:"谓非以道为乐,到底所乐只是道。非道与我为二物,但熟后便乐也。")[①]

问:"伊川谓'使颜子而乐道,不足为颜子',如何?"曰:"乐道之言不失,只是说得不精切,故如此告之。今便以为无道可乐,走作了。"问:"邹侍郎闻此,谓'吾今始识伊川面',已入禅去。"曰:"大抵多被如此看。"……(可学。)[②]

朱子并不认为"乐道"的讲法完全不对,只是认为需要讲得更精准。否定乐与道的关联,就可能"入禅",所以朱子强调功夫之"熟"与得此乐的关系。可以说,朱子面对"孔颜乐处",将其定义为功夫所至的境界,而警惕认为此种境界能为人轻易获得的想法,防止学者仅仅把乐作为"话头"。

然而,朱子"警觉"的"乐"的简易直截的倾向在明代变成了现实。随着明代心学的展开,"孔颜乐处"的论述变得更加"密集","乐"的地位也更加突出。朱子从功夫到后的境界、气象讲"乐",阳明则从本体层面讲"乐","乐"与"道"最终为一:

乐是心之本体。仁人之心,以天地万物为一体,欣合和畅,厚无间隔。来书谓"人之生理,本自和畅,本无不乐,但为客气物欲搅此和畅之气,始有间断不乐"是也。时习者,求复此心之本体也。悦则本体渐复矣。朋来则本体之欣合和畅,充周无间。本体之欣合和畅,本来如是,初未尝有所增也。就使无朋来而天下莫我知焉,亦未尝有所减也。[③]

朱子也强调"乐"能达到与万物为一,但这是穷尽道理后的内在感受。而阳明则直接将此乐视为"心之本体",人心本来与万物为一体,有此一体,就有此一体之乐,功夫就是复其本体,本体即复,乐亦自来。这种本体之乐,超越现实情绪,如阳明所讲,"不喜不怒不哀时,此真乐也",同时,现实中的各种情绪得当地发挥出来,才能有此真乐:

问:"乐是心之本体,不知遇大故,于哀哭时此乐还在否?"先生曰:"须是大哭一番了方乐,不哭便不乐矣。虽哭,此心安处是乐也。本体未尝有动。"[④]

作为本体的乐并不离开现实的喜怒哀乐等情绪,即使痛哭,如若是"心安",那

---

① 《朱子语类》,第800-801页。
② 《朱子语类》,第801页。
③ [明]王阳明:《王阳明全集》,上海:上海古籍出版社,1992年,第194页。
④ 《王阳明全集》,第112页。

也就是此本体的正常展现，本体之乐并不会因此苦而丧失。

阳明后学论“乐”颇多，王畿、王艮、罗汝芳等多沿阳明论述的方向讨论此本体之乐。如王艮讲：

> 人心本自乐，自将私欲缚。私欲一萌时，良知还自觉。一觉便消除，人心依旧乐。[①]
>
> 天下之学，惟有圣人之学好学，不费些子气力，有无边快乐。若费些子气力，便不是圣人之学，便不乐。[②]

这里值得注意的是，王艮讲此乐“不费些子气力”，如果费了气力，那就不会有这种本体之乐，这就与朱子讲的循理、下功夫后得此乐有所不同。甚至王艮的儿子王襞在讲乐时已经去了“学”，将“学”视为多余[③]，乐的获得变得简易直截。申祖胜博士指出，“王阳明之前，理学家有关‘乐’的论说大致可分为两系，一系以周敦颐、程颢及陈献章等人为代表；另一系以程颐、朱熹及胡居仁等人为代表。这两系的差别，一重体证，一重修持”，而阳明学的观点更强调“体证”[④]。到了王艮、王襞这里，似有体证压倒修持的味道。

这里需要思考的是，为何在明代，对“乐”的论述会比之前更为密集？“乐”缘何会成为“心之本体”？为何体证的一面会如此突出？对这些问题的解答，当有两方面。一是从哲学上来看，阳明学强调的“乐”与其对良知、致良知的叙述一脉相承。正是由于阳明学主张“心即理”，强调从心上一悟本体，那么此种原本作为境界的“乐”就可以收归于本体，变成本体固有的特质，可以有所谓本体即境界，境界即本体。另一方面，也需要从非哲学的角度关注，深入思想的发生背景来看相关问题。

相较于宋代理学，学者们在研究明代心学特别是泰州学派时指出，“个体存在的发现”与“情本主义的彰显”成为当时学术思想的一个特征[⑤]。晚明的个体存在与情本主义还不能等同于西方启蒙意义上的思考，他们仍旧在万物一体的儒学框架下进行思考。但这两者的彰显，的确反映了当时思想界的变化。张志强先生指出，晚明“欲望的解放”成为时代的精神主题，随着经济的发展以及玉米等农作物的引入，社会形态也逐渐变为“庶民社会”。“社会流动性的增强，社会身份等级的松

---

① ［清］黄宗羲：《明儒学案》，北京：中华书局，1985年，第718页。

② 《明儒学案》，第714页。

③ 参李煌明：《“孔颜之乐”——宋明理学中的理想境界》，《中州学刊》2003年第6期，第155页。

④ 申祖胜：《宋明理学中的“乐学”思想考察——以王阳明为中心》，《商丘师范学院学报》2018年第1期，第35页。

⑤ 参张再林：《身的挺立：泰州学派的思想主旨及其理论的现代效应》，《江苏社会科学》2020年第2期，第129、132页。

动,民众力量的上升,功利化、欲望的解放导致的社会风尚的奢靡化、道德的沉沦感和人情之硗薄”,“在庶民社会的形成中,已有的社会与人心秩序逐渐崩坏,个体的欲望被重新激发,但在这个复杂的世界里却得不到恰当的安排。原有的社会秩序和价值秩序再无法安顿个体生命并赋予其意义”[①],阳明学则尝试为虚无个体重塑伦理生活,把孤绝的个体再次编入伦理秩序当中。

在这样一种思想背景下,阳明学面对的乐的主体,其个体性更强。在这样一个社会当中,对个体而言,“纵乐”成为一种可能,也成为一种追求,欲望意义上的“乐”少了制约,也变得更容易实现。阳明学在面对“纵乐的困惑”的同时,则为主体提供一种易得的、更高层次的“乐”[②]。

阳明学对“乐”的重视的思想背景,其实还可引申出更根源的思考:“孔颜乐处”这一话题为何在理学发生的过程中具有如此“先行”地位?只有置于一种大的思想与哲学背景中,我们才能更深刻地理解“孔颜乐处”这一命题对理学的意义。其实,“孔颜乐处”不仅与经典诠释性有关,更与理学所面临的根源性问题相关。

三、应对佛教:“孔颜乐处”与生存境遇

“孔颜乐处”这一问题由理学阐发,而在儒学中变得重要起来,但这并不意味着前代儒者没有关注“乐”的问题。孔孟等儒学奠基者都谈到过“乐”的问题,理学家的讨论更是以此为资源进行阐述[③]。但需要指出的是,在理学产生之前,这一问题在儒学内部显然没有这么重要。其中较为显见的是,汉唐儒者并未着重发挥先前儒学经典中对“乐”的这些论述。

理学兴起之前,儒者在诠释孔子与颜子的“乐”时,直接解为“乐道”。“贫而乐”在他们看来就是“乐道”,如:

---

① 张志强:《“良知”的发现是具有文明史意义的事件》,《文化纵横》2017年第4期,第57、59页。

② 《纵乐的困惑》([加]卜正民,桂林:广西师范大学出版社,2016年)和《雪隐鹭鸶》(格非,南京:译林出版社,2014年)二书可以为阳明学面临的思想背景提供史学与文学分析上的支撑。《纵乐的困惑》描述了晚明商业发展导致的社会文化变化,同时描写了各类人群的“社会世相”;《雪隐鹭鸶》从文学分析出发,分析了阳明学诞生的时代,个体与欲望之间的纠缠。

③ 如《论语》开篇《学而》就讲到了“学之乐”:

子曰:“学而时习之,不亦悦乎?有朋自远方来,不亦乐乎?人不知,而不愠,不亦君子乎?”

关于孔子和颜回的“乐”,《论语》讲:

子曰:“饭疏食、饮水、曲肱而枕之,乐亦在其中矣!不义而富且贵,于我如浮云。”(《述而》)

子曰:“贤哉,回也!一箪食,一瓢饮,在陋巷,人不堪其忧,回也不改其乐。贤哉,回也!”(《雍也》)

《孟子·尽心上》讲“万物皆备于我矣。反身而诚,乐莫大焉”,这成为宋明儒者论述一体之乐的重要来源。

“君子食无求饱，居无求安”者，言学者之志，乐道忘饥，故不暇求其安饱也。[1]

孔曰：“能贫而乐道，富而好礼者，能自切磋琢磨。”[2]

孔曰：“颜渊乐道，虽箪食在陋巷，不改其所乐。”[3]

言回居处又在隘陋之巷，他人见之不任其忧，唯回也不改其乐道之志，不以贫为忧苦也。[4]

这里均用“乐道”诠释《论语》当中的“乐”。颜回居陋巷之乐，针对的依旧是外在的贫富，颜回有“乐道之志”，因此不忧。但是，究竟何为乐道？颜回如何做到乐道？这些注疏并未言明。尤其是对比宋明儒者的诠释，可以看出二者中“乐”的地位的差异：注疏当中的“乐”依旧未脱离具体的情绪。从这些注释中，我们更可以看到伊川与鲜于侁谈孔颜乐处的针对性：其实鲜于侁答“乐道而已”正是引旧注为说，而伊川恰恰与此理解不同，他顺承周敦颐的讲法，直接提升了“乐”的地位。从注释上讲，宋儒的解释扬弃了“乐道”，而从哲学上来说，这一超越又带来了全新的思想空间。

宋儒何以要提出此种理性之乐？为何能提出此种乐？这当与儒学面对的佛道二教的挑战有关。儒学本有“内圣外王”两个面向，然汉唐儒更注重发挥儒学外王的一面，专注于典章制度一面。但是人在现实生存境遇中，不仅需要面对共同体，面对人伦中的他者，同样需要面对个体的心灵。尤其是这内外两个面向往往交互作用：社会的种种在个体心灵中造成各种“情绪性”的反馈，而这些反馈，往往需要个体独自面对。

庄子《人间世》揭示出“无所逃于天地之间”的种种现实苦闷，是人时时需要面对的。尤其在礼坏乐崩的乱世，人更是要独立面对种种不幸。汉唐儒对此种境地下的个体心灵关注远不如佛道。《世说新语》载：

王平子、胡毋彦国诸人，皆以任放为达，或有裸体者。乐广笑曰：“名教中自有乐地，何为乃尔也？”[5]

乐广这里讲“名教乐处”，然而名教如何可乐，魏晋之儒给予的诠释似乎比不上玄学“旷达”“自然”之“乐”。唐代柳泽在《上睿宗书》讲“名教之乐”则言：“臣又闻

---

① [魏]何晏注，[宋]邢昺疏：《论语注疏》，北京：北京大学出版社，2000年，第13页。

② 《论语注疏》，第13页。

③ 《论语注疏》，第83页。

④ 《论语注疏》，第83页。

⑤ 徐震堮：《世说新语校笺》，北京：中华书局，1984年，第14页。

驰骋田猎，令人发狂。名教之中，自有乐地。承前贵戚，鲜克由礼。或打毬击鼓，比周伎艺；或飞鹰奔犬，盘游薮泽。此甚为不道，非进德修业之本也。”[①]这里与“名教乐地”对应的是现实中世俗的田猎、游戏之乐，而要达到名教之乐，则需要“由礼”“进德”。这样的“名教之乐”其实是在某种礼乐结构中的“乐”，还未超脱情绪性的快乐而转为“境界”。何以由礼、为何由礼而可得乐，此乐究竟有何重大意义，这里并未明言。

相较老庄之学，佛教给儒家带来的挑战更大。佛教“四圣谛”首揭“苦”，认为众生皆苦，无论是八苦还是十六苦，都描述了人生在世所能面对的诸多不如意。《佛说太子瑞应本起经》言：“三界皆苦，何可得乐？”郗超《奉法要》释此“苦”：

> 若夫深于苦者谓之见谛，达有心则有滞，有滞则苦存。虽贵极人天，地兼崇高。所乘愈重，矜着弥深。情之所乐，于理愈苦。故经云：“三界皆苦。无可乐者。”又云：“五道众生。共在一大狱中。”苟心系乎有。则罪福同贯。故总谓三界为一大狱。[②]

此种现实的苦，不因人的地位而有差别，现实的现象界，如同一大狱。而只有按照佛教所讲的智慧方法，才可在此苦中获得解脱，达到极乐。《续高僧传》卷十六讲：“三界皆苦，谁而得安？经曰：‘有求皆苦，无求乃乐也。’”苦是因为有所求、求不得，只有放弃现象界的种种“求”，才能“乐”，这里的“求”已经偏向内心的状态。但佛教强调的却是出世寻找快乐，《智度论》二十七讲：“大慈与一切众生乐，大悲拔一切众生苦。”要用佛教的“大慈悲”才能“拔苦为乐”。而相较于佛教理论，“名教之乐”只是世间法，无法和佛教讲的出世间、世出世间相抗衡。

“苦”是佛教的理论前提，也是现实世界中人容易感知的真实存在状态。尤其在动荡的乱世中，佛教讲的“苦”，更有直指人心之力。唐代李节《饯潭州疏言禅师诣太原求藏经诗序》讲：

> 夫释氏之教，以清净恬虚为禅定，以柔谦退让为忍辱，故怨争可得而息也；以菲薄勤苦为修行，以穷达寿夭为因果，故贱陋可得而安也。故其喻云，必烦恼乃见佛性，则其本衰代之风激之也。夫衰代之风，举无可乐者也。不有释氏以救之，尚安所寄其心乎？论者不责衰代之俗，而尤释氏之盛，则是抱疾之夫，而责其医祷攻疗者也。徒知释因衰代而生，不知衰代须释氏之救也。[③]

---

① [清]董诰等编：《全唐文》，北京：中华书局，1983年，第2615页。

② [梁]僧祐：《弘明集》卷十三，第88页b，《大藏经》第五十二册。

③ 《全唐文》，第8249页。

李节沿用儒家历史观，将中国的时代分为三代与三代之后，认为不能将三代以后的衰弊归因于佛教，恰恰相反，此衰弊的时代恰需要佛教来救苦。在李节看来，三代之后这样的时代，断无可乐的地方——此“无可乐”是指世俗的“乐”——而只有待佛教救世之后，世人才可安心得解脱之乐。

李节仅是一小吏，但其观点颇具代表性。佛教在唐代以降，有“庶民化”倾向，此种倾向与佛教对人的生存处境的安顿密不可分。佛教“拔苦为乐”，此“苦”“乐”泯除了一切身份、阶级的差异，使得面对等级森严、贫富不均而倍感痛苦的下层民众得到了心灵上的安慰，并循此获得希望。正因为此，佛教在唐代的庶民化具有内生的动力和必然性，其在唐代得到普及，影响不仅在士大夫阶层，更广泛深入民间。

这种普遍性亦可从净土的普及看出。净土将现实世界视为“秽土”，充满了各种痛苦，而认为人应该通过念诵阿弥陀佛等简易直截的方式往生极乐世界，摆脱身心忧苦，得到清净喜乐。

可以看到，佛教的苦既是理论，更直指人的现实生存处境。佛教不仅指出了这种苦，更提供了摆脱苦的一套方法，尤其是净土，给普通老百姓提供了具体可操作的方法。佛教之所以形成对儒家的挑战，不仅在于其有形上学理论的冲击，更加在于佛教直指人的生存处境，安顿面对现世诸多苦难的个体。当然，佛教的方式是“出世”的，是超越人伦的，这就对儒家造成了挑战。儒家要回应佛教的挑战，必须面对佛教提出来的这些问题，但同时也需要吸纳佛教提供的理论资源。陈来先生特别指出，“佛老对儒家的挑战，从根本上说，不在于对待伦理关系，而在于面对人的生存情景及深度感受方面的问题提供给人以安心立命的答案。而这就给北宋以来的新儒家带来一个两难，如果不深入到人的生存结构就无法真正回应佛道的挑战，而回应这一挑战必然要对佛老有所吸收，以致冒着被攻击为佛教化的危险”[①]。如此，就可以理解为何周敦颐等理学家如此重视孔颜乐处这一话题了，因为这一话题在当时具有普遍的针对性。儒家面对现世诸多烦恼，也必须要从儒家义理出发，为人提供心灵安顿，尤其是提供一个可以跟佛教出世之乐相较的现世之乐。林永胜先生指出，“汉晋儒者心中的孔子，是一玄圣素王形象，……宋代兴起的理学，为了能在内教领域与佛教争胜，开始对孔子的形象进行改造，通过寻孔颜乐处、观圣贤气象，以及四书的建构等方式，将孔子的形象由传统的玄圣素王，转变为无入而

① 陈来：《有无之境——王阳明哲学的精神》，北京：生活·读书·新知三联书店，2009年，第273-274页。

不自得的乐道者”[1]。刘子健先生在《中国转向内在》中强调，宋代中国学问有内向化的趋势，中国思想家比起之前的关注外在制度，更关注内心[2]。此一转向，其实是需要历史契机的。此外，从经学到理学有所谓“周孔”到“孔颜”“孔孟”的转化（在孟子“升格”之前，最早以“孔颜”并称并替代“周孔”），这种称谓的转化，其实意味着学术形态和问题意识的转化。“颜”代替“周”恰是转向内在的结果，也是转向内在的“接入点”。颜回在《论语》当中的形象，被理学家特别发挥出来，并升华为一种境界学说。

可以说，理学从汉唐经注当中脱转出来，绝不简单是知识形态的转化，而是与人的根本生存境遇所面临的诸多问题相关的。当然，宋代理学家对孔颜乐处的发挥更重境界，此种境界更契合士大夫阶层的内心需求，宋代理学在孔颜乐处这一问题上同样具有精英化的倾向。人的生存处境的改变不会一蹴而就，其面临的问题甚至可能会随着历史的演进而变得更加突出。在明代这个“欲望解放”的“庶民社会”，理学不仅要面对精英的内在精神需求，更需要面对普通人安顿内心的需求。要“觉民行道”，就需要满足“民”的内外需求。在这个意义上，明代理学更加庶民化，“乐”直接变成了心之本体，乐的获得方式也比宋代更加简易。这就契合了社会的需求。

理学的发生与展开，既有观念上的逻辑演进，也有思想史上的根源性问题的推动。孔颜乐处直面现世人的生存处境，尝试给予世人现世的“乐”，此“乐”不离人伦日用又直指人心。当然，我们或许还要追问，此种“乐”在实然的社会层面是否发挥了有效的实际作用，这或许就要从世俗儒家的实际方面去研究了。

当然，循此思路亦可思考当代面临的人生境况：“苦”的问题尚未解决，个体却更加孤独；我们既需要面对资本主义带来的现代性，也需要面对一神教带来的“罪”的问题。儒家是否有足够的资源回应现代挑战，在当代儒家思想创造性转化与创新性发展中至关重要。理学家对孔颜乐处思考的背景与处理方式，值得我们深思。

---

① 林永胜：《作为乐道者的孔子——论理学家对孔子形象的建构及其思想史意义》，《清华中文学报》第十三期，2015年6月，第5页。林永胜文中还指出了孔颜异同，这不是本文的论述重点，可参见该文第25页论述。

② [美]刘子健：《中国转向内在》，南京：江苏人民出版社，2002年，第8页。

《朱子语类》与朱子学

朱子学的发展，既包括哲学思想的阐发，也包含思想文献的整理。但是应该看到，优秀的文献整理者也一定对思想有着深刻的把握，并能在文献的整理过程中寓“作”于“述”，通过文献传递思想。《朱子语类》(以下简称《语类》)并不是朱熹手书而成的著作，而是学生记录的“语录”，是朱子与门人等讨论问题的“语音”的文字转换。在我们研究朱子思想的过程中，《语类》有着十分重要的位置，透过《语类》，我们可以了解朱子晚年思想的发展，没有《语类》而只依靠《朱子文集》《四书章句集注》等著作的话，很多哲学问题的丰富性就无法展开[①]。但学者对《语类》的使用仅仅是“材料”性质的，对《语类》本身的研究也主要体现在文献学和语言学[②]。可以说，关于《语类》本身的思想性研究还未充分展开，特别是《语录》《语类》的编纂与朱子学的关系，尚未得到重视。其实，《语类》以文献编纂的形式“述朱”，此一“述”的过程就包含了“作”，体现了编纂者对朱子学思想逻辑的理解，体现了一种知识秩序空间的建立。

本文尝试将《语类》本身作为研究中心，将研究从文献扩展到思想。本文从《语录》《语类》的编纂出发，特别关注“类编”背后的知识秩序问题，试图揭示《语类》本身所反映的朱子学阐发问题，尤其是朱子后学对朱子思想逻辑的理解。同时，本文将讨论以文献编纂为“述朱”的形态中“作”的问题，以期将《语类》与朱子学、朱子门人的研究更紧密地联系起来。

---

① 关于《语类》的重要性，历史上有各种争论，参邓艾民《朱熹与朱子语类》第二部分，收入[宋]黎靖德编：《朱子语类》，北京：中华书局，1986年。清代学者朱沄泽(止泉)如此评价《语类》：

《语类》一书，晚年精要语甚多，五十以前，门人未盛，录者仅三四家。自南康、浙东归，来学者甚众，诲谕极详，凡文词不能畅达者，讲说之间，滔滔滚滚，尽言尽意。义理之精微，工力之曲折，无不畅明厥旨。诵读之下，謦咳如生，片朊恳精神，洋溢纸上……是安可不细心审思而概以门人记录之不确而忽之耶？(转引自《朱子语类》，第9-10页。)

这个评价充分肯定了《语类》对于了解朱子思想的重要意义。

② 近些年，关于《语类》有很多文献学上的新成果，如徐时仪先生等在九州大学图书馆藏古写徽州本《朱子语类》(以下简称“徽州本”)的基础上整理出版了《朱子语类汇校》，以宋刻《晦庵先生朱文公语录》及明刻《晦庵先生朱文公语录》合编而成《朱子语录》，胡秀娟博士则出版了《朝鲜古写徽州本朱子语类》一书，专门对“徽州本”进行了系统研究。这些研究主要是从文献的角度入手，为研究《朱子语类》和朱子学提供了新材料。除此之外的《语类》的研究则集中在语言学，特别关注《语类》里保存的南宋语料。

一、从“语录”到“语类”

在以汉唐经学为主导的时代，“语录”并未成为儒家思想的重要载体，其光大与禅宗的兴起有密切关系。理学语录体的流行无疑受了佛教的影响，而理学采用“语录”体，与其思想内容，特别是对“心性”的诠释、发挥，亦有着较为密切的关系。“语录”在理学中“大行其道”，《河南程氏遗书》《横渠先生语录》《龟山先生语录》《上蔡先生语录》《朱子语类》《传习录》等重要理学著作，均为语录。语录甚至成为某些理学家流传下来的主要“著述”[①]。

然而，关于“语录”能否准确地把握言说者的思想，“语录”是否会因为记录者的“记忆偏差”“思想取向”而不同于言说者思想的原貌，这在理学“语录”形成的初期就有争论。《朱子语录》卷九十七中的一条记载了程颐对于语录的态度，以及朱熹的看法：

> 或问：“尹和靖言看语录，伊川云：‘某在，何必看此？’此语如何？”曰：“伊川在，便不必看；伊川不在了，如何不看！（盖卿录云：‘若伊川不在，则何可不读！’）只是门人所编，各随所见浅深，却要自家分别它是非。前辈有言不必观语录，只看《易传》等书自好。天下亦无恁地道理，如此，则只当读六经，不当看《论》《孟》矣！……”先生又言：“语录是杂载。只如闲说一件话，偶然引上经史上，便把来编了；明日人又随上面去看。直是有学力，方能分晓。”（谦。）[②]

当弟子将记录的“语录”拿给程颐看时，程颐表达出了一种谨慎的态度，他担心弟子仅仅停留在言语的揣摩之中，而忽视了对其思想意指的体贴。然而在朱熹看来，虽然伊川有此态度，但读其“语录”对了解二程思想却必不可少，如果能够以恰当的方式去读“语录”，就可以顺着“语录”把握“先生之心”。伊川生前因为亲在，自可以当面讨论，但伊川先生不在了，那就必须通过阅读“语录”去理解伊川的思想。门人编撰的语录自然因为记者的记忆、见识存在偏差，而不同于言说者思想的原貌，但“语录”还是有其独特的价值，需要读者认真分辨、选择、下功夫，通过自己的“学力”去理解言说者的本意。从这个意义上来讲，朱熹并不否认语录的价值，反而强调了语录的重要性。

---

① 关于理学与语录的关系，特别是语录兴起的原因、语录的功过，可参考陈立胜：《理学家与语录体》，《社会科学》2015 年第 1 期。

② 《朱子语类》，第 2479 页。关于此一问题，亦可参[宋]朱熹：《程氏遗书后序》，见[宋]程颢、程颐：《二程集》，北京：中华书局，2004 年，《目录》，第 6 页。及[宋]朱熹：《晦庵先生朱文公文集》卷七十五，朱杰人、严佐之、刘永翔主编：《朱子全书》第 24 册，上海：上海古籍出版社；合肥：安徽教育出版社，2002 年，第 3624-3625 页。

当然，因为“记者”的问题，朱熹的“语录”也难免上述问题，李性传《饶州刊朱子语续录后序》讲：

> 池录之行也，文肃黄公直卿既为之序，其后书与伯兄，乃殊不满意，且谓不可以随时应答之语易平生著述之书。性传谓记者易差，自昔而然。《河南遗书》以“李端伯师说”为首，盖端伯所记，伊川先生尝称其最得明道先生之旨故也。至论浩气一条，所谓“以直养而无害”云者，伊川乃深不谓然。端伯犹尔，况于其他，直卿之云真是也。然尝闻和靖先生称伊川之语曰：“某在，何必观此书？”而文公先生之言则曰：“伊川在，何必观？伊川亡，则不可以不观矣。”盖亦在乎学者审之而已。[①]

这里的李性传就指出了黄榦对“池录”的不满，但他依旧以朱熹对于语录的态度为自己辩护。当然，仅仅辩护是不够的，如何能够在最大程度上消解记忆偏差，使读者更易“审”之，就成为一个问题。由上可见，“语录”既打开了理学思想阐发的空间，丰富了理学的思想文献，也带来了思想理解上的新问题，即如何保证“语录”思想传达的准确性，使其更好地传递“述者”的思想。

在本文看来，“语类”的出现，为增强“语录”的可信性、透过“语录”了解言说者“本意”提供了契机。

朱熹弟子在从学之时，多有记录师说笔记者，这自然与朱熹对“语录”的积极态度有关。朱熹生前一些记录已互相传阅，朱熹对此亦有手定（辅广所录）。在朱熹“语录”和“语类”的形成、流传史上有所谓“五录三类”之说（参表1）。可以看到，在

表1 “五录三类”与“语类”进化史

年　代	录	类
嘉定八年（1215年）	李道传于池州刊刻《池录》	
嘉定十二年（1219年）		黄士毅于眉州刊刻《蜀类》
嘉熙二年（1238年）	李性传于饶州刊刻《饶录》	
嘉熙淳祐年间	王佖于徽州刊刻《婺录》	
淳祐九年（1249年）	蔡抗于饶州刊刻《饶后录》	
淳祐九年至十二年（1249—1252年）		魏克思等在《蜀类》基础上增补饶录九家，为《徽类》
咸淳元年（1265年）	吕坚于建安刊印《建别录》	
景定四年（1263年）、咸淳六年（1270年）		黎靖德根据黄士毅所订类目，糅合诸家而成《语类大全》

① 《朱子语类》，第3页。

朱熹"语录"的发展史中,"语录"的搜集与"语类"的编纂有一交替发展的过程,当某些"语录"搜集刊刻完成后,就有弟子按照"类"的原则对之进行编纂。

"语录"和"语类"都是广义的"语录",但二者的区别也是十分明显的。池本等"语录"的编纂明显依从朱熹编定《二程遗书》等的方法,分人为录。如《池录》是现今唯一传存的"朱子语录",收录廖德明、辅广等三十三位朱熹弟子所记语录,以记录时间为序进行排列,黎靖德已经指出此点:

> 昔朱子尝次程子之书矣,著记录者主名,而稍第其所闻岁月,且以"精择审取"戒后之学者。李公道传之刊池录也,盖用此法。①

"语录"按记录者排序,更多的是"实录",保留朱熹与弟子讨论的"原貌";而按人编排,弟子从学年代相对可考,较容易把握朱熹思想发展脉络。

与之相较,"语类"则以思想分类为优先,"类"优先于"记者","思想汇聚"优先于从学先后。如黄士毅在《池录》的基础上,又搜集了三十八家朱熹弟子所记语录,按照讲学内容分为二十六类,这就打破了原有的以记录弟子为"单元"的排列方式。

那么黄士毅为何要打破以"记者"为主而采取的"类编"模式呢?"类编"的初衷何在?黄士毅在《朱子语类后序》讲:

> 或病诸家所记互有重复,乃类分而考之。盖有一时之所同闻,退各抄录,见有等差,则领其意者斯有详略。或能尽得于言,而首尾该贯;或不能尽得于言,而语脉间断;或就其中粗得一二言而止。今惟存一家之最详者,而它皆附于下。至于一条之内无一字之不同者,必抄录之际,尝相参校,不则非其闻而得于传录,则亦惟存一家,而注与某人同尔。②

在黄士毅看来,"记者"因为资质等差异,会导致记录出现偏差,而以类聚、类编弥补某个人对某个问题记录的"主观化"倾向,可以起到"参验"的作用,这在一定程度上消解了记录者的偏差所带来的一些问题,也使得材料的可信度大大提升。虽然打破了以"记者"为中心的旧有格式,但"语类"对同一类中的相关问题尽可能多地收录不同弟子的记录,并且几乎每条语录最后都标记出了记录者姓名,详细比对了不同弟子记录的异同,这就使当时朱子言说相关问题的场景得到了尽可能的还原。同时,由于每一问题之下有不同弟子、不同时间的相关记录,这又使得读者能够"参验"、综合地看待材料,从尽可能多的视角思考相关问题。同时,"语类"所附的《朱子语录姓氏》标示了弟子从学年代等情况,所收条目自宋孝宗乾道六年(1170 年)

---

① 《朱子语类》,《目录》,第 24 页。

② 《朱子语类》,第 6 页。

到宋宁宗庆元五年(1199年)朱子逝世前为止,横跨三十年之久,在一定程度上也为展示朱子的思想历程提供了便利。

本文认为,"类编"的出现首先是为了增强"语录"可信度,通过类聚达到"参验"的效果,尽可能地消除语录记录者的记忆偏差。这在理学"语录"发展史中具有重要意义。但弥补"语录"的记忆偏差仅是反映在最表层的"语类"编纂意图,"语类"的编纂,尤其是其分类的原则,更能体现编纂者对朱熹思想逻辑的理解,反映了"朱子后学"对朱熹思想的不同把握。

二、"类编"与知识秩序

"类聚"可以还原某条记录的客观场景,但如何分"类"本身则含有对思想的主观性理解。可以说,"类分"是按照对思想体系的理解而整理材料。章学诚在《文史通义》中讲:"物相杂而为之文,事得比而有其类。知事物名义之杂出而比处也。非文不足以达之,非类不足以通之。"[①]在他看来,不按照一定的"类"的原则就无法把握事物的秩序。当代西方哲学家福柯也有所谓"分类"与"知识型"问题,《词与物》以一部中国百科全书的异质性分类学开始,展示思想与"符号组合顺序"的关系,在福柯看来,分类是知识型的基础,不同知识型背后展现的是不同的"知识的秩序空间的构建",他所要探究的则是"知识依据哪个秩序空间被构建起来"[②]。当然,福柯的"知识考古学"有其关于知识与权力的特殊思考,但他对知识分类的关注,至少给当下重新审视"类编"的意义提供了一个视角。

其实,探究分类与编排背后的思想意义在中国古代思想史上是较为常见的现象,如《论语》《孟子》的注释者,都曾试图揭示二书篇章结构背后的思想逻辑[③];朱熹与吕祖谦编纂《近思录》,将北宋四子的思想按照道体、为学、致知等分为十四类,也反映了他们对北宋理学思想逻辑的理解。这点在张栻重编《河南程氏粹言》时亦有明确表达:

---

① [清]章学诚:《文史通义校注》,北京:中华书局,1985年,第18页。

② [法]福柯:《词与物——人文科学的考古学》,上海:上海三联书店,2016年,第5页。可参考李超民:《福柯与章学诚的知识分类思想考察》,《图书馆杂志》2014年第9期;亦参[德]曼弗雷德·弗兰克:《论福柯的话语概念》,收入汪民安、陈永国、马海良主编:《福柯的面孔》,北京:文化艺术出版社,2001年,第90-94页。

③ 邢昺《论语注疏》每篇开篇都着力阐发该篇的主题,并讨论此一篇章主题与前后主题的思想逻辑。这一现象也早就出现在赵岐对《孟子》的注释当中,赵岐逐篇揭示"篇旨",并对前后关系进行说明。按照今人的观点,《孟子》七篇仅取篇章开头文字作为篇题,可在赵岐看来并不如此,他认为,这样选取的篇题也是有其内容划分依据的,同时篇章与篇章之间有着清晰的逻辑结构。其实,是否承认赵岐、邢昺的做法本身,就已经反映了不同的"知识秩序",反映了对文本的理解态度。

……余始见之，卷次不分，编类不别，因离为十篇，篇标以目，欲其统而要，非求效夫语、孟之书也。……①

按照张栻叙述，《程氏粹言》本身没有“编类”，他按照自己的理解对其进行重新编排，这样就能方便掌握二程思想的要旨。根据理解，他将《粹言》分为论道篇、论学篇、论书篇、论政篇、论事篇、天地篇、圣贤篇、君臣篇、心性篇、人物篇，同样是整理北宋理学思想，但这与《近思录》的原则和逻辑就已经不尽相同。张栻言“非求效夫语、孟之书也”，也表达了他对《论语》《孟子》篇章逻辑的态度。

回到《朱子语类》。《语类》以“类”为编排的首要原则，黄士毅按照他或某一些朱熹弟子对朱子学的理解，对朱熹思想作了分类处理，“类”的选取和排序就包含了编定者对朱熹思想的理解，他们在此秩序空间下构建了朱子的思想秩序。黄士毅定下二十六个门目，并为黎靖德所继承，这些门目为：

理气，鬼神，性理
学
大学，论语，孟子，中庸
易，书，诗，孝经，春秋，礼，乐
孔孟周程张邵朱子
吕伯恭，陈叶，陆氏
老氏，释氏
本朝，历代
战国汉唐诸子
杂类
作文

在相关门目下，黄士毅标明门目里所收语录的具体内容。如在“鬼神”下讲：

其别有三：在天之鬼神，阴阳造化是也；在人之鬼神，人死为鬼是也；祭祀之鬼神，神示、祖考是也。三者虽异，其所以为鬼神者则同。知其异，又知其同，斯可以语鬼神之道矣，故合为一卷。②

这就交待了他对鬼神问题的理解，以及在这一门目下对鬼神问题所作的分类。

---

① 《二程集》，第1167页。

② 《朱子语类》，《门目》，第28页。

黄士毅在《朱子语类后序》中讲：

既以类分，遂可缮写，而略为义例，以为后先之次第。有太极然后有天地，有天地然后有人物，有人物然后有性命之名，而仁义礼智之理则人物所以为性命者也。所谓学者，求得夫此理而已。故以太极天地为始，乃及于人物性命之原，与夫古学之定序。次之以群经，所以明此理者也。次之以孔孟周程朱子，所以传此理者也。乃继之以斥异端，异端所以蔽此理，而斥之者，任道统之责也。然后自我朝及历代君臣、法度、人物、议论，亦略具焉。此即理之行于天地设位之后，而著于治乱兴衰者也。凡不可以类分者，则杂次之，而以作文终焉。盖文以载道，理明意达，则辞自成文。……①

然始焉妄易分类之意，惟欲考其重复。及今而观之，则夫理一而名殊，问同而答异者，浅深详略，一目在前，互相发明，思已过半。……②

可以看到，黄士毅的"类分"背后还有所谓"义例"，也就是"类"的划分原则以及类与类之间的排布逻辑。以"理气""鬼神""性理"为先，也即以今天所关注的哲学问题为理解朱熹思想的切入。按照理学话语，"理气""鬼神""性理"这三个门目都与"道体"问题有关，说明这一系统是从"道体"切入朱子思想的。"学"则讲为学之方，通过为己之学去把握道体。以下按朱子理解的治四书的顺序排列四书，继之以六经，这是讲朱熹对儒家经典的理解，也是要学的具体对象。"孔孟周程张邵朱子"则与"道统"有关，是"学"的传承谱系；吕伯恭、陈叶、陆氏，皆为同时代人物，或为学友，或为论辩对手；老氏、释氏则为异端；本朝、历代则是对历史问题的讨论；战国汉唐诸子则论历史人物；杂类收录不易归类的内容；作文则与今天的文学有关。可以说，黄士毅、黎靖德就是按照这一由"一理"张为"万目"的方式来把握、理解朱熹思想的。

蔡杭在《徽州刊朱子语类后序》中讲：

《论语》一书，乃圣门高第所集，以记夫子之嘉言善行，垂训后世。《朱子语类》之编，其亦效是意而为之者也。或曰："语必以类相从，岂《论语》意欤？"曰："《学而》一篇所记多务本之意，《里仁》七章所记皆为仁之方；若《八佾》之论礼乐，《乡党》之记言行，《公冶长》辨人物之贤否。《微子》载圣贤之出处，亦何尝不以类哉！天下之理，'同归而殊途，一致而百虑'，非有以会而通之，则只见其异耳。《大传》曰：'触类而长之，天下之能事毕矣。'而伊川之诲学者亦必

① 《朱子语类》，第6-7页。
② 《朱子语类》，第7页。

曰：'将圣贤言仁处类聚观之。'然则《语类》之集，其有功于学者多矣！"①

这其实是蔡杭引用《论语》篇章分类的做法以及《周易》、伊川之言，对《语类》以"类"编纂朱子"语录"的合理性的一种辩护，从中亦可反映出"类分"对于理解朱熹思想逻辑的意义。当然，这一思想逻辑的理解未必尽合朱熹本意，但它体现出了朱子后学的一种观念，一种朱子学的知识图景。

本文认为，黄士毅等人采取"类编"的编纂形式对朱熹文献进行整理，使得朱熹文献的编纂本身具有了"思想"意义。朱子后学在文献编纂过程中"寓作于述"，其"类"的选取与前后逻辑排布，体现的是他们对朱熹思想体系的理解。因此，朱熹文献的编纂一定程度上体现了朱子学本身的发展。

三、类分与知识图景的差异

当然，黄士毅等所选择的"类分"方法在朱子后学那里并不是唯一的，朱子门人弟子以及再传，对朱子学的思想逻辑结构、知识图景有着不同的理解。从这些不同"类分"中，我们可以看出朱子学在朱熹身后不同的诠释方向与发展动向，看到朱子后学对朱子思想系统的不同阐发。

现存的"语类"除了黄士毅奠定的分类系统外，还有《晦庵先生语录大纲领》(以下简称《语录大纲领》)及《朱子语略》《晦庵先生语录类要》等书值得关注。《语录大纲领》编纂者不详，其分类、卷次如下：

卷一　心性情才
卷二　命
卷三　道德、道、德、诚敬
卷四　礼乐仁智
卷五　礼乐、忠恕、忠信
卷六　中庸、中和、言行、志意、忿欲、喜怒、善恶、吉凶
卷七　贤者功用
卷八　圣者功用、一致之理、经权、信顺
卷九　明经
卷十　尚论圣贤、阴阳造化、鬼神②

---

① 《朱子语类》，第 10 页。
② 《晦庵先生语录大纲领》，中国国家图书馆藏宋刻本。

可以明显看出,这十卷的结构与黄士毅所分门目有着较大差异。差异较为明显的是,黄士毅的分类中,经学明显占了重要篇幅,《语录大纲领》则没有对经学特别强调。此外,黄士毅的分类系统更强调理气论的统领意义,《语录大纲领》则更突出心性论。如果参考朱子后学的其他著述,就会发现《语录大纲领》与陈淳的《北溪字义》以及程端蒙的《性理字训》有着高度相似的分类和思想逻辑安排。《北溪字义》卷次分类如下:

卷上:命、性、心、性、情、才、志、意、仁义礼智信、忠信、忠恕、一贯、诚、敬、恭敬

卷下:道、理、德、太极、皇极、中和、中庸、礼乐、经权、义利、鬼神、佛老

关于《性理字训》,《四库提要》讲:"考淳同时有程端蒙者,亦撰《性理字训》一卷,其大旨亦与淳同。"[①]认为《北溪字义》的宗旨与《性理字训》相同。朱熹生前曾见过《性理字训》,并称其为"一部大尔雅"[②]。《性理字训》解字方式如"天理流行赋予万物是之谓命","人所禀受莫非至善是之谓性",并按照命、性、心、情、才、志、仁、义、礼、道、德、诚、信、忠、恕、中、和、敬、一、孝、弟、天理、人欲、谊、利、善、恶、公、私的顺序展开。比较来看,《北溪字义》《语录大纲领》与之高度相似,当是承继其分类与逻辑原则。这样的逻辑结构突出了性情论、道德修养论的逻辑优先性,与《语类》突出理气论不尽相同[③]。

叶士龙编纂的《晦庵先生语录类要》的分类与上述又不尽相同。其卷次如下:

卷一　太极　命
卷二　心性情　气
卷三　总论四端　仁
卷四　义　仁义　礼　智　敬义　敬
卷五　诚　道　忠恕　中心
卷六　阴阳造化　五行气运
卷七　鬼神
卷八　古今人物
卷九　君道　礼制
卷十　祭祀　昏礼　丧葬　官制

---

① 见[宋]陈淳:《北溪字义》,北京:中华书局,1983年,第96页,

② 《晦庵先生朱文公文集》卷五十,《朱子全书》第22册,第2330页。

③ 关于《北溪字义》的编纂逻辑以及与《语类》的比较,参看邓庆平:《朱子门人与朱子学》,北京:中国社会科学出版社,2017年,第74-75页。邓庆平博士对《北溪字义》的安排逻辑有着十分详细的研究。

卷十一　古今事类
卷十二　政术
卷十三　科举　刑法　处变　仪刑　警戒　出处
卷十四　学术
卷十五　持养　为学工夫
卷十六　论经传子史古今文集
卷十七　读书法
卷十八　议论　疑难　字训义　论异端之学　杂说[①]

这一分类以“太极”为先，与《语类》系统类似，但在之后的思想安排上，则与《语录大纲领》等类似，强调心性论的地位。但比之其他，此一系统“经世致用”的比重明显较高，特别突出了朱子学实践的向度，这就与前述更集中于思想表达有所不同。

此外，《朱子语略》虽然也按类进行分类，但现存本并未标出各类的具体内容，这就不利于详细厘清其脉络[②]。

上面其实已经指出，《语录大纲领》的知识图景可以说是编纂者与程端蒙、陈淳等人的共识，黄士毅的分类则是其与黎靖德等人的共识。不同的朱子后学，对朱子思想系统的理解不尽相同，并将之呈现在文献编纂之中。

那么还需要进一步探讨黄士毅的分类是否自己的独创吗？

如果比照黄榦的《朱子行状》与其他相关文献，我们会发现，黄士毅的分类与思想逻辑叙述，与黄榦对朱子思想逻辑的理解有高度契合之处。《朱子行状》在叙述朱子思想时讲：

> 其为道也，有太极而阴阳分，有阴阳而五行具，禀阴阳五行之气以生，则太极之理各具于其中。天所赋为命，人所受为性，感于物为情，统性情为心。根于性，则为仁、义、礼、智之德；发于情，则为恻隐、羞恶、辞逊、是非之端；形于身，则为手足、耳目、口鼻之用；见于事，则为君臣、父子、夫妇、兄弟、朋友之常；求诸人，则人之理不异于己；参诸物，则物之理不异于人。贯彻古今，充塞宇宙，无一息之间断、无一毫之空阙，莫不析之极其精而不乱，然后合之尽其大而无余。[③]
>
> 谓圣贤道统之传，散在方册，圣经之旨不明，则道统之传始晦，于是竭其精

---

① ［宋］叶士龙编：《晦庵先生语录类要》，镇江：江苏大学出版社，2018年，明成化六年本。

② 关于《朱子语略》的每卷内容与可能分类，可参考傅雪《〈朱子语略〉研究》，上海师范大学硕士论文。

③ 黄榦：《朝奉大夫华文阁待制赠宝谟阁直学士通议大夫谥文朱先生行状》，《朱子全书》第27册，第560页。

> 力，以研穷圣贤之经训：于《大学》《中庸》，……；于《论语》《孟子》，……；于《易》与《诗》，……。于《书》，……；于《春秋》，……；于《礼》，……；于《乐》，……。若历代史记，……。周、程、张、邵之书，……。程、张门人，……。南轩张公、东莱吕公同出其时，……。至若求道而过者，病传注诵习之烦，以为不立文字，可以识心见性；不假修为，可以造道入德；守虚灵之识而昧天理之真，借儒者之言以文老佛之说。学者利其简便，诋訾圣贤，捐弃经典，猖狂叫呶，侧僻固陋，自以为悟；立论愈下者，则又崇奖汉、唐，比附三代，以便其计功谋利之私。……[①]

这一叙述与黄士毅《朱子语类后序》的描述以及《朱子语类门目》几乎一致。并且，黄榦在《行状》中对朱子经学注疏有专门说明，对朱子与当时思想家的关系亦有充分的介绍，这些几乎完全体现在黄士毅的描述与分类当中[②]。根据邓庆平博士考证，《朱子行状》的具体写作过程是：1207 年前后受朱熹之子朱在的嘱托，黄榦先用了一两年的时间准备，然后开始动笔，并求证于四方朋友，如是十年；1216 年草成，1217 年年初定稿后，又不断修改，再藏之四年；最后到了 1221 年，黄榦才将之公开示众[③]。"蜀类"刻于 1219 年，在黄榦公示《形状》于众前，而在其草成之后。黄榦一直关注着朱熹"语录"的编纂[④]，他在《复李贯之兵部》一书中专门提及黄士毅。不排除黄榦在写作《行状》时，其间某个版本曾被黄士毅看到的可能性，也可能黄士毅对《语类》的分类标准参考过黄榦对朱熹思想的理解。更何况，黄士毅选择类编，本身就是为了应对"语录"所遭受的种种质疑，特别是"记忆偏差"问题，而这是黄榦特别提出和警惕的现象。黄士毅本人还类编过《朱子文集》，今不得见。此外，《语类》中黄士毅对朱子的提问，多偏向心性问题，这就与《语类》强调"理气"的统领性有不完全一致的地方。本文以为，一个合理的解释是，黄士毅的类编并不依从自己的私人兴趣，而是采取了某种对朱子思想的公共理解。有理由推测，黄士毅在分类的过程中参考了黄榦《行状》对朱子思想的定性描述与逻辑结构，并将之融入《语类》的编纂之中。当然，这里还需要讨论《朱子语类》的编纂与《近思录》的分类的逻辑顺序的关系。《朱子语类》的分类排序与《近思录》有很强的相似性，从上面对《朱子语

---

① 黄榦：《朝奉大夫华文阁待制赠宝谟阁直学士通议大夫谥文朱先生行状》，《朱子全书》第 27 册，第 562-563 页。

② 黄榦《圣贤道统传授总叙说》对理学思想的逻辑叙述与《行状》亦高度一致，与《朱子语类后序》的叙述的相似性也较高。此外，《语类》对经学的重视当与这一系统"语类"的参与者魏了翁、魏克愚、黄士毅、黎靖德等的"蜀人"学风有关。有蜀地标识的朱子后学，对经学往往特别强调。

③ 《朱子门人与朱子学》，第 227 页。

④ 关于黄榦与《朱子语类》的关系，参看《朱子门人与朱子学》第二章第二节《朱子门人与〈朱子语类〉的编纂过程》。

类后序》的分析中即可看出。但《近思录》没有给经学专门的位置，而在《朱子语类》当中，经学占了十分重要的比重，二者此处就不能一一对照起来了。《朱子行状》反而给了“经学”相对独立的叙述，其整体与《朱子语类》的安排更加呼应。因此，在本文看来，黄士毅编纂“语类”受黄榦《朱子行状》的影响可能更大。

四、黎靖德的贡献：“类”分的深化

现通行本《朱子语类》成于黎靖德之手。黎靖德继承了黄士毅大的分类，但在材料编排上更加精细，并加进了自己的理解，使类目内部更具思想逻辑性。这也体现了黎靖德对朱子思想逻辑的理解。要之，黎靖德对《语类》的贡献主要体现在以下三个方面：

一是“细目”的创设。

黄士毅创设了《语类》大的分类原则，但从目前保留的徽州本来看，他并没有在大类下系统地进行再分类，而是只在鬼神部分做了三项具体分类，在少数地方对材料谈论的问题进行标注。而黎靖德则几乎在每一大类下又做了“细目”，如《语类》第一部分《理气》又细分为：天地、气质、气、阴阳五行、坎离、四时、暗虚、历、数、地理。这些细目也是按照一定的逻辑展开的。如《太极天地上》分为几部分，先言“太极为造化之枢纽”、理在逻辑上先于气（“理气先后”问题），而到了陈淳所录“徐问”条，再落实到具体的天地分判与理的关系上，由此引出“天地”问题。但在具体的讨论中先谈“天地之心”，这不能不说含有对朱熹哲学的深刻理解，因为“天地之心”这一概念在朱熹思想逻辑中具有枢纽性的“承上启下”的作用，是形上连接形下的转折，连接着存有论与伦理学，同时也是从对世界进行存有论的分析转入实存性一体性阐述的关键。而在哲学上，“天地之心”这一概念体现着理对气的主宰，在某种意义上也是理生气的一种表达；在仁论上，朱熹更是将仁与天地生物之心直接联系起来。在讨论完“天地之心”后，黎靖德又从天的概念的多义性与统一性开始讨论现象世界的形成与结构。《理气上》对此问题的讨论主要集中在宇宙之形成、形体样态、阴阳五行与世界结构等，是从大的方面总体论述“法象”，而《理气下：天地下》则集中讨论各种具体问题，包括天文、地理、气象等。从这些细致的转合排列中，可以体会到黎靖德对朱子思想的把握。

这样的安排几乎体现在每一门目当中。由此，本文可以做一大胆推测，黄士毅设立了《语类》大的门目，而包括他在内的黎靖德之前的编纂者面对不同版本的“语录”，仅是把材料打散放置在这一门目当中，新增的收集到的“语录”，也很可能被打散，排在大的类之中；而黎靖德则在前人的基础之上，对每一大类收录的材料做了进一步细致整理，并再次分类编排，这一分类过程包含着黎靖德对朱熹思想的思考。通过细致比较黎靖德本与徽州本的异同，或可认为细目问题不应是刊刻、传抄导致的，而应该归结为黎靖德更为细致的编纂，或进一步归结为黎靖德对相关问题的逻辑理解。

二是将不同细目归属不同门目、大类，重新建立思想的点、线、面联系。

黎靖德将“魂魄”这一小类置于卷三《鬼神》之中，而在徽州本中，则被置于卷五《性理二·性情心意等名义》之中。将“魂魄”放在“鬼神”这一类中探讨，是基于“魂魄”作为“在人之鬼神” 这一向度的，其与人的生命构造的关系是这一安排的基准；而将其置于“性情心意等名义”这一类中，则关注“魂魄”与人的心性的关系，特别是魂魄与心的功能的关联。其实，“魂魄”这一小类安置的不同，恰恰展现了朱熹思想中魂魄问题的两个基本方向。这就体现出了不同分类者对于材料属性的不同理解。

三是一个类目下材料顺序的调整、优化。

如，相比于徽州本，黎靖德本《语类》卷一自“帝是理为主。（淳。）”这一条目起，顺序等变化颇多。黎靖德本先言“帝是理之主宰”的含义，再言“苍苍之天”的含义以及其与理为主宰的关系，再言“苍苍之天何以成立”等与天地有关的问题，逻辑上更为通顺。又如卷二黎靖德本于徽州本条目顺序变化极大，徽州本先言“星”的问题，黎靖德本则先讨论“天行”问题，从天行讨论到日月星辰之行，再讨论日月，再言五星等，再言“气象”（属天），再言历法，再言地理。徽州本涉及土圭之法的大量条目，被黎靖德本置于讨论《周礼》的相关部分中，可见黎靖德更注重论述内容的相关性、清晰性。汇校本土圭之法接有关日月的讨论，而黎靖德本则接“数”条，以之开始讨论地理。徽州本在讨论完气象后讨论历法。又如在卷三“鬼神”部分，直接与经典语句问答有关的条目，黎靖德大多放入《语类》相关经典的门类那里讨论，相对来说使得讨论哲学问题的这几卷更简洁。再如，关于“读书法”的几卷，黎靖德完全做了重新编排，使其意指更加明确，并且循序渐进。而徽州本只是将材料汇集，少数地方标明细目，但无整体逻辑。

从这一条目顺序的调整中，可以看到一卷之内，黎靖德本逻辑线索更为清晰，材料归属的原则较为一致，材料与材料之间具有明显的起承转合关系。当然，材料顺序的调整、优化等也带来了对思想言说重点表达的不同，这点汤元宋博士曾以《朱子语类》卷一二二《吕伯恭》为例，具体分析了黎靖德本此卷 49 条语录与黄士毅本 33 条语录之间，在语录选择、编排、增删三方面的细微差别，指出黎靖德在此卷中较之黄士毅更具道统立场的编纂风格①。

---

① 参汤元宋：《语类编纂与“朱吕公案”：以〈朱子语类〉为中心的再考察》，《中国哲学史》2017 年第 1 期。

本文以为，黎靖德在前人的基础上对材料进行了大尺度的调整，进一步优化了《语类》的结构，使材料所要呈现的思想内涵更为清晰，为进一步消除语录记录者的记忆性偏差提供了支撑。当然，不容否认的是，这一再编纂也加入了黎靖德对朱熹思想脉络的理解，在“述”的过程中进一步体现了“作”，这是在使用《语类》时要注意的一点。

五、结论：类编背后的“寓作于述”

陈荣捷先生指出：

《朱子语类》首列太极、理、气、性诸卷，使人印象以为凡此乃朱子之主要者。此一印象，在程朱学派之继续发展中，着重理性，更为加强，因而博得性理学之名。实则在朱子，不止于形而上学也。朱子从不忘孔子“下学(日用寻常)而上达(如天、性、命)”之教。[①]

《性理大全》之辑纂者乃以卷二十六至卷三十七属于形而上学者，置于卷四十三至卷五十二属于形而下者之前。此即显示诸辑纂者并不珍视朱子之新方法。但在《朱子全书》此一次第，乃大为改变。[②]

从陈荣捷先生的判断中可以看出，分类以及分类顺序，会影响读者对朱子思想“秩序空间”的判断，《性理全书》遵从了《朱子语类》的基调——强调形而上学，而这一基调随着清代朱子学的发展发生了变化，这体现在《御纂朱子全书》的编纂当中。《御纂朱子全书·凡例》言：

惟《语类》一编，系门弟子记录，中间不无讹误，冗复杂而未理；《文集》一部则是其平生议论、问答、应酬、杂著，以至奏牍公移皆具焉，精粗杂载，细大兼收，令览者苦其烦多，迷于指趣，学人病焉。今合此二书，撮取精要，芟削繁文，以类相次，裒为全书以便学者。

《语类》及《性理大全》诸书，篇目往往以太极、阴阳、理气、鬼神诸类为弁首，颇失下学上达之序……

故今篇目首以论学，次四书，次六经，而性命、道德、天地、阴阳、鬼神之说继焉。

《语类》及《性理大全》篇目，其部分次第亦多未当者。如有天度日月星辰

---

① 陈荣捷：《〈性理精义〉与十七世纪之程朱学派》，《朱学论集》，上海：华东师范大学出版社，2007年，第261页。

② 《〈性理精义〉与十七世纪之程朱学派》，第263页。

然后有历法，不应以历法在天度日月星辰之先；阴阳五行四时即气也，不应不次于理气之后；雷电风雨之属非天文也，不应附于天文；主敬主静即存养也，不应别于存养；道统列周程张朱似已而，程门末派其人颇杂而不分；治道诸目不以九官六典为之次第，前后其事颇乱而无序。若此之类皆关系义理不可不正。[①]

《御纂朱子全书》的编纂者并不满意《语类》对朱子思想的逻辑理解，他们重新对《语类》和《文集》进行分类整理，其类目排序更突出“下学”而非“上达”，一改《语类》的形而上学倾向。这里需要指出的是，所谓次第未当，未必是黎靖德等对朱子思想逻辑的理解真的有问题。《御纂朱子全书》的编纂者之所以如此评价黎靖德等，其实是因为诠释系统发生了变化，是前者按照清初对朱子学强调的重点、理解的方式，通过分类对其进行了“再诠释”。这些是今天面对各种朱子学文献时要特别自觉的。当然，今人按照哲学的方式对朱子思想进行研究，同样也是一种范式转化。

从上面的叙述中，我们可以清晰地看到，朱熹“语类”的编纂表面上看是“文献”工作，其实背后体现的是编纂者对于朱熹思想的理解。每一个朱熹文献的编纂者，都可能有他们对朱熹思想的独特理解。不同的“语类”以及《性理大全》《御纂朱子全书》，以文献编纂的形式“述朱”，但其中的“作者”之义需要今人揭示并探讨。

本文以为，不同的“述朱”形式背后，由于“述朱”者自身的知识结构、思想意识的差异，反而有可能出现“寓作于述”的现象，朱子学当中的文献编纂即体现着这一现象。此点或许需要在今后对历代朱子学的研究中得到关注，进而丰富朱子学、朱子后学的研究，甚至可以从此出发，发展出“语类学”。

---

① 《御纂朱子全书》，长春：吉林人民出版社，2005年，摛藻堂四库全书本，第7-8页。

作为工夫论的朱子学与阳明学的兴起

章学诚在《文史通义·朱陆》中讲,“宋儒有朱、陆,千古不可合之同异,亦千古不可无之同异也”[①],强调朱陆问题在中国思想史中的“贯穿性”意义。需要说明的是,“朱陆”的凸显,一定意义上得益于“朱(熹)王(阳明)”的争衡,恰是明代阳明学的兴起,使得朱陆之争的内涵得以凸显。南宋朱子学集理学之大成,后成为官学,对元以后的知识分子产生了持续、普遍的影响;而陆学的影响则更多地是地方性的。正是由于王阳明对心学的再光大,才使得滥觞于陆九渊的心学,可以成为与朱子学分庭抗礼的思想形态,也因为阳明学,“朱陆”问题才愈发深入。但是,如果我们回顾阳明学的产生过程,不禁要问,阳明学是从陆学直接产生的吗?我们将“陆王”并称,却很难说王阳明是在自觉继承陆九渊的意识下发展出其自身的心学系统的。杜维明先生指出:

> 阳明对象山的敬仰不需要更多的理由,为了弄清象山对阳明的影响,却应该做一个重要的澄清:虽然在大悟之后阳明思想所表现的形态使人们想起象山,但在阳明的成长年代,象山对阳明思想成熟过程的影响是非常有限的。就我们所知,阳明在早期著作中很少提到象山。《年谱》第一次提到象山是在1509年,那时阳明三十八岁,是提学使席书提出了阳明与象山的比较问题。即使在这个时候,阳明也显示出对这个问题没有什么兴趣。[②]

“青年王阳明”并不是面向陆学而思的,他的问题意识更多地来源于朱子,从阳明早年的成学历程来看,朱子一直构成了对阳明的“影响的焦虑”,这点既在《年谱》中有着充分的表现,也可以从《传习录》中阳明与徐爱关于众多问题的讨论看出。陈来先生也认为,“阳明一开始的时候也并没有继承象山的自觉意识”[③]。阳明反而是在学习朱子的过程中,走向了“反朱子”,进而再“发现”象山。朱王之间有着断裂的继承,而陆王之间的“继承”则更多地是“后视”“建构”的。从“发生学”的角度

---

① [清]章学诚撰,叶瑛校注:《文史通义校注》,北京:中华书局,1985年,第262页。

② [美]杜维明:《青年王阳明:行动中的儒家思想》第四章《意义》,北京:生活·读书·新知三联书店,2013年,第188页。

③ 陈来:《有无之境——王阳明哲学的精神》第二章《心与理》,北京:生活·读书·新知三联书店,2009年,第24页。

来看，我们不仅应该观察陆学到王学的发展，也应该观察朱子学本身，看其中是否具有一些思想史上的契机，使得阳明的“大悟”得以发生。

本文尝试从“工夫”的角度切入，认为朱子学的“工夫论”与“工夫论化”的朱子学，是朱子学内部走向分化的契机，正是学者按照朱子指引的工夫路向实践，才产生了被客观化的理论与“主体/个体”感受(体验)上的分歧，进而促成了阳明学的兴起。本文尝试以思想史、哲学史相结合的方式，揭示这一过程，进而展示阳明学发生的一个视角。

一、工夫与本体、心性

“工夫论”是中国哲学的独特特征，近些年的工夫论研究逐渐脱离以往从属于“认识论”“知识论”的范式，而获得了学者越来越多的关注。但一般的中国哲学叙事，往往从本体论(形而上层面)切入，认为哲学家的本体论“规定”了其“人性论”(心性论)、工夫论、境界论。单从静态的理论形态讲，这一叙述模式并没有什么问题，但是，一旦我们转入对哲学家思想系统形成过程的探讨，关注哲学家生命历程，就会产生这样的疑问：到底是纯思的本体论决定了哲学家的工夫论，还是哲学家是由工夫以验本体、工夫与本体处在动态的双向促成中？这一问题在我们研究宋明理学家时尤为重要。如果我们把关注点转向理学家的生命历程，就会发现理学家的哲学形态并非纯粹的知识性的哲学理论建构，其学问是“生命的学问”，工夫实践对于推动理学家本体理论的形成，发挥着重要作用[①]。这点在朱子的两次“中和之悟”中有着显著的体现，工夫体验是促成两次“中和之悟”的重要因素。

朱子在《中和旧说序》中回顾其中和旧说的形成历程，他讲自己跟随李延平学习，延平告之以体验未发，但直到延平去世，他都并未对此有独特的体会。延平去世后，通过与张栻的学问探讨，他获得了“体悟”：

> 闻张钦夫得衡山胡氏学，则往从而问焉。钦夫告余以所闻，余亦未之省也，退而沉思，殆忘寝食。一日，喟然叹曰：“人自婴儿以至老死，虽语默动静之不同，然其大体，莫非已发，特其未发者为未尝发尔。”自此不复有疑，以为

---

① 蒙默在《贯通四部 圆融三教——蒙默先生谈国学大师蒙文通先生的学术思想》一文中回忆蒙文通对理学的理解：“下工夫主要还不是指文献上的工夫，他说要在事上磨炼，在心上磨炼，要身体力行。理学主要是供人实践的，不是用来讲学的。”(《蜀学》第六辑，成都：巴蜀书社，2011年，第323页。)也就是在蒙文通看来，理学并不是像一般人理解的纯粹思辨的哲学形态，工夫实践在理学中反而占有某种主导性的地位，甚至表现了理学的基本特征。这点对揭示工夫论对于宋明理学的意义十分有启发。

《中庸》之旨果不外乎此矣。[①]

张栻以所闻告朱子，朱子并未马上有得，而是通过“思”的工夫，进而体悟到中和旧说中对于已发、未发的理解。当然，这里“思”的工夫，更多地偏向认知形态（认识论意义上的“工夫”），范围比起含有身心体验的工夫来说较狭窄，但我们也不能将之从“工夫”中剔除。没有这一“思”的工夫过程，朱子是断不能将张栻的“所闻”化为自己的“实得”的。

朱子与张栻讨论中和问题的书信，有所谓“中和旧说四札”，在这些书信中，朱子屡次谈及工夫体验对自己确信当时他所信奉的中和理论的重要意义，如《与张钦夫（人自有生）》中讲，“于是退而验之于日用之间，则凡感之而通，触之而觉，盖有浑然全体应物而不穷者”[②]。正是按照理论在日用中做工夫，并由此获得了“实感”，朱子才进而“实信”其说。而也正是按照旧说的理论做工夫，逐渐产生了问题，朱子才对“中和旧说”有所怀疑。“中和旧说第四札”《答张敬夫（诲喻曲折数条）》言：

> 大抵日前所见、累书所陈者，只是侀侗地见得个大本达道底影象，便执认以为是了，却于“致中和”一句全不曾入思议，所以累蒙教告以求仁之为急，而自觉殊无立脚下工夫处。盖只见得个直截根源倾湫倒海底气象，日间但觉为大化所驱，如在洪涛巨浪之中，不容少顷停泊。盖其所见一向如是，以故应事接物处但觉粗厉勇果增倍于前，而宽裕雍容之气略无毫发。虽窃病之，而不知其所自来也。而今而后，乃知浩浩大化之中，一家自有一个安宅，正是自家安身立命、主宰知觉处，所以立大本、行达道之枢要。所谓“体用一源，显微无间”者，乃在于此。而前此方往方来之说，正是手忙足乱，无着身处。道迩求远，乃至于是，亦可笑矣。[③]

此处，见“道”之影象而不全和“无立脚下工夫处”形成一种互证关系。朱子按照旧说的理论做察识的工夫，在日用中感到“不容少顷停泊”，气象上则表现为“宽裕雍容之气略无毫发”，而正是此种工夫体验，促使朱子思考旧说的理论是否正确。可见，任何对于本体、心性的理论，不仅需要逻辑的检验，还需要工夫的效验。朱子走向中和新说，跟此时面临的工夫实践困境密切相关。李健芸博士指出：

> 对于“中和旧说”中存在的工夫难题，朱子也在日后的反思中有所论及。

---

① 《朱子文集》卷七十五《中和旧说序》，见朱杰人、严佐之、刘永翔主编：《朱子全书》第24册，上海：上海古籍出版社；合肥：安徽教育出版社，2002年，第3634页。

② 《朱子文集》卷三十，《朱子全书》第21册，第1315页。

③ 《朱子文集》卷三十二，《朱子全书》第21册，第1392页。

大体而言，反思指向的都是在不息的变化之流中试图把握一念、瞬间带来了困难。较为集中的表述出现在朱子乾道五年己丑“中和新说”确立之后。[①]

旧说导致了工夫实践缺失了“平日涵养一段”，这点被朱子屡屡提及[②]，而新说则可容纳察识与涵养，朱子认为这在工夫上更加受用与无病。中和新说之后，朱子确定了“心统性情”的思想，强调“心具理”，这就为新的工夫理论奠定了心性论基础。

关于朱子思想的本体与工夫，清代学者朱泽沄指出，“从来道体不虚空，只在寻常日用中”[③]，对于理学家来说，形上的理论必须能够融贯进入日用的工夫实践过程中，两者不能脱离，离开了寻常日用的“道体”就不是“实理”。对于朱子的生命历程，朱泽沄不特关注两次中和之悟，他认为，两次中和之悟只是朱子工夫历程中较为明显的节点，朱子终其一生都在“做工夫”，并随着工夫实践的深入，理论愈发精微，正所谓“自此（己丑之悟）以往，涵养之功日深，所见愈精，本领愈亲”[④]。

而关于己丑之后朱子学的工夫目标，朱泽沄则指出，“朱子格物之学，心理合一，无内非外，无外非内，可谓显明矣”[⑤]。也即是，做工夫最终需要达到“心与理一”的状态。朱泽沄此说可以获得朱子本人思想材料的支撑。如《大学或问》讲：

> 人之所以为学，心与理而已矣。心虽主乎一身，而其体之虚灵，足以管乎天下之理；理虽散在万物，而其用之微妙，实不外乎一人之心，初不可以内外精粗而论也。然或不知此心之灵，而无以存之，则昏昧杂扰，而无以穷众理之妙。不知众理之妙，而无以穷之，则偏狭固滞，而无以尽此心之全。……是以圣人设教，使人默识此心之灵，而存之于端庄静一之中，以为穷理之本；使人

---

① 李健芸：《“中和旧说”与朱子早期思想的关系及其理论困境》，《中国哲学史》2022年第1期，第51页。

② 如《与湖南诸公论中和第一书》言：“向来讲论思索，直以心为已发，而日用工夫，亦止以察识端倪为最初下手处，以故阙却平日涵养一段工夫，使人胸中扰扰，无深潜纯一之味，而其发之言语事为之处，亦常急迫浮露，无复雍容深厚之风。盖所见一差，其害乃至于此，不可以不审也。”（《朱子文集》卷六十四，《朱子全书》第23册，第3131页。）《已发未发说》言：“向来讲论思索，直以心为已发，而所论致知格物，亦以察识端倪为初下手处，以故缺却平日涵养一段功夫。其日用意趣，常偏于动，无复深潜纯一之味，而其发之言语事为之间，亦常躁迫浮露，无古圣贤气象，由所见之偏而然尔。”（《朱子文集》卷六十七，《朱子全书》第23册，第3268页。）

这些正可呼应前引“中和旧说第四札”。“直以心为已发”的理论导致“涵养”的缺失，而要弥补这一工夫缺失，必然要对原有理论进行修正。这正是工夫对于理论的直接意义。

③ ［清］朱泽沄：《朱止泉先生文集》卷1，《四库全书存目丛书》集部233，济南：齐鲁书社，1997年，第686页。

④ 《朱止泉先生文集》卷8，第787页。

⑤ 《朱止泉先生文集》卷7，第769页。

知有众理之妙，而穷之于学问思辨之际，以致尽心之功。[①]

这里将“心”与“理”作为为学的两个基本立足点，强调心和理对于人的修养的独特意义，认为要以此心之灵穷众理之妙，知众理之妙而尽此心之全，这可以说是朱子学意义上的“心理合一”。《答郑子上》更是言：

儒释之异，正为吾以心与理为一，而彼以心与理为二耳。然近世一种学问，虽说心与理为一，而不察乎气禀物欲之私。故其发亦不合理，却与释氏同病，又不可不察。[②]

朱子认为，能否实现“心与理一”，是儒释区分的一个标准。朱子甚至认为，陆学虽讲“心即理”，却不是真正的“心与理一”，因为陆学忽略了气禀对于人现实的影响，可能导致工夫的缺失。在朱子看来，“心与理一”并不是无条件的，而是需要实做工夫。这样的心、理关系，是朱子学的一个基准。正是强调工夫的重要性，朱子虽不讲“心即理”，反而在现实工夫上赋予“心”独特的地位，认为“理无心，则无着处”[③]，“心是做工夫处”[④]。心是工夫发生的“场域”，也是体验“理”的“实处”，也是最终达到“心与理一”的主体。从“工夫”的角度，我们可以看到“心”的突出位置。而也正是强调心的工夫论意义，强调“心是做工夫处”，才使得朱子之后的学者在从事工夫实践的过程中，重视心灵体验，追求达到“心与理一”。

这里可以补充一点的是，阳明主张“心外无理”，此说在陆九渊处寻不到踪迹[⑤]，然而朱子学的工夫论要求却可以导出这一命题。朱子后学胡炳文，从“心与理一”的工夫论意义上，提出了“心外无理”。《四书通》言：

《大学》前分事与物言，若物自物事自事。此独言物，物犹事也，大抵有一事必有一理，理本非空虚无用之物，《大学》教人即事以穷理，亦唯恐人为空虚无用之学。世之学者论事则支离，而不根于理；言理则空虚而不贯于事，未免岐理与事而二之。所以《章句》释“明明德”则兼事与理，释“至善”亦曰事理，释

---

① ［宋］朱熹：《四书或问》，《朱子全书》第6册，第528页。

② 《朱子文集》卷五十六，《朱子全书》第23册，第2689页。

③ ［宋］黎靖德编：《朱子语类》卷五，北京：中华书局，1999年，第85页。

④ 《朱子语类》卷五，第94页。吴震先生指出：

在朱熹，“心”的问题不是本体论问题而是工夫论问题，这一点由其所言“心是做工夫处”不难窥见。朱熹这句话不可轻忽，其意盖谓心是工夫的对象而非工夫的主脑。显然，这个说法与陆王心学的立场正相反，充分表明了朱熹哲学的一种立场，亦即：他绝不能认同与性或理具有同等地位的心，也不能认同心是什么抽象的形上本体。（吴震：《朱子思想再读》，北京：生活·读书·新知三联书店，2019年，第105页。）

朱子虽不认同心的形上地位，但在形下的工夫入手处赋予了“心”独特的位置。

⑤ 陈荣捷：《王阳明〈传习录〉详注集评》，上海：华东师范大学出版社，2009年，第17-18页。

"格物"亦曰穷至事物之理,心外无理,理外无事,即事以穷理,"明明德"第一功夫也。[①]

胡炳文主张心、理、事贯通,要"即事以穷理",此理并不悬空,而是具在现实的人的心中、体现在现实的实践当中的,因此人要用有理的心去从事现实的事。胡炳文从心具理出发,进而从工夫论的意义上指出"心外无理"。此说收入至《四书大全》的《大学》部分[②],而为明代科举士子之基本参考,阳明很有可能读到过这一文字。当然,阳明的"心外无理"已经不是"心具理"意涵上的了,也并不是单纯"即事穷理"的工夫上的言说,而是从"心即理"出发,具有了本体的意涵。但我们依旧可以推测胡炳文此说对阳明可能产生的影响。而这一影响若可能,则必然是以"工夫"为媒介发生的。

二、"工夫化"的朱子学

朱子于"伪学"中去世,然其身后,朱子学却逐渐从"伪学"变为"官学"。元仁宗延佑二年(1315 年)恢复的科举,第一次将朱子学学者的注解纳入科举科目范围当中,从而实现了朱子学官学的制度化。葛兆光指出,"宋代形成的理学便在元代与政治权力开始结合,不仅成了有权力的知识话语,而且成了有知识的权力话语"[③]。而明代《四书大全》《五经大全》的编纂则更进一步地确立了朱子学官学的地位。

官学化、权威化的朱子学对于"儒教中国"的众多读书人而言,成了"进身之路",但对于有志于圣学的很多儒者而言,朱子的"成功"无疑使他成为了一个成圣的榜样与参照,他们要按照朱子的讲法、朱子指点的道路去成圣成贤。在这重意义上来讲,朱子学不仅仅意谓着一般知识意义的"学",还意谓着"工夫"的路径与目标。元明很多朱子学的代表人物,都有"工夫化"的倾向。

如薛瑄评价许衡,"鲁斋,在后学固莫能窥测,窃尝思之,盖真知实践者也","鲁斋力行之意多"[④]。许衡理论上的创见,远不如其"力行"影响大。元代与许衡并称"南吴北许"的吴澄,也十分重视工夫修养,更为特别的是,他在工夫上特别强调"以

---

① [元]胡炳文:《四书通》,长春:吉林出版集团有限责任公司,2005 年,第 15 页。

② [明]胡广、杨荣、金幼孜等纂修,周群、王玉琴校注:《四书大全校注》,武汉:武汉大学出版社,2009 年,第 31 页。

③ 葛兆光:《中国思想史》第二卷,上海:复旦大学出版社,2001 年,第 284 页。

④ [明]薛瑄:《读书录》,南京:凤凰出版社,2018 年,第 10、43 页。

心为学”，这可以说是对朱子“心是做工夫处”的发挥[①]。吴澄强调，“迎接酬酢，千变万化，无一而非本心之发见，于此而见天理之当然，是之谓不失其本心，非专离去事物寂然不动以固守其心而已也”[②]，在心上为学，就不能离开日用实践，所有的日用实践都可以看作心的展现。人们要在事上去存心，“心之体”就在“于其用处，各当其理”[③]，这追求的依旧是现实实践上的“心与理一”。吴澄强调工夫，因之重视“实行”与“实学”，强调“就身上实学”[④]，重视切己体验，以及在实处对文字所讲之理的“实验”。可以说，无论是许衡还是吴澄，都强调实做工夫对于理解朱子学的重要意义。而这一倾向到了明初，则获得更进一步的强化。

《明儒学案》评价明初学术言：

> 有明学术，盖从前习熟先儒之成说，未尝反身理会，推见至隐。所谓此亦一述朱耳，彼亦一述朱耳。[⑤]

学者承此言，往往认为“述朱”不甚有意义，但若仔细观察明初朱子学的“述朱”，我们则要追问，明初朱子学者的“述朱”是否完全一致？何以有不一致？能否“寓作于述”？“述”中是否有新的动向？这些问题需要我们更加细致地研究明初朱子学才能得出答案，甚至需要我们转换研究思路与视角来进一步观察。本文只想指出，在这一“述朱”的思潮当中，朱子学愈发“工夫化”，工夫践履与生命体验影响了学者的思想形态，并有了从朱子学走出朱子学的可能。这突出表现在薛瑄与吴与弼的思想和生命样态上。

《重刊〈读书录〉跋》对薛瑄有如此描述：

> 文清公平生读书，以诚敬为主，本以关闽诸子为法绳，以古圣贤为归宿。故其《录》也，于心身为切要，词不枝蔓，意不幽秘，句不怪诞，明正简易，读者可

---

① 一般以为，吴澄强调“以心为学”是因为他本人受到陆学的影响，有会通朱陆的倾向。但如果我们从基本的哲学概念的定义出发，就会发现，吴澄看似是陆学的倾向，但根底上还是朱子的定义。如吴澄讲：

> 心也者，形之主宰，性之郛郭也。此一心也，尧舜禹汤文武周公传之，以至于孔子，其道同。道之为道，具于心，岂有外心而求道者哉！（吴澄：《吴澄集》，北京：中国社会科学出版社，2021年，第989页。）

此条为吴澄有心学倾向的常见“证据”，但若熟悉朱子学语脉就会知道，心为“性之郛郭”为朱子屡屡称引之邵雍的比喻，朱子学并不反对心是形的主宰。吴澄还未走到“心即理”，而是强调“心具理”。而“心即理”和“心具理”才是朱陆论心的关键。吴澄讲心，屡屡强调“具众理而应万事者”，这更是朱子学的标准定义。所以，不能看到某些朱子学者强调心的意义，就一味强调他们受到陆学影响，还是要回到基本的哲学概念，回到范畴之间的内在关系看问题。不能把言说心视为陆学的专利。吴澄讲“以心为学”，还是着眼于“心与理一”，是延续朱子在工夫上对心的强调。

② 《吴澄集》，第990页。

③ 《吴澄集》，第989页。

④ 《吴澄集》，第53页。

⑤ [清]黄宗羲：《明儒学案》，北京：中华书局，2008年，第179页。

索而玩味焉。隽永冲足，悠远整洁，如太羹钟镛，非嗜乐之真者弗取。[①]

薛瑄的读书并非是为了科举的知识性学习，而是以宋代理学为参照，实做诚敬的工夫，追求成圣成贤，其思想与生命形态表现出了强烈的工夫取向。其《读书录》一书可以视作其工夫实录。张学智先生指出："(《读书录》)全从细读精思程朱之书而来，只记自己体验所得，不作理论上的发挥。薛瑄认为理学之精蕴，朱熹已从理论上发挥殆尽，后人只须验之身心，着实躬行，不必另有发明。故《读书录》中所记，多为对理学重要概念及修养功夫的理解心得，非系统论说。"[②]也就是说，对于朱子学，薛瑄并不在乎理论的创发，而是将朱子学看作一种理论完满的形态，学者面对其的重点在实做"工夫"。薛瑄整部《读书录》都强调用心读书、用心体验。在记述自己创作《读书录》的"识"中，薛瑄强调"读书以开心"：

横渠张子云："心中有所开，即便劄记，不思则还塞之矣。"余读书至心有所开处，随即录之，盖以备不思而还塞也。若所见之是否，则俟正于后之君子云。[③]

读书时心要有所开，就不能只靠知识性的读，还需要切己的工夫。"开心"之"开"含有工夫意谓。翻检《读书录》，常见其有读书后"吾自体验此心"等类似记载，处处强调"体认"，担心人欲"萌于心"。正是由于对工夫的重视，他才强调"有不善未尝不知易，知之未尝复行难"[④]。薛瑄读朱子之书，以至于梦朱子之人，以梦中所告语提醒自己做工夫，并进一步有所得[⑤]。

薛瑄如此，吴与弼(康斋)亦是，其学问也表现出极强的工夫形态、实践形态。《明儒学案》记吴与弼言：

八九岁已负气岸，十九岁(永乐己丑)觐亲于京师(金陵)，从洗马杨文定(溥)学，读《伊洛渊源录》，慨然有志于道，谓"程伯淳见猎心喜，乃知圣贤犹夫

---

① 《读书录》，第374页。

② 张学智：《中国儒学史·明代卷》，北京：北京大学出版社，2011年，第85页。兹举一证，《读书录》言：《四书集注章句》《或问》皆朱子萃群贤之言议而折中以义理之权衡，至广、至大、至密、至密，发挥先圣贤之心殆无余蕴。学者但当依朱子精思熟读循序渐进之法，潜心体认而力行之，自有所得。窃怪后人之于朱子之书之意尚不能遍观而尽识，或剿逞己见妄有疵议，或剿拾成说寓以新名，炫新奇而掠著述之功，多见其不知量也。(《读书录》，第10-11页。)

这里对朱子四书注释充满了赞叹之词，反对轻议朱子之言，而主张按照朱子所讲做身心工夫，体认而有所得。

③ 《读书录》，第1页。

④ 《读书录》，第4页。

⑤ 参《读书录》，第13页。

人也，孰云不可学而至哉！”遂弃去举子业，谢人事，独处小楼，玩《四书》、《五经》、诸儒语录，体贴于身心，不下楼者二年。气质偏于刚忿，至是觉之，随下克之之功。

居乡躬耕食力，弟子从游者甚众。先生谓娄谅确实，杨杰淳雅，周文勇迈。雨中被蓑笠，负耒耜，与诸生并耕，谈乾坤及坎、离、艮、震、兑、巽于所耕之耒耜可见。归则解犁，饭粝蔬豆共食。

先生上无所传，而闻道最早，身体力验，只在走趋语默之间，出作入息，刻刻不忘，久之自成片段，所谓“敬义夹持，诚明两进”者也。一切玄远之言，绝口不道。学者依之，真有途辙可循。[①]

对于吴与弼来讲，朱子学奠定了其为学方向，即与科举相对的“志道”“成圣”之路。而“志道”的基本方式，则在于回归身心的修养方式，通过朱子揭示的工夫路径，对治自身的气质之病。从工夫形态来讲，吴与弼尤其重视“身体力验”，注重“儒学与生活成为一体”[②]，与弟子在一起亲自从事日常劳动，努力在日常事物中发现“道”、体验“道”——这点对于青年王阳明的实践具有重要影响，我们在谈到阳明时会有申说。吴与弼对纯思的理论不甚致力，其思想重点全在工夫实践，并尤其重视朱子所讲的内容与自己日常身心体会的“参验”，以朱子所讲为客观“标准”，对照心中的感悟——在这重意义上，具于心的“理”就具有了一定的“外在化”、客观化的意涵，而身心工夫则具有了很强的主观向度。

与薛瑄《读书录》类似，吴与弼的《日录》也是其工夫修养的“实录”[③]，其中多有“枕上思”之语，故刘宗周论其学讲：“先生之学，刻苦奋励，多从五更枕上汗流泪下得来。及夫得之而有以自乐，则又不知足之蹈之手之舞之。盖七十年如一日，愤乐相生，可谓独得圣贤之心精者。至于学之之道，大要在涵养性情，而以克己安贫为实地。此正孔、颜寻向上工夫，故不事著述而契道真，言动之间，悉归于平淡。”[④]《日录》中大量记载其日常感受与圣贤所讲的对照，记载其具体的工夫做法，读理书之后的身心体验更是记述颇多，如言“观《近思录》，觉得精神收敛，身心检束，有歉然不敢少恣之意，有悚然奋拔向前之意”[⑤]。《日录》下一段，更是详述其工夫历程，此段特别能代表吴与弼读理书、做工夫后的各种身心状态：

---

① 《明儒学案》，第15-17页。

② [日]岛田虔次：《中国近代思维的挫折》，甘万萍译，南京：江苏人民出版社，第8页。

③ 岛田虔次对此有着精彩的诠释，见《中国近代思维的挫折》第9页对《日录》意义的相关诠释。

④ 《明儒学案》，第4页。

⑤ [明]吴与弼：《康斋先生文集》卷11，《儒藏精华编》第251册，北京：北京大学出版社，2014年，第1289页。

与弼气质偏于刚忿，永乐庚寅，年二十，从洗马杨先生学，方始觉之。春季归自先生官舍，纡道访故人李原道于秦淮客馆，相与携手淮畔，共谈日新。与弼深以刚忿为言，始欲下克之之功。……厥后克之之功虽时有之，其如鲁莽灭裂何！十五六年之间，猖狂自恣，良心一发，愤恨无所容身。去冬今春，用功甚力，而日用之间觉得愈加辛苦，疑下愚终不可以希圣贤之万一，而小人之归无由可免矣。五六月来，觉气象渐好，于是益加苦功，遂日有进，心气稍稍和平。虽时当逆境，不免少动于中，寻即排遣，而终无大害也。二十日，又一逆事排遣不下，心愈不悦。盖平日但制而不行，未有拔去病根之意。反复观之，而后知吾近日之病，在于欲得心气和平而恶夫外物之逆以害吾中，此非也。心本太虚，七情不可有所。于物之相接，甘辛咸苦，万有不齐，而吾恶其逆我者，可乎？但当于万有不齐之中详审其理以应之，则善矣。于是中心洒然。此殆克己复礼之一端乎！盖制而不行者硬苦，以理处之则顺畅。因思心气和平，非绝于往日，但未如此八九日之无间断。又往日间和平多无事之时，今乃能于逆境摆脱。惧学之不继也，故特书于册，冀日新又新，读书穷理，从事于敬恕之间，渐进于克己复礼之地。此吾志也，效之迟速，非所敢知。[①]

因为跟从老师学习，吴与弼发现自己“气质偏于刚忿”之病，进而想通过工夫克治。刚做工夫时，收获较少，但“良心”发显，则能对治“愤恨”——这一叙述我们其实可以在阳明致良知的结构中发现。在从事工夫的初始阶段，吴与弼深觉用功虽苦，收获很少，甚至对成圣成贤产生怀疑——青年王阳明亦有此感受。但随着工夫的深入，他逐渐有所进，心理体验也随之发生变化，心气有了平和之感。但此时“病根”犹在——熟悉阳明学话语，也会对这一“病根”的叙述异常敏感，特别是阳明多讲“拔去病根”——体验至此，康斋在工夫理论、心性理论上，也有了新的认识，认为不能喜内恶外、喜静厌动——这同样可以呼应阳明成熟后的工夫描述——关于“心”，他则认为“心本太虚，七情不可有所”，不能有所，是不能有滞碍，而不是不能有七情——这一叙述与阳明对良知本体的描述何其相似！随着工夫的深入，康斋“中心洒然”。因持续的工夫实践，而获得了自身的提升与气质转化。我们不敢确认阳明是否读过吴与弼此段叙述，但我们却可确定二者之间的呼应关系，只不过康斋更多地谈工夫体验，而阳明则是即本体即工夫。从思想史的角度，我们不能忽视康斋工夫实践中带来的内心体验对后世心学的可能影响。我们依旧要强调，这种

① [明]吴与弼：《康斋先生文集》卷 11，《儒藏精华编》第 251 册，北京：北京大学出版社，2014 年，第 1286-1287 页。

可能的影响依然以工夫体验为中介。

薛瑄、吴与弼可以说是明初"工夫化"的朱子学的典型代表。通过以上分析我们可以看到：朱子所讲的天理，既是形上的根据，又是自家的理，这一理具于主体心中。朱子学的工夫论希望达到"心与理一"的程度，这就需要工夫主体去感知自家身心，并拿此种感受与朱子所讲进行印证。对于薛瑄、吴与弼来讲，朱子所讲之"理"是一完满的理论形态，这一态度将本具于心中之理进一步客观化、外在化。在他们的工夫实践中，原本具于心的理，更多地是朱子所讲的"理"、是册子上的"理"；而做工夫者自家的"心"则是时时可感知的主观"现成"，在工夫过程中，他们对心灵体验状态的记述、重视与强调随处可见，在做工夫处，"心"愈发凸显。按朱子所讲做工夫，将自家的工夫体验与朱子学所讲做对照，因为此理当下呈现为朱子在册子上的言说，如此，心与理很可能为二——心灵的感受不合于客观化的理的要求即为二。但对于薛瑄、吴与弼而言，"二"还没有凸显，或者说，对于他们来讲，"为二"是因为自家修养还不够，而不是理论有问题。但对于后来者，则可能不必如此，"为二"可能是因为这一理的呈现方式，本身就有问题。

三、做工夫与心的自觉

上文之所以特别重视对吴与弼的分析，直接原因在于吴与弼与明代心学的关键人物都有较为直接的关系。陈白沙曾从学于康斋，而娄谅为康斋高弟，阳明曾问学于康斋。在一定意义上，康斋的朱子学样态，可能与心学的发生有直接的关系。

我们首先来看康斋与陈白沙的交往。陈白沙二十七岁时到江西崇仁，跟随吴与弼学习。吴与弼教授给陈白沙的方法，完全是自己的工夫实践路径。《明儒学案》记载：

> 陈白沙自广来学，晨光才辨，先生手自簸谷。白沙未起，先生大声曰："秀才若为懒惰，即他日何从到伊川门下，又何从到孟子门下！"[①]

康斋之于白沙，教学方式完全同于自身"躬耕食力""身体力验"的工夫方式。在这一过程中，康斋"朝夕与之讲究"[②]，将自己所闻、所得亦告与白沙。对于白沙

① 《明儒学案》，第16页。

② 张诩：《白沙先生行状》，见[明]陈献章：《陈献章集》，北京：中华书局，1987年，第868页。

而言，康斋的主要意义在于确立他成圣之学的方向[①]，但康斋的工夫方式对于白沙则难以切己。白沙《复赵提学佥宪》言：

> 仆才不逮人，年二十七，始发愤从江右吴聘君学。其于古圣贤垂训之书，盖无所不讲，然未知入处。比归白沙，杜门不出，专求所以用力之方，既无师友指引，日靠书册寻之，忘寝忘食，如是者累年，而卒未有得。所谓未得，谓吾此心与此理未有凑泊吻合处也。于是舍彼之繁，求吾之约，惟在静坐。久之，然后见吾此心之体隐然呈露，常若有物。日用间种种应酬，随吾所欲，如马之御衔勒也。体认物理，稽之圣训，各有头绪来历，如水之有源委也。于是涣然自信曰："作圣之功，其在兹乎！"有学于仆者，辄教之静坐。[②]

在白沙看来，康斋对他尽讲所学，但从康斋的讲授中，他并未获得成圣成贤的入手处。他之后按照康斋所讲，做读书穷理的工夫，但也没有收获。白沙所不满意之处就在于主体的内心感受跟客观的理不吻合，始终达不到所谓的"心与理一"。但不同于薛瑄、吴与弼从主观修养不足处寻求解决方案，白沙更信任工夫实处的"心"的感受。因此，他抛弃了康斋的工夫为学路径，直从心上入手——既然是要求身心受用、心上有所体验，何不相信此心？靠着静坐工夫，白沙最终有所得，看到了心体呈露之处。可见，白沙确立本体的方式，是典型的由工夫以成本体，工夫的受用在其奠定最终理论形态的过程中发挥了重要的作用。

荒木见悟指出，"理学之关键——理是具可眩耀的超越个人之权威的定理、天理。它就先验地限制了心。'至物穷理'这一朱子的格物致知论因预想了这一先验的理之实在也就得以成立了"，"对朱子学来说，它不能斩断理与心之间的羁绊。由心自由裁夺而创造理的设想最终是不被朱子学所容许的"[③]。朱子学始终要求主体感受的心要"服从于"天理，对于朱子后学而言，这一理更多的是朱子阐释出来的天理、册子上的理，也是荒木见悟指出的当时的"众人所共有的平均价值观"[④]。但白沙却在这里做了"哥白尼式的颠倒"，他更信任心的体验、感受、裁夺，而不要求心服从于理，"所谓心学，心先立于理；所谓理学，理先立于心"[⑤]。这一从工夫入手的

---

① 白沙《龙冈书院记》言："予少无师友，学不得其方，汩没于声利，支离于秕糠者盖久之。年几三十，始尽弃举子业，从吴聘君游，然后益叹迷途其未远，觉今是而昨非。取向所汩没而支离者，洗之以长风，荡之以大波，惴惴焉惟恐其苗之复长也。"(《陈献章集》，第 40 页。)

亦可参《中国近代思维的挫折》，岛田虔次认为白沙还是从康斋处获得了学问的热情。(《中国近代思维的挫折》，第 10 页。)我们可以说，这种热情就是朝向圣人的热情，也是实下工夫的热情。

② 《陈献章集》，第 145 页。

③ [日]荒木见悟：《心学与理学》，《复旦学报(社会科学版)》1998 年第 5 期，第 79 页。

④ 《心学与理学》，第 79 页。

⑤ 《心学与理学》，第 80 页。

颠倒，恰恰刺激了明代心学的发生。从心上做工夫，最终使心的意义超越工夫而达到了本体。

白沙如此，阳明的成学历程同样如此——由做朱子学的工夫入手，最终实现了对朱子学的反动。但对于阳明来说，其对朱子学的理解，以康斋之弟子娄谅为重要的中介。这里需要指出，我们今天研究朱子学可以一定程度上“舍弃”朱子后学，直奔今天能看到的众多的朱子本人的文献，进而探索一个“本来朱子思想”。但对于历史上的学者而言，其能看到的文献丰富程度或许远不如我们，康斋当时得到《朱子语类》亦费波折[①]。当时学者认识朱子学的途径首先是科举文献，其次是他们能力与机缘巧合下所能得到的文献，再次是当时朱子学学者的传承与讲授。所以今天研究朱子学史，要特别注意当时的朱子学者是透过哪些文献理解朱子的，在理解朱子的过程中受到了哪些中介人物的影响。从思想史的角度，尤其要注意历史上“在场的朱子学”。对于阳明来讲，他所对话的朱子，其实是经过了中介转译的朱子学，而这一朱子学就是工夫论化的朱子学，其最为直接的体现就是娄谅。

因为一些原因，娄谅的著作今不得见，但透过《明儒学案》的记载以及他与康斋的关系，我们可以看出娄谅思想的一些特点：

> 凡康斋不语以门人者，于先生无所不尽。
>
> 一斋严毅豪迈，慨然以师道自任，尝谓先生（潘润）曰：“致礼以治躬，外貌斯须不庄不敬，而慢易之心入之矣。致乐以治心，中心斯须不和不乐，而鄙诈之心入之矣。此礼乐之本，身心之学也。”
>
> 一日，康斋治地，召先生往视，云：“学者须亲细务。”先生素豪迈，由此折节，虽扫除之事，必躬自为之，不责童仆。
>
> 又言：“克贞见搬木之人得法，便说他是道，此与运水搬柴相似，指知觉运动为性，故如此说。道固无所不在，必其合乎义理而无私，乃可为道，岂搬木者所能？”盖搬木之人，故不可谓之知道；搬木得法，便是合乎义理，不可谓之非道，但行不著，习不察耳。先生之言，未尝非也。[②]

娄谅是康斋思想的直接传人，强调“儒学与生活成为一体”，为学完全本着康斋从眼前日用入手的路径，在乎“身心之学”和“细务”，并以之为工夫。所引前三条的记述，和《明儒学案》对康斋的记载呼应性极强。冈田武彦以“搬木之人为道”一例，指出娄谅可以成为“陆王心学”中介的线索[③]。此条的确可以做心学化、禅宗化的

① 杨艳：《黎靖德与〈朱子语类〉》，《社会科学》2018 年第 3 期，第 190 页。
② 《明儒学案》，第 1119 页。
③ ［日］冈田武彦：《王阳明与明末儒学》，上海：上海古籍出版社，第 37 页。

解释，但如果站在康斋之学的立场，并非不能给予朱子学式的解释。搬木是搬木之人的日用常行，以日用常行为工夫，在日用常行中“得法”，也即符合其分位内的“定理”，按照其“所当然”去实践，这自然是其道的展示。阳明学兴起之后，我们看到娄谅的材料，会认为他与心学具有高度相似性，而这恰恰是其思想史“中介”意义的呈现。而娄谅传授给阳明的朱子学内容，很有可能具有这样的特征——从当下、目前入手做工夫。

阳明自少年就确立以“立志成圣”为“人生第一等事”，而其成圣的学习目标，首先就是朱子。陈来先生指出，“从弘治二年己酉谒娄谅为格物之学，至正德三年戊辰龙场之悟，青年阳明的心路历程一直为心与理的问题所困扰。他按照宋儒的指示到事事物物上去求理，而在事物上又求不到理”[①]。我们需要指出的是，这里按照宋儒的指示，既包含阳明自己读理学书籍获得的理解，也包含他受当时在场的朱子学的影响所获得的体会。

按《王阳明年谱》所记，阳明十八岁“以诸夫人归，舟至广信，谒娄一斋谅，语宋儒格物之学，谓‘圣人必可学而至’，遂深契之”[②]，娄谅传授给阳明的朱子学，应侧重从细务入手做工夫，进而获得身心的体验[③]。《年谱》又载，阳明十九岁行事：

> 明年龙山公以外艰归姚，命从弟冕、阶、宫及妹婿牧，相与先生讲析经义。先生日则随众课业，夜则搜取诸经子史读之，多至夜分。四子见其文字日进，尝愧不及，后知之曰：“彼已游心举业外矣，吾何及也！”先生接人故和易善谑，一日悔之，遂端坐省言。四子未信，先生正色曰：“吾昔放逸，今知过矣。”自后四子亦渐敛容。[④]

“讲析经义”可以对应“读书穷理”，阳明此时的确按照朱子学的方式，重视读书工夫。但不特如此，他还能以书中的理反观自身，对自己的日常行动有所检讨，改正了自己善谑、放逸的弊病。阳明的“知过”不能不说受到所读理书之影响。如果我们这里隐去阳明的姓名，就会发现，这一记载与薛瑄《读书录》、吴与弼《日录》的体验性记载何其相似。不能不说，这时的阳明，从事的是工夫论化的朱子学。

“格竹之困”是阳明成学过程当中的“事件”。《年谱》将之附于二十一岁，陈来先生则认为应在十七岁之前[⑤]。我们可以姑且“搁置”此一事件发生的实际时间，

---

① 陈来：《有无之境——王阳明哲学的精神》，北京：生活·读书·新知三联书店，2009 年，第 24 页。

② ［明］王守仁：《王文成公全书》，北京：中华书局，2015 年，第 1389 页。

③ 岛田虔次认为，娄谅传授给阳明的“已经不是单纯的陈旧套语，而是从心到心的如同火花一样的东西。于是乎阳明被朱子的格物说打开了眼界”。(《中国近代思维的挫折》，第 10 页。)

④ 《王文成公全书》，第 1389 页。

⑤ 《有无之境》，第 149，382-384 页。

而探求《年谱》编纂者的“作者意识”，即为何年谱的编纂者认为此一事件发生在这一时期更为合乎他们的理解逻辑。《年谱》载“格竹之困”言：

> 是年为宋儒格物之学。先生始待龙山公于京师，遍求考亭遗书读之。一日思先儒谓“众物必有表里精粗，一草一木，皆涵至理”，官署中多竹，即取竹格之；沉思其理不得，遂遇疾。先生自委圣贤有分，乃随世就辞章之学。①

“遍求考亭遗书读之”依旧为从事朱子学读书穷理的工夫，将朱子册子上所载之理作为为学标准。而之后的“格竹”的记载，则可以“链接”娄谅“搬木之人”之说。《年谱》记“格竹”在见娄谅之后，或许是想突出阳明“格竹之困”发生的思想史“契机”。官署中的竹子就是目前事物，是生活中的事物，如能在这样的细务、眼前事中“得法”，按照康斋、娄谅的方式，似乎可以从中“体道”。但和白沙从事康斋之学一样，阳明从事娄谅之学，同样未有所得。我们可以说，阳明对朱子格物说的误读，恰恰是经由康斋、娄谅才有发生的可能的。《传习录》关于此事的记载，可以深化我们的理解：

> 先生曰：众人只说格物要依晦翁，何曾把他的说去用？我着实曾用来。初年与钱友同论做圣贤要格天下之物，如今安得这等大的力量：因指亭前竹子，令去格看。钱子早夜去穷格竹子的道理，竭其心思至于三日，便致劳神成疾。当初说他这是精力不足，某因自去穷格，早夜不得其理，到七日，亦以劳思致疾，遂相与叹圣贤是做不得的，无他大力量去格物了。②

无论是在《年谱》还是在《传习录》中，阳明都不把成圣作为“理论”问题，而是将其作为“工夫”实践问题，实下工夫，而实下的方式就是从眼前细务入手。这里值得注意的是“沉思”“劳神”“劳思”，也就是做工夫时的心灵感受。也就是说，阳明在按照工夫论化的朱子学做工夫时，内心并未得到切实的体会，此心与那理始终处于“二”的分离状态，很难由此而“心与理为一”。由是，阳明第一次放弃了由朱子学而成圣的路径。上述分析白沙的内容，同样适合于阳明。

《年谱》载阳明二十七岁再次按照朱子学的路径尝试成圣之学：

> 一日读晦翁上宋光宗疏，有曰：“居敬持志，为读书之本，循序致精，为读书之法。”乃悔前日探讨虽博，而未尝循序以致精，宜无所得；又循其序，思得渐渍洽浃，然物理吾心终若判而为二也。沉郁既久，旧疾复作，益委圣贤

---

① 《王文成公全书》，第1390页。

② 《王文成公全书》，第148页。

有分。[①]

这个时候阳明强调循序渐进，按照朱子学所讲当为重视“下学”工夫。《年谱》未详细记载阳明的具体工夫，但可见阳明所为不止读书，当有一定的日常身心工夫在，但在“思”上、“心”上，阳明始终未获得“满足”。这里的“物理吾心终若判而为二”，即为白沙的“此心与此理未有凑泊吻合处”，依旧存在朱子与册子上的理和主观心灵感受的巨大分歧。“沉郁既久”表达出阳明对于主体心灵感受的重视。《年谱》载阳明回归儒学后，三十四岁在京师讲学，特别在乎“身心之学”[②]，依旧可以看出阳明与当时工夫论化朱子学的呼应，这时的“身心之学”还不具有后续其思想独立后的意义[③]。这一年的另一重要事件为阳明与甘泉的定交，甘泉为白沙高弟，而这时阳明也可能获得了新的思想道路的契机。白沙对当时朱子学的反转、或至少应对尝试过朱子学道路的阳明的“反朱子学”提供了催化的可能。但阳明走出朱子学，根源还应是自己的切己体验。我们也可以说，康斋开出的两条反朱子学的道路，于此刻交汇。

阳明后续的成学历程与白沙一样，同样将主体心灵的感受优先于理，进而区别于当时的朱子学者，走出了一条全新的哲学道路。这也是龙场悟道那一场大悟的主要内容，阳明在“龙场大悟”中彻底解决了学习朱子学时“物理吾心终若判而为二”的困扰。正如陈立胜教授所指出的，龙场悟道虽然是阳明艰难漫长体道的起点，是刹那的顿悟，但“圣人之道，吾性自足，向之求理于事物者误也”也是阳明工夫的用力处、得力处[④]，之前漫长的工夫尝试，是阳明大悟得以成立的前提与契机。

综上，我们可以进一步指出，朱子学对于阳明来说，首先是工夫问题，其次才是理论问题。恰恰是按照朱子学所讲，实下工夫，才有了明代心学诞生的契机，因此我们不能仅从“理论”形态理解阳明对朱子的反动，而要从工夫效验去看待这一问题。成圣的工夫与自家的体验，是学问分化的契机；而朱子学本身对“心是做工夫处”的强调，则提供了转向“心”的理论可能。心由做工夫处上升为本体，可能就在做工夫者的实践中的一转。心具理的理，由于朱子学的官学化与权威化，加之工夫论化的朱子学者对于其完满性的强调，反而外在地化为心外的理、外在地化为某种标准而脱离心自身。这时理向心的回归，可能就要求超越“心具理”而转为“心即理”。这样，在乎身心体验的做工夫者才可能消解自身的“苦恼”，但“心与理一”的

---

① 《王文成公全书》，第 1391 页。

② 《年谱》弘治十八年条，《王文成公全书》，第 1393 页。

③ 参《中国近代思维的挫折》第 12 页注释②。

④ 陈立胜：《入圣之机：王阳明致良知工夫论研究》，北京：生活·读书·新知三联书店，2019 年，第 108 页。

方式也由此发生了根本的变化。

工夫要治学者气质之病，但学者的气质、病根不同，最终导致工夫的实际效验也不同——一旦转向了工夫，就带有了极强的主观性、个体性、体验性，进而产生了对心性、本体问题的再思索。某种意义上，白沙、阳明将朱子走过的路再走了一遍，但不同于工夫论化的朱子学者，他们走出了不同的结果，并最终连路也一起改变了。

从生死考验到道德觉悟

我们可以看到，生死问题或者说生死考验，在阳明的学说形成中具有独特的地位。阳明先生自己讲，“某于此良知之说，从百死千难中得来”。如果我们仔细分析阳明的几次学说转变，会发现其中都伴随着生死考验与道德觉悟两个不同的内容。而且往往生死考验在前，道德觉悟则似乎处在第二个阶段。在我们一般人看来，对生死的超越似乎比对道德的觉悟更加根本，在次第上也似乎应在道德觉悟之后，然而阳明的觉悟次第却似乎与此不同。那么，我们如何看待这一问题呢？

在进入这一问题之前，首先让我们进入“宸濠忠泰”之变，从中对阳明的德行进行说明，并以此把握良知之学的丰富性与完整性，之后再进入对上述问题的具体分析之中。

一、为阳明夫子辩：与钱明先生商榷

钱明先生在《王阳明及其学派论考》一书中详细考证王阳明家族过早衰微的原因。他认为：“阳明对王家的过早衰微是负有一定责任的。这种责任，既源于阳明建立丰功伟业后为后人所提供的无功受禄、世代享受的客观条件，又源于阳明自身在个别方面不够检点而为后人树立了不良形象的主观因素。”[①]钱明先生对阳明“三不朽”这一说法形成的考证支持此看法，以当时人不提阳明夫子德行上的不朽为证。此处，个人方面的不检点主要指的是该书第六章所讲的频繁娶妻纳妾和巨额财产两点。关于频繁娶妻纳妾这一点，钱明先生自己有所说明，认为这与阳明想为王家承继香火有关，与当时封建社会的具体实际不相矛盾，在当时也很常见[②]。如果我们不用今天之道德准绳强加于古人，那么我想，据此点并不能说阳明先生不够检点，甚至不能说此点影响阳明先生在德行上的崇高与不朽。

那么，关于巨额财产这一点呢？钱明先生分析了王府巨额财产的几项来源：首先是其家族继承财产，其次是朝廷赏赐，第三是宁府巨额财产为阳明截留。前两

① 钱明：《王阳明及其学派论考》，北京：人民出版社，2009 年，第 151 页。

② 《王阳明及其学派论考》，第 90 页注释③，及第 98 页。

点不能说构成了阳明先生德行上的缺陷，关键在第三点，钱明先生认为阳明截留了朱宸濠宁王府的财宝。那么，我们能否就据此怀疑阳明先生在德行上的不朽呢？

我想，纵然是阳明夫子真的截留了宁府的巨额财产，我们也不能据此怀疑阳明的德行，我们必须从当时的情势出发，并从整个“良知学”的内容把握这一事件。在笔者看来，此事如果是真，那么，阳明在处理这件事上，很大程度上有“自秽”的意味。

首先，我们来看明朝的政治“生态”。余英时先生在《宋明理学与政治文化》一书第六章，通过与宋代的对比，分析了明代特殊的政治生态。明代自太祖朱元璋起，对“士”的诛戮与凌辱就十分严重，武宗朝更是将廷杖改为“去衣行杖”，首当其冲的就是王阳明[①]。明代对士大夫阶层的不尊重可见一斑。另外，我们也知道，明太祖对功臣的诛杀在历史上家喻户晓，太祖朝帮助朱元璋打下江山的诸多功臣几乎都难以幸免，均以不同的借口被清除。成祖朝“靖难之役”的功臣姚广孝也不得不通过自隐于寺庙来保全自己。明朝以后的“孝子贤孙”们，虽然在文治武功上不如太祖、成祖，但是对士大夫的屠戮却“变本加厉”，于谦之死就离阳明不远。

其次，我们来看阳明此次“敛财”的特殊背景，即“宸濠忠泰”之乱。阳明此次平定了宁王的叛乱，然而却被王忠、许泰诬陷谋反。阳明如果在此时处理不当，则可能不但不因有功受到封赏，反而会以谋反的罪名被杀，甚至被诛族。

我们看到，在明朝的特殊背景下，功臣即使不谋反，也会受到皇帝的猜忌，遭到诛戮，更何况阳明此时遭到佞臣的诬陷。如果阳明在此刻只是一味自守，那么很有可能不会消除武宗的猜忌，反而会加深武宗的疑虑，认为其“自守”是别有“异志”，博得清名以图谋不轨。然而，如果阳明在此刻对宁府财宝“动了心”，甚至有所行动，那其用意可能就是向武宗显示，自己别无他求，只是志在财富，志不在国家神器。他花巨资兴建伯府也可能只是为了显示自己别无异志。而皇帝也会因此“估量”王阳明，认为其“志之所之”只在富贵，而不在权力。可见，阳明先生在平叛之后的“敛财”并不是真的贪财，而是“自秽”，通过此举对皇帝表达自己的“心声”，以此保全家族、门人及部属。

史书上没有明确记载阳明先生此处为“自秽”，然而我们却可以发现诸多功臣的自秽之举，尤其是汉初功臣萧何[②]。《史记·萧相国世家》记载萧何在高祖三年、十一年、十二年三次“自秽”保全自己之事，其主要手段也是“敛财”，而这几次敛财

---

① 参余英时：《宋明理学与政治文化》，长春：吉林出版集团，2008年，第六章第一节。

② 功臣“自秽”者不仅有萧何，有代表性的还有王翦、高凤等。其中王翦主动向秦始皇索取财富之后的一番谈话，也可以与阳明先生此举对照。

之后，刘邦的表现都是“大喜”“大悦”[①]。我们知道，朱元璋和刘邦有众多相似之处，而明朝的孝子贤孙们也都谨记“祖宗家法”。对比萧何的行为，那么阳明在宸濠忠泰之变之后的“敛财”行为也就不难理解。我们没有因为萧何的行为怀疑萧相国的德行[②]，那我们为什么因阳明此举质疑阳明的德行呢？我们反倒应该因此去重新审视阳明的良知之学，即“良知学”不仅仅是德性之学，更是以“德性”统摄“知性”之学[③]。阳明的“自秽”之举，反而可见阳明学问的日益精熟，及其对人事的圆融掌握与处理。阳明此举不是一般的腐儒能做到的，这也是阳明超越一般儒者的地方。

《传习录》中的一条记载可以在此处拿出来分析：

> 先生曰：“苏秦、张仪之智也，是圣人之资。后世事业文章，许多豪杰名家，只是学得仪、秦故智。仪、秦学术善揣摸人情，无一些不中人肯綮，故其说不能穷。仪、秦亦是窥见得良知妙用处，但用之于不善尔。”[④]

阳明此条，后世多有怀疑，认为不是阳明先生之语[⑤]。然而，结合阳明良知学的丰富性，以及阳明的特殊际遇去看此条，那就大可不必有所怀疑。阳明此条并没有夸赞苏秦、张仪之人，而是在评价其“智”为“良知妙用处”。仪、秦多为后世儒者所诟病，这些诟病大多数是从纯粹的道德理性出发的，而阳明却是从“德性”统摄“知性”的良知学出发的。阳明认为良知有其在人事上“智”的妙用，但要用得善。而阳明在“宸濠忠泰”之变中的种种举动，尤其是“自秽”，更可以看作是将良知之妙用于善处，是良知之学在“智”的层面上的表现，并最终达到了“善”的效果。

那么对于阳明的弟子和当时的记述没有明确地记载此“自秽”行为，或没有明确评价阳明的德行，我们应怎么理解呢？我们应该知道，此“自秽”行为，如果说出，那么就不可能称之为“智”了，因为一旦明言，就会造成相反的结果。因此阳明的弟子自然不会说出这点。另外，如果明说“自秽”，那么可以说是要揭君之恶、以显自己之德，此种显示出来的德行，在儒者看来并非是臣子真正的德行，而且可能伴随着恶劣的政治后果。因此，当时了解阳明此举的人可能就会对此事“讳莫如深”。

---

① 参《史记·萧相国世家第二十》。

② 《史记·萧相国世家第二十》：“太史公曰：萧相国何于秦时为刀笔吏，录录未有奇节。及汉兴，依日月之末光，何谨守管籥，因民之疾(奉)[秦]法，顺流与之更始。淮阴、黥布等皆以诛灭，而何之勋烂焉。位冠群臣，声施后世，与闳夭、散宜生等争烈矣。”由此可见司马迁对萧何的评价。

③ 我们需要注意此处的知性，不能以我们今天的“知识”来简单理解，中国古代的知性更多地包含人伦日用的知识，即生活智慧。

④ 邓艾民：《传习录注疏》，基隆：台湾法严出版社，第381页。

⑤ 可参刘宗周《传习续录》删此条，《刘宗周全集》有语明说此句有疑，见《刘宗周全集》第四册，第238页。笔者亦曾怀疑此句为窜入。

我们可以再想一下，阳明身边有众多弟子，而众多弟子并不是因功名利禄投奔阳明，而是受其德行感召。如果阳明德行真的有问题，那么众多弟子也就不会再追随先生。我们知道，阳明弟子一直忠于师门，并在阳明殁后依旧如此，着力处理阳明的身后事，先师的感召力由此可见，阳明夫子之德行不容置疑也可见一斑。

经过"宸濠忠泰"之变，阳明始揭"致良知"之学，其学问也日益成熟。宸濠忠泰之变的生死考验对阳明学的形成与发展有着重要的意义：经由此生死考验，阳明最终形成了以"德性"统摄"知性"的良知之学。那么，我们如何看待由生死考验向道德觉悟的这一转变呢？正如我们前文所交代过的，一般看来，生死考验要比道德觉悟更为深刻、根本，而阳明却是从生死转向道德，形成良知之学。下面，让我们回到阳明学形成的几个阶段，来具体审视这一问题。

二、龙场悟道的两个阶段

众所周知，龙场悟道对阳明学的形成有着重要的意义。《年谱》对龙场悟道有着详细的记载：

> 先生始悟格物致知。龙场在贵州西北万山丛棘中，蛇虺魍魉，蛊毒瘴疠，与居夷人鴂舌难语，可通语者，皆中土亡命。旧无居，始教之范土架木以居。时瑾憾未已，自计得失荣辱皆能超脱，惟生死一念尚觉未化，乃为石墩自誓曰："吾惟俟命而已！"日夜端居澄默，以求静一；久之，胸中洒洒。而从者皆病，自析薪取水作糜饲之；又恐其怀抑郁，则与歌诗；又不悦，复调越曲，杂以诙笑，始能忘其为疾病夷狄患难也。因念："圣人处此，更有何道？"忽中夜大悟格物致知之旨，寤寐中若有人语之者，不觉呼跃，从者皆惊。始知圣人之道，吾性自足，向之求理于事物者误也。乃以默记《五经》之言证之，莫不吻合，因著《五经臆说》。①

我们可以看出，龙场悟道可以分为两个阶段：第一阶段是生死问题，第二阶段则是道德觉悟。为什么可以分成这两部分呢？我们可以看到，"时瑾憾未已，自计得失荣辱皆能超脱，惟生死一念尚觉未化"，此时刘瑾造成的死亡威胁还未消失，阳明被"生死一念"困扰。因此，阳明在此时做静坐工夫，而久之"胸中洒洒"，"洒洒"与"未化"对应，即通过静坐工夫，阳明已经解决生死问题，生死这一念已经化去。可见，这是龙场悟道的第一阶段。而随后，阳明与"从者"之困形成了对比，阳明通

---

① 《年谱》正德三年戊辰条。参《王阳明全集》，上海：上海古籍出版社，2011年。

过自己的努力，为从者开解。笔者认为，《年谱》的作者此处的叙述有意与孔子“厄于陈蔡”相对应，以显示阳明先生对生死的化境。而此时，龙场悟道进入第二阶段，即阳明的问题域超越了生死，进入了“圣人处此，更有何道”的问题思考，进而有了“始知圣人之道，吾性自足，向之求理于事物者误也”的顿悟，正式形成了自己的思想。而我们可以明显地看到，此一阶段是“道德觉悟”，阳明此时所悟的是“圣人之道”，即心性之学。

从龙场悟道的两个阶段，我们可以看出，阳明是由生死考验过渡到道德觉悟的。这与一般人所理解的精神层次有所不同。我们如何理解、看待这一特殊的过程呢？

我们首先来看余英时先生对龙场悟道的分析。余先生引用了阳明年谱、《五经臆说》的残篇等资料，最后得出结论，认为阳明的龙场悟道起于具体的、切身的人生问题，这与阳明对当时政治的思考相关。余先生还尽量地减少了龙场悟道的学术性[①]。

我们不能否认阳明龙场悟道与人生问题有关，与政治有关。但是，我们还有必要进一步地分析龙场悟道，看龙场悟道到底有多少学术性，是否仅仅就停留在人生、政治层次。

首先，我们来看阳明的工夫历程。我们知道，阳明的学问在龙场悟道之前，有一个演进的历程，即一般所讲的“五溺”或“学之三变”。陈来先生在《有无之境》中经过考证，将阳明早年的工夫历程概括如下：

> 先生早岁举业，溺志词章；既而从事宋儒循序格物之学，顾物理吾心终判为二，若无所入；因求之老释，初入久之，恍若有会于心；后觉二氏之说终不可付之日用，于是归本于濂洛身心之学，尤契于甘泉所谓自得之旨；然终未能释疑于向物求理之说，谪居龙场，再经忧患、澄默之余，始大悟圣门格致之旨，学问大旨自此立矣。[②]

我们可以看到，在龙场悟道之前，阳明已经归本濂洛，也就是说，经过反复归本儒家思想，而放弃二氏之学与词章之学，即阳明此时思考的根底即是儒家思想，以后阳明的问题域也就是“圣门格物”之说。我们可以看到，龙场悟道中的阳明，是站在儒家的思想底色上思考的。那么我们考虑阳明龙场悟道，就也要站在儒家思想的传统中思考这两个阶段的顺序。

在从儒家思想传统中思考这一问题之前，我们还需说明两点问题。首先是钱

---

① 参见《宋明理学与政治文化》第六章第二节。

② 陈来：《有无之境——王阳明哲学的精神》，北京：北京大学出版社，2006年，第300页。

明先生在《阳明学的形成与发展》一书中指出，阳明早岁工夫历程虽然经过上述多阶段的演化，然而建功与成圣始终交织、渗透其中[①]。我们可以从“五溺”中穿插的对“格物”之说的思考中看出，“成圣”一直作为阳明思想的底色存在。其次，我们需要交代，儒家的格物致知之说不似我们今天所说的学术问题之学术性，格物致知所思考的内容不离人伦之用，当然也不可与政治截然分作两截。我们也不能将儒家的内圣与外王彻底地分成两个不同的领域，两者之间是紧密连接的。那么我们就不能认为思考格物问题与外王无关，也不能说政治考量当中没有内圣层次的内容。也就是说，我们不能用今天的政治、学术的框架简单地去看龙场悟道的性质，可以说，“格物”[②]是可以统摄我们对龙场悟道的思考的。

下面，我们有必要交代儒家思想的相关内容，以期对上述问题进行分析。我们知道，儒家传统思想中对生死问题与道德问题有着众多的思考，更对两者的关系有着深入探讨。这其中比较有影响的有《论语》中所讲的“朝闻道夕死可矣”，以及《孟子》“舍生取义”之说。可以说，在生死与道德的天平上，儒家始终偏向道德一侧，道德是儒家考虑的重点，在“道”“义”面前，儒者是可以放弃生命的。宋儒所开创的新的儒学思想对早期儒家的这点亦有所继承，并在此问题上与佛老二氏形成对峙。我们可以看到张载、二程对生死问题都有所论述，在二程看来，“释氏以生死恐倜人”，而张载更说“存吾顺事，没吾宁焉”，“聚为有象适得吾体，散入无形适得吾性”。可见，在宋儒的思考中，生死依旧是让位于道德的。

我们前文已经交代，龙场悟道前，阳明已经归本儒家，儒家关于生死与道德的思考更应已经成为阳明的思想底色，内化入阳明的思考之中。阳明龙场悟道的思考可以说是站在儒家“舍生取义”的基础上的。这点也可以说明为什么龙场悟道最后是“道德觉悟”，而生死问题则处在第一阶段。我们可以看到，在第一阶段，阳明思考生死问题时，不是在思考如何获得永生或达到彼岸世界等内容，也不是要齐死生，而是要“化”生死的念头。“化”生死念头，其最终的指向自然是格物问题的思考。或者可以说，“生死”作为一念或一事，统摄在“格物”问题之中。生死对阳明来说是巨大的考验，然而，我们如果进一步分析的话，龙场悟道前后的生死考验，实际上是贯穿着道德思考的，只是在龙场悟道的最后阶段，“道德”才以解悟的形式最终出现。

首先，我们来看龙场“居夷处困”的起因。《年谱》在正德元年二月条对此有记

① 参钱明：《阳明学的形成与发展》，南京：江苏古籍出版社，2002年，上篇第二章。

② 需要指出的是，我们在这里是用“格物”这一条目概括了《大学》从“格物”开始的八条目。格物在单独使用时可以代表这八个条目整体。

载,即阳明上封事,直接针对宦官刘瑾[1]。我们可以简单地说此事是政治问题。但是,需要注意的是,中国古代的政治问题往往伴随着众多的道德思考。君臣之间都是以德性为最高的政治考量,而不是简单的"绩效"。阳明此次上封事,亦是起于其道德承担感,若没有此道德承担意识,没有"格物"思考背后的整个儒家道德政治思考,阳明是不会冒着生命危险上封事的。可见,在道德承担感的支持下,阳明上封事前可以说已将生死置之度外。

其次,我们看生死问题何以可能,这就需要我们审视阳明赴龙场驿之前的一些经历。从《年谱》中我们看到,阳明在赴龙场驿之前曾一度摆脱刘瑾的追杀,也有逃亡的机会。那么,阳明为何还要赴龙场驿就职呢?我们可以看到,如下一段话对阳明就职产生了一定影响:

> 其人曰:"汝有亲在,万一瑾怒逮尔父,诬以北走胡,南走粤,何以应之?"[2]

可见,亲族的问题影响了阳明的决定。阳明所面临的不仅仅是个人的生死,更是父亲乃至家族的生死。而这一生死问题的可能,恰是由道德意识构成的。阳明完全可以一走了之,但是,正是其"亲亲"之伦理意识支撑着阳明,使其最终奔赴龙场驿。那么,龙场驿的思考自然含有这一段经历,阳明"生死一念未化"也自然含有家族伦理。可见,此生死背后不仅有个人问题、政治境遇,还有家族伦理问题。

龙场"居夷处困"之中,"从者"的境遇也自然会构成阳明思考的内容。从者此刻的困顿,阳明历历在目,并设法对其进行调节。而怀有成圣之志的阳明在面对众人的际遇时,自然会激发起对"圣人处此"的思考;如何对身边的人进行生命安顿,也是阳明所面临的道德伦理思考之一。我想,孔子厄于陈蔡的场景必然会浮现于阳明的脑海中。

通过上述分析,可以看到,我们虽然将龙场悟道明显地分为两个阶段,可以看作阳明对两个问题的思考,但实际上,第一个问题,即生死问题的背景性内容则是道德问题,是一系列道德问题的连贯构成了阳明的生死境遇。道德问题始终是阳明思考的核心,而这一道德问题,我们可以用"格物"问题代指。归本儒家的阳明,是在儒家传统的基础上进行龙场思考的,是在内圣—外王(道德—政治)一体的儒家思想基础上进行的思考,他所面对的儒家,不同于我们今天学术视野下的割裂的儒家。

---

① 《年谱》正德元年二月条:"上封事,下诏狱,谪龙场驿驿丞。"

② 《年谱》正德二年丁卯条。

三、再看宸濠忠泰之变

下面让我们再将视线转回宸濠忠泰之变,看其中的生死考验与道德觉悟的问题。《年谱》上明确记载,宸濠忠泰之变所带来的生死考验与良知之说有关。《年谱》上的记载比较长,但是,为了便于分析,请允许笔者对相关段落进行摘录:

> 是年先生始揭致良知之教。先生闻前月十日武宗驾入宫,始舒忧念。自经宸濠、忠、泰之变,益信良知真足以忘患难,出生死,所谓考三王,建天地,质鬼神,俟后圣,无弗同者。乃遗书守益曰:"近来信得致良知三字,真圣门正法眼藏。往年尚疑未尽,今自多事以来,只此良知无不具足。譬之操舟得舵,平澜浅濑,无不如意,虽遇颠风逆浪,舵柄在手,可免没溺之患矣。"……又曰:"某于此良知之说,从百死千难中得来,不得已与人一口说尽。只恐学者得之容易,把作一种光景玩弄,不实落用功,负此知耳。"……今经变后,始有良知之说。①

我们可以看到,正是经历此一事变,阳明才对良知无所疑问,最终确立了"良知"在其学说中的核心位置。阳明明确指出,良知之说从"百死千难"中得来,是对种种生死考验的一个飞跃。

我们可以简要地列举宸濠忠泰之变中阳明所面临的生死考验:一、平定宁王叛乱战争过程中可能遭遇的死亡;二、被诬陷可能带来的杀身之祸;三、可能带来的家族祸难,甚至诛族。可以说,这些生死考验,在整个事变中伴随着阳明。那么,为何阳明能再次超越生死,而达到道德上的觉悟,提出良知之说呢?

我想,前文分析龙场悟道的几点原因在这里是可以适用的。然而,龙场悟道后阳明提出的自己的观点,只是内心的觉悟,还没有经过事上的具体检验。阳明在龙场后所参照的是自己平时所记的经典内容,而龙场之后的诸多经历,尤其是此一事变,更是在事上检验、锻炼其良知。因此,我们还是有必要具体分析一下这一事变。

从"始舒忧念"几个字的描述中我们可以看出,整个事变当中,阳明是处在不断的忧与思之中的,而"益信良知真足以忘患难,出生死"表达出,经过这一生死考验,阳明确信了良知,境界上进一步超越生死。"譬之操舟得舵,平澜浅濑,无不如意,虽遇颠风逆浪,舵柄在手,可免没溺之患矣"这一比喻值得我们细细玩味。如果我们将整个事变比作在风浪中划船,生死就像人在船上所能遭受的生死那样,我们可

---

① 《年谱》正德十六年条。

以看到，阳明在整个事变中是以“良知”，即以道德理性为舵的。也就是说，无论事变如何，阳明在此生死考验中始终是以道德为指引的，而此指引使阳明成功地渡过了考验，并由此更进一步带来阳明内心对良知的确信。同龙场悟道一样，我们可以看到，在这一事变过程中，道德理性、良知始终作为背景性的东西，在阳明内心支撑着作为儒者的他。事变当中，阳明虽有权衡、自秽，但还是一直以道德理性为最终的考量。当然，我们必须承认道德考量具有丰富性，不是单一的。

同时，这一事变也是道德与知识相结合的一次考验。我们在第一部分曾分析阳明此一事变当中智慧的运用。而此智慧是在道德的指引下运用的，这就会使阳明相信，道德的坚持不一定会与知识的运用相冲突，智慧可以在道德的指引下发挥其善的作用。也就是说，经此一事变后，道德理性在阳明看来无疑可以统摄知识理性，而如果要对二者的这一关系有一结合性的命名，那就是“良知”，这也就是“良知无不具足”的含义，即良知有其道德之经，亦有结合具体道德场景运用智慧之“权”。在此一事变中，正是道德理性与知识理性的结合使阳明渡过难关，并使他最终确信良知，提出良知学说。

我们可以看到，在巨大的生死考验面前，正是对良知的实际运用使阳明渡过艰险，并最终确信良知。而在整个事变之中，道德理性始终潜藏在阳明的内心之中。我们可以假设，如果阳明真的按照武宗的意愿，按照佞臣所言，释放宸濠，让武宗去“尽性”，而不是以道德良知为准，那么阳明可能不会有之后那么多生死考验。但恰恰是阳明按照良知的判断所采取的行动与现实生死问题发生了冲突，才有了一系列思考，有了良知学的丰富。在阳明那里，任何生死问题都不是孤立的、脱离了道德考量的问题。

四、临终境界

经宸濠忠泰之变后，阳明提出良知学说，在随后的工夫实践中，阳明又不断地丰富和发展了这一学说。那么临终时的阳明又是什么状态呢？《年谱》这样记载：

> 明日，先生召积入。久之，开目视曰：“吾去矣！”积泣下，问“何遗言？”先生微哂曰：“此心光明，亦复何言？”顷之，瞑目而逝，二十九日辰时也。[1]

我们可以说“此心光明，亦复何言”是阳明夫子的最后遗言。“吾去矣”几个字说得是何等的坦然，“微哂”也可以看出夫子之和乐与安然，“此心光明”亦可看作阳

① 《年谱》嘉靖七年十一月条。

明境界上的一种自我描述和对自己道德的肯认。我们可以说，临终时的阳明没有任何生死牵念，他的内心为良知光辉所充满。死亡只不过是良知所要经历的一个事变和洗礼，如果在此刻念念于生死，反倒只能说良知不够精纯。阳明的临终境界可以说是儒者超越生死的纯粹的道德境界。

五、生死与道德

上面我们结合《王阳明年谱》对阳明先生一生中的几次重大生死考验进行了分析，并主要围绕生死考验与道德觉悟之表象与实质展开。下面，我们结合《年谱》的其他段落和《传习录》的相关段落，对这一问题进行进一步的分析和论说。

（一）《年谱》其他记载

《年谱》嘉靖五年有《复南大吉书》：

> 大吉入觐，见黜于时，致书先生，千数百言，勤勤恳恳，惟以得闻道为喜，急问学为事，恐卒不得为圣人为忧，略无一字及于得丧荣辱之间。先生读之叹曰："此非真有朝闻夕死之志者，未易以涉斯境也！"于是复书曰："……夫惟有道之士，真有以见其良知之昭明灵觉，廓然与太虚而同体。太虚之中，何物不有，而无一物能为太虚之障碍。故凡慕富贵，忧贫贱，欣戚得丧，爱憎取舍之类，皆足以蔽吾聪明睿知之体，窒吾渊泉时出之用。如明目之中而翳之以尘沙，聪耳之中而塞之以木楔也。其疾痛郁逆，将必速去之为快，而何能忍于时刻乎？关中自古多豪杰。横渠之后，此学不讲，或亦与四方无异矣。自此有所振发兴起，变气节为圣贤之学，将必自吾元善昆季始也。今日之归，谓天为无意乎？"①

此段阳明用"朝闻夕死"称赞南大吉。结合此段的具体背景，我们可以看到阳明对道德理性超越生死的态度。后文回复南大吉的书信之中更是认为死生等生命际遇性的东西不应遮蔽良知，学者应该像太虚那样无所窒碍，死生际遇似乎可以看作上天有意要磨炼我们。可见，在阳明看来，成圣要超越生死以及一般的人生际遇，直指道德本心。这段话已经涉及生死与道德之间的工夫、本体问题了，但未明言。

《年谱》嘉靖六年有阳明过常山所作诗一首：

---

① 《年谱》嘉靖五年四月条。

诗曰：长生徒有慕，苦乏大药资。名山遍深历，悠悠鬓生丝。微躯一系念，去道日远而。中岁忽有觉，九还乃在兹。非炉亦非鼎，何坎复何离？本无终始究，宁有死生期？彼哉游方士，诡辞反增疑。纷然诸老翁，自传困多歧。乾坤由我在，安用他求为？千圣皆过影，良知乃吾师。[1]

从这首诗中，我们可以看到，阳明反对那种慕求长生的态度与行为。在阳明看来，越是系念生死躯壳，离道越远。我们真正应该追求的是道德理性，是内在于自己的良知。此时，阳明已充分地显示出其认为德性超于生死的思想，他认为生死只不过是应该去除的系念而已，良知才是人的真切追求。

《年谱》的这两条记载都在宸濠忠泰之变后，可以显示出阳明对生死与道德的一般态度。我们可以就此论断，阳明归本儒家之后，生死考验与道德觉悟不仅可以在时间上看作前后两段，在境界上更是两个不同的层次。道德永远是支撑性的层次。

（二）《传习录》相关段落

《传习录》的相关记述可以丰富我们对生死与道德这一问题的讨论。首先，我们可以看到，阳明有时用工夫与本体的方式讲生死与道德。《传习录》记载：

澄尝问象山在人情事变上做工夫之说。先生曰："除了人情事变，则无事矣。喜怒哀乐，非人情乎？自视听言动以至富贵贫贱、患难死生，皆事变也。事变亦只在人情里。其要只在致中和，致中和只在谨独。"[2]

澄在鸿胪寺仓居，忽家信至，言儿病危。澄心甚忧闷不能堪。先生曰："此时正宜用功。若此时放过，闲时讲学何用？人正要在此等时磨炼。父之爱子，自是至情。然天理亦自有个中和处，过即是私意。人于此处多认做天理当忧，则一向忧苦，不知已是'有所忧患，不得其正'。大抵七情所感，多只是过，少不及者。才过便非心之本体，必须调停适中始得。就如父母之丧，人子岂不欲一哭便死，方快于心？然却曰'毁不灭性'。非圣人强制之也，天理本体自有分限，不可过也。人但要识得心体，自然增减分毫不得。"[3]

问殀寿不贰。先生曰："学问功夫，于一切声利嗜好俱能脱落殆尽，尚有一种生死念头毫发挂带，便于全体有未融释处。人于生死念头，本从生身命根上带来，故不易去。若于此处见得破，透得过，此心全体方是流行无碍，方是尽

---

① 《年谱》嘉靖六年九月条。
② 《传习录注疏》，第 65 页。
③ 《传习录注疏》，第 73 页。

性至命之学。”①

可见，在阳明看来，要达到最终的道德觉悟，需要在人情事变上下工夫，而生死就是这患难的一种。生死是用功处，而不是最终要获得的终极觉悟。同时我们也可以看到，不仅是自身的生死，在至亲至爱面临生死时，也是我们“用功”之处，在此处用功，则会体验天理之中和处。第三段材料可以与龙场悟道“生死一念未化”相呼应。可见，在阳明看来，生死比起其他念头来说是最难看破的，但是一旦连生死也能看破，就会达到流行无碍，获得全体大用。生死是用工夫处，道德觉悟是最终的目标。生死与道德是两个不同的阶段，而且这两个阶段地位不同。

其次，我们可以看到，阳明有时用“良知”来标画人的生死。《传习录》记载：

> 先生曰：“……所谓汝心，亦不专是那一团血肉。若是那一团血肉，如今已死的人那一团血肉还在，缘何不能视听言动？所谓汝心，却是那能视听言动的，这个便是性，便是天理。……若无真己，便无躯壳，真是有之即生，无之即死。汝若真为那个躯壳的己，必须用着这个真己，便须常常保守着这个真己的本体……”②
>
> 萧惠问死生之道。先生曰：“知昼夜，即知死生。”问昼夜之道。曰：“知昼则知夜。”曰：“昼亦有所不知乎？”先生曰：“汝能知昼？懵懵而兴，蠢蠢而食，行不著，习不察，终日昏昏，只是梦昼。惟息有养，瞬有存，此心惺惺明明，天理无一息间断，才是能知昼。这便是天德，便是通乎昼夜之道而知，更有甚么死生？”③
>
> ……曰：“‘无欲故静’，是‘静亦定，动亦定’的‘定’字，主其本体也。戒惧之念是活泼泼地。此是天机不息处，所谓‘维天之命，于穆不已’，一息便是死，非本体之念，即是私念。”④

可见，在阳明看来，没有良知就是真的死，良知是时时刻刻与我们的生命相贯通的。生命的最终实在内容就是良知，良知标画着真正的生命。没有了良知，人的躯壳也就没有了。这里的没有，不是物质上的不存在，而是意义上的不存在。良知存在与否，是我们判断生命的标志。其实，我们可以看到，阳明这几段话含有这样的意义，那就是：若我们的良知真的不存在了，天机息灭了，那么我们的肉体生命也会随之结束。

---

① 《传习录注疏》，第 355 页。
② 《传习录注疏》，第 136-137 页。
③ 《传习录注疏》，第 140-141 页。
④ 《传习录注疏》，第 280 页。

第三，在阳明看来，不应过分地关注生死，因为死生有命，关注它毫无意义。而良知则是人人具足，可以通过工夫实践达到的。《传习录》记载：

……今且使之不以殀寿贰其为善之心，若曰死生殀寿皆有定命，吾但一心于为善，修吾之身以俟天命而已，是其平日尚未知有天命也。事天虽与天为二，然已真知天命之所在，但惟恭敬奉承之而已耳。若"俟"之云者，则尚未能真知天命之所在，犹有所俟者也，故曰所以立命。"立"者"创立"之"立"，如"立德"、"立言"、"立功"、"立名"之类。凡言"立"者，皆是昔未尝有而本始建立之谓，孔子所谓"不知命，无以为君子"者也。……①

……君子之酬酢万变，当行则行，当止则止，当生则生，当死则死，斟酌调停，无非是致其良知以求自慊而已。故君子素其位而行，思不出其位，凡谋其力之所不及而强其知之所不能者，皆不得为致良知，而凡劳其筋骨，饿其体肤，空乏其身，行拂乱其所为，动心忍性以增益其所不能者，皆所以致其良知也。……②

在阳明看来，人的生死都是有"定命"的，是我们不可知和不可抗拒的，我们只能"俟命"。但道德上的觉悟是人人都可实现的，而且一旦实现此道德上的觉悟，我们就能更好地去了解我们自己的天命。良知是天理之昭明灵觉处，人人具足，在面对生死时，我们需要按照天理的要求，"当生则生，当死则死"。可见生死要服从我们的良知本体的要求。苟且偷生在阳明看来是不合天理的，当然，恣意妄为、破坏生命也是不合天理的。当生之时就要按天理而生，当死之时按天理而死。在这里，我们似乎可以品觉出张载"存吾顺事，没吾宁焉"的味道。"当生则生，当死则死"自然隐含了以道德为标准、舍生取义的内容。阳明是很强调"舍生取义"的。《传习录》记载：

问"志士仁人"章。先生曰："只为世上人都把生身命子看得来太重，不问当死不当死，定要宛转委曲保全，以此把天理却丢去了。忍心害理，何者不为？若违了天理，便与禽兽无异，便偷生在世上百千年，也不过做了千百年的禽兽。学者要于此等处看得明白。比干、龙逢只为他看得分明，所以能成就他的仁。"③

"当死不当死"是要看是否"当理"，即是否合乎道德理性。在阳明看来，违背了

① 《传习录注疏》，第 158 页。
② 《传习录注疏》，第 229 页。
③ 《传习录注疏》，第 331 页。

天理，人活着也是禽兽。人不应该把肉身看得太重，而应重视道德的完满与实现，最终在道德上获得成就。“偷生害理”之禽兽，是阳明所不认同的，“比干、龙逢”等因义而死的人才是他所称许的。阳明告诫学者要在生死与道德上看得明白，这正可与上文所讲的做工夫相呼应。

阳明夫子经过百死千难创立了良知之说，良知学的创立经过了阳明自身的生死考验。我们可以看到，虽然生死与道德可以看作两个不同的觉悟阶段，但是在归本儒家的阳明那里，没有缺失道德内容的孤立的生死问题，生死始终是与道德良知相关联的。阳明指点学者在生死上用功，看重良知，正是期待学者朝着最终的道德境界迈进。阳明的良知之学最终依旧是以道德理性为核心的思想架构，但是，我们也不能忽视生死问题在阳明那里的特殊意义，毕竟生死起到了考验与检验的作用，使阳明最终确信良知具足。

万物一体与孔氏家

——何心隐“友伦”诠释的哲学维度及其现代意义

晚明以降，随着商品经济的发展，社会流动性增强，原有的人伦结构发生变化。在阳明及阳明后学那里，出现了一些关于人伦诠释的新态势，如亲亲压倒尊尊——阳明归本儒学正由“亲亲一念”，又如朋友一伦的抬升与强化。其中，朋友一伦抬升的重要意义，得到了当代学者的普遍重视，这与儒学面对当今人伦重建的时代课题密切相关[①]。在传统儒家人伦结构中，“朋友并非构成社会秩序的奠基性伦理”[②]。吴根友先生分析一般意义上的五伦排序时指出，在儒学传统中，“是父子、兄弟的血缘关系优先，夫妇关系次之，一般性的长幼关系又次之，君臣之间的政治关系居末”[③]。这一论述当然不能完全涵盖历史上所有经典与儒者的论述，但也可以反映一般性的看法。而到了阳明学那里，情况发生了许多微妙的变化，特别是到了泰州学派，到了何心隐那里，朋友一伦变得越来越重要[④]。吕妙芬详细考察了明代以降抬高友伦地位的现象，她认为，“如果说传统儒家以日常生活中的三纲五常来体现圣学，那么在心学讲会高涨的明代，对许多人而言，在朋友间淬炼其心志言行是比普通的家庭生活更崇高、刻深，且必要的行为”[⑤]，对泰州学派，尤其是对何心隐而言，正是如此。

黄宗羲评价颜山农、何心隐，认为其“复非名教之所能羁格”。而在何心隐的“五伦”论述中，与传统名教最不同的就是其对“朋友”一伦的强调。李贽在《何心隐

---

① 关于朋友一伦的抬升，宋代已见端倪，如黄榦讲，“朋友者，列于人伦而又所以纲纪人伦者也”([明]钟人杰：《性理会通》，四库全书本)。但是，宋儒的论述，依旧没有打破传统五伦的根源性结构，这就与阳明学，特别是泰州学派根本不同。

② 刘伟：《〈论语〉中的朋友观及其流衍》，《古典学研究》2021年第1期，第31页。

③ 吴根友、崔海亮：《“五伦”与“新五伦”之探索》，《南京师范大学学报(社会科学版)》2020年第2期，第6页。

④ 刘伟教授指出，“朋友之间的交游有赖于人的流动，此与传统农业社会定居这一基本原则相悖”(《〈论语〉中的朋友观及其流衍》，第38页)，先秦以来的朋友观，“到了明代中后期发生了根本性的转变”，阳明对朋友之道的理解，基于一种全新的生活方式，即朋友交往频繁，成为日常生活的重要组成部分(《〈论语〉中的朋友观及其流衍》，第43页)。

⑤ 吕妙芬：《阳明学士人社群——历史、思想与实践》，北京：新星出版社，2006年，第265页。

论》中讲："人伦有五，公舍其四，而独置身于师友贤圣之间。"[①]可见在何心隐的五伦叙述中，有着与传统排序极大的差异。关于何心隐的人伦叙述，任文利指出，"如果说何心隐讲的'出身'、'出家'有打破家庭本位社会的一面的意义，有两个范畴似乎可以取代'身'、'家'，一为'友'，一为'会'"[②]。这其实也就指出了"友伦"在何心隐思想中的结构性意义。

现代学者对阳明学、泰州学派的"友伦"叙述十分重视，但往往强调其背后的现实意义，研究多侧重泰州学派"友伦"的实践性，如何心隐等人的交游与讲学；重视思想史意义，而忽视何心隐等人"友伦"叙述的哲学性诠释。这使得"友伦"的形上学向度，并未完全打开。本文从何心隐出发，挖掘何心隐"友伦"诠释的哲学维度，并辅以阳明、泰州学派的观点，呈现友伦挺立的思想史意涵，并进一步揭示其时代意义。

一、讲学与朋友

何心隐五伦中特别突出了君臣和朋友的意义。《与艾冷溪书》言："达道始属于君臣，……终属于朋友。"[③]但如若在君臣和朋友之间再做一比较，则可以看到，何心隐更重视朋友一伦——其尊君展示了其立场与当时主流价值的一致性[④]，但何心隐亦展示出其在君臣之外，"主朋友之大道"的立场。何心隐以"讲学"为生命[⑤]，特重讲学的意义，其晚年在为自我辩白的各书信中，将《原学原讲》视作最为重要的一篇文献。陈来先生指出，"与王艮、颜山农一样，何心隐也充满师道的自负"[⑥]，而此种师道之自负，则与何心隐乃至整个泰州推尊、极尊孔子的立场密不可分。任文利指出，"'孔子之贤于尧舜'"是一个比较典型的泰州话题[⑦]，"泰州自乃祖心斋始，极力推尊孔子，至何心隐，孔子已非如传统儒家所言，仅仅作为'道统'之宗了，孔子直可视为一'教'主。他在此基础上，针对传统社会之'五伦'，提出了新的伦理关系"[⑧]。在何心隐那里，孔子能成为"教主"而贤于尧舜，重要处就在于讲学，而讲学则突出了"朋友"一伦的重要意义。《原学原讲》认为，孔子"以仁统而以

---

① ［明］李贽：《焚书》卷三，北京：中华书局，2009年，第90页。
② 任文利：《何心隐的思想及其定位》，《中国哲学史》2002年第3期，第81页。
③ ［明］何心隐：《何心隐集》卷三，北京：中华书局，1960年，第66页。
④ 参陈来：《何心隐的社会活动与思想特质》，《文史》2012年第3辑，第449页。
⑤ 参吴震：《泰州学派研究》，北京：中国人民大学出版社，2009年，第303页。
⑥ 《何心隐的社会活动与思想特质》，第452页。
⑦ 任文利：《儒教改制者何心隐及其所殉孔子之教》，《政治思想史》2012年第3期，第16页。
⑧ 《儒教改制者何心隐及其所殉孔子之教》，第5页。

仁传，以统以传于一世，而统而传之万世”，仁统仁传，关键就在于“讲学”，道统至孔子“始有学名以名其所学，始有讲名以名其所讲”，“孔子与颜、与曾、与二三子自无一事而无有乎不学不讲也”[①]，孔子正是通过讲学活动与讲学共同体“仁其所仁”，后世若要传承此仁学，也必然依靠讲学与讲学共同体。

可以看到，在何心隐看来，学和讲“是人之所以为人的根本要求和必然表现”[②]，而处在这种讲学关系中的人，便不可能是孤绝的个体，讲学必然发生在有差异的个体之间——无差异也就无所谓讲学。同时，将讲学视作人的根本要求与必然表现，也即将人置身于经验的历史共同体之中。

在何心隐那里，友伦可以“以仁设教”。他讲，“惟友朋可以聚天下之英才，以仁设教，而天下自归仁矣。天下非统于友朋而何？故《春秋》以道统统于仲尼。……此友朋之道，天启仲尼，以止至善也。古谓仲尼贤于尧舜，谓非贤于此乎！”[③]只有聚天下之英才，方可让仁教最广泛地遍布，而聚英才，就需要友朋。孔子发明此道，贤于尧舜。在何心隐看来，友伦的贯彻可以保证父子、君臣的充分实现，故他在《发兄弟怡怡》一文中讲：

> 乃朋乃友，乃兄弟其朋友，以尊仲尼于有亲，乃不至于无父，以朋以友，以士也，乃士也。乃兄乃弟，乃朋友其兄弟，以亲仲尼于有尊，乃不至于无君，以兄以弟，以士也，乃士也。[④]

朋友之间贵在“友其德”，而在何心隐看来，此德的纽带就是孔子。孔子立教，充分阐发了此德。朋友之间“切切”此德，故而通过朋友的相互砥砺，亲亲、尊尊均可得到保证。

耿定向对何心隐观点的记述，更充分地展现了何心隐那里孔子、朋友、成德的关系：

> 隆庆壬申，程学博氏挈之来，我仲子诘之曰：“子毁家忘躯，意欲如何？”曰：“姚江始阐良知，指眼开矣，而未有身也。泰州阐立本旨，知尊身矣，而未有家也。兹欲聚友，以成孔氏家”云。[⑤]

陈来先生指出，何心隐“此时的主张是‘聚友为家’，实际上是以讲会为家，要把

---

① 《何心隐集》卷一，第 8 页。

② 《泰州学派研究》，第 309 页。

③ 《何心隐集》卷三，第 66 页。

④ 《何心隐集》卷二，第 46 页。

⑤ 耿定向：《耿天台先生文集》卷十六，《四库全书存目丛书》集 131，济南：齐鲁书社，1997 年，第 404-405 页。

明代中后期的讲会,变为一种'家'化的朋友组织","可以看作是一种强化当时流行的讲会的社会构想"[①]。何心隐"把讲学的载体主要放在朋友一伦,故特别予以重视","讲会的会是模拟家的"[②],在何心隐看来,孔子通过讲学奠定"孔氏家","身家于生民以来未有之身之家"[③],这反而成为一切伦理的奠基性基础,保证了其他形态的伦理关系的合宜实现。何心隐的思想分析方式特别强调"显与藏","为仁就是要通过具体有形的实践,来有其无、显其藏,使无成为有,使藏变为显"[④],而在何心隐那里,交友的实践,无疑有最广泛的"显"的可能,因为朋友关系超越确定的血缘关系,使人与人最广泛地连接在了一起,这种最广泛的德性连接,是一切特殊连接的保证。

可见,何心隐通过对孔子地位的诠释,确立了讲学的独特意义,进而赋予了讲学共同体以独特的价值地位,抬升了友伦在人伦中的重要性。

二、拟天地之交

以上可以说是何心隐"阐道统以立友伦",不特如此,何心隐对友伦的叙述还有其形上学的向度,这一向度与何心隐对《周易》的诠释有关,也与整个阳明学形上学的取向有关。首先来看何心隐从《周易》的诠释来论说友伦的重要性。

明代之前对五常的形上学论证,主要采取五伦、五常、五行相互对应的模式。现存何心隐文章似未从这一角度发挥。现在留存的何心隐的作品主要收录在容肇祖先生点校的《何心隐集》中,这个集子中的"形上学"或"本体论"论述并不多,但不能就此说何心隐思想完全排斥形上的阐发。从他对《周易》的重视来看,何心隐注重从"易理"阐发"人道"。如其《辩无父无君非弑父弑君》一文,就特别重视从"《易》有太极"确立人道的根本原则:

> 必易有太极,乃不堕于弑父弑君,乃不流于无父无君,乃乾坤其君臣也,乃乾坤其父子也,乃凡有血气其尊亲也。[⑤]

可以看出,"易道"是何心隐人伦阐发的根基,他并不否认为人伦寻找形上的可能性。陈来先生指出,在何心隐看来,"只有牢固树立'易有太极'之说,君臣父子的

---

① 《何心隐的社会活动与思想特质》,第444页。
② 《何心隐的社会活动与思想特质》,第444页。
③ 《何心隐集》卷三,第48页。
④ 《何心隐的社会活动与思想特质》,第447页。
⑤ 《何心隐集》卷三,第52页。

大纲大常才能得到保证”[①]。关于朋友的重要性，何心隐同样从《周易》出发予以阐释。《论友》讲：

> 天地交曰泰，交尽于友也。友秉交也，道而学尽于友之交也。[②]

这里何心隐从“泰卦”出发阐发“友”的意涵，可以说“友”是拟天地之交而有，而天地有相交之道，那么从天道到人事，就有交友之道。传统的“泰卦”诠释，多从《周易·泰·彖传》“天地交而万物通，上下交而其志同”出发，这里“志同”的不是“友”，而是“君臣”，主流的《周易》解释均是立足君臣来诠释的。何心隐则特别从“友”来诠释，把天地之交与交友联系起来看，这可以说是他的独到之处。何以“友”可以拟天地之交？在何心隐看来，其他人伦在人与人的交往上都会存在一些问题，不能“拟天地之交”：

> 昆弟非不交也，交而比也，未可以拟天地之交也。能不骄而泰乎？
>
> 夫妇也，父子也，君臣也，非不交也，或交而匹，或交而昵，或交而陵、而援。八口之天地也，百姓之天地也，非不交也，小乎其交者也。能不骄而泰乎？
>
> 骄，几泰也。均之气充盈也。充盈，几也；几，小大也。法象莫大乎天地，法心象心也。夫子其从心也，心率道而学也，学空空也。不落比也，自可以交昆弟；不落匹也，自可以交夫妇；不落昵也，自可以交父子；不落陵也，不落援也，自可以交君臣。天地此法象也，交也，交尽于友也。友秉交也。夫子贤于尧舜，尧舜一天地也，夫子一天地也。一天一地，一交也，友其几乎？[③]

所有人伦关系都体现了“交”之道，但是兄弟会“比”，夫妇会“匹”，父子会“昵”，君臣会“陵”“援”，甚至其他人与人之交的交际，都会存在问题，都有所偏蔽[④]，不能体现天地之交的“大”。能体现天地之交之大的，就是朋友之道，其关键就在于“学”。刘伟教授指出：“朋友一伦很特殊，与其他四伦有所不同。朋友是相互的，你是我的朋友，同样我也是你的朋友；但其他四伦中不论哪一伦，伦理角色及相应的义务都是单向的。”[⑤]可以认为，在何心隐这里，正是此种“相互性”保证了朋友之交可以超越单向的“弊”，从而在相互性中实现双方关系的充分展现，进而实现人的敞开。当然，在何心隐这里，“相互”必然以“学”为枢纽。朋友交往在何心隐看来，

---

① 《何心隐的社会活动与思想特质》，第 445 页。

② 《何心隐集》卷二，第 28 页。

③ 《何心隐集》卷二，第 28 页。

④ 在何心隐的叙述中，始终强调其他人伦交往的“小”与“弊”，如《发兄弟怡怡》就指出，“兄弟而武周，其势易以忤也”(《何心隐集》卷二，第 45 页)。

⑤ 《〈论语〉中的朋友观及其流衍》，第 34 页。

正是通过讲学"从心""率道而学"——孔子便是如此。友道的关键在"学",通过这样的友伦,就可以使其他人伦关系的实现合宜。"交尽于友",友可以说是天地相交之道最完全的体现。这是何心隐从"法象"天地的角度,对"友"做出的说明。

三、万物一体与友爱

当然,何心隐的友伦阐释不仅从"天地相交"的角度立论,也隐含"万物一体"的向度。何心隐没有专门的文章阐发"万物一体",但我们却可以从其文章中读出万物一体的气息。更为重要的是,我们需要看到整个泰州学派对万物一体的强调。如王艮有"天下一个,万物一体"①之说,其《鳅鳝赋》更是阐发了"大丈夫以天地万物为一体""为生民立命"的精神②。罗近溪更是从"天命生生不已"的角度讲人伦关系:

> 父母兄弟子孙,是替天命生生不已显现个肤皮;天命生生不已,是替孝父母、弟兄长、慈子孙,通透个骨髓,直竖起来,便成上下今古,横亘将去,便作家国天下。③

在近溪看来,一切人伦关系,都是"天命生生不已"的展现,天命生生不已的实体,是人伦的根底。

陈荣捷先生指出,"万物一体之理论,为宋明理学之中心"④,如果我们说"万物一体"是泰州学派的立言基调,似乎也并不为过。

"万物一体"学说的确立,为儒学言说人伦,提供了一种的形上学论证的方向。朱承教授指出,"在阳明后学心目中,合乎道德的社会生活建立在'万物一体'的秩序观上"⑤。陈来先生特别指出了王阳明晚年以"万物同体"规定良知,进而由智归仁⑥。从伦理角度来说,仁与亲亲密切相关,而同样从"万物一体"出发,何心隐则强调了"友伦"的重要性。当然,我们也需要指出,阳明对"万物一体"的强调,自然会与讲学、交友相关。陈立胜教授指出,在阳明那里,"讲习不仅是出于一体之仁的'仁人悯物'之心,而且也与良知见证、共修的需要密切相关"⑦。王淑琴教授更直

---

① [明]王艮:《王心斋全集》,南京:江苏教育出版社,2010年,第71页。
② 《王心斋全集》,第55页。
③ [明]罗汝芳:《罗汝芳集》,南京:凤凰出版社,第65页。
④ 陈荣捷:《王阳明与禅》,台北:学生书局,1984年,第12页。
⑤ 朱承:《阳明后学的道德信念与伦理实践》,《伦理学术》2019年第1期,第173页。
⑥ 参陈来:《王阳明的万物一体思想》,《中共宁波市委党校学报》2019年第2期。
⑦ 陈立胜:《王阳明"万物一体"论》,北京:燕山出版社,2018年,第225页。

接指出，“何心隐的学说与王阳明的思想也有相似之处。王阳明提出‘视天下之人，无外内远近，凡有血气，皆其昆弟赤子之亲’”[①]，何心隐的论证思路与阳明学、泰州学派的论述基调有高度的一致性。

何心隐在《仁义》一文中讲：

> 仁无有不亲也，惟亲亲之为大，非徒父子之亲亲已也，亦惟亲其所可亲，以至凡有血气之莫不亲，则亲又莫大于斯。亲斯足以广其居，以覆天下之居，斯足以象仁也。
>
> 义无有不尊也，惟尊贤之为大，非徒君臣之尊贤已也，亦惟尊其所可尊，以至凡有血气之莫不尊，则尊又莫大于斯。尊斯足以正其路，以达天下之路，斯足以象义也。
>
> 亲与贤，莫非物也。亲亲而尊贤，以致凡有血气之莫不亲莫不尊，莫非体物也。[②]

这里“凡有血气”也就是从“一气相通”的角度去讲“万物一体”。从万物一体的角度出发，要实现仁道，就不能只“亲其亲”，而是要做到“凡有血气莫不尊亲”，而有血气者何以能尊能亲？就在于从天地的根源来看，有血气者本身就是关联一体的。陈寒鸣先生特别对何心隐此文分析到：

> 何心隐从“万物一体”的命题出发，认为人与人之间不应过分强调亲疏贵贱之分或上下尊卑之别。……在他看来，“亲亲”、“尊贤”固然重要，但“亲亲”不能只限于亲自己的亲人，而应亲所有的人，才“足以象仁”；“尊贤”也不能只限于君臣，而应尊敬所有的人……以“亲亲”、“尊贤”为起点，达到彼我无间、人己一体，这就是何心隐理想的最高道德境界。依据这种思想，何心隐对传统的“五伦”关系进行了新的排列。他认为人与人之间应该是“相交而友”、“相友而师”，故而“五伦”中唯有师友一伦符合平等之义，是最高层次的社会道德关系。[③]

这里，有几点需要进一步说明。首先，陈寒鸣先生和不少学者都把“万物一体”视为道德境界，而交友是达到这一境界的手段，如单虹泽讲，“实现‘万物一体’之仁正是明代学者修身成德的终极理想，而这一理想往往通过交友、结社等活动来实现”[④]。但我们需要进一步指出，对于阳明、泰州来讲，万物一体不仅是理想境界，更是本体性的根据，故而“交友”不是手段，而本身就是应然的，内在地含有“目的

---

① 王淑琴：《“君臣友朋，相为表里”：何心隐友朋思想论析》，《管子学刊》2016年第4期，第46页。

② 《何心隐集》卷二，第27页。

③ 陈寒鸣：《王艮、何心隐世俗化的儒学政治思想》，《晋阳学刊》1995年第3期，第55页。

④ 单虹泽：《以友辅仁：论儒家的友伦与政治传统》，《理论与现代化》2018年第6期，第88页。

性”。其次，何心隐的朋友是不是绝对的平等？如果我们认为何心隐的朋友论述与讲学有关，内含师友关系，那么就不能将之理解为彻底的关系平等，平等只是在“学”或“孔氏家”面前的平等，是“朋友切切”意义上的平等。第三，有学者认为，“友伦与自然伦理不同，其完全依赖于主体间的平等交往”[①]，如若把“自然”仅仅理解为“血亲”或直接性的生养，此种观点可以成立，但如果我们从万物一体的角度看问题，把万物一体也视为自然，那朋友之间的关系就不能仅仅视为主体间，甚至孤独个体的连接了，而是一种和血缘等关系同样自然的伦理关系。

最后，我们还需要指出，正是由于何心隐的“友伦”叙述与万物一体这一命题密切相关，所以我们就不能以某种现代的视角去理解其“友伦”叙述的意义。张琏在《何心隐的社会思想论析》一文中认为：

> 何心隐强调朋友一伦，乃是根植于他视人为独立个体的观点上，他以人为社会的中心，而社会是人的集合体，社会关系则是以个体为基础所展开的关系，因此个体与个体之间皆为朋友，彼此平等而互相尊重，人际关系应高于人伦关系的藩篱限制，即不致落于偏狭的关系中。[②]

这其实错会了何心隐的立论前提。何心隐强调朋友一伦，前提是“天地之公”“万物一体”，他针对的是明末以来人的陌生化倾向，而不是要完全顺应此趋势，他对朋友的强调恰是要去个体化，因此不能将何心隐的立论基础理解为“个体”或“个人主义”。“万物一体”才是何心隐乃至整个泰州学派对朋友论述的理论根基。人的基本存在状态是万物一体，而交友则是最可以使人达到这一境界的人伦生活。

以往的泰州学派研究，特别是持明末清初启蒙立场的研究，往往认为泰州学派有“打破传统、个人解放”的观念，但我们从何心隐乃至泰州学派身上看到的，一方面是所谓的“个体觉醒”，而另一方面却是“万物一体”。这其实提示我们，泰州学派的思想形态决不能以西方式的“启蒙”“个人主义”来衡量，何心隐和其他泰州学者，其实是在新儒学提出的“万物一体”的根基上安顿“个体”，既承认个体欲望的适当合理性，又避免导向绝对的欲望主体。李海超在评价阳明学时指出，“阳明心学具有维护前现代观念与敞开现代性可能性之两面性”[③]，这一论断同样适用于泰州学派。

---

① 单虹泽：《以友辅仁：论儒家的友伦与政治传统》，《理论与现代化》2018年第6期，第85页。

② 张琏：《何心隐的社会思想论析》，《史学集刊》1998年第1期，第27页。

③ 李海超：《阳明心学与儒家现代性观念的开展》，山东大学博士学位论文，2017年。

四、友伦的现代意义

在传统社会,儒家内部对友伦重要性的看法并不一致,甚至有认为当取消友伦与其他四伦并列者[①];但到了现代,在对儒学进行创造性转化与思考当代伦理道德重建问题时,友伦的重要性则愈发凸显。如何从何心隐以及泰州学派对友伦的论述中吸收合理的思想资源来解决当代伦理问题,值得我们深思。

在五伦结构中,"朋友是同类人,朋友'同类',特指心志相类"[②],朋友以志相合,超越了天生的血缘关系,此种超越,恰有面向"陌生人"的可能。同时,"志"内含于"友伦",就说明朋友相交,是内含道德理想的,而绝非"无目的性"的交往。王阳明讲"夫友也者,以道也,以德也。天下莫大于道,莫贵于德。道德之所在,齿与位不得而干焉"。沟口雄三认为,阳明学促进了道德的民众化和礼教的渗透化,道德共同体的成员扩大了相互互助和社会参与[③]。而此一道德共同体的成立,离不开成员之间的参与性活动。何心隐特别将讲学与友伦连接在一起,为非血缘关系的人的道德生活,指出了一种可能性,即非血缘关系的人之间可以通过讲学确定某种共同性,而此种共同性,是天地之道的呈现,内在具有崇高的目的性。

"朋友关系一直就存在,但在今天的社会里变得极其复杂,不仅有远近、熟悉与陌生等不同的距离关系,还有因为职业、兴趣爱好、性向的关系而组成不同类型的朋友关系。"[④]在今天,随着家庭的单子化,复杂化的朋友关系以及由朋友而成立的共同体、圈子,对当代人的生活意义也就更加凸显。今天的朋友交往,是要剥离其道德属性,去其崇高性,还是可以在其中融入某种道德性指向,这也值得我们思考。何心隐的"友伦"叙述关切到了晚明人与人之间由于流动性增强而出现的陌生化倾向,却通过万物一体的哲学前提,为陌生人之间交往的"再伦理化"提供可能。更为重要的是,今天对朋友的理解,往往是从两个孤绝的个体出发,建构"外在性"的关系,人与人内在关联的可能性却被忽视了。如此的交往,就只可能去情感化,而彻底的平等完全可能导致彻底的无情感[⑤]。这最终会使得人与人的关系变得愈发不稳定,而个体内在的存在焦虑,也无法在共同体生活中得到化解。

---

① 参王硕:《儒家友伦的道德意涵新辨》,《道德与文明》2016年第2期。

② 《〈论语〉中的朋友观及其流衍》,第34页。

③ 参[日]沟口雄三:《中国思想史:宋代至近代》,北京:生活·读书·新知三联书店,2014年,第64-87页。

④ 《"五伦"与"新五伦"之探索》,第9页。

⑤ 参[法]卢梭《社会契约论》第四卷第八章的相关论述,何兆武译,北京:商务印书馆,2003年,第175-177页。

廖申白先生认为，“五伦之中可以推导与陌生人的关系的是朋友一伦。但是朋友是属于私人交往的范畴，把一个人与朋友相互联系起来的是友情。儒家说，弟子‘入则孝，出则悌’，在家中的孝与在朋友中的悌是可相通。爱有差等，情有亲疏，在家与友人中人们总要问亲问情。然而，‘疏不问亲’，人们对陌生人不问亲与情，所以从情的理路上说，从朋友一伦推导在公共生活中与陌生人的关系的伦理终是不通”①。廖申白先生对儒家朋友关系的理解，还是蕴含了某种现代性的前提。宋明儒家面对人与人之间的陌生化，会认为，即使是陌生人，其原本也是在“万物一体”的生生不息结构中的，人与人原本就是关联的，“关联”是本然，“陌生”反而是“异化”。在儒家看来，我们面对的陌生人不可能是绝对抽象的陌生人，因为一旦陌生人进入我们的视域，就必定以某种方式与我们发生了关系，并具备了去陌生化的可能。真正的陌异性的产生，反而依赖于人与人关联性的“观察”关系，而陌异性产生的同时，也即意味着陌异性的“褪去”。一旦陌异性有了褪去的可能，人与人之间也就有了“交友”的可能（虽然不必然实现此种可能性）。

从何心隐的讲法出发，我们认为，朋友之间可以通过讲学活动，成立一种新的家（今天的讲学内容可以超越何心隐的规定，家也不一定是“孔氏家”）。但此新家的成立，却并非要代替血缘家庭，与血缘家庭对立；或者要求人脱离血缘家庭，走入新家，而是帮助人们在此新家中重新理解血缘家庭，并促进以血缘家庭为代表的人伦关系的恰当实现。当然，如何在当代生活中重思这些关系，仍值得进一步思索。

---

① 廖申白：《儒家伦理与今日之公共生活问题》，《中州学刊》2005 年第 3 期，第 144 页。

从庄子的“混沌与知”出发
——冯友兰先生对道家思想诠释的一个视角

《庄子·应帝王》以“浑沌”之喻结束全篇：

> 南海之帝为儵，北海之帝为忽，中央之帝为浑沌。儵与忽时相与遇于浑沌之地，浑沌待之甚善。儵与忽谋报浑沌之德，曰：“人皆有七窍，以视、听、食、息，此独无有，尝试凿之。”日凿一窍，七日而浑沌死。

钟泰以为“‘浑沌’，喻不知之体”[①]，“浑沌”的问题与人的知识密切相关。与“不知”相反的短暂的知在不知之知的承载和遮覆下得到约束，保留了容纳对方的可能，但儵、忽却以报恩的心态，在时间的过程中，去除了“不知之知”[②]。庄子之于“浑沌”的论述，代表了道家对于“知”的看法。冯友兰先生在两卷本《中国哲学史》中对此并无特殊阐发，然而在建构其“新理学”的哲学体系时，他却发挥了“浑沌”（冯先生往往将“浑沌”与“混沌”混用）与知识之间的关系，将之与其自身哲学的阐释联系起来，并以此说明道家哲学的特点[③]。这一向度在随后的《中国哲学简史》以及《中国哲学史新编》中得到了延续，并融入冯先生对先秦道家与新道家的分析当中。对“混沌与知”的问题加以分析，可以看出冯先生以自身哲学建构关照道家思想的一些特点，这一问题也可以反映出逻辑清晰与神秘主义两条线索在冯先生思想中的交织[④]。

本文为国家社科基金项目“朱熹理学中‘气’的思想研究”（18CZX028）阶段性成果。

① 钟泰：《庄子发微》，上海：上海古籍出版社，2002年，第180页。

② 杨立华：《庄子哲学研究》，北京：北京大学出版社，2020年，第297-298页。

③ 陈来先生已经指出，冯先生在《人生哲学》中就已经关注道家的“无知识的纯粹经验”，而在《中国哲学中之神秘主义》中则关注道家最高境界与知识论的关系（参陈来：《现代中国哲学的追寻》，北京：生活·读书·新知三联书店，2010年，第341-347页）。但此时冯先生还未特别强调道教的知识论、境界与“混沌”的关系。

④ 陈来先生在《冯友兰哲学中的神秘主义》一文中特别强调，冯先生思想中除追求逻辑的清晰分析以外还有神秘主义作为另一贯彻始终的基点，参陈来：《现代中国哲学的追寻》，第340页。

一、混沌、知与境界

冯友兰先生在《新理学》中以“这是方底”这一命题为例，讲思（分析）与人的知识之间的关系：

> 专就“这”说，“这”就是“这”。就对于人之知识说，“这”是一个未经分析底混沌，是一个“漆黑一团”。能思之心，将其加以分析，于是发现其有许多性。[①]

人能从混沌的“这”中分析出许多具体的知识，“动物只能感而不能思，对于一切不能分别”[②]。冯先生将能从“混沌”中分析出“知识”看作人区别于动物的能力。对于人来讲，不加分析、了解，就会处于“完全地混沌”状态，对人来讲就“完全地无意义”，故《新原人》讲：

> 对于一事物，若一人完全不了解其所属于底类，完全不了解其所表现底理，则此人对于此事物，即为完全无解。此事物对于此人，即为完全地混沌，完全地无意义。[③]

冯先生“新理学”的系统，往往将混沌问题与道家联系起来讨论。《新理学》专门有一节题名“道家之浑沌”，讨论相关问题。

在《新理学》中，冯友兰先生认为，“真元之气是极端的混沌。道家崇尚其所谓道，其道又似我们所谓真元之气，所以道家亦崇尚混沌”[④]。道家崇尚、赞美混沌，特别是庄子，更是“痛惜混沌之死”。但在冯先生看来，“混沌若不死，则即无实际底世界”[⑤]，因为实际的世界是需要知识的，未经分析的混沌不存在“知识”的可能。

当然，这对于道家来讲就存在一些问题：他们所崇尚的“混沌”究竟与知是什么关系？他们要达到的混沌状态，如果是未死前的混沌的话，如何可能达到？

在冯先生看来，道家的真人、至人达到了某种混沌的状态，但他们并非“真无知者”或“本来底无知”者，他们“去知而有觉”。这是道家圣人的混沌区别于“未经分析底混沌”的要点，因为动物则“无知无觉”。故冯先生讲：

> 道家所说达其所说最高境界之方法，是从反知入手，与我们所说之从致知入手者正相反。道家所说之道，有似于我们所说之气，……气是无分别底，不

---

① 冯友兰：《新理学》，《三松堂全集》第三版第五卷《贞元六书》，北京：中华书局，2014 年，第 31 页。
② 《新理学》，第 229 页。
③ 冯友兰：《新原人》，《三松堂全集》第三版第五卷《贞元六书》，北京：中华书局，2014 年，第 564 页。
④ 《新理学》，第 61 页。
⑤ 《新理学》，第 61 页。

可思议，不可言说，道家所说之道，亦是无分别底，不可思议，不可言说。所以道家所说见道之方法，其要在反知。因为知识是作分别者，其成功必待思议，其发表必待言说。……道本是不可分析，不可思议，不可言说者，故更不应以知识分析之，知之。我们必须除去一切知识，对于一切不作分别，不作思议，不作言说，则一切底分别，对于我们即不存在。我们所觉者，只一浑然一体之大全。所谓“离形去智，同于大通”，即说此境界。所谓玄同，所谓混沌，俱是说此境界。能至此境界者，即所谓真人、至人。[①]

冯先生亦将此种反知讲为去知、弃知、忘知。“不可分析，不可思议，不可言说”恰是道家之道的特征，亦是一种“混沌”，然要达到这样的道，则需要去除现成的“知”，既然有此要去的“知”，则就已经不是“未经分析底混沌”了。因此，冯先生以为“道家之修养方法所得之无知，是经过知识之阶级者，所以其无知与动物的原来底无知，是不同底”[②]。达此混沌，需要有“觉解”，“用不作分别之方法，以得一混沌底境界”[③]，应当说，这样达到的混沌，已经与“知”有了深度勾连。“道家是以反知入手，而得大全，其对于大全之关系是混沌底；我们是以致知入手，而得大全，我们对于大全之关系是清楚底”[④]，在冯先生看来，去知只能达到真元之气的混沌，而无法达到太极之极度清晰，同时，因道家去知而无实际的知识，故“不能有用于社会”。在冯先生自己的哲学体系中，始终主张“对不可思议的思议”“对不可言说的言说”，既要“知大全”，又要“知大全不可知”，对于“大全”，“知”不是只具有纯粹的否定意义[⑤]。

在“新理学”体系中，冯先生自然将无知、有知、去知与境界问题联系在一起，并讨论不同的混沌状态与不同境界的对应。

在冯先生看来，人的觉解状态，与其对宇宙的理解有着密切关系，“没有觉解底宇宙，是个混沌”，此混沌即“未加分析底混沌”，宇宙的秩序不被“觉”，而此种状态下的人，则处于“自然境界”。这种处在自然境界中“顺才”或“顺习”的人，“他的境界，似乎是一个浑沌。但他亦非对于任何事都无了解，亦非任何事对于他都没有清楚底意义。所以他的境界，亦只似乎是一个混沌”[⑥]，“自然境界，需要觉解最少。

① 《新理学》，第228-229页。

② 《新理学》，第230页。

③ 《新理学》，第230页。

④ 《新理学》，第231页。

⑤ 参陈鹏：《超越理性的理性——也论冯友兰新理学“负的方法”》，《北京社会科学》1997年第3期，第140页。

⑥ 《新原人》，第601页。

在此种境界中底人，不著不察，亦可说是不识不知，其境界似乎是一个浑沌”[1]。相比于自然境界，天地境界“需要最多底觉解。然天地境界，又有似乎浑沌。因为在天地境界中底人，最后自同于大全。……但严格地说，大全是不可说底，亦是不可思议，不可了解底。所以自同于大全者，其觉解是如佛家所谓‘无分别智’。因其‘无分别’，所以其境界又似乎是混沌。不过此种混沌，并不是不及了解，而是超过了解。超过了解，不是不了解，而是大了解。我们可以套老子的一句话说：‘大了解若不了解。’”[2]在天地境界中的人，其所达之混沌已经经过了“知”的洗礼，已经不是未经分析的状态了，此种混沌是“去知”而有的“超过了解”，故此种混沌是对大全的一种“觉解”。冯先生以为，自然境界的混沌是“原始底混沌”，而天地境界之混沌则是“浑然与物同体”。天地境界中的混沌为一种“神秘经验”[3]，自然状态下则为“无概念底经验”，故对于混沌来讲，可区分无知之混沌与超知之混沌。此种“神秘经验”因其是“超知”而非“无知”的，故我们可以说此种境界更倾向于哲学，而非宗教经验[4]。

但在冯先生看来，道家对于“天地境界”与“自然境界”中间的分别，往往看不清楚。“一部分道家常误将自然境界与天地境界相混。例如道家所赞美底无知，有些是在自然境界中底人的无知，有些是在天地境界中底人的无知”[5]，而从道家哲学的角度看，道家“所赞美底无知，实并不是无知，而是对于道底真知。这是在天地境界底人的无知，而不是混沌底无知”[6]。但对于道家来讲，他们之所以会有此种不清晰，也是有理由的，即道家看到了知识的相对性的“危险”，希望使人安于自然境界以保持天真，而不进入相对的善恶。在道家看来，自然境界是可欲的，然而冯先生却指出，“凡以自然境界为可欲者，其所说可欲之点，在自然境界中底人，并不知之。所以凡以此种境界为可欲者，都不是有此种境界底人，而是有较高境界底人。凡以此种境界为可欲者，必不是在此种境界中者。因其如亦在此种境界中，他亦不能知此种境界是可欲底”[7]。同时，更为重要的是，“《庄子·应帝王》说浑沌的死。

---

① 《新原人》，第 609 页。

② 《新原人》，第 609 页。

③ 陈来先生指出，冯友兰先生早年并不认为“万物一体”等与神秘主义有关，但在之后的哲学发展中，开始承认万物一体的境界与神秘主义的关系。参陈来：《冯友兰哲学中的神秘主义》，《现代中国哲学的追寻》，第 343 页。

④ 参陈来：《冯友兰哲学中的神秘主义》，《现代中国哲学的追寻》，第 345 页。

⑤ 《新原人》，第 622 页。

⑥ 《新原人》，第 622 页。

⑦ 《新原人》，第 64-65 页。

死者不可复生。自然境界一失亦不可再得”[1]。从这个角度来看，在冯先生的哲学系统中，道家的讲法非但有不清晰之处，亦非最高的追求。我们真正需要的，是通过人的觉解，提升我们的境界，以致知达到清晰的太极，达到“天地境界”。

在此，我们可以看到，在冯先生新理学的哲学系统当中，混沌实分为两种：一种为原始的无知下的未经分析的混沌，对应自然境界；另一种则是去知或忘知后达到的混沌，对应天地境界。但从冯先生的描述中，我们似可看出，其天地境界似亦有两种，一种是道家哲学指向的混沌的大全对应的天地境界，另一种则为冯先生所主张的因清晰的太极而有的天地境界——在新理学体系中，冯先生始终强调天地境界“要通过理智的了解即‘知天’为基础”，“人必须有对理、对真际、对共相、对大全的认识和理解，才能上达至新理学所推崇的同天境界”[2]。如此来看，在新理学体系中，道家通向天地境界的方式还不够究竟。

二、主观的混沌

“新理学”系统当中获得的认识，也被带进了冯先生对于中国哲学史的研究之中。并且，在“史”的诠释中，相关观点得到进一步深化。

冯友兰先生在《中国哲学简史》对庄子思想的诠释部分中，再次谈到了“混沌”。冯先生认为，庄子在《齐物论》中所讲的内容，显示得道的人“已经忘了事物的一切区别，甚至忘了他自己生活中的一切区别。他的经验中只有混沌的‘一’，他就生活在其中”[3]，“为了与‘大一’合一，圣人必须超越并且忘记事物的区别。做到这一点的方法是‘弃知’”，“一切区别一旦都忘记了，就只剩下混沌的整体，这就是大一。圣人到了这个境界，就可以说是有了另一个更高层次的知识，道家称之为‘不知之知’”，“他们是无知的人，不是不知的人”[4]。很显然，这些都重复了“新理学”系统中的讲法，虽然诠释的重点在庄子，但冯先生也提到了向秀、郭象对庄子讲法的发挥，只是没有进一步展开。较为突出的是，《简史》将老庄解释混沌的方法直接与新理学“负的方法”联系在了一起：

> 前面第二章我表示赞同诺思罗普教授说的：西方哲学以他所谓“假设的概念”为出发点，中国哲学以他所谓“直觉的概念”为出发点。其结果，正的方

---

① 冯友兰：《新原人》，北京：生活·读书·新知三联书店，2007年，第64-65页。

② 陈来：《冯友兰哲学中的神秘主义》，《现代中国哲学的追寻》，第354页。

③ 冯友兰：《中国哲学简史》，《三松堂全集》第三版第八卷，北京：中华书局，2017年，第642页。

④ 《中国哲学简史》，第644页。

法很自然地在西方哲学中占统治地位，负的方法很自然地在中国哲学中占统治地位。道家尤其是如此，它的起点和终点都是混沌的全体。在《老子》、《庄子》里，并没有说“道”实际上是什么，却只说了它不是什么。但是若知道了它不是什么，也就明白了一些它是什么。[①]

在冯先生看来，老庄那种从混沌出发，经由去知而再次达到混沌的方法，就是他讲的“负的方法”。这里提到了混沌作为起点和终点，但这样一个起点，还是哲学意义的起点，而非哲学史意义的，其哲学史意义有待在《中国哲学史新编》中呈现。

《新编》在对“混沌”的诠释上区分了先秦和魏晋两个不同向度，尤其是在关于“混沌”与“知”的关系问题上，更加注重其中的方法论问题。并且，在对于庄子的诠释中，冯先生突出其“主观的混沌”的面向：

《老子》承认并且还很重视雌雄、荣辱的分别。庄周则说，这些分别本来就是没有的，是出于人们的偏见，如果去掉了这些偏见，雌雄、荣辱、成败、祸福以至于生死，这些分别就都没有了。由此可以得到一个无分别的混沌境界。[②]

此可见老庄之别，庄子否认差别，要求彻底去掉差别以达到混沌的境界，借以逃避人生。此种无差别的混沌，在冯先生看来，是一种“心理上的混沌”，属于主观：

怎么可以达到“无己”呢？庄周认为这要靠否定知识，知识否定以后，就可以得到一个心理上的混沌状态，主观的无差别境界。在这种状态中，一切分别都没有了。“人”与“己”的分别也自然没有了。庄周认为，这种混沌同“道”是一致的。[③]

庄周所谓的道，可以说是什么都没有。既然什么都没有，其中当然也就没有任何分别、任何界限，真可以说是“一穷二白”。可是庄周又认为这个一切什么都没有，就是一切什么都有，不过是没有任何分别，任何界限。这个一切什么都有，既然没有任何分别、任何界限，那只能是一片混沌了。这个混沌，并不是像唯物主义者所说的尚未分化的“元气”，而只是一种主观的意境[④]。

此种混沌偏向主观心理感受，而与客观实际无涉。这里冯先生就不再讲庄子混沌与“元气”的关联了。冯先生与新理学时期一样，强调庄子讲的混沌需要否定一切知识才能达到，要在心理上没有任何概念。至人的“心理状态只是一片混沌”，

① 《中国哲学简史》，第847-848页。
② 冯友兰：《中国哲学史新编》（上），北京：人民出版社，1998年，第317页。
③ 《中国哲学史新编》（上），第413-414页。
④ 《中国哲学史新编》（上），第414页。

在“思想中创造出来一个混沌的境界，在其中什么分别都没有”[①]。当然，达到这种状态的圣人并不是要“遗世而独立”，他“还必须回到世俗之中”，即做到《齐物论》中所讲的“两行”。

冯先生也指出，虽然庄子强调主观的混沌，但也注意到了客观的混沌，“修浑沌氏之术就是崇尚浑沌。人越能用机械向自然作斗争，人就越能战胜自然，可是从庄子看起来，这就是破坏的客观的浑沌。有了机械就有机心，机心就破坏了主观的浑沌”[②]。从中我们可以看出，主观上的混沌的破坏可以视作客观混沌破坏的根源，而主观上回到混沌，也就和“物之初”的状态一致。冯先生始终强调庄子思想中主观性的面向，在他的理解中，庄子处“唯一真实的东西，就只是我的主观的、无分别的、一片混沌的境界”，“‘一’就是没有分别的浑沌，也就是‘我’的幻想中的‘无差别境界’”[③]。这也是庄子与惠施的差别：惠施重客观，庄子重主观；惠施就万物而论万物，庄子则以我为中心。在冯先生的思路里，庄子这样一种去知的态度只可能走向“主观”。

三、后得的混沌

相较于对先秦的诠释，冯先生在魏晋的混沌诠释中着了更多笔墨，也由此讲出了魏晋“新道家”之“新”。冯先生认为魏晋玄学的方法是郭象提出的“辨名析理”，辨名析理也构成了玄学家达到“道”或“无”的基本方法——这就与先秦道家，特别是庄子“去知”的态度形成了对比，也由此将混沌的终始义展现了出来。

冯先生讲：

> 王弼主张“得意忘言”，还是在于保存那个“无名之域”，也就是“混沌”。但是他认为要想知道混沌，必须经过名言，通过“辨名析理”，因为他所要的混沌不是原始的混沌，而是后得的混沌。[④]

“必须经过名言”，也就是必须借助概念和知识，这对于概念和知识的积极意义就有了彰显。冯先生这里明确区分了“原始的混沌”与“后得的混沌”，原始的混沌可以对应新理学系统中讲的自然状态下的混沌，但能否说先秦庄子所追求的混沌是原始的混沌呢？冯先生讲：

---

① 《中国哲学史新编》(上)，第 415 页。

② 冯友兰：《中国哲学史新编试稿》，北京：中华书局，2017 年，第 437 页。

③ 《中国哲学史新编试稿》，第 410 页。

④ 《中国哲学史新编》(中)，第 430 页。

郭象在《庄子序》中所说的"混沌"、"玄冥之境"、"惚恍之庭",就是郭象所谓的"冥极"。达到"玄冥之境",游"惚恍之庭","返冥极",贵无派玄学家称为"体无"。这是一种精神境界,可以称为混沌。混沌就是无分别,可是象体无这种混沌,是经过分别而后得到的。贵无派的玄学家们说了许多关于"无"的话,这就是分别。体无这种混沌是经过分别而后得到的,可以称为后得的混沌,没有经过分别而自然有的混沌,可以称为原始的混沌。此二者虽然统称为混沌,但有本质的不同。原始的混沌和"辩名析理"是对立的,后来的混沌是"辩名析理"的结果。①

此段以及上段材料都强调"后得的混沌"与"辨名析理"的对应,不经辨名析理而有的混沌不可能是后得的。但是,庄子要去知也是先有知,也是先有差别再去否定,这又似乎不是"原始"。不知冯先生在此处诠释时是否意识到这一问题,但冯先生讲:

关于精神方面的东西,都有原始与后得的区别。②

原始的混沌是不自觉的,后得的混沌是自觉的。这就是二者的主要区别。③

庄子似乎缺乏冯先生在这里谈的自觉。我们就此可以大胆推论,冯先生此处是要说先秦道家心理上的混沌是通过直觉这一负的方法达到的"先天的混沌",而不是通过辨名析理而有的后得的混沌。呼应新理学系统的相关诠释,正因为先秦道家未对辨名析理有明确的自觉,故才可能混淆自然境界与天地境界,而经由玄学家自觉地辨名析理,则不会有此种混淆。退一步说,先秦道家对混沌的揭示,至多是原始混沌与后得混沌中间的某个过渡环节,而绝非后得的混沌。④ 当然,冯先生认为玄学家在理论上还没有将两种混沌区分清楚:

《庄子·应帝王》末段所说的"混沌死",是原始的混沌死了,郭象应该就这个机会说明原始混沌和后得混沌的分别,可是他只轻描淡写地引用老子一句话:"为者败之"。这说明他没有在理论上弄清楚原始的混沌和后得混沌的区别。⑤

---

① 《中国哲学史新编》(中),第349-350页。

② 《中国哲学史新编》(中),第350页。

③ 《中国哲学史新编》(中),第350页。

④ 莫悦宁直接以为先秦为原始的混沌,魏晋为后得的混沌。参莫悦宁:《魏晋玄学的现代解读——以冯友兰、汤用彤、牟宗三的玄学理解为中心》,北京大学博士论文,2017年,第三章。

⑤ 《中国哲学史新编》(中),第350页。

郭象没有讲清楚的，冯先生将其明晰了。更进一步地，冯先生将“辨名析理”此种对知识的分析与达到混沌更为直接地联系在了一起，这也就不是“新理学”系统中单纯的对去知、忘知、弃知的强调了，而是在肯认知的前提下去达到“混沌”。辨名析理能否作为魏晋玄学的基本方法，似乎仍可商榷[①]，但冯先生对其发挥的“味道”却需单独注意。

事实上，冯先生早在新理学体系中就对辨名析理有所关注[②]，但他当时还未关注其与混沌的关系。如《新原道》第七章《玄学》屡屡强调玄学家对辨名析理的重视，但始终未将之与混沌问题连接起来。可以说，在讨论混沌问题时，新理学时期的冯先生始终强调的是负的方法，而《新编》时期却注意到了“正”的方法与“混沌”的关系。注意到“正”的方法与混沌的关系，就意味着对知识与精神境界的关系有了新的判断。冯先生自然注意到“辨名析理”含有郭象对名家的批判，他却讲：

> 名家的方法也是“辨名析理”。郭象在这一段话中，是不是批判“辨名析理”？实际上是对于“辨名析理”的如实的评定。他首先指出，像名家的那些辩论，“无经国体致，真所谓无用之谈也”。就是说，那些辩论不能解决实际问题，所以是没有什么用处，同时又说能够“辨名析理”可以使性不邪淫，比打牌赌博总要好一点吧。这就是说，“辨名析理”不能解决实际的问题，但是可以改善人的精神境界。现在有人说，哲学是一种理智的游戏，那也是把它当成打牌赌博之类。我说哲学不能增加人对于实际事物的认识，但能提高人对于实际的理解，随着这种理解的提高，人的精神境界也提高了。郭象倒是先我而言之了。[③]

冯先生这里特别强调了“辨名析理”对于人的精神境界的意义，这就可以呼应“新理学”系统中对于混沌与境界的强调了。冯先生认为郭象只是表面上轻视“辨名析理”，而实际上却指出了玄学的本质，这一指出实际上是冯先生认为的玄学与先秦道家的差别，是玄学对道家乃至中国哲学的发展，是在冯先生中国哲学发展观下做的判断：

---

① 杨立华：《郭象〈庄子注〉研究》，北京：北京大学出版社，2010年，第30-31页。

② 《新原道》讲：

向郭超过了名家，得鱼忘筌，所以他们似乎是反对辨名析理。其实向郭并不是反对辨名析理，他们是反对只辨名析理。他们自己是最能辨名析理底，他们的《庄子注》是辨名析理的工作的最好底模范。（冯友兰：《新原道》，《三松堂全集》第三版第五卷《贞元六书》，北京：中华书局，2014年，第867页。）

《新知言》讲：

魏晋玄学家常说“辨名析理”，辨与析都是分析的意思。在《新理学》书中，我们说：“哲学之有，靠人的思与辩。”思的工作是作分析。以名言说出其分析，就是辩。这是思、辨、辩之间底关系。（冯友兰：《新知言》，《三松堂全集》第三版第五卷《贞元六书》，北京：中华书局，2014年，第1006页。）

③ 《中国哲学史新编》（中），第345页。

玄学"辨名析理"的方法提高了中国哲学的理论思维能力,它所讲的"后得的混沌"提高了人的精神境界,它所阐发的超越感,解决感,构成了一代人的精神面貌,所谓晋人风流。但脱离实际是它最大的缺点。怎样纠正这个缺点是后来宋明道学的任务。[①]

冯先生之前强调"去知"可得混沌,这里却明确认为"辨名析理"这种从对知的分析可得混沌,这就肯定了知对于认识真理的意义。此种对待辨名析理与混沌的态度,就已经与"新理学"不分先秦与魏晋言说道家"混沌"的形态发生了差别,也在分析过程中彰显了"史"的意义。当然,冯先生并不认为魏晋的辨名析理与后得的混沌是一完美的状态,辨名析理依旧停留在名言,而未与实际发生联系,其得到的精神境界是脱离实际的境界,这无论是在先秦道家还是魏晋玄学,都没有得到合理的解决,而这一问题的纠正则意味着中国哲学的发展。

陈来先生《冯友兰哲学中的神秘主义》一文分析了冯友兰先生早年到1949年前后关于"神秘主义"的论述,以及"神秘主义"在冯友兰哲学中的位置。本文关于《新编》"混沌"与"知"的讨论实可视作冯友兰先生晚年对相关问题讨论的一个补充。《新编》虽未刻意突出"神秘主义"[②],然而从论述上,依旧可以发现冯先生早年论述的影子。陈来先生指出,冯友兰"始终强调理智和理性的分析综合是基本的哲学方法,是达到最高精神境界的必由之路"[③],这点我们依旧可以在冯先生晚年对"辨名析理"的重视上看到。可见冯先生强调知性思议和理性对于哲学境界的必要意义,在其思想中具有一惯性。

---

① 《中国哲学史新编》(中),第506-507页。

② 《新编》往往将"神秘主义"与"唯心主义"连用,且多做否定。

③ 陈来:《冯友兰哲学中的神秘主义》,《现代中国哲学的追寻》,第359页。

张岱年先生的张载诠释

张岱年先生晚年自号“渠山拙叟”，“渠”指横渠（张载），“山”指船山（王夫之），此“号”可以说代表了张先生自身的思想取向与哲学自觉。张先生认同辩证唯物论[①]，注重阐扬中国哲学中的唯物主义与辩证思想传统[②]，其自身的哲学思想在一定意义上是“接着”横渠、船山的气论讲的[③]。张岱年先生对横渠有独特的偏爱，此种偏爱一方面体现在他以众多文字不断诠释张载，从早年到晚年不曾间断，既论述了张载的生平，考证了其著作的基本情况，又对其思想进行了全方位的分析；另一方面也体现在横渠的思想内在地进入了张岱年先生自身的哲学创造中，张载思想作为张岱年先生建构自身“新唯物论”哲学的重要资源，被吸收进张先生本人的哲学系统当中，如《天人五论》当中就认为变化的基本规律就是“两一”[④]，张载讲的“义命合一”也被吸收进《理想生活之四原则》中。

晚近，港台新儒家等关于张载的诠释在大陆流行起来，不少学者按照牟宗三等的思想构架重新解释张载，横渠的思想在不同于以往的诠释模式中得到呈现。但我们也有必要重新回顾张岱年先生对张载思想的论述，审视他对张载思想解释的诸多“洞见”。张岱年先生以唯物论定位张载的思想，并非单纯地套用理论，而是基于他对“哲学问题”的把握而立论的。更为重要的是，张先生注重对哲学命题的“分析”，在坚持唯物论定位的同时，立足张载文本的内在逻辑，对其概念范畴进行合理诠释。本文尝试梳理张岱年先生对张载一些问题的诠释，以期展示张先生诠释的问题意识。

一、唯物与气学

张岱年先生首先在“中国唯物论史”的脉络中把握张载思想，并从他对“哲学问

---

① 张岱年先生讲：“我信持唯物论，这是我平生致思的基本方向。”（张岱年：《张岱年全集》第七卷，石家庄：河北人民出版社，1996 年，第 405 页。）

② 陈来：《张岱年学术思想评述》，《时代与思潮》1990 年第 1 期，第 161 页。

③ 参李存山：《张岱年先生学术思想述要》，《高校理论战线》2001 年第 6 期。

④ 张岱年：《天人五论 · 天人简论 · 永恒两一》，《张岱年全集》第三卷，第 219 页。

题”的理解出发，将宋明理学分为理学、心学、气学三系，在三系中定位张载哲学的位置。

早在《哲学上一个可能的综合》(1936 年)一文中，张先生就给出了他对“物”以及“唯物论”的基本判断[①]，同时梳理了对中国古代唯物论脉络的理解。他认为，惠施、荀子、《易传》都具有唯物论倾向，而“宋以后哲学中，唯物论表现为唯气论。唯气论成立于张横渠。到清代，唯气论的潮流乃一发而不可遏”，王夫之、颜元、戴震等都是唯气论的代表[②]。张载思想以为“一切皆一气之变，太虚也是气，而理亦在气之内，心也是由内外之气而成”[③]，而参照对“物”和“唯物论”的理解，张先生认为张载讲的唯气论其实就是唯物论。在这一脉络当中，张载的独特性其实已经呼之欲出。

在《中国哲学大纲》(1937 年，以下简称《大纲》)中，张先生将宋明理学分为唯理、唯心、唯气三系。张先生晚年回忆到：

> 近几十年来，研究中国哲学史的，大多认为宋明理学分为两大学派，即程朱学派与陆王学派。我在此书中首次提出：自宋至清的哲学思想，可以说有三个主要潮流，一是唯理论，即程朱之学；二是唯心论，即陆王之学；三是唯气论，即张载、王廷相、王夫之以及颜元、戴震的学说。这一论点到近年已为多数哲学史家所承认了。[④]

张先生还认为，《大纲》的一个独特意义就在于“着重讲述了中国哲学中的唯物论学说与辩证法思想，对于宋代以来的张载、王廷相、王夫之的唯物论特加表扬”[⑤]。当然，此种分析与着重讲述并不是凭空拔地而起，而是基于对“哲学问题”的把握而选出的。他认为，“讲整个中国哲学的系统，则须对于所有哲学家所讨论的一切哲学问题，都予以适当的位置。求中国哲学系统，又最忌以西洋哲学的模式来套，而应常细心考察中国哲学之固有脉络”[⑥]。可见，张先生是以“问题”求“脉

---

① 张先生讲唯物强调“物本”，“物为心、生、理之本，而无先于物者”。参张岱年：《哲学上一个可能的综合》，《张岱年全集》第一卷，第 267 页。张先生以唯物论诠释张载等思想家始终是立足于他对唯物论的理解和对气论思想的具体诠释之上。

② 张岱年：《哲学上一个可能的综合》，《张岱年全集》第一卷，第 272 页。

③ 《哲学上一个可能的综合》，第 272 页。

④ 张岱年：《我与中国 20 世纪》，《张岱年全集》第八卷，第 511 页。李存山先生认为：“在中国学术、思想和哲学的研究史上，张先生的《中国哲学大纲》‘首次提出’宋明理学分为程朱理学、陆王心学和以张载、王夫之为代表的唯气论三个派系，这是张先生研究中哲史的一个重要创获和基本论点。”(李存山：《张岱年先生的中国哲学史研究》，《哲学研究》2004 年第 6 期，第 23 页。)

⑤ 张岱年：《张岱年全集》第八卷，第 511 页。

⑥ 张岱年：《中国哲学大纲·自序》，《张岱年全集》第二卷，第 3 页。

络”,要基于中国古代思想家关于宇宙人生的思想理论,去谈中国哲学的发展问题。张先生对宋至清的哲学的三个主要潮流的分别①,便是基于不同哲学家对宇宙人生问题的基本立场所下的判断。“以气解说宇宙,即以最细微最流动的物质为一切之根本。”②“张岱年给出的气学范畴有独特含义,即指宋元明清儒学中与理学和心学相对的学说。气学主张以气为首出、以气为本体,通过气解释一切事物与现象,故又被称为气本论或气一元论。”③当然,气学的传统在中国古代是个“断裂”的、缺乏明确“自觉”的传统(此点张先生亦有说明)。不似传统学派,尤其是朱子学、阳明学那样,有明确的传承脉络、气学传统,是基于“问题”的继承,而非人物的直接授受④。而在现代哲学史诠释中,理学、心学、气学三系的确立有赖于新的哲学视野、问题意识的引入,对张岱年先生来讲,这一视野就是“唯物论”。理学、心学、气学三系的分判,背后也含有张岱年先生对哲学的理解。

在这样一个气学脉络中,张载的位置十分重要,前代哲学家不似他那样系统地对“气”进行诠释,而之后清代气学的阐扬则以他的论述为基础。张先生在《大纲》中讲:“张载的学说最宏伟渊博,他以气及太虚说明宇宙。宇宙万有皆气所成,而气之原始是太虚。气即是最细微最流动的物质,太虚便是时空,以气与太虚解说宇宙,实可谓一种唯物论。”⑤“唯气的本根论之大成者,是北宋张横渠(载)。张子认为气是最根本的,气即是道,非别有道。宇宙一切皆是气,更没有外于气的;气自本自根,更没有为气之本的。”⑥张先生始终认为,到张载,才建立了关于气的系统的学说,宋代以后关于气的学说都是以张载对于气的解释为根据的,“张子之不传的唯气哲学,到王夫之才得到比较圆满的发挥”⑦。即使 1949 年以后,在突出强调唯物主义的氛围中,张先生依旧高度评价张载思想的独特定位,将他视为中国唯物论思想发展的一个重要环节,认为“张载是宋代伟大的唯物主义哲学家”,“建立了自己的唯物主义体系,把唯物主义提到新的水平”⑧,“明、清时代的唯物论大体上

---

① 具体见张岱年:《中国哲学大纲·序论》,《张岱年全集》第二卷,第 28-29 页。

② 张岱年:《中国哲学大纲》,《张岱年全集》第二卷,第 72 页。

③ 胡栋材:《气论研究:回顾与展望》,《河北师范大学学报(哲学社会科学版)》2014 年第 6 期,第 92 页。

④ 参胡栋材:《气论研究:回顾与展望》,第 91 页。

⑤ 《中国哲学大纲》,第 22 页。

⑥ 《中国哲学大纲》,第 76 页。

⑦ 《中国哲学大纲》,第 27 页。

⑧ 张岱年:《宋元明清哲学史提纲》,《张岱年全集》(增订版),北京:中华书局,2018 年,第 139 页。类似的定位亦参见《张载——十一世纪中国唯物主义哲学家》第一部分。

是在张载的影响之下孕育并发展起来的”[①]。可以说张先生一贯在“唯物论/气学”中定位张载思想的位置，把握张载哲学的基本问题，虽然他前后期对张载的表述可能有所差异，但他对张载思想的着力阐扬是始终如一的。新中国成立后，张先生发表的一系列关于张载思想的著述引起了不少反对意见（如吕世骧、邓冰夷、陈玉森等），但张先生始终坚持自己的判断，并从哲学文本的解读、问题的解析上予以回应。

二、析辞与察理

张先生对张载的诠释，不仅前后期定位一致，方法更是具有连贯性，即注重把握张载思想的基本问题、基本范畴，并对它们进行细致的解读，分析其命题、范畴的理论内涵。《大纲》讲此书重视的方法有“审其基本倾向”，“析其辞命意谓”，“察其条理系统”，“辨其发展源流”[②]，可以说这些方法都贯穿在张先生一生对张载的诠释当中。

在《大纲》中，张先生就指出，“张子的宇宙本根论中，最根本的观念有四，即气、太和、太虚、性”，“次根本的观念又有四，即道、天、易、理”[③]。对这些概念的基本内涵，张先生一一分析，以为“张子所讲之根本观念虽不一，实皆统于气，故张子之说可谓为气论”。

1955年，张先生成《张载——十一世纪中国唯物主义哲学家》这一小册子，从宇宙观、辩证观念、认识论、伦理学说、政治思想等方面全面介绍张载的思想。其中，张先生并不是机械地论述，而是依旧从张载的“根本观念”出发，诠释张载思想，如宇宙论所讲为“虚气”“性神”“道理”等问题，辩证观念则强调“变化”“两一”，认识论讲“穷理”“德性、闻见之知”，伦理学说则为“天地、气质之性”“兼爱”“理欲”“义利”，政治思想关注《西铭》的诠释以及张载对井田的叙述。具体论述虽有唯物、唯心二元对立的框架，但依旧十分重视阐发观念的基本含义以及其在哲学史中的位置。

1956年所成的《中国唯物主义思想简史》，对张载宇宙观的概括更为精练，分析亦极具条理。张先生概括到：

---

① 张岱年：《张载——十一世纪中国唯物主义哲学家》，《张岱年全集》（增订版），北京：中华书局，2018年，第363页。

② 张岱年：《中国哲学大纲·自序》，《张岱年全集》第二卷，第2-3页。

③ 《中国哲学大纲》，第76页。

> 张载的宇宙观有比较丰富的内容,其中最主要的论点是:第一,天地是根本的,人心是从生的。……第二,一切存在都是“气”。气就是有运动有静止、有广度有深度的实体。第三,“太虚”是气的本来实体。第四,气有聚散而无生灭。实际只是“有”,而无所谓“无”。第五,天就是太虚,天是无思虑的。第六,道就是气的变化过程,也叫作“太和”。第七,气包含有自己运动自己变化的本性,叫作“神”。第八,气的聚散变化有一定的规律,叫作“理”。①

可以看到,张先生以清晰的现代汉语对张载核心的范畴做了描述、阐释,在厘清基本含义的同时,对张载的思想倾向做了判断,认为张载是“唯物主义宇宙观”。这一清晰的“辨名析理”式的诠释方式同样延续到《宋元明哲学史提纲》(1957—1958年)中,且该书叙述张载时使用的范畴、概念更加明确,从“天人本末”“气与太虚”“气之性——神与能”“万物之理”“变化与两一”“见闻之知与德性所知”“‘天地之性’与‘气质之性’”“‘民吾同胞’与‘爱必兼爱’”“‘井田’与‘均平’”九个角度细致、明晰地阐释了张载哲学的主要内容。可以看到,张先生对张载哲学的叙述,其基本气质与基本方法是一贯的,即从“气”出发解释张载哲学的各种“名义”。而其所用的“概念分析”的方法,更是张先生哲学史研究的基本倾向。这正是他强调哲学为研究根本问题之学,因此需注重阐明中国哲学的概念范畴的确切含义的生动例证。

这里需要特别说明的是,张先生对张载虚气关系以及“神”的含义的阐释,关系到目前中国哲学界对张载哲学的主要分歧②。

早在《大纲》中,张先生就认为,张载思想中“气未聚而无形之状态,是谓太虚,乃气之原始,气之本然”,所谓“本体”,“本者本来,体者恒常”,“太虚恒常,故可谓至实”③。虚、气、物乃是聚散关系,“虚、气、物三者,虽异实一”④。并且,张先生特别强调张载此一思想的提出是对佛老的回应。讲到宋明理学时,张先生讲:“新儒家以古代儒家思想为本,而融合老庄思想、佛教思想以及道教思想,更有所创造,以建

---

① 张岱年:《中国唯物主义思想简史》,《张岱年全集》(增订版),北京:中华书局,2018年,第77页。认识论部分则简要分析了“合内外”以及“德性、闻见之知”。

② 中国哲学史界目前对张载的诠释较为多样,主要分歧体现在对“太虚即气”以及“神”的解释上。而此种分歧背后则是以张岱年先生为代表的“气论”诠释路径与以牟宗三先生为代表的“太虚神体”的诠释模式。参许宁、徐路军:《张载哲学本体论的现代诠释》,《宝鸡文理学院学报(社会科学版)》2014年第2期。相对于张岱年先生讲太虚为气,牟宗三提出“太虚神体”一说,认为“太虚”不是指气,而是指内在于气的超越性本体,张载的宇宙论不能定性为“唯气论”的自然哲学,而是在“道德的形上学”观照之下的“本体宇宙论”。当然,张岱年先生与牟宗三对中国哲学“本体”观念理解的差异,是诠释路径差异背后的重要原因。此外,我们还可以讲,张岱年先生与牟宗三对“气”之积极、消极判断,同样是二人给出不同解释的关键。

③ 《中国哲学大纲》,第77页。

④ 《中国哲学大纲》,第78页。

成新的系统。”[①]张载等新儒家回应佛教提出的问题而有独创，在这个意义上，新儒学不是对佛老的“抄袭”。

新中国成立后，学界引入唯物、唯心构架诠释张载，针对佛老而立论这点在一定程度上得到了强化，但依旧是从哲学发展的脉络中看张载哲学的发生的。张先生讲“张载的唯物论哲学体系是在与佛教唯心论进行斗争中建立起来的”，主要回应的是佛教“一切惟心”以及“因果轮回”等思想[②]，他认为以往哲学未能从哲学上解决佛教的观念，而张载则从“哲学基本问题”方面提出了论证。张载对世界物质性的论证，有力地回应了佛教，其中特别重要的是以虚气关系论证“无无”：张载反对虚能生气，亦反对万物是太虚中显现[③]，“虚空其实并非空无所有，而乃是气散而未聚的状态”，太虚作为气的本体，并非是与不实的现象对应的所谓真实存在，“本体就是本来的实体”[④]，“太虚、气、万物，乃是同一实体的不同状态”[⑤]，“太虚即气”的“即”是“是”的意思。

关于“神”，张先生认为张载所说之“神”是气的运动变化的内在动力，“神是自然世界的本性”，“是过程的根源”，“神与性是二而一的，是气所固有，内在于气之中的。这神、性即能变的动力”[⑥]，“神不在气之外”[⑦]，神的“不测”表示“变化的复杂性、灵活性、非固定性”，“并不是表示变化没有规律”[⑧]。对张载之“神”，张先生做了本性化的诠释，但对神与性的差别，张先生未做过多论证。

张先生对“虚气关系”“神”等概念的阐释，其实都立足于张载文本的内在“咬合”，重视文本内部的互证，而不单纯地以一套哲学观念“悬”在文本上方。张先生其实已经注意到张载使用的名词可能引起误会，进而导致对张载哲学做出不同方向的解读，特别是“神”与“本体”：

> 神不是物体，而只是一种本性。……他又说：“虚静照鉴，神之明也。”（《正蒙·神化》篇）这所谓“明”、“照鉴”，是指太虚的光亮透明，但更容易引起误会。有人根据这些话，认为张载讲的太虚是精神性的，所谓神是神灵或精神。其实，这是误解或故意曲解。但张载有些文句的意义不够明确，也是他的

---

① 《中国哲学大纲》，第 21-22 页。

② 《张载——十一世纪中国唯物主义哲学家》，第 323 页。

③ 《中国唯物主义思想简史》，第 79 页。

④ 《张载——十一世纪中国唯物主义哲学家》，第 328 页。

⑤ 《宋元明清哲学史提纲》，第 141 页。

⑥ 《宋元明清哲学史提纲》，第 143 页。

⑦ 《张载——十一世纪中国唯物主义哲学家》，第 332 页。

⑧ 《张载——十一世纪中国唯物主义哲学家》，第 333 页。

一个缺欠。[1]

张载所采用的名词中,有一些是容易引起误会的,使一部分人把他解释成唯心论者。最突出的是"神"与"本体"二词。张载继承《易传》的用法,以神字来表示物体的运动变化的本性。有些人不肯细心钻研,就说张载是一个有神论者。例如清末民初的学者章炳麟就说过:"唯张氏尚亦淫于神教。"(章炳麟《检论》卷四《通程》篇)这其实完全是误解。其次,本体一词在中国古典哲学中有一定的意义,即本来的恒常的状态之意。西洋哲学输入以后,翻译名词中有本体、现象二词。所谓本体是现象背后的实在之意。有些人用西洋哲学中所谓本体来了解中国古典哲学中的本体这个名词,于是认为,张载既然讲"太虚无形,气之本体",就是认为太虚是唯一的实在,而气不过是不实在的现象罢了。再给"太虚"以唯心论的解释,于是张载又成为唯心论者了。这种解释也是不对的。[2]

可以说,张先生的这些论述,放在今天的张载哲学研究当中,依旧具有很强的针对性,并且甚至已经隐含了对"太虚神体"的批评。张先生点出了对张载哲学作非气学阐释的理解关键。我们亦可看到,张先生虽用唯物、唯心的架构解读张载,但解读过程背后含有他对此二者的独特理解,实际上,在基本文本的解读上,张先生立足的是中国哲学自身的特质。

今天,我们可以"解锁"围绕在张载身上的"唯物""唯心"框架,不再单纯地按照"唯物论"理解张载以及中国哲学"气的思想",而是以新的哲学观重新诠释"气论";但在范式扬弃的同时,张先生对张载思想诠释的基本方法则需要我们正视和继承,从文本和核心范畴出发的"审意""析辞""察理""辨源",对我们来说更是必不可少。

三、史论圆融

蒋国保指出:"在所有的推崇中国传统唯物论哲学的现代学者中,唯有张岱年哲学堪称'新气学',与张岱年哲学相比,其他现代学者对中国传统唯物论哲学的推崇,只具有哲学史家或理论家之客观研究以及理论印证的意义,而不具有哲学家构建哲学体系的意义。"[3]张岱年先生自觉地"接着"横渠等古代唯物论哲学家的思路

---

① 《宋元明清哲学史提纲》,第 145 页。

② 《张载——十一世纪中国唯物主义哲学家》,第 336 页。

③ 蒋国保:《张岱年"新气学"与中国哲学之现代发展》,《中共宁波市委党校学报》2015 年第 2 期,第 37 页。

进行推进，并将其与辩证唯物主义等现代哲学“综合”，进而产生出其独特的哲学体系，这一体系既区别于新理学、新心学，也与其他外来哲学的“翻版”不同，是对中国传统哲学的创造性发展。

其实张岱年先生对横渠等思想家的哲学史诠释，本身就包含了他的哲学洞见，哲学史研究与哲学建构在张先生那里构成了一种良性的有机互动——张先生选择重点诠释张载等唯物论思想家，本身就与其哲学判断、哲学选择密不可分；而通过对张载等人的研究，张先生亦丰富了自身哲学的内容。对读《天人五论》和张先生对张载的诠释，会发现张载之哲学与张先生自身哲学气质多有契合之处，特别是张先生认为其《事理论》“此篇所谈，则与横渠、船山之旨为最近，于西方则兼取唯物论与解析哲学之说”[①]，篇中概念与问题之阐述，多有可与横渠呼应之处，如以理为“变中之常”，以“历程”“流行”为“事之相续”。

又如张先生讲“永恒两一”，认为“一切事物皆在变化迁流之中”，而“变”“在于对立之相互作用”，“凡物莫不含有对立之两方面。对立两方面相推相摩，相攻相克，而变化以起”[②]。此对立之“两一”，即可与张载思想呼应。张先生一方面以唯物辩证法丰富对张载“两一”之诠释，另一方面则以张载之思想证成、扩充辩证法的基本内容，以“永恒之两一”统摄辩证法的基本概念、基本原则。

唯物论受某些人质疑之一大原因在于，他们认为唯物论很难直接推导出一套积极的道德哲学，宇宙论、本体论会与道德哲学打成两截[③]。从哲学史诠释的角度来看，张先生并不认为张载等人的伦理道德学说与肯定世界的物质性相冲突。在分析张载讲的“天地之性”与“气质之性”时，张先生讲，“这‘天地之性’也就是‘气之性’，即气的本性，即物质世界的一般的本性”，“张载认为，假如人们能够认识自己的本性与一切人、一切物相同，就会泛爱一切人、一切物。于是他断定这普遍的本性即是道德的基础，这样就赋予‘天地之性’以道德的意义。他又认为，‘气质之性’乃是偏杂不纯的，应该加以改变。因此，他提出了‘变化气质’的学说”[④]。可见，从中国古代唯物论史的角度出发，世界的物质性并不与道德的可能冲突[⑤]。而张先生自身的哲学建构，既讲“实有”“实在”，也要讲理想、道德，“建立一种兼重‘生’与‘义’、既强调生命力又肯定道德价值的人生观，提出人生之道在于‘充生以达理’、

① 张岱年：《天人五论》，《张岱年全集》第三卷，第114页。

② 《天人五论》，第218-219页。

③ 参王南湜：《马克思主义道德哲学何以可能？》，《天津社会科学》2015年第1期。

④ 《宋元明清哲学史提纲》，第148页。

⑤ 其实牟宗三一直认为道德的确立需要“逆觉体证”，从“气”出发无法建立积极的道德哲学。

‘胜乖以达和’等命题”[①]。张先生认为，“人生之大务有二：一曰生力之充实，二曰道德之提高。生力之充实，所以扩充其异于无生之物质者；道德之上达，所以发扬其贵于非人之禽兽者”[②]。而张先生在《天人五论》中建构其“理生合一”“兼和”等思想时，张载的哲学论述也成为其重要的支撑。张先生晚年重视中国古代伦理思想研究，认为“中国古代哲学中，伦理学说是和本体学说以及关于认识方法的学说密切联系、互相贯通的”[③]，人与自然具有统一关系是中国古代伦理学的重要特点，而在讲这一关系时，张载对“天人合一”的论述是张先生重要的思想资源。

张载可以说是张岱年先生一生着墨最多的中国古代思想家。观察张岱年先生对张载的诠释，有助于我们思考张先生对哲学问题、哲学史研究方法、中国哲学基本脉络的理解，也有助于我们进一步理解张先生自身的哲学建构。特别是，张先生对张载的诠释，对我们今天“综合”中国古代哲学的资源、兼采众长，实现中国哲学的创造性发展，有着极其重要的借鉴意义。

（谨以此文纪念张载诞辰1000周年，张岱年先生诞辰100周年）

---

① 张岱年：《天人五论·品德论·自序》，《张岱年全集》第三卷，第202页。

② 《天人五论·品德论·序德》，第213页。

③ 张岱年：《中国伦理思想研究》，《张岱年全集》第三卷，第501页。

下篇

传统与现代世界

列文森的“剃刀”
——传统文化与普遍性

今天中国大陆面临的传统文化复兴的总体局面，其背后的“理与势”值得以学理的方式研究、思考，特别是作为活生生的参与进这场复兴运动的人的各种各样的社会文化心理，更值得关注并分析。在今天传统文化“复兴”的叙事当中，“民族”或“民族性”往往高扬，这样一种叙述会不会导致一种狭隘的民族主义，抑或不自觉地落入文明的冲突的陷阱，这值得我们思考。今天我们是建构一种单纯的“地方的”“中华文化”，还是能够让再次复兴的中华文化具有世界意义，以一种普遍性的姿态重新登场？所有对传统文化怀有热忱的人，均需要理智地面对这一问题。在这方面，列文森在《儒教中国及其现代命运》[①]一书中提出的观点，无疑成为一把“剃刀”，检验着今天持传统文化立场的人的“情感与理智”。我们能不能接受得了列文森所提出的一些问题的考验、考察，其实关系到我们自身对待传统的一个态度，尤其是对待传统是不是真诚，对待列文森提出观点的回应，关系到对传统在今天整个中国的文明建构和社会建构当中应该发挥一个什么样的位置这一问题的答案。

列文森最为中国学界熟悉的，是其对以儒教为代表的中国传统文化走入博物馆的判断——“孔子光荣地隐退到博物馆的寂静之中”[②]，儒教已经失去所有的现实意义，只是博物馆中的陈列品，不再是“活物”。

何以列文森能得出这一观点，与其对儒教与近现代中国的全面考察有关。《儒教中国及其现代命运》三部曲，采取“复调”叙事的方式，从三个不同的角度去梳理整个传统文化在中国近现代命运的转化、转折。第一卷侧重思想，第二卷侧重政治制度，第三卷侧重历史意义。我们可以将这三部曲视为一部“心理史学”著作，描绘了近代中国各种思潮、主张背后的“文化心理”。姑且不论此种描述在今天的学术观点看来是否正确，无可否认的是，列文森在书中给出了逻辑一贯的叙事。这样的

---

① 关于列文森的生平以及著作的基本内容，参季剑青：《超越汉学：列文森为何关注中国》，《读书》2019年第12期。本文引用列文森《儒教中国及其现代命运》原文均采用季剑青博士新译本，由于该译本尚未正式出版，故只表明章节，特此说明。在此感谢季剑青博士提供新译稿。

② ［美］列文森著，季剑青译：《儒教中国及其现代命运》第三卷第4章第4节“去儒教化的儒教问题：(B)来自过去的墓碑(b)从活物到博物馆”。

叙述模式，使得列文森的问题意识，在读者面前逐渐彰显，其“博物馆”说也得以“合理”地呈现出来。特别是，列文森的诸多心理描述，在今天依旧有“回响”：无论是传统的还是反传统的心理，其心理模式似乎早已被列文森类型化。

一、列文森与韦伯

理解列文森的中国叙述，需要考察两个背景，一是费正清学派及其影响，二是韦伯对中国的研究以及列文森对韦伯的理解。费正清学派希望全方位地观察中国、理解中国研究，其研究含有两重向度：学术的与政治的。在政治方面，费正清学派试图为美国对华政策服务，试图搞清楚何以共产主义能够在中国取得胜利，美国对华政策缘何失败。反映在学术上，则为对华政治、经济、文化的全方位研究。列文森继承并发展了费正清“冲击—回应”模式，并通过对中国近代思想的全幅梳理，给出了他关于共产主义取得胜利的答案：共产主义的现代性的普遍性模式，最为成功地安顿了近代以来中国知识分子的“心理”，化解了价值—理性的二元对立，用唯物史观对中国从传统到现代的过程进行了“连续性”的解释。这方面学者关注、研究较多，本文不作赘述[①]。

从深层学理上，韦伯对列文森的“刺激”和“影响”亦不可忽视，正是在费正清的基本观点之上，吸收了韦伯的相关洞见，列文森才可以得出其核心观点。20世纪50年代，美国出现“韦伯热”[②]，列文森受到这一热潮影响，并参与其中。较为明显的是，针对《儒教与道教》一书，列文森曾有专门书评《评韦伯的〈儒教与道教〉》(1953年)。列文森概括了韦伯《儒教与道教》的基本内容：

> 现代资本主义的发展并未在中国出现，韦伯先生把儒教伦理看作阻碍这一发展的因素。由于儒教与清教在几个关键点上构成了鲜明的对比——儒家“君子”的美学价值与自足性的观念与清教的“天职”观念，儒家适应世界的理念与清教以理性方式转变世界的理念形成对照——韦伯得出结论说，中国儒教在资本主义的发展上的消极影响，就证明了他的关于欧洲清教在这方面产

---

① 参程志华：《哈佛学派儒学观的奠立、嬗变与成熟》，《河北大学学报(哲学社会科学版)》2008年第1期；肖京：《从儒教中国到共产主义中国——评列文森〈儒教中国及其现代命运〉》，《文化纵横》2013年第4期。季剑青《超越汉学：列文森为何关注中国》一文对列文森与费正清学派的关系、列文森对当时流行观点的回应有着详细的梳理。关于费正清学派对中国的关注以及相关导向，还可以参看史华慈：《研究中国思想史的一些方法问题》，收入许纪霖编：《史华慈论中国》，北京：新星出版社，2006年。

② 苏国勋：《理性化及其限制——韦伯思想引论》，上海：上海人民出版社，1988年，第10页。

生了积极影响的理论。[①]

在列文森看来,韦伯主要是从思想的角度将儒教视为中国没有产生现代资本主义的内在因素,但韦伯对中国的论述主要是为了证明他在《新教伦理与资本主义精神》中的相关观点。然而比起韦伯更加在乎“思想因素”,列文森更在乎社会因素,他讲:

> 起支配作用的是社会因素还是思想因素呢?儒教的崩溃可以追溯到十九世纪工业化的西方对中国农业—官僚社会的冲击这一事实,提示了这一问题的答案。而这个答案与韦伯的结论是不相容的,韦伯的结论是无论在欧洲还是在中国,某种伦理决定了“经济心态”(economical mentality),进而决定了一个社会会走上至少是两条潜在的道路中的哪一条。韦伯先生已经精彩地揭示出儒教具有反资本主义的内涵;然而,儒教的主导地位绝没有在一个具有资本主义潜能的社会中扼杀资本主义,而是以一个反资本主义的稳定的社会作为其前提条件的,在这个社会中,通向权力的关键是征税制的中央集权的国家中土地占有与官职占有的结合。[②]

在这里,列文森对韦伯进行了“颠倒”,他认为社会因素比思想因素更为重要,儒教的主导是基于那个本身就反资本主义的社会的[③],而儒教的崩溃的前提是中国传统社会的崩溃——这显然是引入了费正清“冲击—回应”说作为前提,他对韦伯的接受是基于费正清的基本观点的,即中国传统无法产生资本主义,而在西方的冲击下中国传统失去“价值”,并逐渐丧失普遍性,中国走向现代资本主义的过程,其实是西方普遍性替代中国传统普遍性的过程。《儒教中国及其现代命运》的论述前提综合了费正清与韦伯关于中国的相关论述。

列文森分析了中国与西方的两次相遇,以此来说明社会因素的主导作用。第一次是耶稣会传教士进入中国,此时中国传统社会稳固,因此西方并未对中国造成根本的影响,至多只是补充了一些内容。而第二次则是西方近代的入侵,中国传统社会因为西方的“坚船利炮”而瓦解,中国传统思想的继承者为了保存传统的价值,不得不以西方入侵的精神来重新解释它们。可见,在列文森看来,思想因素的状态是受到社会要素影响的。

---

① 原刊 The Journal of Economic History, Vol. 13, No. 1 (Winter, 1953), pp. 127-128,网址: https://www.jstor.org/stable/2113991,由季剑青博士译出。

② 原刊 The Journal of Economic History, Vol. 13, No. 1 (Winter, 1953), pp. 127-128,网址: https://www.jstor.org/stable/2113991,由季剑青博士译出。

③ 参叶斌:《儒教政治的内在性:韦伯与列文森的传承线索》,《史林》2013 年第 4 期,第 152 页。这里特别需要强调的是,列文森对于韦伯的评价和应用不能离开费正清学派,尽管在《儒教中国及其现代命运》中,思想性因素的重要性加强了,但前提仍旧是西方对中国的冲击,导致中国社会发生了变化。

《儒教中国及其现代命运》一开始，列文森就呼应韦伯，否定掉了现代资本主义在中国具有内生性的可能。他认为清代的经验主义与科学是“非同一性”[①]，清初思想家的思想，“其本身既不是科学的，也不一定有助于科学的诞生”[②]，“清初的经验主义者志不在科学，也没有达到科学的要求，而是践行着他们的文化的价值”[③]。列文森特别以绘画为例，来说明中国特殊的文化价值，即“业余理想”，这其实就是呼应韦伯所讲的专业化、理性化与资本主义的关系。在这里，列文森表现出了与韦伯的一致性，在他看来中国传统由于充满了业余精神与文人理性，缺乏功利主义，是非西方的，且无法产生西方现代化要素（近代价值），扼杀一切资本主义萌芽，现代科学的中国根源根本就不存在。没有西方因素的作用，中国凭借自身的力量，无法步入一个具有科学取向的现代社会。

当然，相比于韦伯，在列文森这里，似乎儒教与资本主义决裂得更为彻底。在韦伯看来，儒教中国虽然无法内生资本主义，但一旦进入资本主义世界，由于儒家具有适应世界的伦理品格，缺乏清教徒那种与世界的紧张关系，中国反而会更加疯狂地拥抱资本主义，进而导致“中国式的石化”[④]。而在列文森看来，中国一旦步入现代资本主义世界，儒家就已经不再是活生生的智识，不再具有生命力，因为儒家不再是中国社会的普遍性原则，中国将与过去的普遍性告别，在现代中国，发挥普遍性导引的将是现代世界的精神。因此，在《儒教中国及其现代命运》的内在观点里，中国在现代资本主义世界中的一切方向性的走向，均与传统无关。列文森这一时期能否接受韦伯“中国式的石化”的观点是值得讨论的。

当然，列文森去世前对之前的观点表示了“惊诧”，因为在他看来，越是激进的反传统，恰恰越能证明传统还有生命力，越是平静地欣赏博物馆中的“展品”，就越是证明了传统的死亡。可惜，列文森还没有进一步地思考，就在一场意外中离开了人世。而我们或可沿着列文森的思路进一步思考。如果完全同意列文森在《儒教中国及其现代命运》中的观点，那么我们今天就没有理由对于当代中国问题向传统“问责”。而当我们“问责”时，我们是要持续性地与传统决裂，还是要反思我们面对传统的态度呢？要面对列文森的观点，就不得不正视他给出“博物馆”说的核心理由，即现代中国以新的普遍性原则替代了传统社会中的普遍性原则，儒教从历史的解释者，成为被另一种普遍性解释的对象。

---

① 《儒教中国及其现代命运》第一卷第1章第3节。

② 《儒教中国及其现代命运》第一卷第1章第3节。

③ 《儒教中国及其现代命运》第一卷第1章第5节。

④ 参李猛：《“中国式的石化”：韦伯论儒家生活之道的世界文明后果》（未刊稿）；类似的论断见陈来：《儒家伦理与中国现代化》，载氏著：《传统与现代——人文主义的视界》，北京：生活·读书·新知三联书店，2009年。

二、普遍性的“替换”

列文森分析中国有众多二分的框架，如他在《总序》中指出的客观/主观，思想/情感，历史/价值，传统/现代，文化主义/民族主义，儒者/法家，等等[①]，此外还可以在书中发现东方/西方，保守/激进，传统/传统主义，我们/真实，词汇/语言。当然，笔者以为最为重要的是这里没有点出的“普遍/特殊”，普遍性与特殊性的转换、替代其实贯穿全书，并可将以上列出的各种二分模式融贯。

早在《梁启超与近代中国思想》当中，列文森就提出情感与理智或者历史与价值的二分，他认为近代中国的思想家在情感上是忠于历史的，可是在理性上，要去寻找一个普遍性的能够作为真理的价值。在传统中国，情感与理性、历史与价值是紧密地结合在一起的，诞生于中国历史当中的儒教成为整个中国社会的“智识”，全方位地影响着中国社会——这也是列文森将传统中国称为“儒教中国”的重要原因，这里的儒教更多地代表了一个社会的普遍性，而非排他的、特殊的宗教。但随着西方对中国的冲击，传统的中国社会逐渐解体，儒教已很难像过去那样发挥全方位的“智识”作用，其再难以作为普遍性的标准影响中国社会。中国近代的知识分子在理性上，就不得不逐渐远离本国的文化传统，逐渐倾向于把西方文化作为一个普遍性的标准，虽然还有些知识分子在情感上眷恋着自身的文化传统，但其文化传统再也无法扮演以往的角色。

列文森在《总序》中引用了《梁启超和现代中国的心灵》中的一段话，来表达传统社会的解体与传统思想作为智识的普遍性的丧失的关系：

> 僵化的正统儒家逐渐被淡忘。一开始，他们的观念是一股力量，是一个活生生的社会的产物和它的思想支柱。到最后，这种观念则成了影子，只活在许多人的心中，因其自身而被珍爱，而那个产生它也需要它的社会早已开始解体……[②]

活生生的儒家是作为社会的普遍性原则存在的，而现代中国随着西方的冲击和社会的解体，原有的“普遍性”不再有“用”，现代中国人不得不接受一种有用的新的普遍性，而这种普遍性来自西方，是现代西方世界的产物。在《儒教中国及其现代命运》各卷中，列文森从不同视角展现了传统中国价值普遍性的丧失过程。

---

① 《儒教中国及其现代命运·总序》。

② 《儒教中国及其现代命运·总序》。

“‘中国’在普遍价值判断上遭受侵犯”[1]起于曾国藩等人面对西方的冲击所作的思考。17世纪西方对中国的冲击是无效的，而到了19世纪，中国真实地面对西方的技术优势，在“力”上面对实际的实力挑战，面对西方拥有的强大军事和经济实力。现代对儒教的批评不同于来自中国传统内部（如道教）的批评，西方作为一个有力的价值中心，其对中国的批评是一套文明体系、生活方式，对另一套文明体系、生活方式的全面“冲击”“对抗”——中国社会在西方的冲击下发生了实质性的变化。在曾国藩等看来，在西方的冲击面前，中国内部的分歧都变小了，但他们解决问题的思路依旧很传统，倡导将西方物质文明纳入中国文明的“折中主义”。而“中体西用”的观点，则企图用一个新的公式，安顿中国价值和西方技术。但在列文森看来，“中学被抬高到本体的地位，乃是因为它的功用，它的功用一旦被侵占，中学也就衰败了。西学越是被接受为生活和权力的实际工具，儒教就越不成其为‘体’，越不成其为无可匹敌的自然被信奉的文明价值，而变成了一种历史遗产，即便完全被保存下来，也是一种不向外国对手低头的态度的浪漫象征，而这个对手已经改变了中国人生活的实质”[2]。也就是说，如果按照体用的模式，我们会主张有体必有用、有用必有体的“体用不二”的模式，而西方的用是有西体的，诸如西方的科学、艺术、哲学、文学。在西方的冲击下，人们会发现“西用真有用”，“西用”对中国的生活方式提出了挑战，于是就有可能逐渐地从接受“西用”，转向接受“西体”。特别是，如果中体阻碍了西用，按照这个逻辑将怎么办？是改造中体还是抛弃中体？一旦采用了体用模式，也就意味着“中体”的退缩，乃至被替代的阀门打开了[3]。这里我们依旧可以看到列文森坚持“社会因素”起主导作用，进而表现出一种“由用及体”“以用证体”的思路。在列文森那里，是不同的社会状况决定了不同的接受外国思想的心理状态。儒学不断退让，体不断缩小，直到被替换、安顿。如是，今文经学主张的西方价值补充中体，其实意味着以“西”重新解释孔子，西方价值被说成是中国的东西了，这背后评判思想高下的“尺子”已经不是儒教，而是西方——今文经学已经把普遍化的权力让渡给了西方，虽然表面上还是孔子；而在古文经学那里，西方也成为了典则，而中国则变成了历史材料。列文森时刻提醒我们注意，近代那些思想家，当他们谈论思想时，要特别注意他们背后的标尺是什么。按照列文森的观点，我们可以推出，在他看来，一切恢复体用范式论述中西文化的观点，均是以现代的普遍为标准，而中国成了“特殊”。

---

① 《儒教中国及其现代命运》第一卷第3章第3节。

② 《儒教中国及其现代命运》第一卷第4章第2节。

③ 其实在文化上采用中体西用的模式，已经脱离了传统体用观的基本含义，体用从传统的“本体—功用”变成了“目的—手段”。体用的含义变化了，如果依旧坚持“体用不二”，必然会导致对目的的抛弃。

列文森延此思路，同样揭示出采用“民族主义”叙事面对中国传统思想，背后依旧是放弃了传统的普遍性，接受了新的普遍性价值。由“天下”向“民族国家”的转化，其实是普遍性叙事向特殊性叙事的转化，“中国人逐渐接受了中华民族的存在和权威，这就启动了对中国文化的尼采式的‘价值重估’”①，“民族主义的兴起某种程度上是和中国文明的解体联系在一起的”②。在传统中国，孔子是天下的圣人，而在现代民族主义者看来，孔子因为是中国的伟人，所以对我们重要。孔子“天下”维度的丧失，意味着普遍性已经被替代。在民族主义者那里，保国成了最为优先的追求，天下失败了，而“国”要胜利。传统本身已经不是标准、目的，一切为了“保国”，为了这个目标，可以完全抛弃传统，也可以因为需要而承认传统。当人们主张“择东西之精华”时，判断什么是精华，依赖于现在的价值标准，“一个现代人能够重新确认的那些中国传统价值，就会是那些符合他自己标准的价值，也就是那些即便他对传统一无所知也会赞同的价值”③。

列文森时刻提示着我们，如果我们对于传统的维护，在于不断地强调它的“国性”，这其实就意味着将传统置于“特殊”当中，而我们背后则可能有了新的“普遍性”。

在政治世界，现代中国的发展使得儒教抽离体制，失去制度性外壳，成为知识，现代政治不需要儒教提供合法性来源与智识，而有了别的替代品、别的资源可以提供社会智慧。在传统世界，无论如何改朝换代，终将回到儒教体制，而现代的政治变化，已经不以儒教体制为归依。同样的问题，展现在“历史意义问题”，儒教由解释历史到被一种新的历史观解释，这其实也就是上文讲的普遍性的替代过程在这一问题域下的重演。列文森在书中特别谈到“井田”问题，在传统世界看来，井田是一种曾经实现过，现在应该实现的典范制度（理想），而到了现代中国，经典中的理想问题则被“历史化”、去典范化。即使那些相信井田制度在过去曾经存在的人，他们依旧是以现代的进化论或某种历史观点言说，而非传统的经典叙述模式。儒家

---

① 《儒教中国及其现代命运》第一卷第7章第2节。

② 《儒教中国及其现代命运》第一卷第7章第3节。

③ 《儒教中国及其现代命运》第一卷第8章第1节。笔者将列文森的观点视为“剃刀”，列文森的此一表述无疑是最锋利的“刀刃”。史华慈在一定程度上也接受了列文森对于民族主义的判断，他的讲法可以作为对列文森观点的补充，他讲：

和传统有某种决裂，我认为是不一定的。如民族主义是兴起于现代的产物，因民族主义而需对中国传统文化有相当程度的自尊心，正因为必须对传统有自尊心，所以对传统作了一种全盘性的肯定。这种对传统文化全盘性的肯定，并非因为传统文化思想内涵本身有何说服力，而是因为需要对传统文化产生感情上的认同，故加以肯定。换句话说，此种全盘性肯定传统的传统主义，其实它的根源是一种现代性的现象，即现代对民族主义的需要。（史华慈：《研究中国思想史的一些方法问题》，《史华慈论中国》，第24页。）

亦可见史华慈《论“五四”前后的文化保守主义》（收入《史华慈论中国》）一文的概括。

经典中对“井田”的描述,成了有待被检验或被解释的“材料”。“儒教最终退入历史,那是因为此时历史已经超越了儒教。固有的经学作为从经典的历史记录中预测一般情况下人们在任何时候如何创造历史的活动,已经失效了。外来的经学趁虚而入,它预测的是一个特定的民族在某个主导进程中的某个特定阶段是如何创造历史的。……儒教成为了知识探索的对象(而非其条件),要不然就是情感系恋的对象,一座引发(而不是灌输)对过去的崇敬之情的历史纪念碑”[①]。

服务于费正清学派研究中国的目标,列文森特别解释了唯物史观何以在现代中国能够取得胜利。在列文森看来,唯物史观依旧是内在于西方发展出来的现代性,但它又不同于很多西方思想形态。它能够以一种普遍性叙事安顿古今、中西,化解中国现代心灵“历史与价值”“思想与情感”的进展,将中国的特殊性安顿在一种普遍性的叙事当中,给予其位置,而非完全排斥、否定。处理与传统的关系内在于这种理论当中,而绝不是仅仅出自情感需要。“马克思主义处理经书的方式,既不是必须谴责它们是封建事物(有些人确实这么做了),也不是称赞它们(以儒家的口吻)是永恒的事物。它们是被超越它们之上的心灵世界检视的对象;它们自身并不(像它们过去那样)支配这个心灵世界”[②],由是孔子等儒家圣人也“去圣变遗”,圣人同过去的很多人物一起被拉平,被一种新的史观重新检视。同时,这种历史观提供了历史的延续性,保证中国历史的发展与西方是齐头并进的,而不只是中西两极对抗。儒教中国体现的是人类普遍的历史发展阶段中的一个环节,而中国历史也必将按照普遍规律向前发展,在这种发展过程中,中国依旧有机会重新走向世界前列。在列文森看来,当儒教进入历史被解释之后,当唯物史观取代儒家经书中的历史观之后,中国社会也从儒教社会进入马克思主义社会。当然,列文森站在韦伯与费正清学派综合的立场上,能否认同此种叙事,则是另外的问题。

透过这些二分的框架以及“三部曲”的“复调”叙事,列文森其实描绘了儒教中国原有普遍性的丧失的历程:近代思想史当中我们看到的那些对传统意义的强调的说法,无论是中体西用还是“民族性”,其实都意味着对传统儒教普遍性的放弃,儒教之所以走入博物馆,一个重要原因就在于新的普遍性替代了它。正如季剑青博士总结的,“儒教从为‘天下’提供秩序原理的普遍性价值,沦为代表一个国家之特殊历史传统的‘国粹’”[③]。列文森在《总序》中讲到:

> 如今人们对中国历史的兴趣是对一种普遍秩序的兴趣,是世界主义者对

---

① 《儒教中国及其现代命运》第三卷第5章第3节。

② 《儒教中国及其现代命运》第三卷第4章第3节(c)。

③ 《超越汉学:列文森为何关注中国》,第16页。

一种正在蓬勃兴起的世界主义的兴趣，这种世界主义正从世界主义的灰烬中重生。"科学主义"的那种反传统主义，它对儒家"精神"的蔑视，乃是一张从中国人的世界进入世界之中的中国的假释许可证(ticket-of-leave)。中国人的世界原先有它自己的内部的地方性的空间，世故精明的儒家统治其中。正是在这个世界走向衰落，国家开始浮现的时候，旧的世故精明也开始失灵了。儒者是中国帝制世界中的世界主义者，但在更宽广的由列国构成的世界中，他们就带上了地方的色彩。他们完成了历史，进入到历史中。[①]

在列文森看来，当一种全新的世界性的普遍性，由于其有用性最终替代了中国过去的普遍主义的时候，中国也就彻底告别了儒教中国。无论中国以后如何面对世界，在列文森的叙事当中，这始终是现代世界内部的张力，一切似乎与古老中国无关，那个古老的传统，已经彻底地走入历史当中。

三、一元的普遍？

笔者之所以将列文森在《儒教中国及其现代命运》中的相关观点视为"剃刀"，主要基于以下思考：

（一）我们能否完全接受社会要素影响着思想因素的变迁？在社会因素的变迁中，如何看待以传统为代表的价值理性的延续性问题？今天中国延续着近代西方冲击以来的社会要素的变化，甚至引领着这一变化，我们如何看待这一变化中的中国思想传统呢？对于一个坚持传统立场的人，要真诚地面对社会要素对于社会文化心理的影响。

（二）列文森认为儒教走入博物馆，其核心理由是儒教传统在当今中国已经不具备普遍性尺度。我们可以看到，今天众多传统文化的维护者，在为传统辩护时，往往基于"国性""特殊性"，而在列文森看来，这样的维护是不充分的。如果传统不能获得普遍性地位，那它就是次一级的，永远有比它更高的维度起着绝对作用。今天持传统文化立场的人，如何回应列文森提出的这一挑战，是重要的理论问题。即我们今天能否主张孔子可以为全球提供普遍性，还是只能将孔子的意义局限于中国抑或东亚？甚至我们看到，如果我们将列文森的观点贯彻到底，就会在思想上产生很多冲突：在列文森那里，马克思主义与儒学不会有任何内在性联系，任何联系都是外在性的。这其实是不符合我们的历史实践的，但我们需要从理论上厘清两种普遍性之间的关系，这是我们今天讲"马克思主义基本原理同中华优秀传统文化

---

① 《儒教中国及其现代命运·总序》。

相结合”时需要回答的问题。

关于“剃刀(一)”本文暂且搁置[1]。对于“剃刀(二)”即“普遍性的替代”问题，我们可以回到相关学者的论述当中，作一些探讨。当然，笔者认为对“剃刀(二)”我们仍旧需要进一步的理论展开。

对于列文森“博物馆”说，史华慈曾试图以“图书馆”说化解[2]。此说见于列文森去世后，其友人为其编纂的纪念集《莫扎特式的历史学家》，史华慈《列文森思想中的历史与文化》(*History and Culture in the Thought of Joseph Levenson*)一文就收入于其中。在评述列文森思想时，史华慈讲：

> 我们可以相信，不仅是价值观，而且过去的问题和关注可能具有一种超历史的和普遍的持续的人类意义。事实上，人们甚至可能相信过去的邪恶——它的恶魔和怪物——不会永远消失。……正是从这个角度，人们对列文森关于博物馆的比喻产生了疑问。博物馆里的文物可以被欣赏，正如列文森会由衷地承认的那样，因为它们现在的审美价值。在技术方面，人们可以为我们的前辈——马车和公共马车——的技术成就感到自豪，即使我们无意回到公共马车的时代。技术为我们提供了无法挽回的过去的最清晰的范例，因为我们不太可能回到过去的技术。文化的非物质方面，在我看来，不是那么容易用这个比喻来处理的。我想说，图书馆或许可以提供一个更恰当的比喻。那些写书的人往往热切地希望，把书放在图书馆并不一定会使他们的思想消亡。大量的书籍可能从此以后就再也没人读过了，但谁也不能保证它们永远不会被人读到。[3]

史华慈区分文化的物质层面和非物质层面，在他看来，物质层面的东西人们难以回复，但是非物质的思想却可以持续地在未来发挥作用，而不是死亡，过去的事物不仅仅具有“审美意义”。但这能否回应列文森关于普遍性替换的质疑呢？笔者以为，列文森强调的“活”与史华慈是有差别的，列文森或许也会承认，过去的事物可以在未来发挥一定的作用，但已经不是普遍的智识了。站在列文森的思路，过去的价值，就如同西方冲击中国前的其他外来思想那样，可以为中国提供“词汇”，但无法作为“语言”，过去的价值对于现代可能只是一种补充，而根底的普遍性，则是构成了人们去图书馆选择什么价值的那些因素，过去的价值完全是被动地等待被

---

① 参拙文《从“文化心理”与“文化自觉”看儒家伦理的当代建构问题》的相关分析。

② 史华慈对“冲击—回应”说的质疑，本文不作分析。

③ Maurice Meisner & Rhoads Murphey, The Mozartian Historian—Essays on the Works of Joseph R. Levenson ,California, 1976, p. 108.

选择(当然史华慈认为过去的价值会持续发挥作用,并不是被动的,但图书馆说则难以避免这个质疑)。图书馆说作为一个比喻自有其意义,但并没有动摇列文森的“剃刀(二)”。反而是史华慈图书馆比喻之外的内容更值得我们关注,也就是他的“文化观”。

史华慈认为,列文森过分地将中国与西方看成两个“整体”。在他看来,西方也并不是铁板一块,自由主义与马列主义同样存在于西方现代性内部,中国的传统也并非一个独立的单元[①]。他更欣赏一种有机的文化观点,他认为:

> 文化是个很复杂的事物,是个巨大而不稳定的范畴。因此我最后决定采用“文化导向”(cultural orientations)这个词。我确信中国文化和其他大的“高级”文化一样,都包含一些持续经久的导向。说“导向”是因为它大体提供一个引导方向,比较灵活,也给人的活动留下余地。一个文化从所谓轴心时代开始就存在着非常复杂的难解的问题。大家知道先秦就有所谓百家争鸣。正因为文化的内部有种种矛盾、冲突,同时才有历史。文化人类学家往往采取一种静态的观点认为,一旦一个文化有了某种导向,这些导向就永远持续下去,不发生任何变化。我强调文化和历史之间的连续性,但我无意像一些后现代主义者那样把文化等同于论说(discourse),再把论说等同于历史。我也不是文化决定论者,我只是强调所有文化都持续地经常发生变化,它本身就是一种历史。[②]

史华慈提出,打从所谓“轴心时代”开始,各个文明中各种文化导向所导致的并不是含义明确无误的答案、反思或回应,而是彼此共同分享的“问题情境”[③]。

因之,史华慈从一种“化合”的角度看待文化的结构性,而不是从一种稳定的整体的角度来理解文化。这种以“结构”来看待文化,特别是看待中西文化的立场,是特别值得我们关注的。史华慈因之反对以一种“单向度”的视角看待现代世界的价值,而主张一种文化融合的态度。他主张,中国的过去和现代性各自并非互相对立的整体。他认为,“简单化和整体性的文化观念,一方面极易沦为非白即黑的二元论,另一方面则会落入对过去文化的一味歌颂。这种文化观往往成为支持民族目标或团体认同感的工具”[④]。这其实包含了对列文森的继承与批判两个向度。在史华慈看来,列文森的观点与民族主义式的歌颂,都是以简单化、整体化的态度看

---

① 《史华慈论中国》,第 13 页。
② 《史华慈论中国》,第 197 页。
③ 《史华慈论中国》,第 198 页。
④ 《史华慈论中国》,第 124 页。

待文化。我们可以看到，当列文森主张普遍性替换的时候，其实已经预设了古今、中西的不兼容，预设了一种现实的普遍性的封闭状态，包含了以一种静止化的眼光看待“普遍性”。列文森的观点背后其实潜藏着西方普遍性的绝对性、普遍性的排他性。列文森虽然没有直接讲西方现代普遍性如何形成，但在他的思想里，这种普遍性有着明确的疆界，一旦形成似乎就难以改变，这甚至可以导向某种形态的“历史终结论”。同时，现代西方的普遍性与中国价值是非此即彼的，二者难以兼容，也不会以融合的态势发展——当然，列文森会追问，兼容时以谁为主？谈兼容难道就没有预设一个标准？或许我们可以进一步地为列文森辩护。我们大可承认西方与中国都不是铁板一块的整体，但西方的现代性是否有某种“家族相似”，此种“家族相似”与中国传统的“家族相似”有根本差别，中国走入现代可以视作这样的“家族相似”的替代，这可以作为列文森普遍性替换的补充[①]。同为费正清门下的学生，列文森和史华慈展现了不同的对待中国文化的立场，这其中的交锋值得我们进一步研究。

此外值得关注的是杜维明先生。杜先生是将列文森思想引介到中国的重要人物，而其在海外对儒学的思考，也深受列文森相关观点的“刺激”。他在自述中提到，提出和探讨儒家第三期发展的前景问题，是“针对列文森在《儒教中国及其现代命运》一书中断定儒家传统业已死亡这一结论而发”[②]，而晚近主张的“精神人文主义”则更代表了他对列文森“博物馆”说的集中回应。

杜先生讲：

> 从1962年开始，我就认为我应该证明列文森误判了儒家传统。这些误判背后隐藏着一个逻辑就是现代化，西化就是现代化。中国当时尚处在前现代化，一旦进入由科学、工业革命所代表的现代化社会，一切传统的力量都会被消解。[③]

同史华慈一样，杜维明并不将中国传统与现代化对立起来。同时，在杜先生看来，由于现代化自身并不完美，现代化带来很多“现代病”，在这个意义上来讲，传统依旧会发挥力量，并且在面对这些人类共同问题的时候，我们也可以激活儒家，发展出儒学的第三期。他将传统做了区分，即“封建意识形态”和中华民族的优良文化传统，认为传统是一个有生命力的有机系统，而非一个可以化约的实体。更为重

---

① 史华慈也承认某种文化背后可能有共同的文化指向“主控文化导向”，但他似乎并没有明言，不同文明的共同的文化指向“主控文化导向”是否会排斥。当然，史华慈以动态的观点看待文化指向的变化是十分有意义的。

② 方克立：《现代新儒学与中国现代化》，天津：天津人民出版社，1997年，第564页。

③ 杜维明：《以精神人文主义应对全球伦理困境》，《文汇报》2017年10月1日第7版。

要的是，杜先生从普遍性的角度强调儒家在当代的意义。他讲：

> 在各大轴心文明中，儒家发现的做人道理本身即具有普适性，它不是地方知识，也不仅是中华民族的特色。现在这些价值全都没有体现。我们应该反思的是这些价值有没有价值，还是我们不理解，忘本了，或犯了健忘症？这是需要中华民族各行各业的知识人痛切反思的大课题。[①]

在杜先生看来，普遍性或者普适性并不是唯一的，任何从地方性产生的价值，都可能对人类具有普遍性的意义。儒家讲的“成人”即是这样的价值。

当然，在这些点上我们依旧可以代表列文森质疑杜先生：当将传统做出区分时，会不会陷入“择东西精华”背后的逻辑？当我们去规划儒学第三期的发展方向时，我们心底是否已经有了超出传统的价值标准？当我们在“对话”中发展人类的精神人文的时候，是不是本身已经有了现代导引？当我们讲儒家的“成人”具有普遍性意义的时候，是否已经承认了某些西方价值的普遍性？是不是以“中体”补充“西体”？或者陷入了中体西用者的“退缩”逻辑当中？上述这些问题，有待“精神人文主义”进一步展开给出回答。

晚近最值得我们关注的是陈来先生的文化观，陈来先生特别提出“多元普遍”的观点，来回应将传统与现代对立起来的态度。“多元普遍”的提法与史华慈的文化观、杜维明对文化的态度多有呼应而又更进一步[②]。

我们看到，列文森思路的核心其实是“一元普遍”，对于一个社会，只有一种文化性或文明性的要素，可以成为真正的普遍性标准。同史华慈等一样，陈来先生指出“一元”的文化模式，往往将复杂的世界要素进行化约，但作为一个有机的文化整体，并不能做简单的化约。陈来先生对于文化，首先强调“多元文化结构”，“一种思想在某一种文化中发生的功能效果，是和整个文化的结构与该思想体系由结构所决定的在整个文化体系中的地位必然地联系在一起的”[③]，在传统社会起主导作用的儒家，面对西方冲击，产生诸多问题，正在于“结构的不合理以致造成儒学的‘越位’效应，即造成道德价值超越了自己的份位，侵入政治、认识、艺术等领域中去”[④]，这可以看作对史华慈反对“整体性”的一种呼应。按照陈来先生的观点，无论是工具理性还是价值理性，都不可能对整个社会起全方位的主导作用，而是要在

---

① 杜维明：《什么是精神人文主义》，《南方周末》2014年12月25日。

② 对于陈来先生的文化观，特别是对多元普遍的论处，参拙文《元亨之际的文化思考》，这里仅结合列文森问题做简要概括。

③ 陈来：《中国近代思想的回顾与前瞻》，载氏著：《传统与现代——人文主义的视界》，北京：生活·读书·新知三联书店，2009年，第29页。

④ 《中国近代思想的回顾与前瞻》，第30页。

自己的领域发挥作用。面对西方的冲击，儒学并不是要走入博物馆，而是要在适合自己的位置中，持续发挥它的作用。

此外，陈来先生强调，面对世界上各文明系统，各种文明的价值都具有普遍性，不能认为在现代社会只有西方文明具有普遍性，非西方文明是特殊性的存在。陈来先生区分了“内在的普遍性”和“实现的普遍性”，“内在的普遍性”强调某种文化在历史过程中具有的普遍化能力，“实现的普遍性”则强调具有内在普遍性的文化在一定条件、环境中的实现状态。列文森只是在实现的普遍性的角度看待问题，没有看到内在的普遍性并不会因为现实的输赢而丧失价值。内在于陈来先生的观点，我们需要在人类文明的历史变迁中动态地看待普遍性、结构性地看待普遍性①。我们或可继续发展多元普遍的观点，进一步理解当代中国传统的生命问题。

结　语

列文森《儒教中国及其现代命运》一书中的很多观点，按照今天的研究，或多或少有很多问题，但列文森的深刻之处，其实并不在于他的具体观点，而在于他对问题实质的洞见，特别是对现代中国诸多思想背后心态的把握。这些洞见在今天依旧可以刺激我们思考。列文森认为“思想史是人们思考的历史，而不是思想的历史”②，这点十分有意谓，某种意义上，我们今天仍旧需要体会包括列文森在内的思想者的思考，并与其展开心灵对话。

我们可以指出，费正清学派关注西方冲击改变中国，却似乎未意识到，接触也可能造成西方的改变，特别是中国作为一个拥有着丰富资源的文明体，当中国加入“现代”之中时，现代就有了脱离原有西方轨迹的可能。

今天人类的“共存”“共生”遭遇前所未有的“挑战”，我们面临着百年未有之大变局。特别是西用的有用性在今天遭到挑战，如是，按照列文森的思路，是否我们也要对西体重新进行反思？当西用不再有用，我们是否也要质疑整个西方文明的普遍性，进而怀疑现代性价值的合理性？这些问题，或许都在今天的思考者的思考当中。

---

①　关于应用陈来先生的多元普遍性回应列文森，参拙文《元亨之际的文化思考》。

②　《儒教中国及其现代命运·总序》。

儒家伦理与社会儒学
——儒学义理与中国社会的互动

美国学者芮德菲尔德在《农民社会与文化：人类学对文明的一种诠释》中提出“大传统”与“小传统”的划分，“大传统”代表精英文化，“小传统”则代表大众文化，两者是相互依赖、互为表里的[①]。按此，中国文化的价值系统大略可分为两个方向，“一种是注重少数圣贤的经典中记载的理想的价值体系，另一种则完全注重一般民众生活和日常行为所表现的实际价值取向”[②]，前者为“大传统”，后者为“小传统”。这两个向度在中国文化的价值系统当中并不是隔离的，而是具有互动、转化的关系。儒家文化更是如此，儒者主张的价值理想只有落实于一般民众的生活才能最终实现，这是由儒家价值理想的“入世”取向决定的。而儒者主张的伦理生活得以进入“小传统”，一方面有赖于“制度的儒家化”[③]，即思想被国家接受，依靠国家的政策、法令等影响公私生活；另一方面也有赖于儒者自身的努力和实践，例如在民间推行教化。这两者在儒家的发展过程中也是互动的。当然，两者的实现必然依赖于儒家伦理的内在精神，内在于儒学的基本倾向。儒家重视民生，重视以制度建设保障民生，希望在民生与制度的基础上实现儒家伦理，最终化民成俗——这是作为“大传统”的儒家理想落实到民众生活和日常行为中的逻辑基础。而儒者的思想在这一方面是十分自觉的，儒家思想内部就包含着民生、礼俗与伦理的互动，这突出体现在孟子对“养生丧死无憾”以及“王道”的论述中；后世儒者的实践往往也是这一互动的体现。当代要实现包括儒家文化在内的中华优秀传统文化的创造性转化与创新性发展，以期“重建儒家和中国人生活的联系”[④]，就必须注意这一问题。

---

① [美]罗伯特·芮德菲尔德：《农民社会与文化：人类学对文明的一种诠释》，王莹译，北京：中国社会科学出版社，2013年，第94-95、90、116页。

② 陈来：《明清世俗儒家伦理研究——以蒙学为中心》，载氏著：《中国近世思想史研究》，北京：生活·读书·新知三联书店，2010年，第478页。

③ 参干春松：《制度儒学(增订版)·前言》(北京：中央编译出版社，2017年)及《制度化儒家及其解体·导言》(北京：中国人民大学出版社，2012年)的相关论述。

④ 干春松：《制度儒学(增订版)》，北京：中央编译出版社，2017年，第13页。

一、王道与孝悌：孟子关于民生与伦理的思考

儒家的德性养成其实可以分为工夫与教化两个话题[①]。工夫是君子通过自身努力得以成德的方式和阶次，教化是君子（包括治理者）将他们认同的伦理价值通过一定的方式推行到一般民众使之成德的活动。工夫是“明德”，教化则是“新民”。在儒家看来，教化的推行需要治理者以身作则，正所谓“子帅以正，孰敢不正”[②]，“上老老而民兴孝，上长长而民兴弟”[③]。然而，君子的“正”并不必然带来民众的孝悌实践，一般民众的道德实践还与其现实生活状态，尤其是物质生活的满足有关。《管子》讲“仓廪实则知礼节，衣食足则知荣辱”，“仓廪实”与“衣食足”并不必然导致“礼节”与“荣辱”，然而却是道德建设的民生基础。儒家对此也有很强的自觉，孔子就强调“庶之”“富之”“教之”的施政顺序[④]。在先秦儒者当中，孟子对这一问题的论述则更为充分，他将民生与伦理道德一齐纳入其王道、仁政论述之中，值得我们注意。

孟子将孔子讲的“仁”发展为“仁政”，强调“保民而王”。“保民”是其政治思想的核心内容之一，民生则是保民的应有之义，因此，可以说“民生主义”是孟子“仁政”的核心[⑤]。孟子“王道之始”与“王道之成”的区分更可见其思想中民生、制度与道德伦理教化的互动。

《孟子・梁惠王上》“寡人之于国”章将“不违农时”“数罟不入洿池”“斧斤以时入山林”作为“为治之初”的“急务”，认为做到以上几点可以“使民养生丧死无憾”，而“养生丧死无憾，王道之始也”[⑥]。

“养生送死”是“民所急而不可无者”[⑦]。“养生”即对生者的供养，包括人生的基本物质需求；“送死”则是对死者的安顿，包括丧祭的基本物质条件。孟子作为王道之始的“养生送死”，其实已经包含了儒家所认为的人的基本伦理需求与伦理生活，即“群”是人的社会生活必不可少的依托，因此人要承担照料他者生存的义

① 陈来：《孔子・孟子・荀子——先秦儒学讲稿》，北京：生活・读书・新知三联书店，2017年，第109页。

② [宋]朱熹：《四书章句集注》，北京：中华书局，1983年，第138页。

③ 《四书章句集注》，第11页。

④ 《孔子・孟子・荀子——先秦儒学讲稿》，第144页。

⑤ 《孔子・孟子・荀子——先秦儒学讲稿》，第122页。

⑥ 《四书章句集注》，第204页。

⑦ 《四书章句集注》，第205页。

务；“送死”更是儒家文化的重要特征，《论语》就有“慎终追远，民德归厚”[①]的讲法，孟子更讲“养生者不足以当大事，惟送死可以当大事”。孟子对人物质生活的理解，其实已经包含了一些基本的道德伦理诉求。朱子的学生辅广在谈到这一条时说道：“养生送死，乃人世之始终，于是二者皆有以济之，则人世之始终，一无所憾，而民心得矣。此其所以为王道之始也。”[②]追求王道政治的儒家，在看待王道时，并未将王道作为一单纯的道德建构，而是将王道政治的开始设定为保障人民一生所需的物质基础，而人民的基本需求则是民心最直接的体现。社会教化的前提是人口的增多与人民的富裕，这也是通向王道的一般途径。仅凭道德说教或国家强制，而不满足人民的基本需求，儒家最终追求的道德教化是难以实现的。儒家灵魂的植入，首先要靠对人民基本物质欲望的满足。儒家的灵魂首先要建立在人民的基本需求之上，在此基础上，才有所谓制度儒学的可能。制度儒学能否成立，依赖于儒学提供的政治社会方案在多大程度上能够实现“养生丧死无憾”。我们甚至可以说，任何一种宗教或主义，要想成为现实的制度化的组织，也必须面对这一问题，并能够解决人民的这一需求。韩愈在《原道》中概括儒家思想的基本功能时讲“生则得其情，死则尽其常”[③]，这或许是对儒家思想这一面向的凝练表达。

当然，“不违农时”等还仅是因“天地自然之利”，受自然等因素影响也比较大，由是就会有“富岁”“凶岁”子弟不同的生活表现，因此“王道之成”还要有制度性的保障。孟子强调民有“恒产”才会有“恒心”，“明君制民之产，必使仰足以事父母，俯足以畜妻子，乐岁终身饱，凶年免于死亡。然后驱而之善，故民之从之也轻”[④]，即有了基本的物质生活保障，才会去“治礼义”，否则“仰不足以事父母，俯不足以畜妻子，乐岁终身苦，凶年不免于死亡。此惟救死而恐不赡，奚暇治礼义哉?”[⑤]。活的制度性保障是“治礼义”的重要前提。孟子关于“五亩之宅”等的论述，在朱子看来“尽法制品节之详，极财成辅相之道，以左右民，是王道之成也”[⑥]，这些制度论述其实也包含着孟子对养生丧死问题的处理。

在这诸多制度中最重要的就是“井田制”。仁政要从“正经界”“井田均”开始，井田制强调“取民有制”，力图在人民的负担与文明共同体的运转之间求取平衡。而在制度功能上，孟子则希望通过治理达到“死徙无出乡，乡田同井。出入相友，守

① [宋]朱熹：《四书章句集注》，北京：中华书局，1983年，第51页。

② [明]胡广、杨荣、金幼孜等：《四书大全校注》，周群、王玉琴，校注，武汉：武汉大学出版社，2009年，第769页。

③ [唐]韩愈：《韩昌黎文集校注》，马其昶校注，马茂元整理，上海：上海古籍出版社，1987年，第18页。

④ 《四书章句集注》，第212页。

⑤ 《四书章句集注》，第212页。

⑥ 《四书章句集注》，第205页。

望相助，疾病相扶持，则百姓亲睦"[①]。井田制基础上的社会基层单位，由于共同生产等活动，其中的人们也就相互熟悉，并在共同的生产活动的基础上，进一步展开精神生活，比如孟子一直强调的"庠序之教"。井田制指向的社会基层单位所要达到的是"出入相友，守望相助，疾病相扶持"的"熟人社会"，在这一社会当中，人民的养生丧死在经济上得以保障，人们的心灵也因此得到安慰。

赵岐在概括"寡人之于国"章章旨时讲，"王化之本，在于使民养生送死之用备足，然后导之以礼义，责己矜穷，则斯民集矣"[②]。教化的实行只有在"用备"与"礼义"的两重保障之上才能顺利展开。民生、制度的确立还不是王道，只有在此基础上安顿好儒家伦理，才是王道的完整展现。孟子对制度的描述不单纯是为了论证一种模式的现实可行性，更是为了在制度当中实现教化、落实儒家伦理。他注意到儒家伦理教化的施行需要民生、制度的保障。

二、乡里与宗族：理学的课题与朱子的实践

先秦各家，包括很多儒家学者，都有不少制度设计。《孟子正义》就指出孟子很多地方与"管(子)、李(悝)之义同"[③]，《荀子·王制》更是有跟孟子类似的表达。孟子的特色在于自觉地将民生、制度与儒家道德伦理的落实联系在一起，并强调它们的互动关系。孟子的论述也成为后世儒者自觉实践的一个方向。

"五口之家"是汉代家庭的一般规模，汉代社会以之组建基层社会组织——里。里具有很强的地缘意味，"汉代政府可以把'里'中的民户分成'什'、'伍'，相互扶持，相互监督，从而带来十分稳定的社会秩序"[④]。不仅如此，在汉代社会，血缘相近的家庭组成宗族，人们聚族而居，以宗族为单位共同生产生活。无论是里还是宗族，在汉代都不仅仅是基层的生产单元，更是基层的伦理单元。汉代以孝治天下，孝的原则贯穿于社会的方方面面。汉代社会"十分注重宗族成员间的互相救助"，"在某些典型的宗族中，这种互相救助常在春秋两季定期举行"，"如果族人中有丧葬大事，就更重视对丧家的赈施"，同时"宗族成员对共同祖先的祭祀是维系宗族存在的重要方式之一"[⑤]。汉代的选举制度讲究"举孝廉"，一方面与这种基层社会单位相适应，另一方面也反过来强化了里以及宗族这样的基层单位存在的意义。这

① [宋]朱熹：《四书章句集注》，北京：中华书局，1983年，第256页。

② [清]焦循著，沈文倬，点校：《孟子正义》，北京：中华书局，1987年，第62页。

③ 《孟子正义》，第60页。

④ 袁行霈等主编：《中华文明史(第二卷)》，北京：北京大学出版社，2006年，第382页。

⑤ 《中华文明史(第二卷)》，第384-385页。

种基层单位与孝文化关系密切，如果没有这样的基层单位，儒家伦理很难贯彻实施。制度儒家成为儒家的另一层面向，但需要靠基层儒家的支持。

在汉代，通过董仲舒等儒者的努力，儒家的社会伦理诉求被“制度化”。另一方面，儒家的道德伦理则落实到社会生活的具体方面，儒家的道德伦理生活遂成为中国文化的一重要“底色”。陈寅恪先生讲：“二千年来华夏民族所受儒家学说之影响，最深最巨者，实在制度法律公私生活之方面，而关于学说思想之方面，或转有不如佛道二教者。如六朝士大夫号称旷达，而夷考其实，往往笃孝义之行，严家讳之禁，此皆儒家之教训，固无预于佛老之玄风者也。释迦之教义，无父无君，与吾国传统之学说，存在之制度，无一不相冲突。输入之后，若久不变易，则绝难保持。”[①]儒家进入“制度法律公私生活”恰是两汉完成的。外来文化传入中国，也必须面对儒家所讲的“君臣孝悌”。这一底色的保持，一则依赖君主制度之存续，二则依赖宗族、家族等社会基本单位之支撑，更重要的则是依赖于“家与国”的互动结构。

汉代确立的儒学主要是经学形态的儒学，在“治国”方面发挥着较大功能。然而随着玄学的兴起、佛教的传入，儒家在精神生活的“治心”“治身”等领域却无法与佛道二教抗衡[②]。尤其是佛教的传入，在两个维度上对儒家造成了冲击。一是思想上的冲击，即佛教义理对儒学的挑战，尤其是在形上领域的挑战。传统儒学较少谈论本体论、形上学等问题，而佛教则在此层面上有诸多“胜义”。儒学要发展，就必须回应佛教在这些领域提出的问题，甚至要借鉴某些佛教的讲法。二是世政经济、礼俗教化，也就是具体的公私生活层面，佛教（尤其是中国化了的佛教）虽逐渐不排斥儒家所讲的“君臣父子”[③]，但用自己的一套讲法“涵摄”了儒家的思想，用“降维”的方式应对儒家。而在很多具体的礼俗层面（尤其是丧祭），民众的生活已经受到佛教的深刻改变。

如此，儒学的回应也必然是双重的，“理学兴起，一方面批评佛教，另一方面又吸收佛教”[④]。理学之所以成为宋以降中国思想的主流，也就在于宋明理学家对此的两重贡献。一是“自明吾理”[⑤]，在“天人”“性理”层面全面阐述儒学义理。周晋

① 陈寅恪：《冯友兰〈中国哲学史〉下册审查报告》，载冯友兰：《中国哲学史（下册）》，上海：华东师范大学出版社，2000年，第440页。

② 宋志明：《论宋明理学的成因和变迁》，《吉林大学社会科学学报》2009年第6期。

③ 汤一介先生指出“佛教在中国从‘出世’走向世俗化，认为在日常生活中就可以成佛，因而原来被佛教排斥的儒家‘忠君’、‘孝父母’和道家的‘顺自然’等等思想也可以被容纳在禅宗里面”。参见汤一介：《中国儒学史·总序》，载汤一介、李中华主编：《中国儒学史（先秦卷）》，北京：北京大学出版社，2011年，第54页。

④ 汤一介：《中国儒学史·总序》。

⑤ [宋]程颢、程颐：《二程集》，王孝鱼，点校，北京：中华书局，1981年，第39页。

指出："儒学面对佛教在思想上之挑战，已不能仅以政治、经济或民族上之批评回应之，而必须就佛教所提出之理论问题，作出回答，并建立起自身之理论体系。道学之兴起，正为儒学之士欲发明孔门本有之义理，以抵御佛学思想之泛滥。"[①]当然，儒学在建构自身形而上义理时，吸收了不少佛教的思想内容，尤其是在本体论层面，理学家借助了不少佛学的范畴来表达儒学的内容[②]。二是下化觉民，礼俗重建，将儒家道德伦理再度深植于世俗生活。当然，理学家对此的处理是系统性的，"下化觉民，礼俗重建"自然包含于"吾理"之中。只是以往看待理学家的贡献，更多强调思想层面，而忽视义理与实践的互动，尤其是后者在儒学复兴中的独特意义。当然，这里所说的"实践"，包含宋明理学家对儒家社会实践的理论思考与实际行动，"义理"则更多强调对理气心性等问题的处理。

在实践层面，余英时认为宋代理学到明代理学有一从"得君行道"向"觉民行道"的转化，他讲，"宋代有两项最突出的特点：一是建构了一个形而上的'理'的世界；二是发展了种种关于精神修养的理论和方法，指点人如何'成圣成贤'"[③]。其实我们可以说，整个宋明理学都很重视"觉民行道"，宋代理学家在"觉民行道"的理论建构与实践力度上并不弱于明代，其理论开创意义也十分突出。其思考与实践，同样也是沿着孟子所说的民生、礼俗与伦理的互动而展开的。这里可以以宋代理学的集大成者朱熹为例说明，朱熹在义理上的贡献自不待言，他当然希望"得君行道"，然而"外任九年，立朝四十日"，在"得君"上并不顺利，但他"下化觉民，礼俗重建"的努力却特别值得我们注意。

首先，在民生领域，朱熹特别重视"节民力，易风俗"，实践上推行"正经界"。朱熹此点直承孟子而来，"正经界"是仁政的发端[④]，他诠释孟子相关思想时讲："夫民衣食不足，则不暇治礼义；而饱暖无教，则又近于禽兽。故既富而教以孝悌，则人知爱亲敬长而代其劳，不使之负戴于道路矣。"[⑤]朱熹为政漳州时主要就从"正经界"入手，关于经界亦有很多细致的讨论。

其次，朱熹重视民间的基层建设，创"社仓"，推行"乡约"。乾道七年(1171年)，朱熹创"五夫社仓"，并订立《仓规》，以期灾年能够对民众起到赈济作用。之后建宁

---

① 周晋：《道学与佛教》，北京：北京大学出版社，1999年，第4页。

② 参见张岱年：《论宋明理学的基本性质》，《哲学研究》1981年第9期，第25-26页。亦见王心竹：《理学与佛学》，长春：长春出版社，2011年，第26页。

③ 参见余英时：《宋明理学与政治文化》，长春：吉林出版集团，2008年，第4页。这两点其实可以归于"自明吾理"。宋儒的"得君行道"则可归于"礼俗重建"，"得君"对儒者来讲不是目的，而是手段，得君是为了通过政治改革达到良序美俗，最终是为了行道。

④ [宋]朱熹：《四书章句集注》，北京：中华书局，1983年，第136页。

⑤ 《四书章句集注》，第205页。

各地多有效仿。淳熙八年(1181年),朱熹负责浙东荒政,向朝廷请求推广"社仓法",朝廷准许"颁召行于诸府各州"。一直到清代,朱熹开创的社仓还发挥着实际作用,在实践上真正保障了民众的"养生送死"[①]。社仓主要体现对民生的基础保障,"乡约"则在乎基层生活秩序的建立。朱熹增损《吕氏乡约》,强调民众"德业相励,过失相规,礼俗相交,患难相恤",正可对应孟子讲的"守望相助"。乡约在明清社会广泛推行,成为乡治的重要部分,可以说与以朱熹为代表的理学家的推广密不可分。社仓、乡约以及宋代开始流行的义庄、社(义)学等[②],构成了宋代以降儒家伦理在民间世俗层面得以落实的重要载体。

第三,朱熹重视儒学教化的推行,重视学校和书院建设。朱熹特别重视学校对于儒家教化的重要意义,自为同安主簿起就重视兴办学校。在他看来,学校"教之以德行道艺,而兴其贤者、能者",教育得当才可能"成人材而厚风俗,济世务而兴太平"[③]。朱熹每到一地都重视当地士子的教育,关注当地学校的建设;他更复建、创建了一批书院,使书院成了理学传播的基地、教化推行的场所。可以说,朱熹的书院建设为南宋以降学人共同体的建设打下了良好的基础,各书院培养的人才,上则进入朝廷,下则深入乡里,极大地促进了儒家伦理的落实。

第四,朱熹重视礼俗以及宗族重建对儒家道德伦理的实践意义。朱熹本人结合当时的社会实际,具体思考了一系列能够落地的礼俗方案,这突出表现在朱熹对"墓祭"的承认以及《朱子家礼》的编纂上。《朱子家礼》对南宋以降的礼俗具有很强的塑造意义,尤其是"祠堂"意义的发扬。宋代的宗族重建,十分重视祠堂的作用,祠堂是家族祭祀的公共场所,通过祠堂,家庭成员首先形成共同的精神认同。《朱子家礼》篇首就交代了祠堂的意义,认为"祠堂"是古代的"庙制"的转化,通过祠堂等的设置,可以"报本反始之心,尊祖敬宗之意,实有家名分之首,所以开业传世之本也"[④]。祠堂是宋代宗族重建运动中空间政治的核心,家族的祭祀、婚、丧、寿、喜等事一般都会在祠堂进行。此外,家族的大事商议、家规的执行也在祠堂,家族的义学也往往设在祠堂,因此祠堂也是家族教化的重要载体。"养生丧死"在祠堂当中得到集中体现,通过祠堂建设的展开,以家族为核心的社会基本单元在宋代以后逐步形成,这一家族模式区别于汉唐的大族。

---

① 陈支平:《朱熹的社仓设计及其流变》,《中国经济史研究》2016年第6期。

② 关于义庄、义学较为典型的是范仲淹开创的"范氏义庄"。

③ [宋]朱熹:《学校贡举私议》,载朱杰人、严佐之、刘永翔主编:《朱子全书(第二十三册)》,上海:上海古籍出版社;合肥:安徽教育出版社,2002年,第3355-3356页。

④ [宋]朱熹:《朱子家礼》,载朱杰人、严佐之、刘永翔主编:《朱子全书(第七册)》,第857页。

可以说，朱熹的实践特别重视在当时的情况下，通过基层建设，构筑儒家伦理与儒家生活方式得以实现的社会基础。正是在这些基层组织的建设过程中，儒家伦理得以渗透入人民的精神，儒家道德伦理得以在民间通行。如果仅有一套形而上的精英的义理，而没有朱熹以及其后的儒者的社会实践，我们很难想象理学何以成为南宋以降八百年中国社会的主流思想。与儒家义理建构并行的，实有儒者的社会实践以及世俗儒家伦理的形成①。当然，这一实践在明代并未中断，儒者根据时代情态的变换，也努力在新的社会环境下贯彻儒家的伦理道德要求②。这些努力使得儒家重塑了小传统，在民间拥有了深厚的土壤。

三、游魂说与儒学的创造性转化

先秦以降，儒家的义理建构、儒家的制度化、儒家的社会化三者交织在一起，成为我们探寻儒学发展的重要脉络，而这三者却围绕着一个共同核心，即儒家所讲的道德伦理精神。儒家的义理建构是为了论证其道德伦理以及由此展开的具体生活方式的正当性，儒家的制度化则是为了通过政治的介入实现儒家的王道政治、落实儒家伦理，儒家的社会化则是儒家伦理向民间的推进，在民众的世俗生活之中的落实。从以上的论述中，我们其实可以看到，儒学的发展并不是一成不变的，儒者总是思考着如何在不同的情势下对儒家思想进行转化与发展，使其更好地适应时代，适应社会生活的需要，从而落实儒家伦理。

我们可以说儒家的制度化与社会化构成了近代以前儒学的“双重肉身”，积极入世的儒家为了落实其道德伦理精神，也不得不努力地介入现实生活，其伦理道德内在包含了民生与礼俗的要求。但儒家一方面在找寻“肉身”，另一方面也在改造、塑造自身存在的“肉身”。儒家“肉身”能够得到确立，与儒学对中国社会各阶段精神的塑造、社会生活领域诸多问题的解决密不可分。

然而在鸦片战争之后，中国遭遇所谓“三千年未有之变局”，儒家的“双重肉身”也在一定程度上解体，尤其是科举制的废除和辛亥革命对帝制的废除，更是使“制度化的儒家”被打散。西方资本主义带来的社会结构的改变，则冲击了儒家的社会化基础，尤其是“家”这一基本伦理单元发生了巨大变化。儒学在近代遭遇的思想、政治、社会冲击是前所未有的。儒学面临的冲击并未因“救亡”这一历史使命的完

---

① 关于“世俗儒家伦理”参看陈来先生《明清世俗儒家伦理研究——以蒙学为中心》一文的相关论述。

② 关于明代的相关情况，可以参考[日]冈田武彦《王阳明与明末儒学》(上海：上海古籍出版社，2000)、余英时《宋明理学与政治文化》(长春：吉林出版集团，2008)、丁为祥《从“得君行道”到“觉民行道”——阳明“良知学”对道德理性的落实与推进》(《学术月刊》2017年第5期)的相关论述。

成而结束，晚近儒学所面临的实质性处境也并未根本好转，相反，随着中国社会市场经济的发展，人与人的交往模式与思想意识发生了深切改变，儒家原有的生存环境进一步恶化了。关于儒家的这一处境则有所谓的“游魂说”和“博物馆说”[①]。

儒学果真在现代失去生存的可能了吗？面对社会的变化，儒学真的就只能“坐以待毙”，走向“博物馆”吗？

近代以降，儒家思想家以及对传统具有温情的一些学者，在面对儒家的“现代命运”时，给出过各种方案和阐释，以期重新安顿儒家。这些方案和阐释首先包括康有为的“孔教说”，梁漱溟等人的“乡村建设”，也包括熊十力、冯友兰等现代新儒家对儒家义理的现代阐发，而后有李泽厚“文化心理说”，晚近则发展出政治儒学、制度儒学、社会儒学、乡村儒学、心性儒学等多种面向。面对儒学的现代命运，这些回应依旧是从义理与社会文化两个方向展开的。陈来先生曾区分“作为哲学的儒学”和“作为文化的儒学”，并认为近代以降，“作为哲学的儒学”实则相当活跃，而“作为文化的儒学”则十分缺乏[②]。这里“作为文化的儒学”包含了制度与社会两个层面。

近现代历史中，“作为文化的儒学”的式微，与近现代中国面临的救亡以及现代化的主题有关。如何完成社会整合，实现社会动员，实现国家的救亡，并迅速实现国家的现代化，是近现代中国历史的主题。在这样的历史情态下，儒家并未给出一个行之有效的方案供历史选择，历史最终选择了中国共产党以及其代表的社会主义道路。儒家当时面临的一些问题，也是中国革命需要面对的，即如何面对中国社会结构的变化，并在此基础上重塑中国人的道德伦理生活。革命在改造原有的社会结构的时候，有破也有立，即破了儒家伦理的根，而立了一种新型伦理——集体主义——的社会基础。人民公社和单位体制既是经济生产组织，也是社会生活方式，在一定程度上发挥了原有基层社会的功能。由于社会流动的限制，它们无疑是“熟人社会”，人们在其中实现最基本的生产生活，并在集体生活中找到了相应的精神寄托，生老病死都可以在其中安顿。以集体主义伦理为核心建构的公社和单位，一定程度上抵抗了近代以来基层破坏对于社会伦理的冲击，并在一定程度上残留了儒家伦理的内容。这其实是在解决民生的基础上，建设新礼俗、建设新伦理的一

---

① 余英时在《现代儒学的困境》(收入余英时：《现代儒学论》，上海：上海人民出版社，2010)一文中提出了儒家的“游魂说”，许纪霖在《南方周末》发表的《儒家孤魂，肉身何在？》(《南方周末》2014年9月4日)一文则形象地概述了这一说法的基本内容。“博物馆说”则由列文森在《儒教中国及其现代命运》(桂林：广西师范大学出版社，2009)中提出。在一定意义上，二说具有延续性，余英时等的说法实际上是列文森说法的另一种表述。

② 陈来：《如何重建儒学和社会制度的联系》，见干春松：《制度儒学(增订版)》，北京：中央编译出版社，2017年，第2页。

种尝试。然而由于生产效率的问题，单位、公社解体，其背后承载的社会功能也因之缺乏执行主体，使得社会面临新的挑战。这些挑战既包括养老等民生问题，也包括道德文化建设等思想意识问题。这些问题也是中国化的马克思主义和当代儒家所要共同面对的。

儒家作为一门学问，存在于现有的大学教育体制中；作为文化心理，存在于一般的民众心中。然而儒家如若不去自觉地面对社会的深切变化，那么当社会基础发生足够多的变化时，文化心理也就可能随之改变，此时儒家也就真正走入了博物馆。事实上，今天儒家在"文化心理"上面临的挑战越来越突出，传统中国人自觉认同的一些价值，如婚姻的意义、家庭的重要性、个人德性修养的必要性等，在新一代人那里已经不是"不言自明"的了。这一方面是由于某些现代性的观念与思潮不断挑战各种形态的文化传统（包括西方基督教传统），另一方面也是由于家庭、婚姻在人们社会生活当中的组织功能越来越弱化，人们愈发地被打散为陌生的个人。

面对这些问题，儒家一方面需要在哲学上有所突破，回应哲学上的种种挑战；另一方面，也需要回到孟子王道与"养生丧死"的论述以及历史上转型期儒者的思考与实践当中，回到儒家对民生、礼俗建设的思考上进行考虑。当下中国的诸多课题，例如"养生丧死"，均被赋予了新的内涵，我们需要从现代生活的角度重新赋予"养生丧死"以符合现代价值的伦理内涵，这就需要我们切实了解当代中国人的民生需求、精神需求，真切地看到今天的民之急务与价值安顿。无论是城市还是乡村的儒学建设，都要考虑到社会基层建设与儒家伦理的互动关系。无论是何种形态的儒学，如果不能真切地面对当下民众的真实民生和社会心理需求，就很难在当代中国扎根。儒学如果不能切实有效地服务于当今中国精神、社会生活（尤其是人伦生活），其复兴的意义也就将持续被质疑。在这个意义上，我们或可以重视"社会儒学"的概念，即一种扎根于当下社会生活实际、研究社会生活实际，并着力从儒家核心价值出发，提供解决民生、礼俗方案的儒学[①]。

这里所讲的社会儒学，指重视儒学的社会性，更强调儒学对民生、礼俗建设的积极意义；在民生、礼俗方案的基础上，落实儒家伦理，切实有效地应对当今中国的诸多社会诉求，实现儒家的创造性转化与创新性发展，并注重儒者当代的实践行动。社会儒学在经典和理论渊源上，承自孟子对王道与伦理的思考；在历史脉络上，重视历代儒者，尤其是文化转型期的儒者的思考和实践；在实践重点上，更强

---

① 李维武、韩星、谢晓东等教授都提出过"社会儒学"的概念，参韩星：《社会儒学的逻辑展开与现代转型》，《东岳论丛》2015年第10期。当然他们对社会儒学的含义和发展方向有不同的界定。本文接受三位教授"社会化"的努力方向。韩星教授也强调了"社会儒学"是儒学的历史形态，本文更重视儒者在历史转型期积极的社会实践与社会建构。

调儒家在基层社会组织上发挥作用；在具体功能上，侧重儒家对社会分配的关注，对生活模式的探索，对国民教育、公民修身的影响以及新的礼俗方案的提供；在知识形态上，则更侧重儒家哲学与马克思主义、当代社会学的互动，这种互动是笔者特别强调的，也是陈来教授认为的儒学面对现代挑战所需要深入研究的内容。这就需要当代儒家学者不仅要从经典出发，深研儒家义理；还要深入研究当代中国社会，对当今社会生活与制度有真切的认识，了解真问题，进而努力解决真问题。当然，不能认为儒学的实践与儒学的义理建设是对立的、二分的，社会儒学不应排斥当代儒学的形而上义理建构，相反，儒学的社会化要充分吸收作为哲学的儒学的最新成果，并通过实践予以落实。形上建构与儒学的社会化应是相互依赖、互相推动的。

我们要认识到，儒学面对当代生活的伦理建构还需要有理论突破，例如传统儒学更注重家庭、家族伦理，对商业伦理和职业伦理则关注不足。涂尔干注意到，现代社会结构与职业群体有密切关系，职业伦理与公民道德密切联系在一起，职业伦理对于现代“孤独的个体”获得群体的依赖感和道德上的自足具有重要意义①。现代社会家庭单子化，儒家伦理不再是由家层层推展到天下，个人在单子家庭之外直接面对的是职业群体，职业群体一方面是当代生产的基本单元，另一方面也是人际关系的主要场所。因此，当代儒家的义理思考与社会实践，必须重视“职业群体”与儒家伦理的关系。如果不能考虑到社会化大生产下新的社会结构下人与人的关系问题，儒学就很难有效地抓住现代社会的“痛点”，在新的社会结构下创新和落实儒家伦理，解决现代社会的诸多问题。

如果我们以朱子为“榜样”，或许就要思考儒家从自身资源出发，如何应对社会分配等当代“正经界”问题？儒家如何面对陌生的个人，面对社区、新农村、企业等形态，提出新的基层组织方式？如何建立“守望相助”的生活模式？儒家如何真正进入国民教育和公民的道德生活？儒家如何制定新的礼俗，重新激活“家”的功能，抑或在“职业群体”中扎根，为民众的婚丧嫁娶以及其他交往提供一种儒家方案？儒学只有真正面对当代社会诸多切实的诉求，并努力服务当代社会，才可能在当代获得活力，才有“活”起来的意义；只有这些问题得到落实，儒家理想中的社会道德伦理才有落地的可能，我们才可能真切地培育和践行社会主义核心价值观。

习近平同志提出中华优秀传统文化的“创新性转化与创造性发展”这一课题，

---

①　渠敬东：《职业伦理与公民道德——涂尔干对国家与社会之关系的新建构》，《社会学研究》2014年第4期。

认为中华优秀传统文化在培育和践行社会主义核心价值观上应发挥积极作用。这不仅是以儒家为代表的中华优秀传统文化的时代使命,也是当代儒家自我更新时不得不自觉面对的问题。如何从儒家伦理出发,为社会提供行之有效的方案,服务于当代中国发展,并在一定程度上以实践验证这些方案,是当代对儒学以及传统有温情的人必须要面对的课题。

从“文化心理”与“文化自觉”看儒家伦理的当代挑战

2015 年 6 月，美国宣布同性婚姻合法，并引用“儒家思想”作为婚姻重要性的论证。这引起国内不少儒家思想研究者的争论，而儒家伦理是否接受同性婚姻以及相关问题成了争论的焦点。在一定意义上，同性恋问题构成了对儒家伦理的当代挑战。然而这只是近年来儒家伦理面临的一场显性争论之一而已，当代中国女权主义的兴起，结婚率、出生率的下降，离婚率的攀升，无不“威胁”着儒家的生存基础，并对儒家伦理的当代合理性提出了挑战。如何看待这些挑战？儒家伦理如何在当代获得存在意义？儒家伦理在当代应以何种样态存在？这些问题都十分值得思考。

其实，近代以来，儒家面对的挑战从未中断过，只是这些年的新问题更具“威胁”性，其中某些问题更是深刻地改变着中国社会的基础生态与群体心态。近现代以来，不少学者都对儒家伦理与现代中国的关系进行了思考，其中不少思考有助于我们理解、分析当前面临的诸多问题，更有不少思想具有深刻的方法论意义，值得我们注意。

本文从分析李泽厚的“文化心理”说与费孝通的“文化自觉”说出发，并以之观察当下发生的诸多问题。之所以选取这两个说法，是因为此二说在当下中国的文化语境中颇为“流行”，然而其背后的思想含义尚有待厘清，其重要的方法论意义也未引起足够的重视。

一、“文化心理”的“情—理”结构

十九世纪中叶以降，儒家面临西方文化的冲击，其制度性基础遭到破坏，儒家以及儒家伦理是否应当/已经走进博物馆，受到不少人的质疑。面临这一问题，现代不少学者往往用“文化心理”证成儒家的存在和意义，认为儒家思想中的一些核心内容作为"文化心理"不自觉地影响着中国人的日常生活行为和伦理价值判断[①]。此种对"文化心理"的使用当与李泽厚对"文化心理结构"的使用与分析有关[②],"文化心理"的使用一方面反映了李泽厚创造"文化心理结构"时的基本意涵,但另一方面也脱离了李泽厚创造它时的基本指向——李泽厚不单单是要证成什么,他更希望的是"改造"。

李泽厚认为"文化心理结构"这一概念为自己所创,并以之区别于西方的"心理文化结构",其重点在于从文化到心理[③],照他的说法,早在 1961 年,他就形成了其中一些重要思想(如"积淀""心理结构""情理结构")[④]。李泽厚所讲的"文化心理结构"在他的思想体系中有着十分复杂的关联性,既涉及美学思想,也涉及伦理学,既与人性问题有关,又与他提出的"两德论"密不可分。本文对这些复杂问题不做处理,而是重点关注李泽厚使用"文化心理结构"看待儒家思想尤其是儒家伦理这一问题。这些论说集中体现在《中国古代思想史论》《说文化心理》《论语今读·前言》(1998 年初版)等著作、文章当中。

1980 年,李泽厚发表《孔子再评价》(后收入《中国古代思想史论》),认为"孔子以'仁'释'礼',将社会外在规范化为个体的内在自觉,是中国哲学史上的创举,为汉民族的文化—心理结构奠下了始基"[⑤],这种"化为"也就是从文化到心理,亦是他后来所讲的从伦理到道德。在李泽厚看来,"建立在血缘基础上,以'人情味'(社会性)的亲子之爱为辐射核心,扩展为对外的人道主义和对内的理想人格,它确乎构成了一个具有实践性格而不待外求的心理模式","对待人生、生活的积极进取精神,服从理性的清醒态度,重实用轻思辨,重人事轻鬼神,善于协调群体,在人事日用中保持情欲的满足与平衡,避开反理性的炽热迷狂和愚盲服从……它终于成为汉民族的一种无意识的集体原型现象,构成了一种民族性的文化—心理结构"[⑥],这种无意识的集体原型在李泽厚看来不是神秘的、超社会历史的,而是"积淀"而有的;由外化为内,即是此种"积淀"的效果。李泽厚"反对孟子讲的不学而能,不虑

---

① 参陈来:《现代中国文化与儒学的困境》,《传统与现代——人文主义的视界》,北京:北京大学出版社,2006 年,第 93 页。

② 关于对李泽厚"文化心理结构"的使用,参看刘阳:《"文化心理结构":李泽厚意识论命题的语言论析疑》,《玉溪师范学院学报》2018 年第 11 期。

③ 《伦理学杂谈——李泽厚、刘悦笛 2018 年对话录》,《湖南师范大学社会科学学报》2018 年第 5 期,第 8 页。又见李泽厚:《实用理性与乐感文化》,北京:生活·读书·新知三联书店,2005 年,第 135 页。

④ 见李泽厚、刘绪源:《该中国哲学登场了?》,上海:上海译文出版社,2011 年,第 20-22 页。又见杨斌:《李泽厚学术年谱(上)》,《东吴学术》2013 年第 1 期,第 110 页。

⑤ 李泽厚:《中国古代思想史论》,北京:人民出版社,1985 年,第 1 页。

⑥ 《中国古代思想史论》,第 32 页。

而知"[1],就是认为此种先验的讲法过于神秘,而没有看到历史性的"积淀"。此种积淀也即"自然的人化",从理性化为感性,由社会化为个体,由历史化为心理。按李泽厚后来的讲法,"人的心理之所以不同于动物性,就是因为有群体社会的'文化积淀'"[2]。晚近,李泽厚更多地使用"理性的凝聚"来指称经由长期历史由文化积淀而成的道德特征、自觉意识、心理形式,并认为"理性的凝聚"指向伦理学,是"人性能力"[3]。

因为重文化心理结构、重"积淀",李泽厚也特别强调秦汉在思想史上的重要意义。在他看来,在秦汉时期,原始儒学真正落实,不仅在物质文明,更在整个文化心理结构上为中国之后的发展形成了模式和基础[4]。其实,李泽厚这种讲法可以说是延续陈寅恪在《冯友兰〈中国哲学史〉(下册)审查报告》中的说法,并用"文化心理结构"使之更加理论化。在李泽厚看来,无论是知识分子还是不识字的普通人,无论是统治阶级还是普通老百姓,儒家所讲的"道理"都不仅渗透在中国的政教体制、社会习俗当中,还通过"积淀"进入了人们的心理习惯中,"精英文化与民俗文化、大传统与小传统,通过儒学教义,经常相互渗透、联系"[5]。儒学"已成为规范整个社会活动和人们行为的准则和指南,并且'百姓日用而不知',由文化而心理,不仅极大地支配和影响了人们的思想、理解和认识,而且也作用于人们的情感、想象和信仰,构成了内在心理的某种情理结构"[6],理解这一结构较为重要的就是认识到此种无意识的行动指引。儒学对于中国人来讲不是外在的道德规范,而是深层的道德律。或者说,经过历史的积淀,大多数普通中国人是不自觉地"行仁义",此种"行仁义"亦是不自觉版的"由仁义行"。

除"积淀"这一概念外,"文化心理结构"这一说法中的另一重要概念就是上文说到的"情—理结构"。在李泽厚看来,"文化心理结构"是"情"与"理"之关系、比例、结构,这一结构不等于制度、语言、礼俗、理论等表象性文化特征,而是这些文化化入、积淀到人心理深层的特征[7]。"所谓'文化心理结构',归根结底,本就是指在文化传统长期塑造下的人们心理中情理结构的特定状态,它主要为表现自然情欲

---

① 《伦理学杂谈——李泽厚、刘悦笛 2018 年对话录》,《湖南师范大学社会科学学报》2018 年第 5 期,第 2 页。

② 《伦理学杂谈——李泽厚、刘悦笛 2018 年对话录》,第 8 页。

③ 参李泽厚:《哲学纲要》,北京:北京大学出版社,2011 年,第 43 页。

④ 李泽厚:《金春峰〈汉代思想史〉序》,《走我自己的路》,台北:三民书店,1996 年,第 143 页。

⑤ 李泽厚:《论语今读》,合肥:安徽文艺出版社,1998 年,前言,第 4 页。

⑥ 李泽厚:《说文化心理》,上海:上海译文出版社,2012 年,第 4-5 页。

⑦ 《说文化心理》,第 78-79 页。

和社会理性的不同比例、配置和关系的组合"[1]，这里的"长期塑造"即是"积淀"，即是"理性的凝聚"。当然，在李泽厚看来，这一情理结构是哲学的抽象，而非从心理学或社会学等实证学科出发归纳的"结构图式"。

李泽厚强调此种情理结构是人内在的"心性的规则"，但他却不认同港台新儒家对此"心性"超验的解读，他始终强调此规则形成的历史性、实践性。在李泽厚那里，不存在先验、超验的一成不变的本体，他讲的是"历史本体"，李泽厚的伦理学强调"从伦理到道德"[2]，强调"由外而内"，由礼变仁，由社会规范进入社会心理[3]。他认为"人类观念随着历史的变化而变化。伦理规范正是如此。伦理规范构成了人们心理内容"[4]，不存在超历史的心理内容。李泽厚不承认儒学有绝对伦理、普遍伦理的意义[5]，他认为所谓绝对伦理是以一定时空下的相对伦理为基础产生的。或许也正因为此种"相对"的倾向以及对"心理"内容的强调，李泽厚讲理性凝聚时虽然强调"理性支配感性"，却最终走向了"情本体"。

有学者指出，"文化心理结构"与鲁迅等使用的"国民性"意涵相当，实际上，李泽厚对"文化心理结构"的论述相较鲁迅所使用的"国民性"更复杂，尤其是晚近将之收摄到他讲的"人类学历史本体论"当中，更让"文化心理结构"超出了国民性的叙述范围；此外，"国民性"在近现代被使用时含批判性意涵更浓，"文化心理结构"至少看起来"证成"色彩更浓，描述更加具有"解释性"。李泽厚的这些阐释，论述了儒学在中国思想当中的独特地位及其历史合理性，并指出，儒学所奠定的文化心理结构在当代并未完全解体。在他看来，"今天之所以造成这样的局面，一个原因，就是中国老百姓的'文化心理结构'在起作用"[6]。但李泽厚的论述不止于此，他强调，"我要讲的就是要改变'文化心理结构'"[7]。李泽厚揭示、描述此文化心理结构不是为了"保存"传统的价值，而是希望通过阐释发现儒学对中国文化心理塑造的优点和缺点，进而"治病救人"[8]。李泽厚对待传统并非文化保守主义的态度，尽管

---

① 《说文化心理》，第 23 页。

② 《伦理学杂谈——李泽厚、刘悦笛 2018 年对话录》，《湖南师范大学社会科学学报》2018 年第 5 期，第 1 页。

③ 《伦理学杂谈——李泽厚、刘悦笛 2018 年对话录》，第 7 页。

④ 《伦理学杂谈——李泽厚、刘悦笛 2018 年对话录》，第 3 页。

⑤ 参陈来：《论李泽厚的伦理思想》，《复旦学报(社会科学版)》2019 年第 1 期，第 6 页。

⑥ 《伦理学杂谈——李泽厚、刘悦笛 2018 年对话录》，第 8 页。

⑦ 《伦理学杂谈——李泽厚、刘悦笛 2018 年对话录》，第 8 页。

⑧ 《说文化心理》，第 67 页。

“文化心理结构”这一概念可以抽离李泽厚原有的语境，来证成传统伦理道德的现成存在，但就李泽厚本人来说，他面对传统始终是一个“启蒙者”。在李泽厚看来，现代的商业化和个体的自我觉醒，必然使传统道德衰落，“随着现代化进程带给人们日常生活的巨大改变，人们的衣食住行、社会组织、家庭状态、人际关系、风俗习惯，从而其情感、思想、心绪、观念……都在不断改易变化”[①]，李泽厚认为这些改变是必然的，也是应然的，现代因素不需要对传统价值作出让步，反而应该改造人们的“文化心理结构”。“传统文化心理和情理结构处在紧张的失序过程中，造成了严重的道德危机、信仰危机，以及如何对待自然情欲、本能冲动等等问题”[②]，是残存的传统文化心理与现代价值的紧张才造成各种道德危机，因此需要改造中国的文化心理结构。也正因为此，李泽厚才能提出他的“西体中用”说。

对于如何改造传统，李泽厚在学理上注重实践的优先性，即所谓靠经济力量来推动社会进步；而在具体的操作层面上，李泽厚则重视教育，在他看来，“教育学科之所以伟大，正因为它有意识地为塑造人的文化心理结构而努力”[③]。关于当代教育，李泽厚则回到蔡元培“以美育代宗教说”。李泽厚对传统伦理的改造抑或创造性转化，需要看其“两德论”。在李泽厚看来，中国传统伦理宗教性道德与社会性道德合一，而其两德论则要求打破此种合一，使现代社会性道德独立发展[④]。

李泽厚的“文化心理结构”提醒我们一方面注意伦理道德的历史形成过程，另一方面也要看到“现实变量”，揭示当下文化心理结构的变化。当然，我们也要进一步追问，以儒家伦理为代表的传统伦理，其内容是不是完全相对的？现代性转型过程中“道德性”与“现代性”的关系究竟如何？现代性的实践力量是否只会塑造一种新的伦理形式，进而完全取代传统伦理？李泽厚期望以教育、启蒙重塑现代文化心理结构，学者能否主动参与，力量有多大？面对现代性，我们究竟需要何种教育？是否需要一种教育去塑造一种完全顺从现代实践的文化心理结构呢？如何看待现代传媒的“教育”功能？实际上，李泽厚提出的对传统的创造性转化，其重点在“改换”，此种改换如果将逻辑贯彻到底，完全可以抽空以儒家为代表的传统伦理、抽空“中国”。对于李泽厚来讲，不是因为中国传统伦理是普遍性（超越性）和特殊性（时

① 《说文化心理》，第67页。

② 《说文化心理》，第66页。

③ 李泽厚：《美感的二重性与形象思维》，上海市美学研究会、上海社会科学院哲学研究所美学研究室编：《美学与艺术讲演录》，上海人文出版社1983年，第58页。

④ 参陈来：《李泽厚的“两种道德论”述评》，《船山学刊》2017年第4期。

代性)的组合才要改造它,而仅仅因为它是中国这一地域存在过的一种历史形式,而且此种形式可能与现代实践发生冲突。李泽厚认为中国"用"西方的体,会创造出新形式,即新的体,从而这个体也就并不完全等同于西方那个体了[①],其实在这个意义上我们何以谈"中国"也将会成为问题——我们究竟如何看待中国的旧体与新体的关系?再造的"新体"何以具有"中国性"?在这个意义上,李泽厚的"文化心理结构"说本身即是对传统儒家伦理的一种挑战。

二、生态、心态与文化自觉

其实李泽厚的"文化心理结构"在一定意义上与费孝通晚年提倡的"心态"颇有相通之处,但是费孝通先生晚年提出"文化自觉",进而强调"心态"的心路历程与李泽厚颇为不同,其背后面对传统的"心态"亦有差异。

费孝通先生早年并未接受过传统教育,国学基础并不牢靠,他更为看重西方文化,接受了较为系统的西方现代社会学教育,并以之研究中国社会,"了解中国人是怎样生活的,了解的目的是在改善中国人的生活"[②]。其早年著作,如《乡土中国》《生育制度》,更多地是基于人类学功能学派对中国社会进行"描述",如其提出了著名的"差序格局"观念。但在其早年诠释语境中,"差序格局"实则是为了说明中国人的"自私"与"自我主义"[③]。费先生晚年则从对自己的反思出发,重新研读马林诺夫斯基、史禄国、潘光旦、派克等老师的著作,逐渐由"志在富民"转向"文化自觉","从看重西方文化到中西文化并重,并越来越偏重中国文化"[④]。这一转变带来其对早年研究诠释方向的诸多改变,如在讲"差序格局"时会突出"推己及人"的儒家伦理秩序,讲"社会继替"则会突出"上有祖先,下有子孙"的儒家对人的位置的安顿以及由之而来的伦常秩序。在具体的研究指向上,费先生则强调对"心态"(人与人的关系)的研究,关注具体的人"怎样思想,怎样感觉,怎样打算"[⑤],而不仅仅是突出"生态"(人与自然的关系),只见社会不见人。在《孔林片思》(1992年)一文中,费先生意识到孔子讲的是多元一体的心态秩序,而我们需要搞清楚中国人的心

---

① 参李泽厚:《世纪新梦》,合肥:安徽文艺出版社,1998年,第178、184页。

② 费孝通:《个体·群体·社会——一生学术历程的自我思考》,《师承·补课·治学》(增订本),北京:生活·读书·新知三联书店,2021年,第230页。

③ 费孝通:《乡土中国　生育制度》,北京:北京大学出版社,1998年,第30页。

④ 周飞舟:《从"志在富民"到"文化自觉":费孝通先生晚年的思想转向》,《社会》2017年第2期,第145页。

⑤ 《个体·群体·社会——一生学术历程的自我思考》,第249页。

态是如何形成的[①]。

1997年，费孝通先生正式提出“文化自觉”这一概念，认为21世纪人类将出现“人类文化的自觉”。“文化自觉”就是要了解孕育自己思想的文化，中国人应当深入自己的文化和生活当中去认识自己文化的历史和现状[②]，若无文化自觉，不以实事求是的态度认识自己的文化，中国人则有可能在21世纪人类面对共同危机时陷入困惑。关于文化自觉，费先生如是定义并阐释：

> 文化自觉只是指生活在一定文化中的人对其文化的“自知之明”，明白它的来历，形成过程，在生活各方面所起的作用，也就是它的意义和所受其他文化的影响及发展的方向，不带有任何“文化回归”的意思，不是要“复旧”，但同时也不主张“西化”或“全盘他化”。自知之明是为了加强对文化发展的自主能力，取得决定适应新环境时文化选择的自主地位。[③]

这里较为关键的是“自知之明”，它可以说对应着“日用而不知”的心理状态，费先生呼唤大家从“不知”进而“知”。晚年费孝通越来越强调中国人骨子里有的一种东西，其对传统的态度恰是从不知而知的一个例证，即从潜藏着的不言而喻的模糊感到对此种文化的逐渐明了。对应李泽厚所讲的文化心理结构，费先生实际上期望有此文化心理结构的人能够自觉地知此文化心理结构。在他看来，全球化过程中，不同文化相互接触，需要每个文明当中的人有此自知之明，这样才能构建新的世界秩序。此种文化自觉在费先生看来区别于复古和西化，是强调在自知的基础上自主发展自身文明，在世界多元文明中确立自己的位置。

关于费先生的“文化自觉”，我们还要特别指出几点。首先，在费孝通看来，“文化自觉”与其“三级两跳”的人生经历以及对中国文化未来的思考密切相关。所谓“三级两跳”，是指费先生认为自己的一生经历了中国从传统农业社会到工业化、现代化社会，再到信息化社会这样三个阶段、两个转变的历程[④]。费先生这一历程实际上也是中国传统文化、传统伦理面临的实际背景。社会的巨变带来了人们观念的转变，但真正的伦理观念的巨变还在路上。费先生常讲，“实际上在经济全球一体化后，‘中华文化该怎么办’是社会发展提出的现实问题，也是谈论文化自觉首先

---

① 费孝通：《孔林片思》，《孔林片思——论文化自觉》，北京：生活·读书·新知三联书店，2021年，第18-19页。

② 费孝通：《开创学术新风气——在北京大学重点学科汇报会上的讲话》，《高校社会科学研究和理论教学》1997年第3期，第2页。

③ 《开创学术新风气》，第3页。

④ 费孝通：《经济全球化和中国“三级两跳”中对文化的思考》，《孔林片思——论文化自觉》，第152-153页。

要面临的问题”[1]。费先生自己经历“三级两跳”，强调自身不够传统（费先生已经看到了心态的改变，看到了以自己为代表的一代人相比于陈寅恪、钱穆等一代人，对自身文化更加不自觉）而又在迎接未来，这其实也是这一特殊历史阶段每个中国人独特的“生存境遇”（李泽厚实际上也处在这一过程当中，只不过从经历的角度来说没有费先生完整）。而“文化自觉”恰是处此生存境遇中的每个个体面对自身的一种基本态度。对费先生来讲，近现代的转变中，“人们心态正在发生着变化”，我们不仅面对着发展中的“生态失调”问题，也面临着“心态矛盾”，要认真思考小康之后该怎么办，富了之后我们究竟过何种生活[2]。费先生其实恰是意识到了现代化过程中生态与心态的紧张，才如此强调“文化自觉”的意义。

其次，“心态”是费孝通自己通向“文化自觉”的重要一环，也是我们全面理解文化自觉的关键。费先生在重读其师史禄国的著作时，将其“psycho-mental complex”这一概念译作“心态”，它包括一个人的行动及其背后的思想意识、感情、爱好。在费先生看来，“人与人之间的相互了解、行为配合，并非只是生理上的活动，还有更深层次的‘心灵的配合’‘心理学之外应该还有个东西’”[3]。有学者认为，“这种‘心态’既不是人与自然的‘生态’关系，也不是人与人相处的‘利害’关系，而是人与人相处如何理解对方、如何看待对方的‘道义关系’。这种心态、这种‘道义关系’，就是费先生所说‘人文世界’也就是‘文化’的核心部分”，“人与人组成的社会的关键要素，并不在于现成的制度、法律、规章等方面，而是在于‘人们日常的、细微的人际关系、交往方式、交往心态以及与之有关的风俗习惯和价值观念’”[4]。如此，“心态”这一概念就与李泽厚的“文化心理结构”有类似之处，尤其是二者均是超越普通心理学的概念。当然，李泽厚的“文化心理结构”更强调民族集体无意识的心理层面，既指出了群体性的内容，也指出了对个体的影响，而“心态”则更突出交往活动中人的心理，强调“人际”，是个体在群体当中活动的不言而喻的东西，“心态”的社会性意义更强。费先生在提“文化自觉”的同时，更加关注人与人相处那种“不言而喻”的“只能意会、不能言传”的面向，注重其对人际关系、人的价值判断的影响。费先生晚年所提出的文化自觉，就是要求人们对人与人相处的此种“心态”有所“自觉”，而心态、道义秩序的自觉是“文化自觉”的重要意涵。

---

① 费孝通：《关于“文化自觉”的一些自白》，《孔林片思——论文化自觉》，第 172 页。

② 费孝通：《孔林片思》，《孔林片思——论文化自觉》，第 19 页。

③ 费孝通：《暮年自述》，《费孝通在 2003：世纪学人遗稿》，北京：中国社会科学出版社，2005 年，第 51-52 页。

④ 周飞舟：《从“志在富民”到“文化自觉”：费孝通先生晚年的思想转向》，《社会》2017 年第 2 期，第 167 页。

第三,“文化自觉”的提出与费先生对世界格局“新战国”的判断有关。费先生将二十一世纪的世界格局比喻成中国的春秋战国,认为国与国、民族与民族、文明与文明之间会充满碰撞与融合,在这一过程中,东西方文化将遭遇真正的碰撞。但是费先生却不认为“新战国”似的“文明的冲突”是最终的“果”,他认为世界秩序会在这一过程中确立,这一确立需要“新圣贤”,需要既懂本民族文化又懂其他民族文化的“新孔子”①。新圣贤也即人类文化的自觉承担者,他将在人类生态更加紧密依存的世界,建立起新的“道义秩序”,解决人类心态失调的问题。当然,这样的圣贤不止一位,他们的出现应是全人类合力的体现。可以看出,“新圣贤”不是复古的姿态,而是面向人类未来的呼唤。这里其实也能看到费先生的论述与李泽厚的差异,费先生讲经济秩序、政治秩序、道义秩序,这三层内容在李泽厚那里同样具有,然而相较于李泽厚,费先生的“道义秩序”则具有更加独立且突出的位置,道义秩序并非经济秩序的“附庸”,他也没有简单地将政治秩序中的某些原则化入文化心理结构之中。

第四,“新战国”的终结需要“道义秩序”,这提醒我们“文化自觉”具有全球伦理的意义。费先生晚年提“文化自觉”时,常将其与“各美其美,美人之美,美美与共,天下大同”的“十六字箴言”连接起来,认为“十六字箴言”是其提出“文化自觉”历程的概括②。费先生认为,“我相信二十世纪的缺点正是它没有建立起一个人们可以和平共处的社会秩序,而对人与人道德秩序的重视正是东方文明历史的特点”③,“没有道德基础的新秩序不可能号召大家向一个共同的目标前进”④,“我们需要一种新的自觉,考虑到世界上不同文化、不同历史、不同心态的人今后必须和平共处”⑤。费先生晚年一直思考“美好社会”,思考未来的世界秩序,“十六字箴言”正是其思考的重要结果。而想要达到“天下大同”,就离不开“文化自觉”,既要自觉欣赏自身文化,也要能发现并欣赏别的文化的优点和长处。我们可以看到,“文化自觉”强调文化的自尊、自信,但并不鼓励盲目的自大,费先生讲文化自觉始终强调文明的相互性,想要达到真正的“自知之明”,就需要对他者真正了解。全球伦理的建立需要此种文化自觉作为基础,此种文化自觉在费先生那里,既超越了“西方中心主义”看待未来世界秩序与全球伦理,也超越自身的狭隘性看待中国与世界的关

---

① 《孔林片思》,《孔林片思——论文化自觉》,第 18 页。

② 费孝通:《人文价值再思考》,《孔林片思——论文化自觉》,第 64 页。

③ 费孝通:《东方文明和二十一世纪和平》,《费孝通论文化与文化自觉》,北京:群言出版社,2005 年,第 206 页。

④ 费孝通:《面对世纪之交 回顾传统文化》,《费孝通论文化与文化自觉》,第 158 页。

⑤ 《孔林片思》,《孔林片思——论文化自觉》,第 19 页。

系。当然，在费先生看来，中国传统讲求“多元一体”，中国文化具有包容性和开放性，其本身处理问题的智慧能够为未来世界秩序的奠定提供方案。

费先生因提文化自觉，而更加注重对中国文化、中国伦理道德的研究。晚年费孝通归纳中国文化的特点有四：一、注重文化的继承、传承，通过家庭实现传承；二、“天人合一”的自然观；三、“和而不同”与“多元互补”；四、“推己及人”的精神气质。这是费先生自身“自知”“自觉”的结果，也是费先生拈出来认为中国可以贡献给世界的有意义的价值。其实我们可以从费先生晚年的历程当中发现其有自觉而来的“自信”，此种自信远超启蒙、复古的心态，而有一种由中国文化而面向世界伦理的姿态。可以说，费先生早年对“乡土中国”的诠释解释了儒家在中国社会如何“在”的问题[1]，而晚年文化自觉的提出则解释了这一“在”的灵魂，并进而指出未来以儒家为代表的传统价值如何“在”的问题。同样是讲“心理”“心态”，我们却可以说，费先生与李泽厚为中国文化、儒家伦理的未来指出了并不相同的两条道路。

三、社会变动与伦理建设

无论是李泽厚所讲的“文化心理结构”，还是费孝通先生提的“文化自觉”，客观上都对儒家伦理价值的客观存在有所“证成”，两说其实都在某种意义上回应了儒家传统走入“博物馆”的说法；但是对于儒家未来如何，二者的态度还是有所差别。两说均不是以全盘西化或全盘复古的态度面对传统，但是最终取向不尽相同，尤其是面对现代化与道德性的态度，两说偏向不同，李泽厚更重视现代化（西），而费孝通则强调生态与心态之间的张力。在范式上，二者均脱离了“中体西用”的模式，当然李泽厚走向了“西体中用”，而费先生则认为为文化区分体用，依旧没能从整体看待“文化”，是以“零售”的态度看待文化和伦理价值。当然，我们也会看到两说均有很强的实践向度，共同面向以儒家伦理、价值为代表的传统如何在当代生存、转化、建构的问题。

儒家伦理价值经过漫长的历史，逐步渗透、转化成为中国人的“文化心理结构”抑或“心态”，然而近代以来的社会变局却在逐步改变着这些“不自觉”“不自知”的潜层内容。对于大多数人来讲，传统伦理的“在”心理他们是不自觉的，传统伦理价值的改变对他们来讲也是不自觉的。而对于民族整体的“文化心理结构”抑或“心态”来讲，“新文化运动”等造成的冲击反而不如晚近“信息化”时代来得更为剧烈。在东方文化的转型过程中，丧失自知之明成为一种集体无意识。李泽厚一直强调

---

① 苏力：《费孝通、儒家文化和文化自觉》，《开放时代》2007年第4期，第38页。

需要改造中国人的“文化心理结构”，但其实这一改造一直在潜移默化地发生着，“文化心理结构”一直在发生变化，其背后决定性的力量也就是李泽厚所强调的“实践”，工具性力量的变化带来的社会结构的变化，在近些年愈发剧烈；此外，全球化伴随的现代性价值的“输入”带来的“心态”影响也远超学者预料。这些年社会领域的“价值论争”揭示出，“文化心理结构”及“心态”的改变其实已经由隐性逐步变为显性。例如美国的“同性恋合法化”已经成为“中国议题”，甚至以儒家为代表的传统究竟如何看待这一问题也成为争议本身。如果一种价值作为“文化心理结构”或“心态”而成为人们行动伦理的准则，那么社会不会在相关问题上产生“论争”。“论争”的出现以及“议题性”恰恰意味着“共识”的丧失、“心态”的改变，如当今中国婚姻以及生育的合理性甚至需要“论证”；代际之间“心态”的差异更加明显，由此带来的议题不时在媒体上出现；甚至连“爱国”这样的价值也无法取得基础性共识，这对儒家伦理来说是特别需要正视的问题。

近年来，所谓传统文化的复兴还远未进入真正的“伦理建构”层面，汉服、茶道、香道等传统的复苏，更像是一场以传统为外衣的时尚运动；而在婚丧嫁娶等礼俗层面，儒家传统伦理却因现代化的进一步深入而逐渐“解构”——这种解构可以分为有意识与无意识两个层面。一个突出的例证是占中国最大多数人口的农民“心态”的变化：在诸多层面上，尤其是在礼俗层面，农民是中国传统伦理最“顽固”的恪守者，然而“新生代农民工”的“文化心理结构”却已经发生了变化，他们的追求和基本价值取向已经和父辈产生了分歧①。我们常讲“礼失求诸野”，然而对儒家伦理来讲，今天最深刻的“危机”在于“野”的变化。这一变化的方向远在学者预期之外，也远在教育的预期之外——媒体、资本等的多方“共谋”，其功效远大于学者。

在这一背景下，我们究竟需要如何看待儒家伦理的当代建构呢？我们首先需要一种基本的“心态”，在谈建构方向之前，我们首先需要一种建构的基本态度。在这个意义上，李泽厚讲的“文化心理结构”与费孝通先生提倡的“文化自觉”所含有的既不复古又不全盘西化的态度，是我们应当基本具有的。当然，费孝通先生所讲的“文化自觉”应当是我们具有的基本态度，我们首先需要自觉到中国人的文化心理结构，自觉到其传统内容与现状，自觉到其历史意义与世界意义。我们或可将“文化自觉”作为基本态度，将“文化心理结构”和“心态”作为研究对象，注重社会物质存在和社会心理的互动，以及其中人的伦理的深层机制。当然，这种自觉需要有志于当代伦理建构的学者率先拥有，进而通过教育、传媒等手段扩展至大众——没有大众的“自觉”，在当代建构一种普遍的伦理生活应该是困难的。

---

① 可以参考国家统计局历年农民工监测调查报告以及央视新闻调查所做《新生代农民工》节目。

梁漱溟先生讲,“凡是一个伦理学派或一个伦理思想家,都有他的一种心理学为其基础;或说他的伦理学,都是从他对于人类心理的一种看法,而建树起来”①,今天欲建立有效的伦理原则,则需要对今日之“心理”有必要之了解。儒家讲“缘情制礼”,今天的人情究竟如何?今人之情与古人之情有无相通之处,有无激烈变化?这些均是建构之前的先行问题,不搞清楚这些先行问题而妄谈建构、乱作方案,最终只可能是镜中花、水中月,既无法避免传统走入博物馆,也难确立适于现代的生活方式。如何除去儒学中不合时代的内容,如何肯定其面对现代生活的价值,如何处理儒家伦理与现代的互动,都需要我们首先研究并了解“文化心理结构”以及“心态”。

---

① 梁漱溟:《梁漱溟全集》第一卷,济南:山东人民出版社,1991年,第327页。

元亨之际的文化思考
——陈来先生与中华优秀传统文化的创造性转化与创新性发展

在同代学者当中，陈来先生是较早确定儒学价值立场的学者[①]，自1987年以来，陈来先生就持续关注“文化儒学”，从对中华优秀传统文化和西方现代化理论的研究出发，一方面化解传统与现代的紧张，另一方面积极建构哲学思想，努力实现中华优秀传统文化的创造性转化与创新性发展。与不少学者民族主义乡愁般的思考不同，陈来先生对传统文化的立场建立在深入的理论研究与思考的基础上，他肯定文化保守主义、民族文化的主体性地位，并非“情感”主导，而是立基于“理性”，立足于中国现代文化的健康发展，以全球文化的和谐发展为导向。陈来先生系统回答了儒学及其价值传统在近代化社会文化中究竟有无意义的问题，探索将儒学价值落实在社会文化空间与个人精神人格当中的方法，进而从儒学价值出发，从理论上探索改变反传统主义和反儒思潮带来的社会失序与价值混乱的可能，在哲学上为儒家价值奠定新的本体论基础，发挥出儒学在当代的“全体大用”。陈来先生面对传统与现代，展现出一种中道平衡的文化观，而其特别在意从理论上防止“弊病”的出现的文化立场，则四平八稳似朱子。研究陈来先生的文化观，有助于我们在中华民族伟大复兴、中华文化复兴的今天，进一步促进中华优秀传统文化的创造性转化与创新性发展。可以说，陈来先生的很多思考，将成为未来中华文化建设的基础。

详细梳理陈来先生的思考历程，我们可以以2000年为限，将他的思考大致分为两个阶段：在2000年之前，陈来先生的文化思考，主要是从理论上化解传统与现代的紧张，解构反传统立场的合理性，对反传统的各种理论进行彻底批判；2000年之后，陈来先生更主动承担起了文化自觉的使命，其思考形态以建构为主，一方

---

① 参见翟奎凤：《修订版后记》，载陈来：《陈来儒学思想录》，翟奎凤选编，上海：华东师范大学出版社，2016年，第301页。陈来先生也指出，在20世纪80年代早期，他虽然不是极端的西化派，但文化立场也跟当时的思潮比较接近，但在访美期间受杜维明先生影响，之后坚定地站在守护中华文化的立场上了。参陈来：《在中国哲学史学科中作出最好的成绩》，载《中国哲学年鉴·2022》，北京：中国社会科学出版社，2022年。

面重点揭示中华文化的核心价值，另一方面则从哲学建构出发，为中华文化确立了新的哲学基础。当然，这两个阶段并非是截然割裂的，陈来先生 21 世纪以来的很多思考，萌发于 21 世纪之前，有些思考，如他对儒家美德的研究，早在 20 世纪 80 年代就已经开始了。但我们将其思考历程概括为以上两个阶段，有助于我们发现陈来先生文化观的一些特点。

一、传统与现代

早在 1987 年，陈来先生就已经登场肯定文化保守主义，对近代以来的文化思潮作出系统性梳理了[①]。此外值得注意的，则是 1988 年夏天由新加坡东亚哲学研究所主办的“儒学发展的问题及前景”学术研讨会，来自大陆、台湾、香港以及美国、加拿大、日本、新加坡的四十余位华人学者参加了此次会议，这场会议汇集了各派思潮代表人物，特别是 80 年代大陆三大思潮代表性人物。此次会议的实况汇集于《儒学发展的宏观透视》一书。从书中我们可以真切地看到与会学者当时的文化观和文化立场，特别可以看到，20 世纪后很多被称为传统文化的标志性人物，当时的中华文化立场也并不十分坚定。纵观整个记录，对传统坚定维护的，海外当推杜维明先生，大陆则属陈来先生。在捍卫传统的核心价值、坚守民族文化的主体性上，陈来先生的观点丝毫不犹豫，他对传统的看法，始终站在自身尺度上作出，而不夹杂任何外在标准；而对反传统的观点，陈来先生则能从理论与实践两方面展开反驳。

陈来先生为此次会议提交了两篇文章。一篇是《传统儒学的评价与反思——有关今年儒学讨论的参考资料》，此文详细梳理了当时各派关于儒学的态度，这展示了陈来先生对当时思想界状态的充分了解，也体现了陈来先生研究的基本品质——其所思所想，不是无的放矢的玄想，无论是吸收、借鉴，还是批评、对话，都是站在对相关观点的充分了解之上进行的，这就与很多人物的文化活动形成了反差，而依旧值得当代学者充分学习。另一篇是《多元文化结构中的儒学及其定位》，这是陈来先生的正式参会论文，其中众多观点在今天传统文化的“两创”中仍旧是不刊之论。

《多元文化结构中的儒学及其定位》一文针对近代以来激进主义对儒家文化的批评指出：

---

① 关于此点，陈来先生自己有较为详细的叙述，参见陈来、翟奎凤：《陈来先生儒学思想访谈录》，载《陈来儒学思想录》，第 3-4 页。

> 当我们要求儒学包容科学、民主，以及要求儒学为现代化过程提供直接的功利性精神动源时，不免产生疑问：我们可曾向佛教要求浮士德精神，向神道要求民主理论，向印度教要求个性解放，或向天主教要求科学认识论和方法论？面对上述各宗教传统在现代社会仍有强大生命力的现象，人们自然会想到，为什么在关于儒学的现代转化和发展上我们会提出如此众多的要求，而我们对于儒学提出的从本体论、心性论、认识论、伦理学上的改进要求为什么没有在其他传统中(包括中国本土的佛教与道教)作为现代转化的要求？或者，在对儒学的转化的要求中我们是否应当区分必要条件和充分条件，以避免把最高要求当成最低要求？[①]

陈来先生批评以功利主义要求儒家要为现代化提供动力的观点，认为这种要求是一元论的表现，背后有一种急功近利的心理，是对儒学的求全责备。面对儒学与现代，我们不能要求把儒学改造为一个包容了所有现代化社会需要的价值的体系，不能苛求老内圣开出新外王——虽然不管老内圣能否开出新外王，都不影响我们思考儒学在现代社会的价值。陈来先生的疑问，在会议上得到了同为文化保守主义者的杜维明先生的肯定，也得到了持不同立场的甘阳先生的肯认，这一发问深刻有力，成为本次会议的一个亮点。

延续1987年《中国近代思想的回顾与前瞻》一文“要求儒家伦理在现代社会与现代政治经济制度在社会实践方面相配合，以适宜的形式保持自己成为社会生活不可或缺的部分”[②]的论断，陈来先生摒弃了老内圣开出新外王等改造儒学的文化模式，认为不能要求儒家为现代中国提供一切，也不能让儒家恢复它在传统中国的地位，就此，陈来先生特从“多元文化结构”的角度提出化解传统与现代紧张的方案。陈来先生指出，“一种思想在某一种文化中发生的功能效果，是和整个文化的结构与该思想体系由结构所决定的在整个文化体系中的地位必然地联系在一起的”[③]，在传统社会起主导作用的儒家，面对西方冲击，产生诸多问题，正在于“结构的不合理以致造成儒学的‘越位’效应，即造成道德价值超越了自己的份位，侵入政治、认识、艺术等领域中去”[④]。今天则需要“建构一个新的文化结构，调整儒学在新的文化结构中的地位，使其越位等消极性得以排除，而使其价值理性的积极性得

---

① 陈来：《多元文化结构中的儒学及其定位》，载杜维明主编：《儒学发展的宏观透视——新加坡1988年儒学群英会纪实》，台北：正中书局，1997年，第53-54页。

② 陈来：《中国近代思想的回顾与前瞻》，载氏著：《传统与现代——人文主义的视界》，北京：生活·读书·新知三联书店，2009年，第25页。

③ 《中国近代思想的回顾与前瞻》，第29页。

④ 《中国近代思想的回顾与前瞻》，第30页。

以继续发挥”[①]，“文化的现代化不是以决裂传统为途径，其关键可能在配置合理的文化元素和获得一个良性的结构，使多元文化系统的合成指向较为理想的方向，而不是强求系统中每一元素都指向同一方向”[②]。面对当代中国文化问题，不应一味苛责儒家，让儒家背负沉重的“罪孽”，“不是就儒家自身思考儒家进一步发展的途径和方式，而是把它置于多元互动的整个中国文化现代建构中综合地设计它的发展”[③]，这样一个结构的建立，意味着“让儒学回到它应有的位置，这可以说是‘重新定位’的问题。儒学的重新定位并不排斥批判和发展。对儒学的批判继承和现代阐释也必然包含着调整、反思、补充、发展的意义”[④]。可以说这一思考真正意识到了文化结构的多元与多样，深刻地指出了现代症结所在，并给出了化解矛盾的方案。当前我们思考传统文化的“两创”，重要的也是立足中华文化复兴的全盘，找准儒学以及传统的当代定位，“凯撒的归凯撒，孔子的归孔子”，促进儒学积极因素的发挥，“多元文化结构”的实践，是今天尤为迫切的时代课题。

此种“多元”的立场，是陈来先生文化观的基础。从此种多元文化结构的立场出发，陈来先生反对以功利主义立场审视儒学以及中国传统，反对苛求儒家富国强兵、加强法制、发展高科技的理论。陈来先生指出，“从功能角度丧失了对儒学的信任，本来是近代中国人的通习，现在加上了引进的从韦伯到帕森思对儒家伦理从经济功能上的批判，更强化了知识分子在功能坐标中判断文化价值的倾向。在内外比较的强烈反差中，最容易滋长‘全盘西化’的主张，当这种主张变成一种民众的普遍心理时，文化激进主义的再次当道就毫不奇怪了”[⑤]，“每一次对传统的批判反思，都出现在中国‘现代化受挫’的关键时期，都是以当时社会普遍的‘现代化受挫感’为基础的。换言之，每当现代化受挫的时期或有强烈受挫感的时期，就会出现对现代化受挫的一种文化上的追问，追问现代化困难的文化原因”[⑥]，建立在此种心态上的反传统，显而易见是情绪性的，是带着急功近利心理的非反思性态度，而这也是20世纪文化热中很多学者的基本心态。而从理论上，则可以看出此种心态的逻辑困境，在1988年发表的《化解传统与现代的紧张》一文中，陈来先生指出：

> 如果以“强国强种”作为终极标准并引入文化领域以判断文化价值，那么，不但一切与强国强种无直接关联的文化价值，包括道德、宗教、审美等等变得

---

① 陈来：《中国近代思想的回顾与前瞻》，载《传统与现代——人文主义的视界》，第30页。
② 《中国近代思想的回顾与前瞻》，第31页。
③ 《中国近代思想的回顾与前瞻》，第31页。
④ 《中国近代思想的回顾与前瞻》，第32页。
⑤ 陈来：《20世纪文化运动的激进主义》，载《传统与现代——人文主义的视界》，第92页。
⑥ 陈来：《跋语：世纪之交话传统》，载《传统与现代——人文主义的视界》，第334-335页。

> 一钱不值,人类永恒的和平、正义、和谐的理想也全无意义,以这些价值为核心的文化传统自然都在摒弃之列,即如自由、平等、博爱的价值也只在工具理性的意义上承认其地位。从另一个方面说,如果富国强种是绝对的目的,那么如果有其他手段比自由、平等、博爱更有效用,自由平等的牺牲也是理所当然的。在这样的立场上,帝国主义、军国主义的道路也是可以接受的。由此可见,在社会达尔文主义和中国内忧外患的背景下,丧失了价值理性标准,使最先进的中国人完全陷入功利主义。①

这就深入挖掘了功利主义思维的逻辑困境,对之进行了有普遍性意义的批判。

同时,陈来先生不把儒学与现代化对立来看,不认为传统与现代必定是紧张的。在他看来,第一,儒学虽然无法产生现代价值,但是儒学能够包容现代价值并促进中国的现代化,这点在工业东亚的实践中可以得到支持。第二,儒学能够对现代病起到价值调节的作用。儒学在当代中国文化结构中的重要性,既体现在民族凝聚力的提升、民族文化自信的塑造上,也体现在儒学自身拥有的克服现代道德性与现代性分裂的重要价值能力/价值功能上,发挥儒学的积极要素,有助于中国实现去现代病的现代化。第三,陈来先生还特别强调,儒学的复兴依赖于现代化,他认为传统思想复兴的最大条件就是现代化。早在1987年,陈来先生就预言,"一旦中国实现了现代化,儒家传统的再发展一定会到来,那时候,负面的反传统思潮将会消失,代之而起的必然是植根于深厚民族传统的文化复兴"②。1991年年底陈来应香港的《二十一世纪》杂志之邀,在篇首《展望二十一世纪》专栏写了他对儒学的展望——《贞下起元》一文,文中指出:"儒家思想,在二十世纪知识分子从文化启蒙、经济功能、政治民主等全方位的批判中,经历了两千多年来最为严峻的考验,但是站在二十世纪即将走过的今天,放眼儒家文化的未来命运,没有理由绝望或悲观。恰恰相反,我确信,在经历了百年以来,特别是最近一次的挑战和冲击之后,儒学已经度过了最困难的时刻,已经走出低谷。"③我们看到,陈来先生的预言一次次实现,步入新世纪,中国从民间到政府,都展现了传统文化复兴的态势。面对晚近国学热的兴起以及儒家文化的复兴,陈来先生更是指出,"政府推动是环境,知识群体是关键,社会文化是基础,而儒学的复兴最根本的条件则是中华民族的复兴和重

---

① 陈来:《化解"传统"与"现代"的紧张——"五四"文化思潮的反思》,载《传统与现代——人文主义的视界》,第42-43页。

② 陈来:《中国近代思想的回顾与前瞻》,载《传统与现代——人文主义的视界》,第28页。

③ 陈来:《陈来儒学思想录》,第119页。

新崛起，换句话说，中国现代化的成功和迅猛的经济发展是文化复兴的根本条件”[1]。陈来先生始终不把传统与现代截然对立，此种文化立场，是陈来先生思考特别有价值的地方。陈来先生强调，“只有在去除儒学不合时代内容的同时，理直气壮地正面肯定其对于现代社会生活有价值的精神和原理，使之合法化地作用于国民教育和文化建设，才能重建统一的国民道德与稳健的国民精神，走向合理的现代社会”[2]，这是陈来先生站在其对传统与现代研究的立场上，对传统当代地位的肯认，这也是当下应该具有的实践态度。

其实要求“老内圣开出新外王”，在文化尺度上，已经把评判权让渡给了西方，让渡给了现代性，不自觉地用能否“开出”西方价值作为评判儒学现代转化是否成功的关键，已经将儒学“降维”了。面对此种不自觉的“妥协”态度，陈来先生始终以中国自身、以儒家文化为思考尺度，这也就是陈来先生自己所讲，“我的立场是‘以中为体’，‘中’就是中国、中国文化”[3]。对中体的坚持，陈来先生是有高度自觉的，我们可以看到，一方面，陈来先生始终强调儒家价值的普遍性地位，反对以相对主义的立场看待中国文化，如在评判新儒家 1958 年文化宣言时，陈来先生认为，该宣言“主要以西方人作为对话的对象，没有全面地与中国近代的启蒙运动或中国近代的全盘反传统思想体系进行对话”[4]，在与西方人对话时，不自觉地让渡了评判文化的权利；另一方面，陈来先生不采取简单的否定或辩护的姿态面对西方文化，在讨论中国文化与西方文化价值观念的对话时，他不是从名词上纠结传统有没有西方哪些东西，而是从问题实质上挖掘传统的价值，思考站在儒家精神立场上是否可以接受西方现代价值、接受之后能不能从儒家立场提出更深刻的思考。可以看到，一个时期内，有不少学者面对西方价值的态度是“你有我也有”，即使有些学者极端地强调儒家价值的“独特性”“超越性”，其实在选择标准时已经不自觉地上了对方的船，潜移默化地以对方为尺度了。陈来先生自觉地“以中为体”，是他的思考超越新儒家以及当代很多学者的重要特征。

陈来先生有针对性地指出了反传统主义在理论上的问题，并进行了回应，对反

---

① 陈来：《儒学复兴的运势》，《社会科学报》2012 年 5 月 17 日，第 6 版。其实陈来先生正是有着对传统与现代关系的深入理解，才使得他拥有在今天看起来特别“神奇”的预见力。在新加坡召开“儒学发展的问题及前景”研讨会的同年，陈来先生曾与某位激烈的反传统主义代表在北京大学电教展开辩论，该代表认为不彻底否定传统，中国就不会走向现代化，陈来先生则指出，如果连一个五千年的传统都能轻易否定，那么激进地反对三十多年的传统也是可能的。由于当时的文化氛围，该代表的观点迎来了众多听众的喝彩，但历史的发展则验证了陈来先生理性思考的预见力。

② 陈来：《现代中国文化与儒学的困境》，载《传统与现代——人文主义的视界》，第 111 页。

③ 陈来：《陈来儒学思想录》，代序第 23 页。

④ 陈来：《启蒙反思三题》，《学海》2010 年第 6 期。

传统主义在学理上进行了深入批判，丝毫不回避其理论上的锋芒，在学术上没有一丝“乡愿”。这其中最为重要的，就是陈来先生对韦伯理论的吸收、借鉴与批评。韦伯是当代中国不少学者借以批判传统的资源，而陈来先生则是国内较早关注并回应韦伯问题的学者。

早在1987年发表的《中国近代思想的回顾与前瞻》一文中，陈来先生就借鉴韦伯工具理性与价值理性区分的观点，指出“要求以价值理性为主体的儒学为以工具理性发展为内容的经济改革作出具体贡献是一种苛求，因为价值传统并不因为它不能提出具体改革方案便失去自己的内在价值”[①]。陈来先生始终强调，“最根本的把握就是认为‘东西古今’的问题其实本质上就是价值理性和工具理性的关系问题”[②]。他从价值理性的独立地位出发，强调传统的内在价值，这是他反对以功利主义评价儒学的基础，也是他强调儒学作为价值理性连续发展重要性的理论基点。而从韦伯的价值理性与工具理性的二分看待中国传统与现代的观点，以前没有学者讲过。

同时，陈来先生强调的儒学传统对现代性的包容与适应，更是对韦伯思想的扬弃。其实韦伯早就指出过，虽然儒学传统无法发展出现代性价值，但在现代性被中国接收后，儒家传统却可以包容、适应现代性。陈来先生很早就敏锐地抓住了这一点[③]，而国内大多数学者在借用韦伯资源时往往只关注韦伯理论的前半截，即儒家无法产生现代性。可以说，陈来先生对韦伯现代性理论的把握，超越国内众多学者。同时，韦伯在指出儒学能够同化现代性时，却认为这是“中国式的石化”——中国会比其他文化更加热烈地“拥抱”现代生产方式，由于缺乏此世与彼岸的张力，人类的精神生活可能会进入“精神生活的中国式僵化”[④]。而陈来先生却指出，“一切宗教传统都与现代化有冲突，都必然对现代化发展中的物欲横流、价值解体、人性异化、人际疏离、文化商业化等消极因素持批判态度。同时，我们又须承认现代化是一个不可避免的发展，在这样一种情境中，与世俗世界具有过分紧张关系的宗教，就显得不适应；而儒教这种在世俗中求神圣、注重与世界适应的、重视道德与文化的体系，可能会在同化的过程中与市场工具理性形成比较合理的紧张”[⑤]。对于现代化以及现代化与儒学的关系，陈来先生并不持韦伯式的悲观立场，此种立场是中国尺度的“此世”“在世”的态度。此外，陈来先生还特别指出了韦伯研究儒家

---

① 陈来：《中国近代思想的回顾与前瞻》，载《传统与现代——人文主义的视界》，第25页。

② 陈来：《陈来儒学思想录》，代序第7页。

③ 参见陈来：《儒家伦理与中国现代化》，《二十一世纪》1994年第2期。

④ 参李猛：《“中国式的石化”：韦伯论儒家生活之道的世界文明后果》，未刊稿。

⑤ 陈来：《儒家伦理与中国现代化》，载《传统与现代——人文主义的视界》第240页。

与研究新教不一致的地方，即韦伯在研究新教伦理时关注的是世俗伦理，而在研究儒家时则是关注精英传统，未能从世俗儒家伦理的角度分析问题。他指出，“韦伯所有在儒家伦理方面所下的错误论断，都是因为他只就精英儒家文化立论，而忽略了世俗儒家文化”[①]，“由于他主要着眼于精英儒家伦理立下了许多论断，使得他的论断与他自己偶尔利用的旅行者的报道发生矛盾。更重要的是，这使得他的理论在解释东亚及中国在模拟现代化过程中的迅猛发展方面，显得无能为力”[②]。正是指出了韦伯理论自身的不融贯，陈来先生才分析出，“就世俗儒家文化来说，韦伯的论断‘儒教的理想与禁欲的基督新教的职业概念之间，甚至存在着更强烈的紧张性’，也是不适当的”[③]，“在经济行为上，中国文化训练的人具有自我约束和勤俭执业的品质，在模拟现代化的过程中可发挥积极的作用，而功利动机的合法化则为中国人提供了心态的支持”[④]，这也即是陈来先生探索蒙学与世俗儒家伦理文章的理论意蕴所在。

二、多元与动态

我们特别强调陈来先生 1988 年发表的《多元文化结构中的儒学及其定位》一文，与笔者对陈来先生文化理论价值的理解有关。笔者以为，此文是陈来先生“多元普遍性”观点的滥觞，而“多元普遍性”这一思考，既是回应以列文森为代表的海外学者主张儒学已死、已经走入博物馆的观点最有力的反驳，亦是我们当下思考中华文化、思考人类文明新形态所应具有的基本文化立场。

我们可以发现，近代反传统的激进主义，其思维特征是“一元”的，这种“一元”的文化模式，往往将复杂的世界要素进行化约，它在对待中国现代化建设时，表现为各种形态的“文化决定论”；在面对世界文化时，则展现为排他的某种中心主义，西方中心主义为一典型；在实践上，则期待用“一招鲜”的方式，希望短、平、快地全盘解决问题，因此在历史实践中就会显得急功近利、简单粗暴[⑤]。机械性、僵化性，是一元论的首要特征。我们可以从陈来先生对近代以来激进主义的描述中，发现一元论思维的上述特征。还值得注意的是，很多学者对自身陷入“一元”往往不自觉，如陈来先生指出，孔汉思等人希望在不同文明之间找出共同，以此促进世界和

---

① 陈来：《陈来儒学思想录》，第 145 页。
② 《陈来儒学思想录》，第 146 页。
③ 《陈来儒学思想录》，第 145 页。
④ 《陈来儒学思想录》，第 146 页。
⑤ 此点在人格特征上亦有体现，从《儒学发展的宏观透视》一书的讨论部分，即可看出。

平,“其实仍是一种一元论的思维方式,难道我们就不能想象一种中国式的‘和而不同’的思路吗?没有必要期望所有宗教最后的趋同并由此解决世界的冲突,这种期望只能是对多元文化的否定。信仰、伦理上的共同处不能保证和平共处,共同处多也不等于共处容易”[①];也有些学者为了反对一元,坚持多元,却导向了各种形态的相对主义。在这点上,“多元普遍”的观点,无疑具有重大的理论意义。

所谓多元,首先,在面对文化与政治、经济等关系时,强调结构性地看待问题。工具理性具有普遍性,价值理性同样具有普遍性,陈来先生讲,“东西方的价值理性传统并无古今高下之分,人文价值必须有自己独立的尊严和领地”[②]。此即是陈来先生在化解传统与现代紧张时特别强调的,即,在一个结构中,需要定位各要素的作用,最终形成合力,而不是期待某一个要素能够发挥所有作用,这样一方面会造成要素的越位,一方面也会导致对要素的苛责。结构中的要素,其价值或作用的发挥,都具有普遍性,普遍地作用于现代社会的每一个活动单元,而其普遍性的实现,则有待系统合力。

其次,面对世界上各文明系统,陈来先生强调各种文明的价值都具有普遍性,不能认为在现代社会只有西方文明具有普遍性,非西方文明是特殊性的存在,事实上,如上面引文所说,东西方价值理性传统无古今高下之分。陈来先生指出:

> 当代文化和哲学的发展显示出,根源性、民族性、地方性,与世界性、现代性、普遍性,已不再是启蒙时代所理解的非此即彼的对立,而是“对立统一”的辩证关联。现代化可以有不同的文化形式,哲学也可以有不同的文化形式;哲学问题是没有时代性的,它本身不需要现代化,但提出问题和处理问题的方式却有时代性。[③]

陈来先生以一种辩证的、历史的姿态看待传统与现代、不同文化的关系,强调各文明提出的价值具有的根源性与普遍性。陈来先生区分了“内在的普遍性”和“实现的普遍性”,“内在的普遍性”指某种文化在历史过程中具有的普遍化能力,“实现的普遍性”则指具有内在普遍性的文化在一定条件、环境中的实现状态。陈来先生讲:

> 在我们看来,这种普遍和特殊只有时间的差别,西方较早地把自己实现为

---

① 陈来:《谁之正义,何种伦理?——儒家伦理与全球伦理》,载氏著:《孔夫子与现代世界》,北京:北京大学出版社,2011 年,第 14-15 页。

② 陈来:《化解“传统”与“现代”的紧张——“五四”文化思潮的反思》,载《传统与现代——人文主义的视界》,第 52 页。

③ 陈来:《中国哲学的现代化与民族化——从冯友兰的哲学观念说起》,《学术月刊》,2002 年第 1 期。

普遍的，东方则尚处在把自己的地方性实现为普遍性的开始，而精神价值的内在普遍性并不决定于外在实现的程度。在我们看来，东西方精神文明与价值都内在地具有普遍性，这可称为“内在的普遍性”，而内在的普遍性能否实现出来，需要很多的外在的、历史的条件，实现出来的则可称为“实现的普遍性”。[①]

一种文明，可能因为历史机缘，较早地实现了普遍性，但这种实现却不能压制和覆盖其他文明的普遍性，按陈来先生的讲法，全球化不能变成“有主词的全球化”。随着历史的发展，历史可能为其他文化的普遍性实现提供契机，因此，我们不能仅将西方自由、民主视作普遍性价值，东方价值，如仁爱、平等，也具有普遍性。这里，我们可以看到，具有内在普遍性的文明，其关系也可以是多样的，在其实现普遍性的过程当中，可能会出现“文明的冲突”。但是，如果能在一种世界性的文化结构中，合理地发挥各种文明的地方性作用，发挥出各文明内在的和平性要素，同时在各文明、文化之间逐步确立“承认的文化”，则有可能化解文明的冲突，做到文明间的“美美与共”，而这也即是我们当下思考的“人类文明新形态”。陈来先生指出：

> 相对于西方多元主义立场注重的“承认的政治”，在全球化文化关系上我们则强调“承认的文化”，这就是承认文化与文明的多元普遍性，用这样的原则处理不同文化和不同文明的关系。这样的立场自然是世界性的文化多元主义的立场，主张全球文化关系的去中心化和多中心化即世界性的多元文化主义。从哲学上讲，以往的习惯认为普遍性是一元的，多元即意味着特殊性；其实多元并不必然皆为特殊，多元的普遍性是否可能及如何可能，应当成为全球化时代哲学思考的一个课题。[②]

这一课题的深化，自然值得今天的学者进一步开展，但无论如何，这样的理论的意义是显而易见的，除上述化解文明的冲突的意义外，我们也可以看到，这样一种文化观，是对“历史终结”说的内在瓦解。历史终结说的根源就在于坚持西方一元普遍，而且认为这种普遍性的充分实现，就意味着人类历史不会再有新的发展。但今天的历史发展恰恰证明，我们不能期待“历史的终结”以实现人类的发展理想，西方对普遍性的极端诉求，反而可能使人类历史走入“死胡同”。多元的普遍，恰恰看到了文明间的动态平衡，亦即在人类历史的不同关口，拥有不同价值系统的文明，可以在不同时期为解决人类问题提供新的可能，为人类发展提供新的发展思路。普遍性之间不仅仅有竞争关系，在其普遍性的实现过程当中，不同文明的交

---

① 陈来：《走向真正的世界文化：全球化时代的多元普遍性》，载《孔夫子与现代世界》，第289-290页。

② 《走向真正的世界文化：全球化时代的多元普遍性》，第290-291页。

往，反而可以促进不同文化自身的创造性转化。我们可以说，一元普遍的观点，不仅仅压制其他文化发展，也对自身文化的发展造成了封闭，将自身文明变成僵化的实体，将自我与他者同时带进“死胡同”；而从多元普遍性的立场，我们则可以在“美人之美”的过程中，吸收不同文明的长处，发展自身文明，以一种开放性的姿态深化人类价值。

回到中国近代问题，特别是面对列文森提出的“博物馆”说，我们同样可以看到多元普遍说在解决中国内在文化问题时的重要意义。列文森认为，由于西方的冲击，儒学已经走入博物馆，对现代中国已经失去了实际效用。如果站在陈来先生的理论视角，我们可以认为，列文森实际上没有注意到价值理性的连续性，而之所以会如此，就在于列文森依旧持“一元普遍”的立场。列文森在谈到儒学走入博物馆的逻辑历程时，一个关键性的要点就在于“普遍性”的替换，亦即西方文明的普遍性，由于其在近代中国的有用性，逐渐替代了原本在中国占据普遍性地位的儒学思想。这里，列文森实际上认为，在一个现实的文化系统当中，只有一种文化价值可以发挥完整的、体用皆在的普遍性效用，而在普遍性选择的过程当中，西方文明由于其在现代社会的效力，成为最终的赢家。列文森只是从实现的普遍性的角度看待问题，再加上对西方文化的普遍性效力的根深蒂固的坚持，他因此对儒学的近代命运有如此的判断。如果我们回到多元普遍的立场，回到多元文化的结构当中，就不难看出列文森的问题所在，以及对列文森博物馆说的最深刻的回应——当今儒学不是要在所有领域发挥作用，而是要在一个新的文化结构当中，发挥其作为价值理性的作用。而中国在接受西方工具理性以及某些价值理性的同时，也可以发挥儒学在价值理性中的普遍作用；儒学的普遍价值也可以随着历史的发展推扩出去，为人类文明面对的现代性问题提供解决的方案。不同的普遍性文明之间的关系，绝不是替代性或覆盖性的。这是我们从多元普遍说的立场，对人类文明新形态作出的思考。

同时，从多元普遍出发，我们也可以更加凸显陈来先生自身哲学建构、文化思考的特点。作为一个文化保守主义者，陈来先生既不主张全盘西化，也不主张复古，而是主张在多元结构中合理地安顿古今东西的位置，以期各要素都发挥积极的作用。当代中国的传统文化复兴，同样需要在传统文化领域警惕一元性思维，即认为传统万能，儒家文化可以全盘解决中国当下面对的各种问题，这样就会走向另外一种急功近利与简单化约。

多元普遍说能够展现出陈来先生作为哲学家的历史感，即动态地、历史地、结构地看待人类文化，而不是机械地、僵化地、独断地对文化的理论和现实作出评判。当然，我们也可以从多元普遍性的论述，看到陈来先生对现实问题的强烈关切。多元普遍性的观点，对未来人类文化发展的意义，仍旧值得我们挖掘。

三、创造与振兴

进入 21 世纪，陈来先生不断强调，“如何面对当今世界、当今社会的现实处境（包括扩大民主、社会正义和公共福利等）而发出自己的声音，表达自己的态度，不能不成为新的考验。……进入了一个治国安邦的时代。在文化上，从上个世纪的‘批判与启蒙’，走向了新世纪的‘创造与振兴’”[①]，这样一个“治国安邦”的时代即所谓元亨之际，而“创造与振兴”则是陈来先生在这个时代自觉承担起的使命，其很多思考和写作，都是围绕中华文明的创造性转化与创新性发展开展的。我们可以从如下几方面来看陈来先生的贡献。

首先，陈来先生较早关注儒学与马克思主义的关系，并注重两者的“结合”。相较于一般学者，陈来先生对儒学和马克思主义都有深入的了解。儒学自不待言，在马克思主义领域，陈来先生在青年时期就阅读了大量经典原著，对马克思主义基本原理有着较为深刻的理解。在陈来先生看来，阻碍儒学与马克思主义结合的，主要是“极左的假马克思主义”以及持有此种观点的人人为构造出的一些障碍：

> 在中国大陆，长期以来，妨碍正确理解儒学的历史价值与现代意义的力量，不仅来自于自由主义对儒学的激进否定，“极左”的“假马克思主义”在近几十年的批判儒学的运动中扮演重要角色。……90 年代中期，一个正在兴起的、小规模的批儒运动主要来自教条主义和“假马克思主义”。他们认为孔子学说是一个非常封建的学说，认为马克思主义与孔子的教义，无论如何是两个对立的体系，认为马克思主义和儒学的关系应该是批判性的否定关系，把儒学仅仅看成一种维护封建专制统治的地主阶级的意识形态；为了把马克思主义与中国文化对立起来，用虚幻的手法提出“如果我们天真地以为从‘国学’中可以找到立国之本或重建民族精神的支柱，而马克思主义作为外来文化可以置之一边，那么未免太迂腐了”，“不排除有人企图用‘国学’这一可疑的概念来达到摈弃社会主义新文化于中国文化之外的目的”。教条主义和“假马克思主义”无视中华民族的历史主体性，无视民族利益和民族前途，无视历史转型中的现实困难，假意识形态的威权，把赞成正确理解儒学和要求善用传统资源以对治现实问题的主张扣以“复古主义”的帽子，企图以政治化的话语打击不同的学术意见，这无疑是 90 年代改革开放潮流中的一种倒退的表现。同时，也

---

① 陈来：《孔子与当代中国》，载《孔夫子与现代世界》，第 11 页。

可看出，在把儒学视作“农业文明”、“专制意识形态”方面，教条主义与文化激进主义是受同一种启蒙话语所支配的。[①]

中国马克思主义在发展过程中，不能摒弃中华民族的历史主体性。我们要超越抽象的教条，从中国文化发展的具体看待两者的关系，不能忘记中国实际和中国问题具有目标的意义，这是解决儒学和马克思主义结合问题的一个立足点。陈来先生特别强调：

马克思主义是发展的，中国化的马克思主义是与时俱进的。我们讲儒学和马克思主义的关系，这个马克思主义应以当代中国的马克思主义为主体。……紧密结合社会主义文化建设的实际，不断开创马克思主义与中华文化相结合的新局面。

马克思主义是指导我们事业的理论基础，儒学是中华传统文化的主干。我们要进行有中国特色社会主义的实践，就不能不重视这两者之间的关系：如果只关注以儒学为核心的中国传统文化，而不坚持马克思主义，那么我们的社会主义实践就会失去指导思想，我们的社会主义建设也就名存实亡；反过来说，如果只坚持经典的马克思主义理论，而不去研究以儒学为核心的中国传统文化，那么，我们的社会主义建设就会失去中国特色。[②]

陈来先生的这些观点，对于我们今天思考马克思主义基本原理同中华优秀传统文化的结合，具有重要的理论意义。

其次，陈来先生特别注重在新时期阐扬中华文明的核心价值。陈来先生的很多文章越出纯粹的专业研究，以明晰、通俗、晓畅的笔触向大众传播中华优秀传统文化，用现代汉语述说中华文明的核心价值，具有深刻的实践意义，为儒学在当今重新进入社会文化和生活伦理提供了门径，这也是陈来先生对当代实践方式的探索。当代专业知识分子如何在公共生活中发挥作用？是否只能像传统儒家那样“学而优则仕”，才能对现实有实际影响？其实陈来先生的实践为我们展现了当代儒家知识分子实践的一个方向，即讲清楚传统是什么、传统的价值何在。在传统复兴的初期，此种工作尤为重要，这种讲清楚是对传统的“正本清源”。特别是，我们看到，在国学热的背景下，大量打着国学旗号的伪国学也同时出现，这反而对传统的复兴起到了阻碍作用，此时就更需要向公众清楚地讲明白传统的本来面目与核心价值。陈来先生在这方面的工作，无疑是当代学者中最具代表性的，如他从以人

---

① 陈来：《现代中国文化与儒学的困境》，载《孔夫子与现代世界》，第152-153页。

② 陈来：《陈来儒学思想录》，第121-122页。

为本、以民为本、以德治为本、以修身为本和以家庭为本五个方面揭示了儒家的治国思想，从人生态度、道德理想、普世价值等方面讲清楚了儒家的人生观。更为重要的是，陈来先生将儒家思想与现代价值比较，勾勒出了中华文明核心价值观最重要的特征：

> 第一，道德比法律更重要。第二，社群比个人更重要。个人指个体，社群小到家庭、家族、宗族，大到社区、国家、民族。第三，精神比物质更重要。第四，责任比权力更重要。儒家所认为的责任是宽泛的，可以是对家庭的责任、对团体的责任，也可以是对社会、对民族的责任。第五，民生比民主更重要。孟子就认为老百姓有了温饱生活才能做好其他事情。第六，秩序比自由更重要。第七，今生比来世有价值。儒家奉行积极的现世主义，它非常看重今生现世的事物。第八，和谐比斗争有价值。第九，文明比贫穷有价值。儒家始终对文明有很高的认知度，早期儒家提倡礼，礼就是一个文明的体系、文明的标志，一切人类文明的建构都属于礼，所以儒家最保守礼、发展礼，并传承礼，它的文明意识非常突出。第十，家庭比阶级有价值。[①]

以上十条，是陈来先生在对比西方现代价值的基础上，对中华文明特征所作的彰显。这里特别要注意陈来先生断语的分寸。陈来先生强调一方比另一方更重要，绝非排他性的断语，不是不要另一方，而是在吸收另一方价值的同时，凸显中华文明的价值意义。回到上文所讲的多元结构，我们可以说，陈来先生不是在价值之间作非此即彼的选择，而是要在多元结构中、在中国主体下，安顿这些价值。而中华文明的核心价值由此彰显了其独特性，并在这一结构中获得了生机。

第三，挺立仁体，在仁体的彰显中，安顿价值。在《仁学本体论》中，陈来先生指出："一，仁为本体，是万有之本；二，仁本体是流行统体；三，仁本体是生生之源；四，仁本体是仁与万物为一体。"[②]陈来先生的仁体概念的提出，直接将价值本源作为宇宙、世界的本体，将价值视为形而上学的根本，直接为当下社会与人的道德重建提供了哲学基础。《仁学本体论》前十一章重点阐释"体"，而第十二章《仁统四德》则是对具体的"用"的阐释，也即对价值的诠释。这一阐释依旧建立在对"仁体"内容的重新诠释的基础上，尤其是用"新四德"——仁爱、自由、平等、公正[③]——去重新赋予传统儒学所讲的"仁包四德"以当代使命。陈来先生指出，"在现代社会，四德论应有所发展，已有的仁义礼智四德，仍有其价值和意义，但儒家仁学必然以

---

① 陈来：《陈来儒学思想录》，第105页。

② 陈来：《仁学本体论》，第68页。

③ 加上"和谐"，则是陈来先生所讲的"新五德"。

仁为基础,来对现代社会的普世价值原则,加以贯通。……传统四德多就道德价值或私德而言(当然不限于私德),而新四德或五德则主要内容就社会价值而言,但两者不是相排斥的,可以说是相补充、相配合的"[1]。这样一种价值体系,以"仁"为结构的核心,而包涵现代价值,展现出一种包容精神。同时,在"新四德"当中,四者的关系并不是平铺、并列,而是用"仁爱"去统贯其他三者,仁爱优先于其他三种价值,这就突出了中华文化的主体性地位。无论是对于传统中国价值还是其他价值,陈来先生都是立基于仁体进行阐发的。如当代学者特别注重挖掘儒家"和"(和谐)的当代价值,但很多学者在阐发时,依旧"缺了上一截",这样阐发出的和谐是无根的,也无法从根源上彰显"和"的意义。陈来先生则主张"仁体和用",他指出:

> "和"虽然是儒家文化的基本取向,但从儒家的价值结构来看,"和"还不是儒学的究极原理。"和"是用,而不是体。"和"的后面还有一个基础,这就是"仁"。"仁"是体,"和"是用。"以仁为体,以和为用"的文化实践结构,体现了儒学与西方文化不同的精神特色。
>
> 如果没有一个普遍的道德原理作为基础,要建立后冷战时期健全的东亚地区文化,是不可能的。儒家传统的"仁"可以作为当今世界人类共同观念的一个道德基础。[2]

这就从普遍性的角度,强调了"和"的重要意义。这种从普遍性的"仁体"出发,阐释其他价值的方式,是陈来先生文化观的又一核心特色。

第四,阐扬儒学美德,化解当代道德问题。在《儒学美德论》中,陈来先生面对近代以来的中国道德问题,再次强调,我们不能苛责儒家有没有现代要求的某些德性,而是要看儒家的普遍性原则能否推出或接纳这些价值。陈来先生指出:"要用动态和发展的观点理解'儒家',特别是'近代新儒家',而避免用一个单一的本质主义的儒家概念去判断儒家的多元体现和历史发展。传统儒家的体现形态本身就是多元的,不是单一的。而无论近代或现代、当代的新儒家学者,都不再与传统儒家完全一致。他们大都批判地肯定工业文明、民主政治、科学发展、现代化社会组织,并广泛吸收现代价值观;但在基本道德价值、基本人生理念、基本修身方法以及文化认同上,仍坚持肯定儒家的基本观念。"[3]陈来先生不是要将儒家伦理收摄于美德伦理,或用美德伦理的框架"套"儒家伦理,而是希望在对话关系中凸显儒家特色与当代意义。该书虽从"美德伦理"而出,但真正深入的则是"儒家伦理""中国问

---

① 陈来:《仁学本体论》,北京:生活·读书·新知三联书店,2014年,第429页。

② 陈来:《儒家思想与现代东亚世界》,载《传统与现代——人文主义的视界》,第216-217页。

③ 陈来:《儒学美德论》,北京:生活·读书·新知三联书店,2019年,第156-157页。

题”,美德伦理更多地是一个问题参照、切入。在陈来先生看来,孔子提供了一种普遍价值,这种普遍价值展现在君子人格上,只有从君子人格出发,我们才能看到儒家伦理本身具有的原则与美德的统一、德性与德行的统一、道德与非道德的统一、公德与私德的统一、道德境界与超道德境界的统一等特征。君子人格以及君子人格的培养,展现了儒家美德论的各个面向,同时,这一人格的提出,也区别于西方美德伦理学的论述构架,而显示出儒家美德论的价值。更为重要的是,挖掘出儒学美德论的一般特点以及“君子”的独特地位,更可为克服当下问题提供方向,即我们可以回到儒家的君子论述,重新思考今天的道德养成问题,以“君子人格”的培养为重点,而不是片面地区分“公德—私德”。

上述诸方面,特别是《仁学本体论》和《儒学美德论》二书的价值,已经引起了学界的广泛讨论,越来越多的学者注意到了陈来先生说法的价值,而陈来先生的很多思考,也成了研究相关问题所绕不过去的环节。

在2010年发表的《二十世纪的儒学研究与儒学发展》一文中,陈来先生写道:“只有对两千多年来的儒学,包括它和社会、制度的互动,进行深入细致的研究,才能真正了解这一伟大的传统及其偏病,才能对中国文化的未来发展有真正的文化自觉,也才能回应世界范围内儒学研究的挑战。”[①]“只有在学术上、理论上对儒学进行梳理和重建,才能立身于哲学思想的场域,得到论辩对方的尊重,与其他思想系统形成合理的互动;也才能说服知识分子,取信于社会大众,改良文化氛围,为儒学的全面复兴打下坚实的基础。”[②]系统地审视陈来先生对传统与现代关系的省思、构画的中国哲学的未来,我们可以说,这正是陈来先生的“夫子自道”,陈来先生正是以这样的姿态,从理论上给出了深刻的、有说服力的文化观点。

---

① 陈来:《二十世纪的儒学研究与儒学发展》,载《孔夫子与现代世界》,第270页。

② 《二十世纪的儒学研究与儒学发展》,第274页。

走向世界与未来的朱子学研究

朱熹作为宋代理学的集大成者，其思想“致广大而尽精微”，“综罗百代”，深刻影响着南宋以后的中国思想世界，并对东亚世界产生了持续影响。近年来，“朱子学”一直是中国思想研究的重要领域，对朱子学的研究涉及哲学、文献学、语言学、社会学等诸多学术领域，学者们关注的问题也不断扩展。以中华朱子学会（中国哲学史学会下二级分会）和朱子学会（一级学会，挂靠厦门大学）为支撑，关于朱子学的研究稳步推进，厦门大学国学院、上饶师院等学术机构还联合成立了“朱子文化协同创新中心”，朱子学会专门设立《朱子学年鉴》编委会[①]，相关研究成果十分丰硕。同时，日、韩、欧、美等地的学者对于朱子学也十分关注，有关朱子学的国际学术交流十分活跃，几乎每年都有关于朱子学的国际会议在全球各地召开，海外学者关于朱子学研究的著作也层出不穷，“朱子学研究的全球化早已成为一个既成事实”[②]。更重要的是，近年来，已有学者试图以朱子学为思想资源，尝试将朱子学与中国当下具体问题以及全球化问题结合，处理具体的时代问题；还有学者从朱子学出发，努力建构新的中国哲学思想体系。可以说，朱子学研究一方面已经走向了世界，成为中国哲学界国际化与全球化的一个典范，而另一方面，朱子学也已经走向了未来，为新的中国哲学的发展提供了一种可能。

下面我们从五个方面具体总结和分析朱子学研究的发展状况以及新的研究趋势。

一、文献整理与出版

中国哲学研究的推进与对原始文献材料的解读息息相关，相关文献的结集与新材料的发现往往会促进某些领域的发展。朱子学的稳步发展，与朱子学文献的整理关系也十分密切。经过多年的整理，朱子著作较为整全地出现在世人面前，为

① 本文在写作过程中参考了《朱子学年鉴》相关研究成果，特此说明，并对提供相关资料的各位教授尤其是朱人求教授表示感谢。

② 朱人求：《全球化视野中的朱子学》，《朱子学年鉴（2011—2012）》，厦门：厦门大学出版社，2013年，第1页。

学者研究朱子学提供了有力支持。这里首先要提及的是华东师范大学古籍所历时十年整理编辑的《朱子全书》[①]及《朱子全书外编》[②]，二书基本上收录了朱熹所有的文献资料，并对相关佚文进行收集辨析，为学者研究朱子思想提供了重要支撑。除了对相关文献进行点校之外，《朱子著述宋刻集成》[③]等原始文献也影印出版，为学者探究朱子著述的原貌提供了方便。

除了集中整理朱子著作，有关朱子单个著作的整理与出版成果也较为突出，这首先体现在对《朱子语类》的进一步研究与整理上。关于《朱子语类》在研究朱子思想中的作用，历史上争议较大。朱子的弟子在《语类》最早整理出版后就有分歧，如黄榦就曾说过："语录之语，未必尽得师传之本旨。"而李性传则与黄榦的态度相反，认为朱子去世之后，如果《语类》被审慎地使用的话，则有助于人们进一步理解朱子的思想。这一争论一直延续到清代，如王懋竑就认为《语类》中不可信的部分颇多，而同时代的朱止泉却极为重视《语类》。今天对于《语类》的作用，还有学者存在不同看法，但正如邓艾民先生指出的，如果能对《语类》分析应用，《语类》的价值就是不能忽视的，"特别是语录中有些晚年的思想，纠正他早期著作中某些意见，更可看出语录的价值。何况，语录中所涉及的许多问题，在他的文集中有叙述简略甚至完全缺如的，语录的重要性就更明显"[④]。邓先生指出的"许多问题"，最为突出的就是"理气"问题，《文集》等其他材料，在很多点上只有"孤证"，必须借助《语类》才能进一步研究。《语类》的意义不能否认，但《语类》的问题毕竟也很多，尤其是在后世传刻过程中产生的一些新的问题。"分析应用"《语类》，首先需要对《语类》的版本有细致的校勘。这一工作，可以说无论是中华书局点校本《朱子语类》，还是华师大古籍所《朱子全书》本《朱子语类》，都做得不尽如人意。因此对《朱子语类》展开的细致的文献研究，可以说是近些年朱子学文献研究的重要成果。

现存最早的《朱子语类》版本为日本九州大学所藏《朝鲜古写徽州本朱子语类》。"《朝鲜古写徽州本朱子语类》与黎靖德本《朱子语类》规模相当，分卷基本一致，仅卷一百零一、卷一百零三、卷一百三十八、卷一百三十九与卷一百四十互有错杂。然而《朝鲜古写徽州本朱子语类》中却又有许多黎靖德本《朱子语类》中没有的重要内容，如《朝鲜古写徽州本朱子语类》有而黎靖德本《朱子语类》无的朱子语录，朝鲜古写本和黎靖德本都有、而朝鲜古写本更详细的朱子语录，还有淳祐十一年(1251年)吕年为《徽州刊朱子语类》所作的序，以及宝祐二年(1254年)魏克愚为

---

① 上海古籍出版社/安徽教育出版社，2002年初版，2010年修订再版。

② 华东师范大学出版社，2010年。

③ 华东师范大学出版社，2010年。

④ 邓艾民：《朱熹与〈朱子语类〉》，《朱子语类》第一册，北京：中华书局，1986年，第9-10页。

《徽州刊朱子语类》再校正本所作的按语、跋等。”然而中华书局以及《朱子全书》点校本均未参考这一版本。胡秀娟博士的博士论文则关注了《朝鲜古写徽州本朱子语类》，并在博士论文基础上出版了《〈朝鲜古写徽州本朱子语类〉研究》[1]一书，该书通过对比《朝鲜古写徽州本朱子语类》与黎靖德本《朱子语类》，辑录了大量朝鲜古写本有而黎靖德本无的语录内容和朝鲜古写本详细而黎靖德本简略的内容，还整理出朝鲜古写本和黎靖德本有所差异的字、词、句。于此前后，徐时仪、杨艳两位学者出版了《朱子语类汇校》[2]一书，以徽州本为底本，汇校成化本等诸本，将成化本无而底本有、底本有而成化本无，以及二本皆有而顺序不同者一一校出。朱杰人教授还在与胡秀娟博士合作，希望在版本校勘上更进一步，出版《〈朱子语类〉合刊本》，我们期待这一著作的问世。可以说，通过这些学者的努力，徽州本与其他版本《朱子语类》的差异，基本上已经呈现在今人面前了，这为朱子思想进一步的哲学探究提供了较好的文本支持。

除《朱子语类》在文献上的研究获得进展外，《仪礼经传通解》的研究也取得了重大突破。朱子晚年的学术重点之一就是编著《仪礼经传通解》，但朱子生前并未完成此书；其弟子黄榦续撰《丧礼》《祭礼》，但是《祭礼》仅写成草稿；杨复经数十年整理、编辑最终成书。经由杨复完成的《仪礼经传通解》在当时影响颇大，可惜后来失传，明清学者已不能得见。至清末陆心源复得此书，但藏本后归日本静嘉堂，静嘉堂非秘不示人，而一百年来未有学者前往阅读。桥本秀美和叶纯芳于静嘉堂阅读此书，历时三月抄写全书，并花费两年时间整理，最终出版了《杨复再修〈仪礼经传通解续卷祭礼〉》[3]一书，使杨复所续编《祭礼》得以示人。不特如此，二人后又影印了东京大学东洋研究所藏宋刻本《仪礼经传通解》，并用元明善本补全阙文，成《影印宋刊元明递修本仪礼经传通解正续编》[4]一书，为进一步研究朱子礼学提供了版本依据。

朱子礼学另一重要著作为《朱子家礼》，然而关于此书的真伪，历代聚讼纷纭，至今还有学者怀疑此书的真实性。日本学者吾妻重二出版了《朱熹〈家礼〉实证研究》[5]一书，一方面汇集之前学者的研究成果，证明《家礼》非伪，同时通过朱熹弟子著作和后世藏书家藏书目录来厘清《家礼》版本的发展演变，把《家礼》版本分为原稿本、宋刻本、元刻本，揭示《家礼》宋元版本系统；另一方面把朱熹《家礼》放在朱

---

① 华东师范大学出版社，2013 年 5 月。
② 上海古籍出版社，2014 年 12 月。
③ 台湾“中央研究院”中国文哲研究所，2011 年 9 月。
④ 北京大学出版社，2012 年 6 月。
⑤ 华东师范大学出版社，2012 年 5 月。

熹家礼思想形成和发展的演变历程中加以考察，通过对《家礼》思想内容的考察，阐释朱熹博采古今众家的礼学特点，并结合其晚年的礼学著作和语录来探讨其礼学思想的变化发展。吴震先生以为，“本书研究在考证上有重要创获。我们知道，朱熹《家礼》自清代王懋竑提出‘伪作说’并得到《四库全书》编撰者的认同以来，几成‘定说’。虽然在此之前已有学者隐隐约约地表示怀疑《家礼》可能并非朱熹亲撰，如元代‘武林应氏’（经作者考证，即钱塘应本），但对此进行所谓严密考证的无疑是王懋竑。当然，自上世纪80、90年代以来，日本以及中国大陆的学者对此‘伪作说’屡有质疑并提出了种种反驳，但是从文献考证上全面推翻王懋竑的‘伪作说’，认定《家礼》为朱熹亲作，惟有通过作者的本书研究才最终得以确立。因此，可以说作者的这项研究工作既具有颠覆性又具有开创性的意义，因为作者的研究结论使得《家礼》得以名至实归——重新归入朱熹名下，而且这一研究结论亦完全有可能成为此后学界可以信从的‘定说’”[①]。

关于朱子后学的文献整理与出版也取得了一定的进展。朱子后学继承朱子学术，对很多问题有重要的推进。但相比于对朱子本人的研究，对朱子后学的研究一直比较薄弱，尤其是对比阳明后学已经研究到四代五代的情况，这一点尤为明显。文献的匮乏是朱子后学研究薄弱的一个重要原因。南昌大学承担了“朱子门人后学研究”这一国家社科基金重大课题，旨在推进朱子后学的相关研究，而文献整理则是这一项目要做的第一步。目前黄榦、辅广、饶鲁等朱子重要门人的资料辑佚已经做了不少工作，相信这一工程势必会推动朱子后学的相关研究，对朱子学相关哲学问题有进一步的推进。

二、哲学问题的深入拓展

在中国哲学界，朱子学的研究一直以来比较活跃，每一时期都会有新的成果产生，关注的问题域也不断扩展。朱子学的研究首先与研究典范的确立关系密切。

在大陆学界，冯友兰、张岱年等老一代学者都十分重视以朱子学为代表的宋明理学研究。改革开放以后，学界流行“范畴”研究，对理学相关范畴的内涵与外延做了细致的分析，陈来先生《朱子书信编年考》和《朱子哲学研究》二书更是确立了朱子研究的典范。《朱子书信编年考》把朱子近两千封信做了时间的编排，特别有助于学者从发展的角度看待朱子思想的演进；而《朱子哲学研究》则将其成果应用到具体的哲学分析上，并采取“概念分析法”系统地研究朱子哲学的基本范畴、概念与

① 吴震：《朱子学研究领域的一部巅峰之作》，《中华读书报》2012年8月22日第9版。

问题。陈来先生将朱子哲学总结为“理气先后、理气动静、理一分殊、已发未发、心统性情、天命之性与气质之性、主敬与涵养、格物穷理、道心人心、知行先后”等十个基本哲学问题，为进一步的研究确立了方向。

在港台学界，唐君毅、牟宗三、钱穆等先生也都十分重视朱子学。牟宗三有《心体与性体》一书，将伊川与朱子视为一系，侧重于朱子对中和问题、心性情问题、理气问题、《仁说》问题的阐释，并从早中晚三期观察朱子思想的演进。牟宗三先生的研究深刻影响了港台学界对朱子哲学的一般看法，其后相当长一段时间，牟派学者基本都沿着其基本理解对朱子哲学进行阐释。钱穆先生的《朱子新学案》则与牟宗三的朱子学研究不甚相同，他主要类集朱子思想言论，又按数十个条目分门别类，以自己的观点将朱子思想构造成一个体系。《朱子新学案》不仅涉及朱子哲学思想，还旁涉经学、史学、文学，全方面评述朱子与其他思想家或思想体系的关系，可以说是关于朱子研究的一个较为全面的著作。

海外朱子学开展较早，这以陈荣捷先生为代表，“1946 年 H. F. MacNair 在柏克莱出版的英文《中国》一书中即有陈荣捷所写的‘新儒学’一章，这是战后西方叙述理学专篇之始，也是叙述朱子思想专篇之始”[①]，之后陈先生发表了一系列与朱子学有关的论文。在 60～80 岁，陈先生开始专注于朱子学研究，并将《近思录》(1967 年)翻译成英文。陈荣捷先生的学术贡献深刻影响了 20 世纪后半叶欧美学界关于朱子学的研究。

由于历史原因，一定时期内，大陆与中国港台、欧美的朱子学研究交流甚少，1982 年陈荣捷先生在檀香山组织“国际朱熹会议”之后，大陆与其他区域的朱子学交流日益增多。而最近数年的交流则更加频繁，学者的研究能够集各方之长，对诸多问题的研究实现突破，哲学问题的辨析度也越来越深入，领域也由存有论逐步扩展到朱子的政治哲学、道德哲学、历史哲学、生态哲学等方向。下面，我们分问题集中叙述近些年在朱子学哲学层面上的研究状况和发展趋势。

理气论是朱子哲学存有论中最基础的命题。近年来，学者在相关问题上进一步细化。2011 年，藤井伦明教授出版《朱熹思想结构探索——以“理”为考察中心》[②]一书，围绕着“理”“诚”“知”“心”等概念，从朱子文本出发，详细考察朱子的思想结构。在作者看来，“朱熹思想世界之样貌，其显然并非一以外在‘静态式’之‘理’为基础而建构出的思想；而是一以内在‘动态式’之‘理’为基础而开展出的思

---

① 陈来：《陈荣捷朱子学论著丛刊序》，载陈荣捷：《朱子门人》，上海：华东师范大学出版社，2007 年，第 3 页。

② 台湾大学出版中心，2011 年。

想。也就是说，对朱熹而言，这世界的所有自然现象以及道德行为，原原本本系内在之'理'活泼泼地发露、开展，而且朱熹思想的存在论、心性论、工夫论等，无一不是以此一动态式之'理'为基础而建构出的”。这就与以往牟宗三先生将朱子的理理解为“只存有，不活动”的观点不同了。乔清举教授《论朱子的理气动静》[①]一文亦可以看作对牟宗三先生观点的一种回应，文章区分形上之动静与形下之动静，认为朱子的理在形上层面还是“动”的，这种动与理的“兼”“有”“涵”“该贯”等说法有关，表现在理之主宰作用、理生气等层面，最终是理的自我实现。杨立华教授《体用与阴阳：朱子〈太极图说解〉的本体论建构》[②]则从《太极图说解》出发，诠释朱子思想中的理气关系，文章认为“朱子在《太极图说解》中确立的本体论架构，是他的中岁定法，之后始终没有改变。太极是理，是体，而非用。朱子有时讲太极之体用，只是理论表述上的不得已。'阳之动'对应的是用，而'阴之静'对应的是体。朱子强调'体用一源，显微无间'立言角度的不同。'体用一源'从理上说，理虽是形而上者，但其中已有万象；'显微无间'从象上说，至著之象虽然是形而下者，但理即寓于其中。'体立而后用行'，体非独立之体，体自有象；用则是体之发用，体在其中。义智为体、仁礼为用。太极作为理，'不离于形'，也'不囿于形'，太极有动静。理无造作，但理必有气，气自然能凝结创造；理无动静，但既有理，便有气、有象，便有动静”。这一论断突出了《太极图说解》在朱子思想中的地位。丁为祥教授《从生存基础到力动之源——朱子哲学中的“气”论思想》[③]则专门讨论了朱子对气的论述，文章认为，“从理气关系的角度看，气始终充当着一切存在之前提基础的作用；而从生物之具到人的生存基础，就是朱子哲学中的气在宇宙天道与人生世界中的两种不同的表现。但无论是生物之具还是生存基础抑或是宇宙发展的力动之源，气既是作为所有存在之前提基础出现的，同时也代表着人所必须超越、驾驭与主宰的对象；而从生存基础到力动之源，则充分展现了从自然到天性这一人既生存其中，同时又不得不时时面对的世界”。文章揭示出的“气”在朱子思想中的作用，还可以进一步深入挖掘。

鬼神观可以说是近些年朱子理气论研究的一个热点。吴震教授《鬼神以祭祀而言——关于朱子鬼神观的若干问题》[④]一文，从祭祀的角度考虑朱子的鬼神观，通过对朱熹“以气释鬼神”“鬼神以祭祀而言”的诠释方式以及“鬼神之理即是此心之理”等观点的深入探讨，指出，对朱熹而言，鬼神问题主要是祭祀的问题而不是言

---

① 《哲学动态》2012年第7期。

② 《哲学研究》2012年第10期。

③ 《北京大学学报(哲学社会科学版)》2012年第2期。

④ 《哲学分析》2012年第5期。

说的问题，是宗教的问题而不是气学的问题。朱熹在鬼神问题上强调祭祀实践的重要性，这是朱熹宗教思想的一大特色，也是朱熹对儒学鬼神论的一大理论贡献。冯兵教授《理性与非理性之间：朱熹的鬼神观辨析》[①]也关注了朱子鬼神观与礼学之间的关系，文章认为，“鬼神‘实有’，源于理气的共同作用；出于‘正理’的鬼神‘无形与声’，而‘非理之常’的鬼怪却有可见之‘形质’；鬼神思想是构成礼学的重要部分，鬼神与礼乐有着内在相通性。朱熹对鬼神的讨论，主体上是一种哲学化的鬼神观，但十分复杂，它既有较强的理性主义精神，又受到了世俗的鬼神迷信及佛道二教的影响，从而染上了一定的非理性色彩，可视为传统儒家鬼神观念的一个代表，具有历史的普遍意义”。王文娟博士《朱熹论感应》[②]一文，则关注了感应与鬼神的关系，认为“祭祀中‘感应’之理的运用既反映了民众在世俗生活中的精神诉求，又体现出一种对生命本源的敬畏感与归属感。此外，与感应相结合的劝善言论在具有政治和伦理双重导向的同时，也体现出不同于世俗功利导向的理性精神”。

在心性论上，“人心道心”问题、“明德”问题依旧是学者们关注的重点，而朱子的仁学也逐渐成为这几年研究的一个重点。魏义霞博士《朱熹对仁的诠释》[③]一文，认为“通过对仁的诠释，朱熹建构了本体、道德、工夫三位一体的道德形而上学体系”。赖尚清博士《朱子早期仁论思想研究》[④]以《延平答问》为中心，认为“李侗和朱子师弟子之间主要从理、心、未发与已发、理一分殊等方面展开对仁的讨论，从中可以看到朱子早期仁论的特点以及之后仁论思想的各种萌芽”。此外，向世陵教授《“性之本体是如何”——朱熹性论的考究》[⑤]则详细考察了朱子对“性”的论述，文章认为“性之本体是先天完具的仁义礼智，是实理，性兼理气而善专指理。弄清性之本体为何并由此去构筑其理论，是朱熹理学基本的考虑。‘性即理’的构架不仅在说明人性即天理，同时也通过‘所谓理，性是也’的反向路径，使实理在实性的基础上真正得以落实”。吴震教授《朱子“心论”试析》[⑥]一文，则关注对朱子“心”的研究，认为“朱熹‘心论’的基本义有二：知觉义和主宰义。其‘心论’的基本立场是：不能承认‘心’为形上本体。由其‘“心”字只一个字母’以观，‘心’不是一个独立的价值存在，故其主宰义就不免落空；由其‘心是做工夫处’之命题来看，‘心’是工夫的对象而非工夫之主脑。总之，在朱熹哲学的系统中，‘心’不是本体论问题而

① 《学术研究》2013 年第 2 期。
② 《北京社会科学》2014 年第 4 期。
③ 《中共福建省委党校学报》2014 年第 6 期。
④ 《首都师范大学学报(社会科学版)》2014 年第 3 期。
⑤ 《孔子研究》2011 年第 3 期。
⑥ 《儒家文化研究》第 4 辑，北京：生活·读书·新知三联书店，2012 年 3 月。

是工夫论问题”。

工夫论是近些年朱子哲学研究的一个重点，学者们从多角度关注这一问题。如吴震教授近些年持续关注朱子的工夫论，关注朱子对“敬”的论述（《敬只是此心自作主宰处——关于朱熹“敬论”的几个问题》[①]），以及“格物致知”等问题（《格物诚意不是两事——关于朱熹工夫论思想的若干问题》[②]），而《从政治文化角度看道学工夫论之特色——有关朱熹工夫论思想的一项新了解》[③]一文则转换研究思路，“从朱熹亲身参与的政治文化活动这一独特视角出发，来尝试了解朱熹为何强调‘吾平生所学’止有正心诚意‘四字’这一十分醒目而前人未免有所忽略的重要观点”，“当我们将审视问题的角度转向政治文化层面，却发现以朱熹为代表的宋代道学家在面对君主进行思想劝说之时，他们劝导君主实践的第一序工夫往往不是格物致知而恰恰是诚意正心，至于外在事功则可以随着正心诚意的完成而得以实现”。李承贵教授《对道德与知识的双重关切——朱熹“格物致知论”探微》[④]一文认为，在朱子那里，“格物致知”是具有“理想性”的范畴，就是要求全面地“穷理”、全面地“普知”。朱熹观念中的“格物”与“致知”关系可以表述为：“格物”与“致知”的任务并不相同，但它们是一件事的两面，即获得知识和应用知识。“格物”是获得事物之“理”（知识）的过程，“致知”是将所获知识推演、应用的过程；“格物”是感性的、具体的、归纳的，“致知”是理性的、抽象的、演绎的、实践的，因而它们关系的最高境界当然是“一”。李敬峰、刘俊《朱子的格物致知：一种可能的科技理性》[⑤]一文则从更为现代的角度关注朱子的工夫问题，对格物致知“从诠释的转向、认知的指向和范式转换三个角度予以重新观照，认为朱子的‘格物致知’主观意愿指向人文伦理，而客观上却走向科技理性”。还需指出的是，这些年对朱子哲学很多问题的关注，在某种意义上都和朱子的工夫论有关，比如杨祖汉教授所作朱子和康德的比较，前述吴震教授对“心”的研究，藤井伦明、乔清举等教授对“理”的诠释。这些问题都可以看作对朱子工夫论、道德哲学上“实践动力”来源的思考。

除上述三个领域外，其他哲学问题也得到学者们的注意，比如张立文、谢晓东、陈壁生等教授就关注朱子的政治哲学问题，从不同的视角对朱子政治哲学加以论述。苏费翔教授则在“道统”问题研究上取得重大突破，其《宋人道统论——以朱熹

---

① 《哲学门》第11卷第2册。

② 《杭州师范大学学报(社会科学版)》2014年第6期。

③ 《社会科学》2013年第8期。

④ 《贵阳学院学报》2013年第6期。

⑤ 《自然辩证法研究》2013年第3期。

为中心》[1]重新检索唐代文献，发现在唐代就有了“道统”一词，纠正了以往学术界的看法。

朱子和其他思想家的比较研究，也是学者们研究的一个热点，朱子与其前辈、同辈的关系研究，依旧被大家重视，与王阳明等之后的思想家的关系也进一步得到讨论。在这方面值得注意的是丁为祥教授《学术性格与思想谱系》[2]一书，该书从发生学的视野出发，依据朱子文本与相关文献，在充分吸纳国内外学术研究成果的基础上，紧扣朱子的学术性格与思想谱系，展开对朱子哲学视野及其历史影响的深入考察。尤其是该书上篇梳理了朱熹从出身、师承到学术性格及其思想谱系的形成，并通过朱熹与张载、陆象山、吕祖谦、陈亮的理论论辩以及朱熹对《四书》的集注与具体探讨展现其思想体系，对朱子和其前后思想家的关系有着细致的论述。此外，该书也关注了朱子之后的思想家，尤其是民国思想家对朱子的诠释。

同样关注民国学者对朱子诠释的还有乐爱国教授，其“百年朱子学研究”课题关注近百年来学者对朱子的诠释。近些年来乐教授陆续发表了相关论文，或探讨民国时期对朱子某个问题的探讨，如理气、理生气，或探讨某个人物对朱子的研究，如谢无量、牟宗三。

近些年，最为突出的朱子哲学研究，也最能体现朱子学“走向未来”特质的，则为用朱子学回应时代问题以及从朱子学出发建立新的哲学体系的努力。

朱子学中的很多资源，即使在今天这样的全球化时代依然有其意义，值得我们抽象地继承。特别是“理一分殊”这一命题，就可以被用来处理全球化时代普遍性与多元性、世界性与地方性的关系。黄俊杰教授有《全球化时代朱子“理一分殊”说的新意义与新挑战》一文，认为“为了因应在21世纪全球化时代的新挑战，我们可以跃入传统的巨流中，汲取新时代的灵感。在中华文化与思想传统之中，南宋大儒朱子的‘理一分殊’说有其21世纪的新意涵，但在全球化时代各地互动的新脉络中，也面临诸多新的挑战”，“在21世纪各文化传统所蕴蓄的多元之‘理’互相对话的新时代中，求同存异是一条必然的道路。传统中华文化重视‘同’而忽视‘异’。古代儒家就非常强调‘同’的价值”，“就21世纪大中华文化圈及其与世界之互动而言，如何开发求‘同’而存‘异’的价值观，成为一个值得我们深思的课题”[3]。

陈来先生《“水流无彼此，地势有西东”——全球化视野中的朱子学及其意义》[4]一文从“理—势”的构架分析全球化问题，认为“水流无彼此，可以表示各文明

---

① 《厦门大学学报(哲学社会科学版)》2015年第1期。

② 人民出版社，2012年。

③ 参看《朱子学年鉴(2011—2012)》之《朱子学研究新视野》栏目。

④ 载陈来：《守望传统的价值》，北京：中华书局，2018年。

与文化的共通之理,强调交流与共享;地势有西东,可表达东方文明与西方文明的价值差异性,尊重差异”,“‘理—势’分析的出现,既是为了强调人对历史发展趋势的清醒认识,更是为了强调人以及人的道德理想对历史的批判改造的功能。从前人们常说‘历史潮流,不可阻挡’,历史潮流就是势。势或历史潮流有其历史的必然性,但不一定是全然合理的,不是不可以引导的;但不顾历史大势,反势而行,逆历史潮流而动,则必然要失败。妥当的态度应当是‘理势兼顾’,‘以理导势’,这是朱子学面对全球化的问题应采取的立场”。此外,陈来先生还有《朱子学的时代价值》[①]一文,专门从六个方面分析现代人从朱子的思想中可以学到什么东西,朱子学对现代社会和现代生活有什么价值和意义。

陈来先生近些年对朱子学的关注从未间断。在哲学史和思想史研究上,陈来先生关注朱子对《四书》的阐释,同时还关注朱子的一体性思维。其《朱子思想中的四德论》[②]《朱子四德说续论》[③]两文关注朱子对于“四德”的阐释,认为“应当承认,朱子的思想不断发展出一种论述的倾向,即不再把元亨利贞仅仅理解为理,而注重将其看作兼赅体用的流行之统体的不同阶段,如将其看作元气流行的不同阶段。由于天人对应,于是对仁义礼智的理解也依照元亨利贞的模式发生变化,即仁义礼智不仅仅是性理,也被看作生气流行的不同发作形态”。更为重要的是,陈来先生还以其对朱子学的最新理解为基础,建构了其哲学体系,《仁学本体论》[④]正是陈来先生在这一方面贡献的代表。中华民族的伟大复兴必然迎来儒学的繁荣发展,作为民族哲学的儒学,应积极面对时代和社会的变化、调整与挑战,面对中华民族的新发展,开拓出新的辩证吸收西方文化、发扬中华民族精神的儒家哲学,并从儒家立场出发/站在儒家立场,对世界和人类的普遍性问题给出指引。《仁学本体论》正是这样一部著作,它是中国哲学“接着讲”的当代典范,它的出现具有时代必然性。陈来先生能够创作出《仁学本体论》这样的著作,与其长久扎实的中国哲学史研究——尤其是对朱子学研究——的关系是密不可分的。该书关注“仁”在中国思想当中历史的演进,尤其注意宋明理学,特别是朱子学对“仁”的阐释,吸收朱子以生生言仁、注重生气流行等特点,充分将传统的朱子哲学的思想要素转化为时代哲学。可以说,陈来先生的这一研究,为朱子学的发展开拓了一个新的方向,更加有助于利用朱子学的思想资源关注当下时代的发展、关注人类未来的走向。

---

① 《光明日报》2015 年 5 月 14 日第 15 版。

② 《哲学研究》2011 年第 1 期。

③ 《中华文史论丛》2011 年第 4 期。

④ 生活·读书·新知三联书店,2014 年。

三、经学研究的升温

朱子经学是中国经学史的重要一环，它继承汉唐经学的一些研究成果，但在根本气质上与之不同。朱子基本上遍注群经，对各经都有论述，其经学著作更是成为后代科举考试的标准。清代考据学兴起，清儒虽然不同意朱子经学的阐释，但在研究上也绕不开朱子的经学著作。然而，在以往的朱子学研究中，经学不是一个关注热点，好在近些年，经学研究不断升温。

朱子所著《四书集注》被规定为科举考试的法定教科书，“《四书》学”因此是朱子经学研究中的重点。

在《四书》与“五经”的关系上，陈壁生教授有《朱熹的〈四书〉与“五经”》[①]一文，他指出，朱子“对《四书》的新解释，创造性地提出新的义理系统，其主旨在于求圣人之心，以提升个人道德；同时，又在此基础上改造‘经’的观念以及对五经的认识。汉唐经学求‘圣人之法’，朱熹把经视为‘圣人之心’的表现。这在一定程度上也对五经进行了内在化解读，将五经《四书》化。这样，五经的性质发生了根本性的变化”。

在《四书》总论方面，许家星教授有《朱子四书学形成新考》[②]一文，指出朱子四书的形成贯穿其毕生，大致可分为启蒙期、准备期、形成期、成熟期和完善期五个阶段，其间朱子对四书的注释刊刻既齐头并进又分合有度，或各书单刻，或《学庸章句》合刻，或《论孟集注》合刻，应特别注意的是，朱子并未合刻《四书集注》。至于《四书或问》，虽编为一帙，而实包含丁酉1177年《论孟或问》与晚年《学庸或问》两个不同时期、层次的著作，不可视而为一。顾宏义教授出版了《宋代〈四书〉文献论考》[③]一书，该书专为考辨两宋时期《四书》著述与相关文献而作，分为上下编，上编论及《四书》文献兴盛的社会背景、出版传播及其与程朱理学的发展等，下编则具体对宋代学人有关《四书》的著述进行逐人逐书的考证，廓清了有关《四书》记载的讹误和缺失。闫春则有“从朱子到朱子后学：元明清四书学研究”(2014)一课题，尝试将朱子及朱子后学四书义理的动态演进问题予以凸显。

在《四书》各个文本的阐释上，《大学》的“格物致知”论一直以来是学者研究的重点，近些年依旧如此，前述上海学者对朱子功夫论重视即是一例。此外如杨祖汉

① 《中山大学学报(社会科学版)》2014年第2期。

② 《中国哲学史》2013年第1期。

③ 上海古籍出版社，2014年4月。

教授《西方认识论还是儒家工夫说——谁误读了“格物致知”?》[①]一文，从中西哲学对比的角度揭示朱子“格物致知”的含义，指出现代学人用西方哲学的思维方式、逻辑体系“误读”了朱熹。在朱熹思想体系中，格物致知论并不能等同于西方哲学的认识论或知识论，而是关于如何实现和完成修己治人的工夫论的一个组成部分。当然也有学者认为《大学》的作用被研究者夸大了，如乐爱国教授就重视朱子的《中庸》诠释。乐爱国教授有《朱子〈中庸章句〉论“诚”及其与“三达德”“五达道”的关系》[②]，从“诚”出发，尝试系统分析朱子的《中庸》解释；又有《朱熹〈中庸章句〉对“赞天地之化育”的诠释》[③]，关注朱子思想背后的生态观；还有《“诚”是朱熹学术体系的最高境界》[④]一文，认为朱子思想以《大学章句》的格物致知论为起点、以《中庸章句》的“诚”为归宿。近些年，乐爱国教授特别强调《中庸》在朱子思想结构中的地位。此外，围绕朱子《四书》具体章句的义理分析的论文更是层出不穷，本文不一一列举。

在“《尚书》学”研究方面，陈来先生有《“一破千古之惑”——朱子对〈洪范〉皇极说的解释》[⑤]一文，指出“在经典的诠释上，朱子对‘极’的解释最早为中年时代对《太极图说》的解释；在朱陆太极之辩中朱子承继和发展了其关于‘极’的理解，形成一套有关‘极’的理论，并在讨论太极之义时论及皇极之义。在朱陆太极之辩后不久所作的《皇极辨》之中，朱熹把这一套理解运用于皇极说作为一种基础，又以君主正身修身的儒家表率说把‘建用皇极’的意义具体化，形成为朱子学的皇极说。皇极说既是朱子政治思想的一个论述，也同时可以看做其哲学太极论的相关部分，在后世发挥了持续的影响”。陈来先生将朱子对经典的诠释及其义理阐发之间的关系充分地展现了出来。此外，陈良中在其博士论文的基础上出版了《朱子〈尚书〉学研究》[⑥]一书，该书系统地论述了宋代《尚书》学背景下的朱子《尚书》学，尤其是其理学诠释特色，考察了朱子对《尚书》阐释的历史，以及解经方法和价值取向，并关注朱子阐释与蔡沈《书集传》的关系，考察了朱子《尚书》学的影响。

礼学则是朱子经学研究这几年来特别突出的一个面向，越来越多的学者开始关注朱子的礼学，尤其注意探讨“礼与理”的关系。如冯兵教授《“理”“礼”会通，承扬道统》[⑦]一文，认为朱子“以天理为‘仁’与礼乐相交通的依据和桥梁，并以‘阴

---

① 《光明日报》2012 年 3 月 6 日。
② 《儒教文化研究(国际版)》，韩国成均馆大学，2011 年第 9 期。
③ 《西南大学学报》(社会科学版)2013 年第 6 期。
④ 《江淮论坛》2014 年第 6 期。
⑤ 《北京大学学报(哲学社会科学版)》2013 年第 2 期。
⑥ 人民出版社，2013 年。
⑦ 《东南学术》2013 年第 1 期。

阳’、‘动静’的辨证思维阐释了‘仁’、‘义’、‘礼’、‘智’四端并立又对立统一的关系。朱熹将礼学与理学在其仁说中融会贯通，既回归和张扬了先秦仁学之道统，同时也颇具代表性地体现出了‘经学与哲学相结合’这一中国哲学特征”。殷慧、张卓合写的《朱熹礼理沟通的经典诠释——以〈大学章句〉中“格物致知”为例》[①]一文，则从朱子的《大学》诠释出发，认为“朱熹的《大学章句》是独具特色的理学诠释文本，代表了礼理沟通、融合的经学诠释典范。朱熹的‘格物致知’诠释，注入了天理论，实现了从礼到理的哲学升华；强调大学格物的基础是小学工夫，从历史的角度考察了礼理沟通的可能；同时重视格物中居敬涵养的修养工夫，强调礼理融合的实践”。两文一篇从朱子的思想系统出发，另一篇从朱子的经典诠释出发，代表了理解“礼”与“理”关系的两个向度。

张凯作博士《朱子理学与古典儒家礼教》[②]一文着重论述朱子以“理”出发的“礼”学和前代礼学的继承关系，在她看来，“朱子理学的形成在很大程度上是源于他对于古代礼教在当时已丧失之状况的回应，朱子的宗旨是重建古代礼教，而不是另创一种新异的哲学，只不过，当时由于社会环境的改变，他的诠释与重建也必然在传统礼教的基础上对其有所增损。朱子理学对于传统礼教而言，更多的是增补的作用，而非取代。朱子对古代礼教的最主要的传承即在于他对个人心性修养之学的发扬”。

与哲学上的鬼神问题直接相关，有学者关注朱子对于祭礼的讨论，尤其是其理学思想与儒家传统祭礼之间的张力。如殷慧教授《祭之理的追索——朱熹的鬼神观与祭祀思想》[③]即认为，“朱熹从义理层面论述了祭祀与鬼神的关系：强调鬼神的本体论意义，重视其天地转化的功能；认为鬼神既是阴阳二气物质，也是二气相互作用、转化的功用与性质。朱熹的祭祀思想与实践引人注目，强调义理与礼制并举”。

在《孝经》学方面，唐文明教授有《朱子〈孝经刊误〉析论》[④]一文，他认为“《孝经刊误》表达了朱子试图将《孝经》纳入其四书学的努力，而从《孝经刊误》的后世影响来看，朱子的工作取得了很大的成功。不过，如果考虑到《孝经》本来的思想旨趣，我们不能不说，朱子的理解有很大的问题”。陈壁生教授《〈孝经〉学史》[⑤]一书第六章第一节也专门讨论了朱子的《孝经》诠释。

---

① 《湖南大学学报(社会科学版)》2014 年第 6 期。

② 《北京大学学报(哲学社会科学版)》2012 年第 2 期。

③ 《湖南大学学报(社会科学版)》2012 年第 1 期。

④ 《云南大学学报(社会科学版)》2014 年第 2 期。

⑤ 华东师范大学出版社，2015 年。

《易》学一直以来是朱子经学阐释的另一重镇，尤其是围绕着《周易》展开的义理诠释。以往对朱子《易学》的研究较为充分，而近些年的研究焦点则比较分散。值得注意的是，以往对朱子象数易学研究得不是太多，陈睿超博士《略论朱子之先天〈横图〉》[①]则特别关注这点，文章认为，“朱子虽在易学研究方面对北宋邵雍的先天易学推崇有加，但处于其对先天学理解之核心的先天《横图》却并非对邵雍原旨的忠实继承。具体体现在如下几个方面：第一，《横图》中两仪、四象、八卦的名称与邵雍《观物内篇》所述不同；第二，《横图》八卦卦序与《观物内篇》所述不合；第三，《横图》变换为《圆图》的过程有涉安排，不够自然；第四，依《横图》卦序对《圆图》顺逆方向的解释与邵雍本意有异。朱子对邵雍的先天学并非完全继述，而有自己的改造与发挥，不加区分地以朱子之《横图》解释邵雍易学思想的做法是不够严谨的”。

需要指出的是，虽然关于朱子经学研究已经得到学者的广泛重视，但还是有一些不足。如《仪礼经传通解》仅在文献上得到一些学者的重视，而其义理阐发则远远不够。在《诗经》学方面，学者们主要侧重在对《诗集传》赋比兴等手法的研究以及朱子诗论与其他人的比较上，相关哲学义理性阐发则很有限。朱子虽然未注《春秋》，但其有《资治通鉴纲目》一书传世，并对东亚产生重要影响，而关于该书也缺乏文献、义理的进一步关注。

四、大陆以外的朱子学研究

（一）港台朱子学的发展

长久以来，牟宗三先生关于朱子学的论断在港台占有一定的统治地位。而近些年来，港台朱子学的发展，则与对牟宗三相关观点的反思有密切关系。牟宗三从康德哲学出发，认为陆王哲学是自律道德，而朱子学是他律道德，在这个意义上，他认为陆王高于朱子。牟先生的一些弟子，观点已经开始与其不同。在 2009 年，杨祖汉教授发表了《从朱子的“敬”论看朱子思想的归属》[②]一文，认为朱熹之言敬是由敬“契入本心”，而恭敬亦是“道德心本有之内容”，从朱子的“敬”出发，就不会认为朱子的思想是他律。2014 年 12 月 4—5 日，香港中文大学举行“朱熹与宋明理学”国际学术研讨会，由香港中文大学哲学系中国哲学与文化研究中心及韩国成均

① 厦门大学“百年东亚朱子学”学术会议，2015 年。

② 载吴震主编：《宋代新儒学的精神世界——以朱子学为中心》，上海：华东师范大学出版社，2009 年，第 78 页。

馆大学儒教文化研究所联合主办。杨祖汉教授发表《朱子与康德敬论的比较》一文，顺承上文思路，认为朱子学说虽不讲心即理，但心可以知理，心依旧能够提供道德实践的动力，因此不必像牟先生所讲的那样，认为只有心即理才能提供道德实践动力。我们可以看到，杨祖汉教授已经极大修正了牟宗三先生的论断。但我们可以指出，杨祖汉教授的观点依旧在牟先生的框架当中，只不过将牟先生所认之他律修正为自律而已。

与杨祖汉教授不同，台湾大学哲学系的杜保瑞教授则对牟宗三先生的理解做了更大的反思，以其对中国哲学的结构性解读重新阐释朱子学。杜保瑞教授最近一系列论文均是沿着这样的思路展开，认为牟先生没有区分清楚朱子的论述到底是讨论存有论、宇宙论、功夫论，还是境界论，以至于混淆了朱子对相关问题的讨论，对朱子思想作出了错误解读。例如杜教授在《对牟宗三诠释朱熹心性情理气论的方法论反思》[①]一文中针对牟先生《心体与性理》中的一些结论性论述，认为牟先生借明道、濂溪讲神体，朱熹之解释虽符合明道、濂溪之义，却与朱熹一向的"不活动的理、神"说不合，这反而是牟先生割裂存有论和本体宇宙论及本体工夫论的错误诠释；牟先生讲朱熹的心性情说，以为朱熹讲心者气之精爽，就是连着阴阳气化的人的存有处讲，不能超越至圣境，这还是把存有论当成不活动的工夫论讲的错置，因此批评朱熹有道德性减杀、及无创生义、不能由体及用。杜保瑞教授的研究代表了港台朱子研究的一个重要方向，这一方向值得大陆学者注意。对于杜教授的观点，学界似乎可以就以下方面展开进一步讨论：一是杜教授对牟宗三之评价是否符合牟宗三本身的理解；二是其对朱子的结构性诠释是否符合朱子思想本身的逻辑。杜保瑞教授的研究揭示的面向具有很强的哲学史意义。

与反思牟宗三先生对朱子的解释相关的，则是唐君毅的研究路向重新得到重视。在2014年香港会议上，香港中文大学的郑宗义教授发表《比论唐君毅、牟宗三对朱子哲学的诠释》一文，强调新儒家中另一重要人物唐君毅对朱子研究的意义：其朱子哲学诠释虽散见于《中国哲学原论》之《原教篇》《导论篇》《原性篇》及《原道篇(卷三)》等书中，论述之集中程度及篇幅或不及牟宗三，"然其中一些闪烁的洞见，则隐然提示了一套足可与牟氏解读相抗手的诠释体系"，他认为我们可以"通过比论唐、牟对朱子哲学的不同看法，来将唐氏提示的诠释体系作一初步的梳理、发挥与建构"。也就是说，即使在新儒家内部，也不仅有牟宗三一种思路可供选择，还有别的路向可作为研究朱子学的重要资源。

当然，在港台学者内部，依旧有学者坚持牟宗三先生对朱子的相关诠释，这方

---

① 可参台湾大学杜保瑞教授个人网页。

面主要以李明辉教授和李瑞全教授为代表。

港台学者对于朱子的研究也还有别的路向打开。比如,陈荣开教授就关注朱子的经典诠释,尤其是朱子对于《中庸》的阐释,细致分析朱子每章的注解。更值得注意的则是黄俊杰教授组织主持的"东亚儒学的新视野"这一项目下有关朱子学的研究。该项目将儒学放置于东亚文明的演进发展当中予以关注,黄俊杰教授以为,"近七百年来东亚各地儒者可以阐释朱子,可以批判朱子,但不能绕开朱子",朱子可以说是东亚儒学展开的重要人物,但是东亚儒学的发展在部分研究者看来,却不能将中国视为中心,应该"去中心化"。这点也提醒我们注意,儒学,尤其是朱子学,作为前现代东亚文明的重要思想资源,地位究竟如何?我们如何理解其历史上的中心地位,以及今日所谓"去中心化"可能导致的思想后果?大陆学者似乎应该以新的视角解释清楚朱子学在东亚历史上的实际地位。

(二)日韩朱子学的发展

东亚儒学圈的展开,主要是以朱子学为核心。朱子学早在前现代时期就已经走出中国,走向东亚,深刻影响着日本与韩国的政治文化。可以说,朱子学在某种意义上是日韩思想史内在的问题,而不是异己的文化传统。

1. 韩国朱子学研究

历史上韩国朱子学主要以三大论辩为主,即四端七情论辩、湖洛论辩、心说论辩。朱子学的内在逻辑问题在韩国以独特的形式展开、发展,并取得了巨大成就,涌现出李退溪、李栗谷、宋时烈等一大批朱子学者。韩国朱子学的论辩基本上在这些思想之间展开。韩国还有专门的退溪学会、栗谷学会,专门推动相关人物和问题的研究。而近些年来,韩国朱子学研究也主要围绕着对这些人物和问题的研究展开。

关于栗谷学派,李基镛在《栗谷学派的理气论》[①]一文中,把《栗谷全书》中的理气关系整理为以下几种说法:一、有从理而发者(竖说):有从气而发者(横说);二、就理上求气(竖说):就气上求理(横说);三、推本之论(竖说):沿流之论(横说);四、推本其所以然/极本穷源(竖说):于物上观/以物上观(横说);五、因有形之物,而可见其理之费处也(竖说):以复卦言之,则一阳未生之前,积分之气,虽在于地中,而便是难看处也(横说)。这说明了理气之不相离和不相杂的关系,也就是栗谷所谓的"理气之妙"。

《朝鲜朝"朱子学"——理气心性论在韩国儒学中的发展趋势》一文,以"朱子学

---

① 载《朱子学年鉴(2011—2012)》,厦门:厦门大学出版社,2013年,第143-144页。

的理同”“栗谷学的理通”“洛学的性同”“北学派的人物均论”为中心，讨论了栗谷的“理通气局论”与湖洛论争之间的关系及其影响，进而探讨了以“人物性同异论证”为中心建立的洛论界思想基础、洛学和北学的思想背景以及近代韩国思想史的哲学基础和趋势。

四端七情之辩一直以来是韩国朱子学研究的重点，也为中国学者熟知，很多中国学者也参与到对这一问题的讨论之中，研究成果最多。关于退溪学派，韩国学者比较关注对这一问题的阐发。郑相峰在《退溪对朱子哲学的理解与其特色》[①]的论文中，深入探讨了退溪的“理之动静”“理发”“理到”思想。崔英辰教授的《关于退溪四七理气互发论之渊源的考察——以洪治的〈心学章句集注大全〉为主》[②]一文，认为“在韩国一般学术界里，洪治与退溪的思想传承几乎不被重视，是因为洪治之著作因当时的政治士祸而消失，并且他的著作依然有后代之伪作的嫌疑。崔英成主张学者把洪治的《心学》看作伪书是没有根据的，当今学者应当以更严密和理性的态度再分析《心学》的真伪问题和意义内涵”。此外，韩国学者还重点关注退溪与其辩论对手对相关问题的讨论，如崔英辰教授《退溪与高峰四端七情论辩中“四端无不善”和“四端有善恶”的冲突》一文就关注了退溪与奇高峰的辩论。诸如此类文章，一直是这些年韩国儒学的研究重点。

心说论辩和湖洛论辩在之前一段时间并不被学者重视，研究得也不是太多，但这些年其研究则逐渐升温。韩国的栗谷学会在2013年6月召开了“人的本性与心的根本”学术大会，学者们综合探讨了从栗谷以来形成的“湖洛论争”的主要概念及哲学含义。在2015年厦门召开的“百年东亚朱子学学术研讨会”上，宣炳三先生专门提交《洛湖论辩研究成果及展望》一文，指出21世纪以来关于洛湖论辩思想渊源的研究成果大幅增加，课题更加丰富，比较研究也进一步深入。崔英辰教授则提交《韩国朱子学的心说论争研究现状及展望》一文，指出韩国朱子学者试图用理气论的概念来定义人类的心性，其三大论争始于对心性情理气论的规定；而相关比较研究，尤其是中、日、韩关于相关问题的比较性研究，则可以进一步推进。这一点也值得中国学者注意，尤其是如何在和韩国朱子学的对比中理解朱子思想的意义以及中国朱子学的走向这一点。

此外，韩国学者还对其他哲学问题有密切关注，比如退溪的教育思想、栗谷的经世思想。栗谷学会特别重视推广栗谷的蒙学著作《击蒙要诀》，并加强与中国思想界沟通，以共同研究这一蒙学著作的时代意义。

---

① 载《朱子学年鉴(2013)》，北京：商务印书馆，2014年，第151页。

② 载《朱子学年鉴(2013)》，第152页。

2. 日本朱子学研究

早在13世纪初期，朱子学就已经传入日本；进入江户时代，朱子学在日本开始兴盛，日本涌现出藤原惺窝、林罗山、贝原益轩等一批思想家。传统的日本朱子学研究侧重于对朱子学文献的阐释，并借由文献的解释阐发义理，关注“理气心性”等问题。而战后的日本朱子学研究则侧重于文献研究，思想研究的成果远少于文献研究的成果，这些年情况更为明显，日本学者“形而下”的取向越来越明显，而较少关注以“理气心性”等问题为核心的“形而上”向度，这与日本近代以降重新构造其东亚叙事有密切的关系[①]。

日本学者擅长考证功夫，这点历来被学者重视。近年来这方面成果也较多，前述吾妻重二先生对《朱子家礼》的考辨就是一例。此外，鹤成久章有《〈四書纂疏〉所引の朱子学文献について：〈朱子語録〉を中心に》(《〈四书纂疏〉引用的朱子学文献：以〈朱子语录〉为中心》,2014)一文，考察了《四书纂疏》的成书年代以及《纂疏》所收朱熹及其后学13人文献的情况，特别注意《四书纂疏》所引《朱子语类》，指出了数量在2000条以上的《四书纂疏》所引朱子的语录的一些特征，发现《四书纂疏》所用语录与传世文献的一些差异。2014年儿玉宪明作《朱熹律吕新书序注解》一文，对朱子《律吕新书序》作校勘、日译和注释。日本学者对朱子学涉及的语言学等问题，尤其是与日语相异的语言问题，也有较多的关注。

在义理学方面，木下铁矢于2013年出版《朱子学》一书，可以说是义理方面的代表性著作。作者不赞成把朱子理解成二元论者，认为朱子力图打破理气、阴阳等二元对立，“心”的阐释可以说是朱子突破二元对立的枢纽。此外，日本学者长期以来关注对朱子鬼神问题的讨论，这一点在日本的朱子学研究上十分突出。牛尾弘孝先生在2010年曾写书评，专门回顾了日本学者对鬼神问题的相关讨论，2013年又专门作《朱熹的鬼神论的构造》一文，从“理生气”与“屈伸”两个层次阐释朱子的鬼神观，并对祭祀问题加以讨论。

在日本朱子学方面，土田健次郎教授2014年出版的《江户的朱子学》一书可以说是近些年研究的代表。该书详细讨论了朱子学本身以及朱子学进入日本思想史之后的问题与演进，认为日本思想史学者对朱子学理解不深，没有把握朱子学的特质，没有看到朱子学在理气论构架下作出的哲学贡献。该书还讨论了朱子思想与日本本土思想的关系，诸如“敬”与“神道”，认为朱子学已经进入日本的“日常”当

---

① 板东洋介先生《2013年日本朱子学研究综述》一文第一部分《概观》专门讨论了“对日本而言，朱子学意味着什么”，这可以反映当代日本学者对朱子学在日本的定位。参见《朱子学年鉴(2013)》，第155-156页。

中，并从这一思路出发，详细讨论了日本反朱子学者，如伊藤仁斋对朱子学的理解与批判。

此外值得注意的是吾妻重二先生以“文化交涉学”的视角关注东亚朱子学的相关问题，勾勒了东亚儒学和东亚朱子学的多个侧面，关注“以儒教为中心的知的世界”。在吾妻重二先生看来，“朱子学是一个巨大的知识体系，进而言之，也无妨称其自身拥有着一个文化体系所具有的广度。因而，我们不仅要在中国哲学史中，还要在教育史、礼仪史乃至于人类文化史的历史长河中来理解朱子学”。吾妻先生强调文化是在不同地域之间不断流动的，他本人就是在这样的理解下诠释朱子学跨地域的文化特质的。

（三）欧美朱子学的发展

欧美的朱子学研究可以说是近些年来海外中国哲学研究的一个亮点，其研究，既有针对朱子学本身的讨论，又有引入比较哲学的视角、进行中西哲学之间的互动的探究。

英美汉学界对朱子的研究较为偏重文化史、思想史、政治史。艾周思出版《儒家之道的重建：朱熹对周敦颐思想的运用》[①]一书，从宗教实践的角度探讨朱子对周敦颐思想的发展，并对主要文献进行了翻译。亚利桑那州立大学的田浩教授可以说是美国朱子学界的代表，之前就有关于朱子和陈亮的两本专著问世，并于2011年出版了《旁观朱子学》[②]一书，收录多篇其观察朱子以及南宋思想的文章。同时，田浩教授还关注朱子学在当代中国的传播，对朱子学的一些当代实践进行了思考，与其女儿田梅一起写成《礼之殊途：〈朱子家礼〉现代化与恢复古礼的践行——以当代儒家婚礼为视角的分析》一文。他还与殷慧合著《从〈五经〉到〈四书〉——以宋代礼理的突破与融合为中心》[③]一文，关注朱子思想中“礼”和“理”的关系。田浩教授对朱子学的关注可谓是多方面的。在他的推动下，2012年，亚利桑那州立大学专门召开了朱熹经学研讨会。此外白朗诗教授的《论创造性——朱熹、怀特海和南乐山的比较研究》[④]一书于2011年翻译成中文，该书从比较哲学的角度，解释为什么怀特海、朱熹和南乐山那里会有创造性这一观念，以及为什么对于比较过程思想来说这是一个重要问题。

---

① Joseph A. Adler, *Reconstructing the Confucian Dao: Zhu Xi's Appropriation of Zhou Dunyi* (Albany: State University of New York Press, 2014).

② 华东师范大学出版社，2011年。

③ 《中国哲学史》2014年第2期。

④ 中国社会科学出版社，2011年。

在法国，值得关注的是戴鹤白教授专门将《戊申封事》翻译为法文[①]，并写专文对朱子的封事进行讨论（《论朱熹的〈庚子应召封事〉和〈辛丑延和奏札〉》，2012）。2012 年，杜杰庸、戴鹤白还合译了朱子和陆九渊的通信《太极之辩》。

德语学界则更多地关注朱子本身的哲学问题。前文提到的苏费翔教授就是德语学界研究朱子的一个新的代表人物，他不仅研究了朱子的道统观，还关注朱子弟子之间的争论（《〈近思录〉〈四子〉之阶梯——陈淳与黄榦争论读书次序》，2012），近些年还特别注意从认识论的角度分析朱子思想。苏费翔等人还一同将《朱子家训》翻译为德文（2011）。2015 年 7 月，特里尔大学专门和华东师范大学一起主办了“朱熹与他的革新：创新、社会改革与认识论”会议，欧美汉学界与中国大陆研究朱子和宋明理学的学者齐聚一堂，探讨朱子学的相关问题。

此外，澳洲学者梅约翰主编了《理学家哲学的“道”的指南》（2010），收录了不少关于朱子研究的成果。

有关朱子学的研究不止以上这些内容，在其他一些领域也有一些研究成果需要我们注意。比如余英时教授出版了《朱熹的历史世界》一书之后，学者们陆续开始从政治文化的角度对朱子学进行相关研究。此外，朱子学的世俗化进程也拓展了朱子学的当代面向，使朱子学的当代境况不同于其他中国传统哲学。自 2005 年开始，世界朱氏联合会与闽北朱氏宗亲会联合中国大陆、中国台湾、欧美等地高校，组织学者和青年学生开展“朱子之路”活动，促进各地学术交流，促进当代青年对朱子的进一步了解。在世俗化方面，朱杰人教授“朱子家礼之婚礼的现代实验”特别值得关注，他以实际的操作探讨、求证时至今日《朱子家礼》是否仍有生命力，面对西风席卷、西俗泛滥、中华传统社会礼俗被全盘西化的社会现实，代表本土文化和传统的儒家婚俗对全盘西化发起一次挑战，以寻得中华文化自我救赎的一席之地。可以说，朱子学的世俗化努力已经使朱子学走出了纯粹的书斋式的研究，促使朱子学以及儒学在当代焕发出新的生命力。

以上简要总结了 2011 年以来朱子学的发展情况，可以说，朱子学的研究在各个领域稳步推进，朱子学的研究不仅仅是属于当下的，也是属于未来的，朱子学也不仅仅是属于中国的，亦是属于世界的。朱子学的研究为中国哲学走向未来、走向世界提供了一个典范。

---

① 2008 年出版，2013 年出版汉法对照版。

中国哲学史研究的深化与开拓
——《中国哲学史》杂志与近四十年的中国哲学研究

关于《中国哲学史研究》以及《中国哲学史》杂志的历史，张岱年先生讲，"一九七九年十月，全国各地中国哲学史工作者在太原开会，成立了中国哲学史学会。会后，许多同志建议创办一个中国哲学史学科的专门刊物。经过几个月的筹备，现在《中国哲学史研究》季刊创刊了。这是中国哲学史这个学科的历史上的一件大事"[①]。《中国哲学史研究》1980年创刊，1990年停刊，共发刊37期。1992年，中国哲学史学会重新创办《中国哲学史》杂志，至2017年第4期止，已发行100期。无论是《中国哲学史研究》还是《中国哲学史》，都是中国哲学史学会的会刊，《中国哲学史》可以视作《中国哲学史研究》的历史延续；更为重要的是，二者在研究传统、关注问题上，都体现了中国哲学史学科近四十年的发展历程，杂志发表的一系列文章体现了中国哲学史学科近四十年的成果，也反映了这一学科研究的深入与议题的开拓。

一、学科重建与方法思考

张志强先生在《时代·传统·中国哲学》一文中总结20世纪80年代以来三十年中国哲学研究的核心关切时指出：

> 尽管中国哲学史研究在这四个阶段里有着不同的思想关切和知识倾向，但这四个阶段的展开，仍然内具着共同的"焦虑的结构"或问题意识的核心关切，那就是由"中国哲学"一词所突显的"哲学与文化"之间的关系问题。这个问题，一方面表现为"中国哲学"与"中国文化"的关系问题，另一方面则表现为"马克思主义哲学"与"中国文化传统"的关系问题；一方面表现为哲学的现代性与文化的传统性之间的关系问题，另一方面则表现为哲学现代性的西方来源与中国文化传统的民族性之间的关系问题。因此，我们也可以说，这种由"中国哲学"研究所表现的核心关切或"焦虑的结构"是一个中西古今之间的

---

① 张岱年：《大力促进中国哲学史学科的新发展》，《中国哲学史研究》1980年第1期，第8页。

“哲学与文化”的关系问题。[①]

这一总结其实普遍适用于20世纪80年代以来中国哲学的研究。“中国哲学史”学科是在中国学术古今转型的过程中形成的，如何用新的方式处理中国古代思想，成了近代以来学人的重要思考焦点。在这一历史情态下，“哲学”被引入中国，并用来处理中国传统思想资料。冯友兰先生两卷本《中国哲学史》奠定了“中国哲学史”研究的基本范式，之后的中国哲学史研究不断探索以怎样的方法研究“中国哲学”。1949年后，马克思主义开始指导中国哲学史的研究，唯物史观丰富了中国哲学史研究的方法、拓展了中国哲学研究的议题，但是“一九五七年以来，曲解、篡改马克思主义基本原理的极左思潮逐渐得势，发生了把马克思主义个别词句简单化庸俗化的倾向，用一些简单的公式剪裁历史事实，把哲学史的研究变成了贴标签”，“对于古代哲学家的著作采取了实用主义态度，断章取义，穿凿附会，随意加以解释，完全违背了唯物主义的原则，这种作风给中国哲学史的研究带来了严重的不良影响”[②]，中国哲学史研究在这一时期受到了严重的影响。

《中国哲学史研究》创刊恰逢“文革”结束、党的十一届三中全会胜利召开这一历史契机，这时，如何重建中国哲学史学科、以怎样的方法研究中国哲学史，成了中国哲学史学界亟待解决的问题。《中国哲学史研究》在“发刊词”中指出，“是否把中国哲学史当作一门科学，这是中国哲学史研究中的关键问题”[③]，如何建立中国哲学史学的科学体系，反思生搬硬套式的中国哲学研究，成了杂志创办初期的重要使命。《中国哲学史研究》创刊后的几年，“中国哲学史方法论问题”成了杂志的重要主题，“中国哲学史学的科学化”成了学界关注的重要问题。这一工作主要是由当时还在世的一些中国哲学史界的老前辈（如冯友兰、张岱年、任继愈等）完成的，他们经历了中国哲学史学科的创建、波折以及新生，他们的思考至今还有重要的指导意义。

任继愈先生《克服两个缺点》是一篇十分重要的文章，对中国哲学史学科的重建具有重要的指导意义。在任先生看来，中国哲学史研究不能“只要找出某家某派哲学产生的根源，指出它是为什么人服务的，就认为任务已经完成了”，“哲学史所关心的是哲学家的思想体系”，需要对哲学家进行细致的思想剖析。“哲学史讲的是思想，哲学史的发展只能是思想的发展”[④]，需要将思想发展的脉络讲清楚。以

① 张志强：《时代·传统·中国哲学——时代课题与中国哲学史研究三十年来的演进逻辑》，《中国哲学史》2008年第3期，第118页。

② 张岱年：《大力促进中国哲学史学科的新发展》，《中国哲学史研究》1980年第1期，第8页。

③ 《中国哲学史研究》“发刊词”，《中国哲学史研究》1980年第1期，第3页。

④ 任继愈：《克服两个缺点》，《中国哲学史研究》1980年第1期，第11页。

马克思主义为指导,也不能仅仅使用马克思主义的个别词句,而不顾马克思主义的实质,不能混同"马克思主义的词句和马克思主义提供的观点和方法"。任继愈先生试图厘清如何以马克思主义为指导和如何回到中国哲学史内部研究中国思想这两个问题。这也是当时"中国哲学史学科科学化"这一问题的核心关切。

在对这一问题的关切之下,当时的《中国哲学史研究》刊登了一系列文章,涉及资料的收集与整理,通史、断代史、专题史、范畴史的研究,对人物与学派的基础性探索,对佛教哲学、道教哲学、中国少数民族哲学的研究,中西哲学的比较研究;更打破禁忌,开启了对港台哲学的研究。很多文章在当时都具有开拓意义,中国哲学史学科"在科学化的道路上不断探索,不断实践"[①],如何在打破旧的束缚的前提下,寻找中国哲学自身的特质,是20世纪80年代学人的核心关切之一。汤一介先生的相关研究颇能代表这一时期学者对相关问题的思考,汤先生突破的重点在魏晋玄学,他在《中国哲学史研究》相继发表《从张湛〈列子注〉和郭象〈庄子注〉的比较看魏晋玄学的发展》(1981年第1期)、《郭象的〈庄子注〉和庄周的〈庄子〉》(1983年第3期)等文章,还出版了《郭象与魏晋玄学》一书,打破唯心唯物二元对立的思路,注重从哲学自身发展的内在逻辑看待哲学家的相关问题。汤先生的这些研究在当时具有"破冰"意义[②]。

二、范畴概念研究

20世纪80年代的中国哲学史研究,特别值得一提的是对"范畴史"的关注。翻看80年代的《中国哲学史研究》,我们会发现这样一个现象,此时的研究以填补空白、扭转方向为主,这就使得这一时期的文章以对人物、学派的总论、通论、泛论为主,较少有专人专题式的论述。在这一背景下,"范畴"研究就显得十分突出。范畴史的研究改变了一般的通论、泛论中国哲学和中国哲学史人物的做法,试图深入思想、文献内部,解释中国哲学思想的演进逻辑以及核心范畴的基本内涵。

《中国哲学史研究》编辑部于1981年2月召开了如何研究中国哲学史上的范畴、概念问题的学术讨论会,1984年6月又举行了"中国哲学史范畴、概念、思潮发展规律学术讨论会",当时学界与杂志对"范畴史"的关注力度可见一斑。1982年第1期《中国哲学史研究》刊发张岱年先生《开展中国哲学固有概念范畴的研究》一

---

① 谷方:《中国哲学史研究的四十年》,《中国哲学史研究》1989年第4期,第7页。

② 汤一介先生可以说是近四十年中国哲学研究重要的旗手,许多话题的展开都与他有密切关系,如"国学热"与文化热、中国哲学诠释史、中国儒学史的重新书写、儒学第三期发展、中国哲学与马克思主义的对话等,可以说汤先生的许多思考至今还有重要的学术引领意义。

文,张先生指出,“哲学理论包含许多哲学概念和哲学范畴。哲学概念和哲学范畴是哲学理论的重要组成部分。我们研究哲学史,必须研究哲学概念范畴的历史”[①]。这包含对哲学的普遍理解,在当时是从对马克思主义经典哲学著作阅读和理解出发,站在中国哲学史学科科学化的角度进行思考的。当然,张先生的侧重点在强调不同哲学理论、不同民族哲学的一些特殊概念、范畴,揭示中国哲学自身固有的概念范畴及其发展历程。张先生讲,“中国古代哲学中的一些(不是全部)概念范畴有其独特含义,不能望文生义加以解释;中国古代哲学中的一些(不是全部)概念、范畴又有其演变的过程,同一个概念、范畴,在不同的时代,不同的思想家,具有不同的意义。我们研究中国哲学史,必须了解中国哲学的概念、范畴的本来意义,才能对于思想家的哲学学说有比较正确的理解;同时,必须了解其概念、范畴的演变过程,才能对于中国哲学思想的发展过程有比较深刻的认识”[②]。也就是说,对概念范畴的研究,其目的在于回到中国哲学家以及文本本身,从其思想内部、从中国哲学的发展,理解哲学家的思想内涵,而不是空洞地、泛泛地进行论说。

当时的学者指出范畴史研究的意义在于“一、能够揭示中国传统哲学的特点和发展水平;二、能够揭示中国哲学发展的规律;三、有助于总结人类理论思维的经验教训”,“过去中国哲学史研究,主要以描述和分析哲学家们的思想的方式进行,这种研究固然也涉及一个哲学家思想体系中的概念各范畴”,“尽管也对构成其哲学体系的范畴概念的来龙去脉加以必要的考察,然而不足以把握一个概念的产生、演变以及它在不同时代和不同哲学家那里是怎样被利用的。这样就不可能把握范畴、概念产生发展和运用的历史的完整概念”[③]。

此一时期关注范畴,是希望借此研究中国哲学自身的发展特质,通过揭示中国哲学史中独特的概念、范畴并解释它们的含义,摆脱简单使用唯物、唯心等标签看待中国哲学史发展的做法,打破旧有条条框框的限制。范畴的研究,首先是回到中国哲学自身,回到中国哲学的基本资料中去揭示哪些是中国哲学史发展的基本概念、范畴;其次需要回到不同思想家的思想材料那里,对不同概念、范畴在具体时代具体思想家那里的含义进行分析。《中国哲学史研究》早在1981年第4期就开始设立“中国哲学史主要范畴和概念简释”或类似专题,关注范畴史研究。如许抗生先生《“天”与“人”》(1981年第4期)一文,从“天人之辩”这一视角出发,对历史上不同流派对天的理解进行了总结,阐释了围绕着“天人”进行的不同理解。方立

① 张岱年:《开展中国哲学固有概念范畴的研究》,《中国哲学史研究》1982年第1期,第68页。

② 《开展中国哲学固有概念范畴的研究》,第75页。

③ 魏民整理:《关于中国哲学史范畴、概念和思潮发展规律问题——本刊第四次夏季学术讨论会纪要》,《中国哲学史研究》1984年第1期,第3-4页。

天先生《中国哲学的"性情"范畴》(1984 年第 1 期)一文重点梳理了中国古代人性论、人生哲学、伦理道德学说当中的"性与情"的关系问题,分析了这一范畴在先秦孔子、庄子、孟子、荀子等思想家中不同的含义,进而分析它们在两汉、魏晋不同思想家中不同的用法,强调了佛教对中国哲学性情诠释的影响,以及之后哲学家(尤其是理学家)对它们的诠释,并从四个方面总结这一范畴演进的主要特点和内容。方先生的研究方法和写作模式在当时具有很强的代表性。

在当时的范畴研究中,蒙培元、张立文、葛荣晋先生的贡献十分突出。蒙先生的研究侧重于理学概念、范畴,后出版《理学范畴系统》一书。张立文先生在改革开放后,对中国哲学的许多重大问题都有深入思考,在不少领域都有开创作用,例如他很早就关注朱熹的思想(《中国哲学史研究》1981 年第 4 期刊登了《论朱熹哲学的逻辑结构》,1983 年第 1 期刊登了《朱熹易学思想辨析》一文),之后陆续出版一系列与朱熹和宋明理学有关的著作,特别是他较早地关注了理学在韩国的发展;他于概念范畴领域则有专著《中国哲学范畴发展史》,以及按照范畴主编的《性》《天》《气》《道》等专书。葛荣晋先生则有《中国哲学范畴通论》一书,厘清了中国哲学中的一些主要概念。这些都可以视作当时范畴研究的集大成之作。

这一时期的研究重点关注单一概念、范畴在历史上的发展、演进,还没有重点关注概念、范畴之间的联系,尤其是某一个思想家内部,概念、范畴如何构成一个完整的思想体系,这种范畴史研究在这个意义上显得就不够细致。而同时已经有学者从事这样的工作,如冯达文先生《气的范畴的演变与王充哲学的意义》(1982 年第 4 期)一文,梳理了先秦两汉哲学对"气"的理解,其落脚点则在王充在此基础上对"气"的范畴发展和诠释。梳理历史是为了更好地说清楚王充思想中"气"的继承性和创新性;他通过对比,突出王充思想的独特意义,并从"气"出发,讨论王充思想中"气""道""神"等范畴的关系。

之后的中国哲学史研究更比之当时的范畴史研究更进一步,学者对专人专书的研究逐渐增多,而在具体方法上普遍关注对哲学家的核心概念、范畴的诠释,分析某一哲学家使用它们的具体含义,与哲学史上其他思想家有何差异,以及这一思想家对这些概念、范畴的应用如何构成他的完整的思想体系。这种方法在宋明理学的研究上尤其突出。陈来先生的《朱子哲学研究》一书可以说是此种方法的代表,而在《中国哲学史研究》1983 年第 2 期刊登的《关于程朱理气学说两条资料的考证》一文则可以视作此种典范研究的先声。《中国哲学史》刊登的《论张载哲学中的感与性》(杨立华,《中国哲学史》2005 年第 2 期)、《阳明学者罗念庵体悟良知的工夫历程》(张卫红,《中国哲学史》2014 年第 4 期)等文都可以视作研究代表。研究范畴的内涵、发展逻辑与研究具体人物的思想体系紧密结合,构成了中国哲学研究深入的一个动力。

除宋明理学之外，道家哲学研究也是这一时期中国哲学研究的亮点，并在方法上较早打破唯物、唯心二元标签的限制，这尤其与陈鼓应先生的贡献密不可分。陈鼓应先生很早就成为《中国哲学史研究》的作者，其《庄子论"道"——兼评庄老道论之异同》(《中国哲学史研究》1985 年第 4 期)一文从"内涵"上诠释庄老道的具体含义，注意突出道的实存以及与万物的关系、道的整体性以及道的境界。此文深入庄子文本内部挖掘其哲学意涵，文章的分析模式在当时可以说是十分独特的，并由此产生了深远影响。王博教授的老庄研究可以说亦是顺着这一研究路径的代表，其《读〈老〉札记》(《中国哲学史研究》1988 年第 1 期)一文从陈鼓应先生对道的三种含义的阐释出发，进一步思考道的含义，认为"道正是以哲学的语言表达神话中的混沌"[①]，强调道的实存意，并以之出发理解《老子》中道、一、有、无等范畴。文章在研究方法上依旧强调从文本出发做哲学含义的阐发，避免生硬的思想标签。道家哲学研究对中国思想的哲学意涵的揭示具有标志性意义。

虽然关于中国哲学史研究的方法与科学化讨论在 20 世纪 80 年代十分突出，但这一问题并未在之后消失。中国哲学史研究者对这一问题的自觉性是十分强烈的，在这一意识的推动下，中国哲学的研究也逐渐走向深入，中国哲学自身的特质也愈发彰显。90 年代，张岱年先生还专门在《中国哲学史》1993 年第 3 期发表题为《中国哲学史的方法论问题》的文章，而在各个领域讨论"方法"的文章络绎不绝，尤其是"中国哲学合法性"讨论、"哲学史与经学"论争方面。这使得中国哲学的方法论问题再次突出，使得学者更进一步思考如何"研究中国哲学史"与"做中国哲学"[②]。在方法论讨论的基础上，新一代中国哲学史研究者对于研究方法都有一定的自觉意识，这也促进了学科的专业化、细致化、深入化。

三、"中国哲学合法性"论证

《中国哲学史研究》以及《中国哲学史》看似较少直接介入当时最热门的一些学术讨论，却以最扎实的学术研究回应时代讨论。《中国哲学史》为整个中国哲学研究服务，希望能把这个领域最好的研究成果反映出来，密切追踪研究的状态，它以

---

① 王博：《读〈老〉札记》，《中国哲学史研究》1988 年第 1 期，第 36 页。

② 陈少明教授《做中国哲学》(生活·读书·新知三联书店，2015 年)一书侧重讲中国哲学的方法论问题，思考中国哲学与中国文化的特点、哲学史与哲学的创造等诸多问题，该书可以视为近年来中国哲学研究方法论反思的代表性著作。

这样的独特方式回应时代关切[①]。例如 20 世纪 80 年代后期，中国思想界特别关注“文化讨论”，《中国哲学史研究》则成为展现中国哲学界声音的平台，《中国哲学史研究》1987 年第 1 期有《中国哲学史上关于人的价值问题笔谈》，当时的老中青学者，如张岱年、余敦康、许抗生、陈来、李存山等，都从中国哲学出发揭示相关问题的时代意义。80 年代末，在方克立先生的推动下，中国哲学界开始关注“海外新儒家”，而《中国哲学史研究》也成为介绍这一思想传统的平台，牟宗三、唐君毅、方东美等现代新儒家开始为大陆学者知晓，并逐渐发展成为显学。

如果说摆脱机械的、标签化的马克思主义是 20 世纪 80 年代杂志以及学者的主要焦虑之一，那么随着改革开放中外交流的深化，西方哲学不断被引介进入国内，面对西方哲学看自身，成了一个时期内中国哲学史界的关切。如何回应市场经济与西方自由主义思潮给中国带来的挑战，也成为中国哲学研究者不得不面对的问题[②]。其实在 80 年代，《中国哲学史研究》就已经开辟“中国哲学史研究在国外”等专栏，关注海外对中国哲学的看法，并发表《黑格尔论中国哲学》(张惠秋，《中国哲学史研究》1983 年第 3 期)、《类概念：亚里士多德逻辑和墨家逻辑的锁钥》(冯必扬，《中国哲学史研究》1989 年第 2 期)等文章，或关注西方哲学如何看待中国哲学，或试图尝试进行中西哲学比较。90 年代以后，西方学派越来越多地被国内学者注意，此一时期如何在中西比较的背景下探索中国哲学的特质、如何面对西方哲学以观察中国自身、如何合理吸收西方哲学的方法与资源，成了中国哲学史界思考的热点，而这些也反映在这一时期《中国哲学史》杂志发表的文章当中。张世英、叶秀山等原本专门从事西方哲学研究的学者，也都在《中国哲学史》发表文章，从中西对比的角度进行相关论述。张世英先生的《中国传统哲学与西方后现代主义哲学》(《中国哲学史》1994 年第 5 期)一文，就围绕着中西哲学“天人”“主客”等问题展开论述，试图以此展示中西哲学不同的发展路向。张再林《现象学与中国古代哲学》(《中国哲学史》1995 年第 1 期)则通过现象学理解、阐释中国哲学，认为现象学与中国古代哲学之间基本精神具有内在一致性[③]。

在中西对话的同时，20 世纪 90 年代以后出现了大量用西方理论标签化中国哲学的研究方式，诸如利用在国内流行的某一西方理论“架构”中国哲学家或哲学

---

① 参路强：《从〈中国哲学史〉看中国哲学——陈静教授访谈录》，《晋阳学刊》2015 年第 6 期。

② 中国哲学史研究从 20 世纪 80 年代转向 90 年代，研究议题更加广阔、分析更加深入，但时代所造成的种种思想问题也一直萦绕在研究者心中，在关注传统思想的同时呼应时代关切，可以说也是许多中国哲学研究者的自觉。

③ 叶秀山先生一直以来十分关注中国哲学，对中国哲学有其独特理解，他临终还在阅读中国哲学文献，并做了相关札记。为了纪念叶先生，《中国哲学史》杂志专门请李猛教授对相关内容进行释读，并撰写《“出生入死”的智慧：读叶秀山先生有关〈老子〉的临终札记》一文，刊登于《中国哲学史》2016 年第 4 期。

著作的论文在一定时期层出不穷，这与用机械的马克思主义标签化中国哲学，在本质上是一样的。而《中国哲学史》杂志的大部分文章还是试图坚持“中国主体，世界眼光”，从中国哲学自身的特质出发，坚持中国哲学史长期以来形成的研究方法，研究中国古代思想。但在中西对话、中国更进一步理解西方这一背景下，一个潜藏在“中国哲学”学科奠基之初的问题“呼之欲出”，并逐渐引起人们的注意，这就是关于“中国哲学合法性”的论争。

其实中国哲学史学科的奠基者们就已经意识到用哲学解释中国古代思想可能面临的问题，胡适、冯友兰、张岱年等前辈都曾对使用“中国哲学”这一概念进行讨论[①]。与坚持传统学术方法的一些学者不同，他们自觉地使用“哲学”的方法来进行研究，这可以看作中国传统文化近现代转型中的一种“创造性转化”。但在这一过程中无疑存在“被哲学”的问题，前辈们自觉或不自觉地“带入”他们理解、接受的某一西方哲学形态，用以分析中国古代思想。但是，我们需要同情地理解这种“被哲学”化，这可能是在学科成立之初不得不经历的一条道路。而意识到“被哲学”其实也意味着这一学科的自我成长、自我反省，经过这一轮“中国哲学合法性”讨论的洗礼，“中国哲学”的特质也更进一步呈露。

其实西方学界长时间就有不承认中国古代有“哲学”的声音，他们认为哲学是西方的特质。一定时期内，由于对西方学术界不了解，国内学界认为使用“中国哲学”这一概念十分自然，并没有发现什么不妥。而20世纪末、21世纪初这一问题则适时“凸显”。

《中国哲学史》杂志在最初阶段就介入了“中国哲学合法性”的讨论，1999年第3期刊发了陈坚《中国哲学何以能成立——四位学者对中国哲学成立的证明》一文，该文从历史的角度梳理了胡适的“哲学问题”论证、冯友兰的“内容相似”论证、韦政通“哲学起源”论证、牟宗三“文化要素”论证。此时“中国哲学合法性”论证尚未正式开始。

《中国哲学史》1999年第4期刊发了陈来先生《世纪末“中国哲学”研究的挑战》一文，此文一方面从历史的角度梳理相关问题的来龙去脉，指出应当扬弃在“哲学”这一概念上的“西方中心主义”立场；另一方面在历史叙述的基础上强调使用“哲学”研究中国古代思想的特质，尤其是区分哲学史与思想史两种不同研究进路，厘清哲学史研究的范围，强调中国哲学研究要把握思想本身、概念本身、命题本身、诠释本身。这其实是在世纪之交，用中国哲学合法性这一问题，重新激活中国哲学史研究方法的意义，并进一步澄清中国哲学的特质，着力避免研究者

① 参陈来：《世纪末“中国哲学”研究的挑战》，《中国哲学史》1999年第4期。

的“同行迷失”。

21 世纪以后，中国哲学合法性的讨论日趋激烈，而在这一问题上，《中国哲学史》2006 年第 2 期发表的杨民、季薇翻译的戴卡琳《究竟有无“中国哲学”》一文起到了深化作用，该期杂志还同时发表了李明辉《中西比较哲学的方法论省思》、郑宗义《论二十世纪中国学人对于“中国哲学”的探索与定位》等文章，这都将相关问题导向纵深。学界关于“中国哲学合法性”问题讨论十分热烈，余波延续至今。

“中国哲学合法性”问题关系着我们如何理解“哲学”，如何理解“中国”，如何看待传统与现代的关系问题，也关系着我们以怎样的方式做中国哲学史研究。笔者以为，《中国哲学史》杂志刊出相关文章，并引发学界的关注，正是希望学界能够以更加自觉的态度对待“中国哲学”，并在这一论争中告别“被哲学”，以更加真诚的态度、科学的方法从事相关研究①。在这一意义上，“中国哲学合法性”问题的讨论在中国哲学的发展历程中具有十分重要的积极意义。近十年来中国哲学研究的一些重要转向，或多或少都与这场论证有关，如对中国哲学修养论、工夫论、心性论等议题的关注和细致分析——当然在笔者看来，最受这一讨论激发的是近些年经学研究的活跃，经学研究的兴起在合法性讨论退烧之后不久，“经学研究”关注的重点在逻辑上是与这一问题“伴生”的。

四、经学与中国哲学

栏目跟着学术走，栏目反映并支撑学术热点。专题、专栏是《中国哲学史》杂志反映学术趋向与热点的一种方式，杂志常开设一些专题集中讨论相关问题。《中国哲学史研究》曾用大量篇幅讨论“宋明理学研究”，近些年“宋明理学”也是《中国哲学史》的常设栏目，这反映了“宋明理学”在中国哲学史研究中的地位。此外，杂志很早就关注出土文献，甚至有专刊讨论相关问题。这些栏目的设立，反映了《中国哲学史》对哲学议题、哲学热点的持续关注，也说明中国哲学研究越来越细致、越来越深入。

翻开近些年的《中国哲学史》杂志，我们会发现经学文章越来越多，“经学专栏”屡屡出现，这充分反映了近些年中国哲学研究中的“经学热”。

“经学”在长时期内并不成为中国哲学史的专门议题，即便偶有文章涉及相关经典与人物，也构不成“热点”。这是因为中国哲学史学科的成立就是对原有的学术分科的打破，中国近代学术的建立与“经学的瓦解”密切相关。在传统的研究

① 参张志强：《当前时代，我们该如何看待中国哲学》，《中国哲学史》2017 年第 4 期。

中，五经中只有《周易》被中国哲学史界格外“待见”，其他各经往往无法进入研究者的视野。而近些年，经学研究逐渐得到各领域学者的重视，越来越多的中国哲学史界学者进入礼学、诗学、尚书学、春秋学等领域，有不少学者呼吁“重新开启经学研究”。

经学研究的兴起与“中国文明的重新认识”这一议题有关，经学研究者希望从“五经”中重新挖掘“中国文明”的特质，认为需要从中国自身来认识自己。部分学者甚至认为不能把中西问题看作古今问题，要摆脱中国思想研究的“被西化”，尤其是“过度使用西方哲学概念，从而忽视中国文明自身的特征”①。而与经学研究兴起伴随的则是“大陆新儒家”的逐渐成型，他们围绕中国固有经典，从多个面向诠释儒家思想，试图激活儒学的现代意义②。

我们看到，在“中国哲学合法性”论争中，部分学者将“哲学”看成是西方文明独特的特征，进而否认中国古代有哲学；辩护者则强调哲学超越东西文明，具有某种普遍的内涵，不是西方特有的，进而强调中国哲学的特殊性。哲学的普遍性和中国的特殊性是辩护者的两个基本着眼点。在这一论争中，越来越多的学者注意到应该重视中国思想自身的特质，防止将西方哲学作为一般的、普遍的标准，不能将中国哲学看成是欧洲哲学的“例子”。以此看待中国思想，中国思想中那些“溢出”西方哲学条条框框的内容开始受到关注和重视。而经学研究则可以视作对中国哲学特质挖掘的一种逻辑延续，回到中国本身、坚持中国主体，成了越来越多学者的共识。只是到底如何认识“中国”则在研究者中产生了分歧。

经学研究本身也是多元化的，如何面对“经学”，似乎在相关研究者那里也缺乏共识。很多参与合法性论争的学者主张“重写中国哲学史”，而有些中国思想研究者则主张“抛弃哲学”，这种倾向在不少经学研究者那里可以十分清晰地看到，他们特别强调“以中释中”，甚至有人认为加上“哲学的滤镜”会影响我们看待中国文明。经学研究的确使我们重新认识了很多原有框架下忽视的人物和问题，中国思想研究也由之而丰富。但问题是，我们是否需要放弃哲学？经学研究能否取代哲学研究？这里也存在我们的经学研究到底是古典式的经学还是经学学术史的问题。

在笔者看来，今后一段时间，或许会有研究者对当代经学研究的兴起重新作逻

---

① 陈壁生：《何谓“做中国哲学”？——陈少明〈做中国哲学〉评议》，《哲学研究》2017年第8期，第119页。

② 当然，在使用“大陆新儒学”这一名词时我们必须思考，什么样的儒学可以称为“新儒学”，这涉及“新”和“儒学”两个面向，我们应该思考儒学的内涵和外延究竟该如何界定，并不是打着“儒学”旗号的就一定与儒学有关，而“新”则首先需要知时代之“新”，在对儒学核心价值把握的基础之上，对儒学进行创造性转化与创新性发展，而不是故步自封地看待儒学的思想观念，抑或为儒学贴上一些新的时代的标签。

辑的和历史的考察，而在这一考察中，中国思想研究的方法问题必然会被涉及，尤其是经学与哲学之争也会逐渐显现。经学研究可以是多元化的，可以在目前的文史哲分科体系下充分研究，并展开学术间的对话。但经学研究是无法取代哲学研究的，回到传统的经学方法做经学也是不可能的，我们必然会将某些现代的、西方的内容附着在经学上。我们与其说是被西方化、被哲学化，毋宁说近代以来，西来的某些思想（特别是马克思主义）已经成为“中国”的一部分，有些东西已经成为我们新的传统，影响了我们的思维方式。这就使得完全回到过去“以中释中”变得不可能。哲学与其说是滤镜，不如说是方法。理解中国思想的特质需要我们进行诠释，而不能仅仅是“整理”。“中国哲学”强调内在地理解中国思想文本本身，并以此思考它的意义和位置，以哲学的方法突出中国传统义理化的向度，并用现代语言和现代思维尽可能客观地将之呈现。经学研究可以成为中国哲学多元化发展的一个方向，当然这一方向目前仍旧在探索当中，但我们需要强调的是，在中国哲学的视域下对待经学，重点在于挖掘经学的义理化维度，并在古今演变的视野下重新展示其义理的丰富性和在未来重新展开的可能性。哲学史下的经学研究应该自觉地与“经学文献学”等研究方式区分，虽然其他研究可以成为我们研究的借鉴。这样的经学研究是中国哲学内在丰富性的一部分，而不是其替代者。哲学不但不会有对中国文明特质的遮蔽，反而会使我们在当下更深刻地理解自身。当然，这也需要我们对哲学、对中国哲学有着充分的自觉。

五、面 向 未 来

中国哲学史的研究是多元的、开放的，《中国哲学史》杂志也一直秉持这样的心态对待学术研究。此杂志可以说是全世界中国哲学史界的一个平台，我们在坚持研究的内在性与主体性的同时，一直以世界眼光看待中国哲学。自《中国哲学史研究》时期开始，杂志就关注海外汉学、海外中国哲学研究，不少海外学者也是杂志的作者。同时，《中国哲学史》杂志的文章，也体现了中国哲学的代际传承与人才队伍的扩大。不少现今已经成名的中国哲学史学者，从年轻时就已经在杂志上发表文章，不少文章还是他们的代表作。而今天的《中国哲学史》杂志也成为当代中青年学者的平台，杂志一直支持和鼓励年轻学者发表自己的学术观点，相信这些作者中必然会有未来中国哲学界的领军人物，而《中国哲学史》杂志也以今天能够刊发他们的代表作、成名作为荣。

近些年，中国哲学的研究越来越深入，关心的问题也越来越细致，但这并不意味着中国哲学史界放弃了大问题、大视野，放弃了对中国哲学未来的思考。当前，

“中华优秀传统文化的创造性转化与创新性发展”成为中国哲学史界共同关心的课题，如何在新时代思考中国哲学，如何使中华优秀传统文化更好地适应时代的发展并融入时代当中，这是当今学界不得不严肃面对的问题。习近平总书记在党的十九大报告中指出，深入挖掘中华优秀传统文化蕴含的思想观念、人文精神、道德规范，结合时代要求继承创新，让中华文化展现出永久魅力和时代风采。这应当成为中国哲学史研究者的时代使命，当代中国哲学研究者需要站在时代使命的角度回应这一要求。为了促进学术界对“中华优秀传统文化的创造性转化与创新发展”进行严肃的学术思考，《中国哲学史》专门开辟“两创专栏”，刊发相关文章，希望能将现今学者的思考呈现在学术界面前。

我们期待着中国哲学史研究在老中青学者的共同努力下走向深入，我们更期待中国哲学能在新时代焕发新的生机，完成中国哲学在新时代的创造。《中国哲学史》杂志将一如既往地为中国哲学史的研究贡献自己独特的力量。

（本文系为纪念《中国哲学史》杂志创刊四十周年，应编辑部嘱托所作）

附录

从“赵氏孤儿”到“赵氏孤儿”

在电影开演前，我决定不去看《赵氏孤儿》。作为一个姓赵的人，我担心自己看完之后会有过激的反应；作为一个熟悉各个版本《赵氏孤儿》的人，我担心自己的记忆被污染。现在陈凯歌导演有理由不接受我的任何评价，因为我没有看过他的电影。但是，即便如此，我也想发发感慨。

一

最早版本的《赵氏孤儿》记录在《左传》当中，完整的故事是从僖公十六年一直到成公十年。一般人把《左传》这部分命名为《晋赵氏之难》或《下宫之难》，但是，如果套用陈氏话语的话，这个故事的主体应该被命名为《一场由通奸引发的血案》，也可叫《灭门惨案》，总之可以无限标题党。故事很简单：

赵武的母亲赵庄姬和赵武的爹的叔叔（赵婴齐）通奸，结果被他爹的另外两个叔叔（赵同、赵括）发现。赵同、赵括觉得丢人，于是就把赵婴齐赶到了齐国。赵庄姬发现自己的情夫被赶走，觉得无比气愤，就跑到晋景公那里告状，说赵同、赵括要造反。赵家的政敌趁机作证，于是晋景公决定灭赵家的族，而赵武就和他们到宫里待着去了。赵家除了赵武、赵婴齐（跑齐国去了）没死以外，其他人都死了。这时，赵家原来的家臣韩厥在晋国混得不错，向景公说情，景公就把赵家原来的封地都给了他的外甥或者表弟——赵武。

好了，这就是《左传》里的原本故事。可能你会觉得无聊，觉得少了很多东西。的确，这个故事里赵庄姬不是慈母，赵武他爹也在灭族前死了，关键是他不是什么遗腹子，这个故事里也没有屠岸贾，没有程婴、公孙杵臼，自然也没有程婴他媳妇和他的儿子，这个故事比我们熟知的少了众多元素。但是，这就是《赵氏孤儿》的本来面目。你是不是觉得太没意思了？的确，那是因为我们不自觉地把注意力集中到了“孤儿”身上。如果集中到“孤儿”身上，故事仅此而已，但是，《左传》记事的主角不是赵武，而是他的爷爷赵盾。

二

《左传》中,赵盾一登场就充满了无数矛盾,这些矛盾分为很多种,既包括政治的,也包括感情的。

赵盾出生在狄,也就是当时的少数民族聚居地之一,是他爹赵衰跟着晋文公流亡时在狄和叔隗(一名狄族女子)生的。赵盾小时候,他爹就跟着晋文公接着流亡去了,他还待在狄。后来,他爹和晋文公回了国,晋文公把自己的女儿(据说是)嫁给了赵衰,她还给赵盾生了三个弟弟:赵同、赵括、赵婴齐。这时,赵盾和他妈还在狄。赵衰的新媳妇赵姬想让赵衰把赵盾娘俩接回来,赵衰也不知道是新媳妇考验自己还是别的意思,不敢接他们娘俩回来。于是,赵姬大义凛然地说道:"你这个喜新厌旧的东西,缺德,快把他们给我接回来!"于是,赵盾他们被接了回来。赵姬发现赵盾很贤能,于是就让赵盾做了嫡子,自己的三个儿子做庶子,自己当侧室,让赵盾他妈叔隗做正室。于是,赵盾这个在蛮夷之地长大的孩子开始登上晋国的政治舞台。

晋文公死了,之后,当年跟着他称霸的那帮兄弟们也陆续死了,一代人才凋零,晋国很需要新的领导者。在赵衰的旧臣阳处父(身份跟韩厥类似)的操纵下,赵盾从狐氏家族手里抢到了晋国正卿的位置,之后又是一系列血案——狐氏、先氏被灭,士会跑到秦国又跑回来(姓刘的要注意了,士会是刘姓的得姓始祖之一,是汉高祖的祖宗),之后就是那个著名的弑君事件了。

三

这场弑君血案,就是"赵盾弑其君夷皋"。前面部分的曲折咱们放下不表,开始直接进入弑君的主要环节——而这也是元话本《赵氏孤儿》的开篇。当然,我们先放下元话本不讲。

话说这时晋国的国君成了晋灵公,晋灵公这个人比较喜欢玩儿,玩儿的还都挺刺激的,比如说站在城楼上用弹弓弹人,然后看着人躲来躲去。什么?您说这个不刺激?那么杀人呢?他的厨子没把熊掌煮熟,于是就被杀了,杀了还让仆人抬着出去,于是就被赵盾和士会看见了,这哥俩儿先后劝谏都没用,反倒把晋灵公给惹急了,就派了一个人,鉏麑,去刺杀赵盾。这刺客大约在拂晓时刻进了赵家,这时天还没亮,这刺客看见赵盾盛装朝服,等着上朝的点儿,准备去觐见国君。穿着朝服,天不亮,赵盾也不躺下睡(按照礼制,穿着朝服是不能躺下睡的,但当时很多人已经不讲什么礼制了)，只是靠在几案上小憩。刺客见这场景，说到，这个人如此忠心，是人民真正的主人，我杀了他就是不忠，可要是违背君命也是不忠，难啊！于是，他选择了触槐而死，也就是撞死在赵家的槐树下。

话说，赵盾有一次去首阳山打猎，路上遇见一个人快要饿死了，于是就给了他一筐吃的。可这个人却只吃了一半，赵盾就问他为什么，他说在外面游宦三年，也不知道家中的老母亲怎么样，这里离家很近了，他想回去看母亲，把那一半吃的给娘吃。赵盾很受感动，于是就让他把吃的都吃掉，另又给他的母亲准备了一份儿吃的，而且有肉(当时只有大夫以上才能常吃肉，孟子不是说七十者衣帛食肉吗?)，于是，这个人就回家去了。

晋灵公看派刺客没杀死赵盾，又心生一计：请赵盾喝酒，再把他杀死(很像鸿门宴吧，估计项羽学过《左传》，不过项羽不是不读书吗?)。赵盾不知是计，可他的车夫提弥明却发现了，于是说道，君请臣喝酒，超过三杯就违背了礼制。于是，带着赵盾就走。晋灵公看赵盾要逃，立马放狗去咬赵盾，这狗估计是藏獒的祖宗，因为它叫獒，估计藏獒是它在西藏那边的后代。提弥明抵抗着晋灵公的狗和走狗，可毕竟是在晋灵公的宫殿，寡不敌众啊，战死了！就在这千钧一发的时候，晋灵公的一个侍卫倒戈过来保护赵盾撤退。赵盾问：“你是谁?”“你不记得当初首阳山下的饿人了吗?”“你叫啥?”这人没说，赵盾逃亡了，他也跑了。这人是谁呢?《左传》记载，叫灵辄。据说陈凯歌把他变成了一个扛车的人。

于是赵盾跑了，在赵盾还没逃出国境的时候，他的族人赵穿在桃园把晋灵公给杀了，于是赵盾得以返回国都。正当赵盾准备迎接新君时，太史董狐在朝廷上大声说道：“赵盾弑其君!”“不是我杀的!”“你是正卿，逃跑不出国界，凶手不就在你身边吗?你怎么不杀掉他呢?”“……我，我是眷恋祖国……”于是《春秋》上就记载着“赵盾弑其君夷皋”。董狐，是位有气节的太史。

之后，赵盾派了赵穿，注意，是赵穿，去周天子那里迎回晋文公的儿子黑臀做了晋国国君，这就是晋成公。

赵盾的故事到这里还没完。从晋献公开始，晋国就没了什么公族，也就是现在所说的皇亲国戚、亲王贝勒，于是这时还让卿的嫡子充当公族，赐予土地。赵盾就跟成公说，没有赵姬估计自己还在狄放羊，重复着放羊娶媳妇、生孩子放羊的事儿，因此请求让赵姬的儿子做公族，自己不做，成公答应了。赵盾终于报了恩。

之后，到了晋景公时，就有了我们最开始说的“血案”了。

当然，《左传》的记载比我的复述要精彩。我们可以看到，整个故事都可以说是政治事件，很多矛盾也是政治矛盾。但是，赵盾的形象却是很清晰的，《左传》也烘托出了两位义士的形象：鉏麑和灵辄。忠义，可能才是《左传》整个故事所要突出的重点。而由忠义所带来的种种矛盾，尤其是政治德行之间的矛盾，才是《左传》留给我们的思考重点。

四

《国语·晋语》对这件事记述很简略，基本同于《左传》。故事情节的关键性转折发生在《史记》，《晋世家》基本沿袭《左传》，而《赵世家》却给我们描述了一个荡气回肠的故事。

请允许我这里将《史记》这个故事完整地抄录在这里，因为这是我认为所有《赵氏孤儿》里最美的一个：

> 灵公立十四年，益骄。赵盾骤谏，灵公弗听。及食熊蹯，胹不熟，杀宰人，持其尸出，赵盾见之。灵公由此惧，欲杀盾。盾素仁爱人，尝所食桑下饿人反扞救盾，盾以得亡。未出境，而赵穿弑灵公而立襄公弟黑臀，是为成公。赵盾复反，任国政。君子讥盾“为正卿，亡不出境，反不讨贼”，故太史书曰“赵盾弑其君”。晋景公时而赵盾卒，谥为宣孟，子朔嗣。
>
> 赵朔，晋景公之三年，朔为晋将下军救郑，与楚庄王战河上。朔娶晋成公姊为夫人。
>
> 晋景公之三年，大夫屠岸贾欲诛赵氏。初，赵盾在时，梦见叔带持要而哭，甚悲；已而笑，拊手且歌。盾卜之，兆绝而后好。赵史援占之，曰：“此梦甚恶，非君之身，乃君之子，然亦君之咎。至孙，赵将世益衰。”屠岸贾者，始有宠于灵公，及至于景公而贾为司寇，将作难，乃治灵公之贼以致赵盾，遍告诸将曰：“盾虽不知，犹为贼首。以臣弑君，子孙在朝，何以惩罪？请诛之。”韩厥曰：“灵公遇贼，赵盾在外，吾先君以为无罪，故不诛。今诸君将诛其后，是非先君之意而今妄诛。妄诛谓之乱。臣有大事而君不闻，是无君也。”屠岸贾不听。韩厥告赵朔趣亡。朔不肯，曰：“子必不绝赵祀，朔死不恨。”韩厥许诺，称疾不出。贾不请而擅与诸将攻赵氏于下宫，杀赵朔、赵同、赵括、赵婴齐，皆灭其族。
>
> 赵朔妻成公姊，有遗腹，走公宫匿。赵朔客曰公孙杵臼，杵臼谓朔友人程婴曰：“胡不死？”程婴曰：“朔之妇有遗腹，若幸而男，吾奉之；即女也，吾徐死耳。”居无何，而朔妇免身，生男。屠岸贾闻之，索于宫中。夫人置儿绔中，祝曰：“赵宗灭乎，若号；即不灭，若无声。”及索，儿竟无声。已脱，程婴谓公孙杵臼曰：“今一索不得，后必且复索之，奈何？”公孙杵臼曰：“立孤与死孰难？”程婴曰：“死易，立孤难耳。”公孙杵臼曰：“赵氏先君遇子厚，子彊为其难者，吾为

其易者，请先死。”乃二人谋取他人婴儿负之，衣以文葆，匿山中。程婴出，谬谓诸将军曰：“婴不肖，不能立赵孤。谁能与我千金，吾告赵氏孤处。”诸将皆喜，许之，发师随程婴攻公孙杵臼。杵臼谬曰：“小人哉程婴！昔下宫之难不能死，与我谋匿赵氏孤儿，今又卖我。纵不能立，而忍卖之乎！”抱儿呼曰：“天乎天乎！赵氏孤儿何罪？请活之，独杀杵臼可也。”诸将不许，遂杀杵臼与孤儿。诸将以为赵氏孤儿良已死，皆喜。然赵氏真孤乃反在，程婴卒与俱匿山中。

居十五年，晋景公疾，卜之，大业之后不遂者为祟。景公问韩厥，厥知赵孤在，乃曰：“大业之后在晋绝祀者，其赵氏乎？夫自中衍者皆嬴姓也。中衍人面鸟噣，降佐殷帝大戊，及周天子，皆有明德。下及幽厉无道，而叔带去周适晋，事先君文侯，至于成公，世有立功，未尝绝祀。今吾君独灭赵宗，国人哀之，故见龟策。唯君图之。”景公问：“赵尚有后子孙乎？”韩厥具以实告。于是景公乃与韩厥谋立赵孤儿，召而匿之宫中。诸将入问疾，景公因韩厥之众以胁诸将而见赵孤。赵孤名曰武。诸将不得已，乃曰：“昔下宫之难，屠岸贾为之，矫以君命，并命群臣。非然，孰敢作难！微君之疾，群臣固且请立赵后。今君有命，群臣之愿也。”于是召赵武、程婴遍拜诸将，遂反与程婴、赵武攻屠岸贾，灭其族。复与赵武田邑如故。

及赵武冠，为成人，程婴乃辞诸大夫，谓赵武曰：“昔下宫之难，皆能死。我非不能死，我思立赵氏之后。今赵武既立，为成人，复故位，我将下报赵宣孟与公孙杵臼。”赵武啼泣顿首固请，曰：“武愿苦筋骨以报子至死，而子忍去我死乎！”程婴曰：“不可。彼以我为能成事，故先我死；今我不报，是以我事为不成。”遂自杀。赵武服齐衰三年，为之祭邑，春秋祠之，世世勿绝。

我们可以发现，这个故事和《左传》相比出现的变化：

第一，灵辄和鉏麑一个被削弱了，另一个消失了，代替这两个人的是另外两个义士：程婴和公孙杵臼。

第二，出现了晋灵公的宠臣屠岸贾，而且权力还很大。

第三，这时赵朔没死，赵婴齐没跑，通奸没了，全被杀了。

第四，赵武成了遗腹子，赵庄姬成了一个大义凛然的母亲。赵武有了一段传奇的胯下经历。

第五，程婴换了一个婴儿，没说是谁的。

第六，程婴和婴儿隐遁了起来。

第七，韩厥在赵氏复立中地位突出。

第八，程婴、公孙杵臼的死都有一种悲壮的美。

司马迁基本上丰富和重构了《左传》的原本故事，我不知道史公所见到的原始材料是什么，但是，我觉得这个故事是所有版本里最美的故事。要特别说明的是，这个故事的主角并不是赵武，而是程婴和公孙杵臼这两位义士。整个故事最美的是程婴和公孙杵臼的几段话。这几段话都涉及了“死”，然而我相信无论是公孙杵臼还是程婴，他们在想到死时，都很平静，他们心目中最重要的是“义”，死对他们而言不过是德性的注脚和完成工具而已。

“活”竟然成了一件难事儿，需要勉强为之，的确，在程婴看来，屈辱地活着比死还要难，但是他还要实现义。当事成之后，最重要的不是去享受成功的喜悦，而是要向朋友报告这结果，而要报告就意味着去那边找他。而那边的那位朋友也不是一死了之，他即使在阴间也在担心着赵武和赵氏家族的命运。于是，我们可以想见两位朋友相见时的愉悦。“遂自杀”，如此简单的文字，背后却是一种淡然和平静……面对死亡，主角没有一丝犹豫和挣扎。

五

《史记》之后的主要版本是元代纪君祥的话本《赵氏孤儿》，原题叫作《赵氏孤儿大复仇》。

相比于《史记》，故事的题目就突出了“复仇”两个字，情节上也有两个重要的变化：

首先，程婴换掉的婴儿成了自己的儿子；

其次，程婴没有和赵武隐遁，反倒成了屠岸贾的门客，赵武成了屠岸贾的义子，当然，这时他不叫赵武，叫程勃和屠成（这名字的同音词很有味道）。

此外，程婴成了医生，公主（也就是赵庄姬）被囚，故事有了进一步的变化。

我不知道其他人觉得元话本如何，我自己并不太喜欢这个进一步的发展。

首先就在于换掉的婴儿成了程婴的儿子。《史记》没有说这孩子是谁的，只是说是他人婴儿，虽然也有些残忍，但是，这个孩子可以被想象成一个快要死的孩子，即使不被换掉也活不成的孩子。然而，这里成了程婴的儿子最终被换掉，就使故事在表现“义”的同时，与“亲亲”产生了冲突，似乎为了“义”可以放弃“亲”。元话本的程婴在说换掉自己儿子的时候没有一丝犹豫，没有任何别的考虑，似乎在说：正好我生了个儿子，不用麻烦地去找别的婴儿了。

其次，赵武的生父虽然是赵朔，但是，他们俩却只是有血缘上的关系，元话本中，赵武有两个父亲，程勃的父亲程婴，屠成的父亲屠岸贾。这两位对赵武来说有“养”之恩，也是“亲”，那么这就与最后赵武之复仇同样存在着矛盾。

可能有人会说这样的故事矛盾性更强，更具有冲突性，也更符合一般观众的口味。但我却觉得，这种矛盾性有些发挥过度，以致冲淡了作者想要表现的忠义的高度，使之成为有些虚伪的、不真实的道德。

当然，元话本的主题还是很鲜明的，而且也继承了《史记》主要想表达的“忠义”主题，这是与《左传》不同的。

六

以上我们谈到了《赵氏孤儿》故事在时间维度上的发展变化，其实，《赵氏孤儿》还发生了空间性的转化，《赵氏孤儿》是个在时空转化中不断被演绎的故事。

故事的最大不同发生在空间转化之后，即法国思想家伏尔泰将《赵氏孤儿》改编成了一出典型的法国戏剧，取名叫作《中国孤儿》。这次改编成了这个故事之后名声大噪的一个重要原因。

与前面的故事相比，故事发生的最剧烈的变化在时间上，估计是伏尔泰认为是元话本，于是将故事从春秋移到了宋末元初，屠岸贾消失了，仇人变成了成吉思汗，赵武也成了赵宋王朝的遗孤，程婴变成了尚德，还多了个媳妇奚大美，故事成为尚德夫妇保护王朝遗孤的故事。要换掉的孩子依旧是“程婴”的儿子，只不过换的没有元话本中程婴那么坚决，伏尔泰故事里的程婴多了几分“理性的算计”和理性的思考，忠义、亲情，都在理性的笼罩下展开，人性的冲突也因为此。就在婴儿要被换掉的千钧一发的时刻，奚大美终于忍不住内心的“算计”，说到，不，真的孤儿在这儿，你们要杀掉的是我的儿子。

那么，故事还怎么发展呢？伏尔泰给的是成吉思汗受到了尚德夫妇忠义的感动，他被教化了，释放了他们，并允许他们抚养孤儿。

为什么会有这样的发展呢？主要是伏尔泰服膺他所理解的孔子的思想，即理性的道德，以及道德所带来的教化感召作用。因此，最后的教化在伏尔泰看来并不突兀，反倒是他想要表达的。

《中国孤儿》在当时的上演取得了成功，之后在西方又有很多改编。例如英国人墨尔的一个改编本，将二十多天的故事浓缩到一个晚上，最后真假孤儿同时登场，并且杀掉仇人。据我的一位美国朋友说，西方还有一个改编本，故事已经不是发生在了中国，而被移到了中亚，不过我没看到这个本子，不知道其他地方怎么样。

我们可以看出，随着空间和文化系统的转化，故事所要表达的内涵也发生了转化，原本的故事的精神成了异域文化的主题，故事只是一个载体而已。因为伏尔泰的改编，《赵氏孤儿》成为比较文学研究的一个重要话题。

七

不知道大家在了解完这么多版本的《赵氏孤儿》之后有什么感想，也不知道看过陈凯歌电影的人有什么感觉。我不清楚陈凯歌的版本有什么依据，或者有哪些变化，我只是听到了两个好玩儿的评价："前半部无敌，后半部无极"，"电影应该叫《大英雄屠岸贾》"(据说是王学圻演得又十分出彩)。

在看完这么多版本的《赵氏孤儿》之后，我的最直接感受是：这还是一个故事吗？的确，从《赵氏孤儿》到《赵氏孤儿》，中间发生了很多变化，如果我们换掉主角的名字，我们完全可以把它们作为几个不同的故事来看。但是，我们知道这是一个故事的演绎。似乎历史本身在故事的演绎之中不再重要了，真正的历史反倒随着演绎而被遗忘。那么，真正重要的是什么呢？我想，真正重要的可能是活着的历史吧，是在时空转换中被赋予故事的时代精神，是作者的处境下，所要突出的"强音"。除了《大英雄屠岸贾》之外，我想这些故事的主题是鲜明的，人物是丰富的、展开了的，"孤儿"仅仅成了一个可被应用的历史符号，而作者要传达的东西，又通过这种历史符号的延续性得到了更多的涤荡和更为丰富性的展开。

最后说一下《赵氏孤儿》这个故事为什么后来名气这么大吧。一是由于伏尔泰，另外是由于王国维。王国维在近代苦恼于中国落后于西方，一直在寻找原因，最后觉得中国不如西方是由于没有悲剧，西方人有悲剧精神，所以强大，中国要强大也要有悲剧，于是他在中国历史中发现了《窦娥冤》和《赵氏孤儿》，认为这是两大悲剧，可以为中国提供悲剧精神。由此，《赵氏孤儿》再次声名大噪。

其实我觉得《赵氏孤儿》够不上悲剧，最起码是够不上西方意义上的悲剧。《左传》中有很多故事，真正地具备"悲剧精神"，比如说"太子申生"和"二子乘舟"，命运和德行的冲突更强，也更有凄美的味道。可惜有些人不太懂历史，只能啃无数"旧瓶"，到头来也没装上"新酒"。

格物与天理
——朱熹如何认识这个世界

朱熹在中国哲学史上非常重要，著名学者蔡尚思说过一句话，“东周出孔丘，南宋有朱熹；中国古文化，泰山与武夷”。就是说，在儒家思想史上，能够用山峰、巅峰这样来称呼的，前面是孔子，后面就是朱熹。所以，我觉得我们有必要了解朱熹这个人和他的哲学思想。

我从一个角度来切入：朱熹到底是怎么看待我们生活的这个世界的？我举两个主要的词，一个是“格物”，一个是“天理”，我觉得这两个词基本上能够概括出朱熹思想的核心精神和核心追求。

一、“物”

（一）什么是“物”

现代社会是一个基于“物”的时代，我们每天都不得不面对各种各样的“物”，而且是各种各样爆炸出来的层出不穷的“物”。我们活在“物”当中，每时每刻可能都会被“物”牵引走。那到底什么是“物”？我们在中学有一门政治课，这门课上有一个著名的公理：世界是物质的，物质是运动的，运动是有规律的，规律是可以被认识的。政治课本上对“物”独特的理解，叫客观物质，客观物质特别强调的就是客观性，不以人的意志为转移。但是我们再回过来去看，古人仿佛不这么去理解“物”。佛教的禅宗中有一个关于心动和幡动的故事，“时有风吹幡动。一僧曰风动，一僧曰幡动。议论不已。惠能进曰：非风动，非幡动，仁者心动”。这是常被拿来批判主观唯心主义的例子，同样被批判的还有王阳明的“南镇观花”，都是中国古人典型的主观唯心主义的道理。

面对这样一个客观的物，面对这样一个心动，我提出两个问题：第一，不以你的意志为转移的物跟你有什么关系？客观的物对你来说有什么意义和价值？第二，你能否找到一个跟你的想法没有一点关系的物？你能否找到一个你不去看就在那儿的物？我觉得对于我们人来说，很难找到一个不在你意识当中的东西。你去认识客观规律的时候，是发挥主观能动性去看这个物，去看那个所谓不以你意志为转移的那个东西。

（二）物与意

大多数的东西都是你眼中的物，尤其是对于非科学家，亦非哲学家，而是生活在这个社会当中的普通人来说，我们所认识的物都是我们眼中的事、我们意识当中的事。真正跟你有关系的东西，都是你去看它，它才有意义，你去观赏它，它才跟你一起明亮起来。有人说我在讲阳明学，但是如果站在朱子学的立场上看，朱子未必会完全反对"意之所在即是物"，只是在讲意和物的关系时，朱子不会有阳明那么强罢了——朱子也会承认意向性和物的价值的关系。

我这里特别想说的是，你所看到的一切的物都包含了你的意向性，没有一个现实存在的东西是脱离了你的意向性存在的。可能这个物会有多种多样的意向性，我看它的感觉跟你看它的感觉是不一样的。而且我更想强调的是，物的存在样态也反映了你的意向性，尤其是在前工业时代。我们今天特别讲一个词叫"工匠精神"，所有工匠精神之下的那个物，跟机械生产的物不一样的地方，就在于匠人对这个物的投入，那就是他独特的匠心。

你的价值观不同，你认识世界的底色不同，你看到的物是不太一样的，因为你有自己独特的意识在。当然我特别想提醒的是，每个物都有你的意向在其中，但我没有说你的意向在其中就是真的，或者就是对的，或者就是真实的。我想说它也是真实的，但这种真实是对于你看到的那个来说的，是相对你真的东西，这个就是物。

（三）"物"与时代精神

物，又没有那么简单，我一直认为物是一种象征，它可以是个人的象征，也可以是时代的象征，还可以是这个世界的象征。每个人独特的审美癖好可以反映你个人的某种倾向。中国古代每一个时代所出现的那些物件，多多少少跟那个时代的精神是有一致之处的，每个时代产生的那些独特的文学作品，它们那些独特的形态，也都反映了那个时代的精神。比如，汉代的汉像画砖陶器等，充满了质朴与朴素的情感；唐朝的唐三彩能够把唐人的外向性精神反映出来；宋代的瓷器雅致到了极限，那种洁净精微，那种精细纯洁，跟士大夫的趣味遥相呼应；明清的青花瓷，则是世俗性的、民间的东西的一种展现。

我对宋代有一个独特的定位，不管是从哲学上还是从物质生活上，宋朝在我看来，叫格物兴起的时代，这是一种哲学上"格物"的概念，它在宋朝变得重要起来，是跟这个时代出现的种种新生的东西密切联系在一起的。宋代产生了多种多样的科学性的著作，比如沈括的《梦溪笔谈》；四大发明有很多都是在宋代才逐渐地成熟的；还有，当时丝绸之路传到中国的一些东西，也是到了宋代才变得普及起来。宋代人面对了很多前人没有看到的东西，宋代也出现了很多新的发明。而这些人跟我们现代人面对发明的心态是不一样的，我们今天是特别鼓励发明创造的一个时代，希望有各种各样的专利，各种各样新的东西出现，我们好像对"新"有一种迫切的渴望。可是古人不一样，古人面临某些新出现的东西的时候，他内在是充满了焦虑的。

宋代的人为什么要去格物？格物这个词为什么在宋代兴起？一个重要的原因就是产生了很多的物。对于宋代之前的人来讲，每一个物件，每一个东西，在人们生活的世界当中都有价值定位，尤其是在中国古代这样一个充满了礼的世界当中，每一个物背后都有礼的身份。可是恰恰在宋代出现了如此多新的东西，超越了人们对它意义的安排和赋予。所以，在这个意义上，宋代的人在某种程度上是不得不格物的。

二、"天理"的发现

（一）二程的"天理"

"天理"这两个字不是朱熹发明的，"天理"最早出自《礼记·乐记》。《乐记》当中讲了很多理和天理，朱熹的先辈二程，程颐和程颢，说过一句话，"吾学虽有所受，天理二字却是自家体贴出来"[①]，说我们虽然有老师，有师父，有传承，但是"天理"这两个字是我们兄弟自己创造、感悟和体贴出来的。为什么《礼记》有"天理"这二字，但二程还要说这两个字是他们兄弟的独断和发明呢？一个重要的原因就是，到了宋明理学这儿，到了二程这儿，"天理"被赋予了全新的地位和意义。

宋明理学之前的中国古代典籍，所有的理都是分理，就是具体的理，条理意义上的道理，都是某一件东西具体的理。而在谈统一规律、宇宙统一法则的时候，之前的经典更多用"道"。到了二程，到了朱熹，则有一个新的转化，原来被单独认为是一个一个简单分理的东西，被上升到了"天理"的高度，也就是那个道就是理，"天理"这个理就是统一的规律、宇宙的总法则，包含了每一件东西具体的法则。杨立华老师认为，二程的天理二字是自家体贴出来的一个重要的原因是，二程最先把"天理"和"人欲"作为一个对举。这个我也承认，但我更想强调，从思想史的意义来

① 《二程集》，北京：中华书局，2004 年，第 424 页。

说，到了二程这儿，“天理”成了一个统一性的、规则性的概念。而且最为重要的是，无论是二程还是朱熹，都强调一点：你要想认识到那些统一的规律，那个“天理”，那个道，你要从一个一个具体的理入手，这就是我们一会儿要讲到的“格物”的概念。

（二）理学的三个概念

宋明理学之所以成为宋明理学，关键就在于三个概念。第一个概念叫“天即理”，天是宇宙的主宰，是世界的整体，是整个人世总的法则。在宋明理学看来，天就是理，这个主宰性的东西我们就用理去认识它。第二个概念叫“性即理”，你的本性跟天的那个规律、天的那个道理是一样的，或者说天的那个道理就是你的本性，你的人性就是这个理。第一个是讲天，讲宇宙的总法则，第二个是讲人，讲人性。第三个概念叫“格物穷理”，“穷”就是穷尽、穷究，我们要认识这个理，认识“天即理”和“性即理”的道理，那你要格物、穷理。不仅朱熹讲格物，王阳明也讲格物。理学跟心学的一个分歧，就在于理学认为“性即理”，“性”跟“心”不一样，而阳明心学是“心即理”。

（三）朱熹的“天理”

朱熹对“理”有一个总括性的解释，“至于天下之物，则必各有其所以然之故与所当然之则，所谓理也”。“所以然之故”，一个物能够被用，所以成为一个物，必有其背后的道理和依据，是它所以成为物的理。“所当然之则”，指你应当做什么、你生活的法则或者你日常生活的伦理性的要求，就是不同社会身份的人的规则。我们今天更多叫社会生活和伦理生活的各种法则。

今天在理解宋明理学的“所以然”和“所当然”的时候，产生了一个分歧，即所谓的自然规律跟社会伦理之间能否统一的问题，对宋明理学的一个批判就是宋明理学没有细致地分别自然规律、物理规律和人类社会规律，认为它把这二者机械地混淆到了“天理”这一概念当中。

理学家谈论的“所以然之故”的这个“物”，不是今天科学上理解的客观物质，是“意之所在”的“物”，之所以称其为“物”，是因为这个“物”跟我的“意”有关系，跟人类的意识和实践活动有联系，因此我才能够去把握它背后被我们人所赋予的意义、概念以及那个理，而不是我们今天理解的科学规律性的东西。

三、朱子哲学的出发点

朱熹哲学两个最重要的哲学基点，一个是理，另一个是气。理在朱熹那儿就是主宰，是我们价值的源头和源泉。气是这个世界动力性和质料性的构成，世界一切物质性、事实性的东西，都是气所凝结而成的。比如椅子是气，我也是气，杯子也是气，笔也是气，鼠标也是气，所有的东西都是由于气不同的性状才产生了差异。朱熹是用气的差异性去解释世界的差异性，比如，有的人聪明，有的人愚笨，有的人长命，有的人短命，有的人富贵，有的人贫穷，在朱熹的概念当中就跟气的状态有关：气有清、浊、厚、薄、长、短、偏、正，一个人气清就比较聪明，气浊就没那么灵光；一个人气长会比较长命，气短命就短；一个人气厚比较富裕，气薄比较贫穷。理学家提出一个概念叫变化气质，你虽然出生的时候气是如此的，但是可以通过后天的修养来变化你的气质，让浊的气变清，短的气变长，薄的气变厚。所以张载讲"为学大益，在自能变化气质"。

要变化气质，就需要格物穷理。朱熹讲，"天地之间有理有气。理也者，形而上之道也，生物之本也。气也者，形而下之器也，生物之具也。是以人物之生必禀此理然后有性，必禀此气然后有形"(《文集》卷五十八，《答黄道夫一》)。"天地之间有理有气"，天地之间的一切都是由理气二者构成的。"理也者，形而上之道也"，理是那个形而上的道，形而上就是没有形，超越形体；"生物之本也"，就是创造万物的根本和根据。"气也者，形而下之器也"，就是有形有相的具体的东西，具体的器具；"生物之具也"，就是创造万物具体的材料。"是以人物之生"，人和万物的产生和创生，"必禀此理然后有性"，你的本性是这个理，"必禀此气然后有形"，你的形体形态都是气构成的。

这是朱熹哲学两个基本的出发点，所有的物都是理和气合而有的。当然这个理和气合而有，背后还有很多问题，比如说怎么合，合出的状态是什么样，合为什么有差异。当然，在朱子那儿，理是可以代表他思想当中那些价值性的因素的，不管是作为物的理还是作为人的理，其最后的那个内容是什么呢？我觉得这个是儒家最根本的，理的最根本的内容是仁义礼智信，是纯粹至善的。理不是以别的东西为内容，是以仁义礼智信为内容的，包括杯子的这个理，杯子的所以然之故的这个理，杯子成为杯子的这个理，背后也是有你的仁义礼智信在的。而气质是这个世界主要的质料性构成，也是实存的动力系统，我这儿为什么特别强调是动力系统呢？因为今天如果大家去理解这个物的话，容易把它理解成静的东西。

其实古人所讲的这个物都是本身就充满动力的，如何去理解这个气？我个人有一个特别直接的观感，如果大家想体会什么叫古人所说的气的感觉，你去看什么呢？一缕阳光中的那个游动的灰尘，就特别能够感受到那个气的动，那种游动感，而这个只是作为一个比喻，因为张载的《正蒙》开始对气做了一系列的动态化的描述，朱熹也是接受这种动态化的对气的感觉的。我们今天总说叫阳动阴静，其实我的理解是动阳静阴，通天下一气，天底下都是这一个气，动的是阳，静的是阴。而阴中有阳，阳中有阴，为什么能成立呢？就是因为动力的消失就会成为静，而这个静就是阴，这个阴重新复动，它又会成为阳。所以这个可以成为阴阳的一个转化，而气恰恰是这样一个具有动态性的系统，它有一系列的属性，就是我刚才讲的轻、浊、厚、薄、长、短、偏、正，当然还有朱熹对它的其他各种描述。

四、理的分类

理不是简单的一个理，从哲学上我们可以把理分成多种多样的很多类。

第一个叫性理，也就是作为人本性的那个理，这是研究人性论，研究人的性善性恶或者本性如何的时候讨论的问题。

第二个是心理，心理是心学当中重点讲的，理学也会讲，即心跟理的关系是“心即理”，还是别的一种关系。

第三个叫伦理，是人与人之间交往的理、伦常。

第四个叫物理，物的道理。我们怎么去看待物本身的理。

所以，我们看宋明理学家所讲的理的时候，要从这四个层次去入手、去理解。

五、“格物”

所有的物都有“理”，我们人要如何认识理？理学家从《大学》中特别拎出一个概念，叫作“格物”。从中国哲学史的角度，“格物”这个词有成百上千种解释，可是在宋代之前，关于“格物”的解释是相对较少的，“格物”也没有被重视。“格物”这个概念之所以变得重要并被重视起来，是跟宋明理学有密切关系的。宋明理学的成立就跟它对一些经典的重新阐释有关系，第一部经典就是《大学》。《大学》这部经典本来是《礼记》的一篇，韩愈首先强调了《大学》的重要性；到宋明理学家这儿，到了二程，更是把《大学》单独提出来，认为跟理学有密切关系；朱熹作了一篇文献叫《大学章句》，彻底奠定了《大学》在中国经典系统当中的定位。《大学》在宋明理学家这儿变得这么重要，跟《大学》所讲的八条目有关：格物、致知、诚意、正心、修身、齐家、治国、平天下。在理学家看来，它讲了内圣外王之道。而《大学》八条目的起点就是“格物”，是先有格物然后才有后边一系列的过程，我们看一下朱熹之前和朱熹之后一些人物对“格物”的解释。

（一）“格物”的解释

首先是郑玄，他说：“格，来也；物，犹事也。其知于善深，则来善物；其知于恶深，则来恶物。言事缘人所好来也。”在郑玄看来，你对善的东西认识得比较清楚，那么到你这儿来的就是善物；你天天跟恶物打交道，充满了不好的想法，认识的都是坏的道理，到你这儿来的就都是恶物。郑玄其实赋予格物一个单独的哲学的意义和地位，“言事缘人所好来也”，你的好恶不同，到你身边来的或者围绕你的东西也就不同。郑玄强调人对自己好恶的认识和对自己好恶的警醒。在郑玄这里，格物是没有独立的意义的。

二程对格物的解释是，“格犹穷也，物犹理也，犹曰穷其理而已也。若日穷其理云尔。穷理然后足以致知，不穷则不能致也”。“穷”是穷尽、穷究、穷追不舍，“物犹理也”，仿佛是那个理，“犹曰穷其理而已”，格物就是穷究它背后的那个道理。“若日穷其理云尔”，而且你不能仅仅穷一下，你要每天都去穷这个理，“穷理然后足以致知，不穷则不能致也”，你只有去穷究这个理，才能让你心里的这个知变得致，到了一种极致的状态。这个是二程的解释，当然朱熹后面也认同这种解释。

清代的一个思想家叫颜元，将“格物”之“格”当作“手格猛兽”之“格”、“手格杀之”之“格”，“乃犯手捶打搓弄之义”(《习斋记余》卷六)。颜元特别强调是“手格猛兽”，你得自己去格，自己去跟猛兽斗，你得去捶打、去敲打、去搓弄这个东西，要亲自下手、实下手、真动手，这才叫“格物”。格物不是坐在这儿看物，而是要去把玩这个物，去碰触这个物，跟它有各种各样的交往。颜元的解释更强调人跟物的实践性。

再来看朱熹对“格物”的解释。朱熹特别重要的一个文献《格物致知补传》中讲到，“所谓致知在格物者，言欲致吾之知，在即物而穷其理也。盖人心之灵莫不有知，而天下之物莫不有理，惟于理有未穷，故其知有不尽也。是以大学始教，必使学者即凡天下之物，莫不因其已知之理而益穷之，以求至乎其极。至于用力之久，而一旦豁然贯通焉，则众物之表里精粗无不到，而吾心之全体大用无不明矣。此谓物格，此谓知之至也”。

你要让你心里的知达到一种极致，达到一种穷尽，要“即物而穷其理也”，“即物”就是接触物，跟物发生直接的关系，把握它背后的那个道理。“盖人心之灵莫不有之”，我们每一个人的心都是明的，“虚明灵觉”，这是朱熹包括理学家对心的一个基本的定义。在理学家看来“性即理”，每个人的本性当中就有那个理，就有知的可能和知的根据，“而天下之物莫不有理”，你是合理与气而成的，物也是合了理与气而成的，你心中有知，物上有理。“惟于理有未穷”，只是你对事物的理没有穷尽，“故其知有不尽”，所以你心里的这个知，认识状态和现成状态才不是那么完满、完整。“是以大学始教”，因此大学的开始，“必使学者即凡天下之物”，在朱熹看来，要接触凡天下之物。你碰不了世界所有的物，但是你碰到新的物、碰到你不知道的物，你要能够根据你已格的理做推类，能够马上把它搞明白。“莫不因其已知之理而益穷之”，你去穷未知的理的基础是你心里本来知道和本有的现成的知识，你依靠现成的知识去掌握未知的知识，要努力地“至乎其极”，努力地让理达到一种极致。然后“至于用力之久”，你格物要用心力、用工夫，“而一旦豁然贯通焉”，你会有一个豁然贯通的状态或者境界，“则众物之表里精粗无不到”，你看一个事物不仅仅能看到它的表面，而且能够透过现象看本质，看到它的内在，你能够看到它的大致的粗的地方，也能看到它很多细节性的东西，你就会对这个物有一个全面的了解。最后，“吾心之全体大用无不明矣”，你那颗虚明灵觉的心到了格物的极致，才会变得真正地明白和朗润起来。“此谓格物，此谓知之至也”，这叫物被格了，这叫知被穷尽。最后你要通过格物达到“吾心之全体大用无不明”的状态。这是朱熹对格物的一个理论性的最浓缩的一段诠释。朱熹不仅仅告诉你理论，还告诉你具体的方法，一步一步详细地讲到底该怎么格物。

（二）如何“格物”

二程“格物”，叫“观鸡雏，可以观仁”，理学史上有著名的两句话，“明道喜观鸡雏，子厚喜闻驴鸣”，说程明道喜欢看小鸡，张载喜欢听驴叫。我觉得观鸡雏会感受到初生生命的那种生机，听驴鸣就是要感受驴的生命力，都是一个“生”字。我想说的是，处处可以“格物”，处处可以感受到理学家要讲的那个理。程颢《秋日偶成》有一句话，“观天地生物气象”，每时每刻都可以格物，事事物物都有理在。“上而无极太极，下而至于一草一木一昆虫之微，亦各有理。一书不读，则阙了一书道理；一事不穷，则阙了一事道理；一物不格，则阙了一物道理。须着逐一件与他理会过。”往上看最抽象的那个哲学的道理，无极、太极，下而至于一草、一木、一昆虫之微，亦各有理，事事物物皆有这个理，草木也有值得我们格的地方。要多读书，格物最重要的就是阅读，你少读一本书就少明白一个道理。你用什么样的态度面对人生当中的每一件事，从理学家的角度来讲，你是以格物的精神去生活，以格物的精神去做事，你做每一件事的时候不是应付交差，不是为了别人而做事，你要能够发现每一个事是对你的一种磨炼，对你的一种打磨，是对你道理提升的一个训练，在事上你要投入进去，以格物的精神看待做事的道理，所以我们要一件事一件事逐一地理会它。

朱熹关于格物最重要的一段，出自《大学·或问》：“若其用力之方，则或考之事为之著，或察之念虑之微，或求之文字之中，或索之讲论之际，使于身心性情之德，人伦日用之常，以至天地鬼神之变，鸟兽草木之宜，自其一物之中，莫不有以见其所当然而不容已，与其所以然而不可易者。”朱熹讲格物的“用力之方，则或考之事为之著”，你去观察事物，自己去做事，观察别人做事，体贴每个人做事的分寸，每个人做事的道理、做事的根据、做这个事时的心态，我做这个事，我面临这个事的时候我自己的心态如何。“或察之念虑之微”，我们的心也是我们要格、要体贴的，每有一个念头，随便这么一想，念头出来之后，我有没有认真地去对待、去格。“或求之文字之中”，要读书，要从圣贤书当中去求这个理，“或索之讲论之际”，要在朋友和师友之间的讲问、问答之中去体会这个理，然后要“使于身心性情之德，人伦日用之常”，你格完这个物之后还要把这个理，把这个物，放到自己的身心性情之德当中去体贴，在自己的日常生活当中去关照这个理。“以至天地鬼神之变，鸟兽草木之宜，自其一物之中，莫不有以见其所当然而不容已，与其所以然而不可易者。”你要从事事物物当中去求那个所以然和所当然。这是朱熹讲的格物之方，也就是用力的地方，当然我觉得最重要的是格物的精神。

宋明理学家讲的“格物”，对于我们今天来说，最重要的一点，是以格物的精神去生活，而不是以一种轻易放过、浑浑噩噩的态度对待这个世界。做一事则明一事之理，将自己的身心投入其中，这才叫作“格物”。

用四个字总结“格物”的方法：“事上磨炼”。首先你要做事，不要“逃事”，你要正确地面对这个世界、面对你的人生，只有这样才能够体贴其中的道理，才能够对自己有所磨炼，才能够知道什么叫“艰难困苦，玉汝于成”。

（三）读书：如何做学问？

我觉得对于我们来说，最重要的一个格物的手段和最容易入手的方法就是读书。怎么去读书？如何做学问？朱熹给我们提供了一些方法，首先是四字诀，“宁烦毋略，宁下毋高，宁浅毋深，宁拙毋巧”，你读书的时候，宁肯下烦工夫，宁肯读得慢，也不要略，不要一目十行大略看过；不要故作高明，而要下狠工夫；不要担心自己开始不懂而一味求那个深的道理；宁肯下死工夫也不要一味地求巧。还有“朱子读书法”六条，即循序渐进、熟读精思、虚心涵泳、切己体察、着紧用力、居敬持志。

这些都是对我们读书或者学习的提点性的方法，大家也可以看到朱熹的用力到底在何处。我觉得朱熹虽然都是拙的工夫、笨的工夫，可是恰恰最后他的深切的理都是从这些方法达到了巧。如果你去看朱熹写的文章，会发现朱熹对自己的文字是精益求精的，很多写给别人的书信都是反复修改的，先写草稿然后再修改其中的道理，道理要讲通，文字要精美，朱熹对每一封信的道理和文字都是仔细打磨的，他临死之前还在修改《大学》的注释，可见是一个实下工夫的人。

今天对于我们来说，读书之外也要有一些趣味的生活，我们在读书当中可以体这个理，在其他方方面面也可以体这个理。各位可能都喜欢来一场说走就走的旅行，朱熹也喜欢旅行，但是朱熹在旅行和游玩当中其实也是在体察理的。理学有一句话叫“物理最好玩”，不是我们今天这个物理课好玩，是说事事物物的道理是最值得你去玩味，最值得你去体贴的。

（四）玩物理的朱子

朱熹知识广博深刻，什么东西的道理都要讲。朱熹的书中提到过极夜和极昼；朱熹还观察星星的运转，预言有南极星；朱熹那个时候已经注意到了地球在月亮上的投影；还观察到先有闪电再听到打雷；朱熹那个时候想到了地壳运动——沧海桑田，他很早就发现了武夷山脉当中有化石，据此判断武夷山脉在很早之前可能是大海，这在当时都是很罕见的。朱熹一定要穷究这个理，虽然在他那个时代有知识上的局限。

讲这么一个玩物理的朱熹，我想大家可以从多个面去感觉这么一个理学家他格物的过程，他格物的面向，他对世界的方方面面的一个体察。朱熹给我最大的一个感觉，就是对事情不轻易放过，对道理不轻易放过，这是朱熹特别值得当代人去学习的精神。

六、“格物”与西学

朱熹对物理有一个玩，对理有一个探究，所以西方的学问，包括物理、化学这些西学，最早进入中国的时候就被翻译成了格物之学、格致之学。在明末清初，人们认为二者可能会有一个连接，会有一个对应关系，可是在把“格物”跟西学连接起来的时候，也发生了一个现象，我叫作“天理的沦落”。进入近代以来，中国人都不太讲天理了，学术界就已经不再讲朱熹所强调的“所以然之故，所当然之则”，包括仁义礼智信在内的天理了。而另外一个词替代了天理，叫公理。公理有各种各样的解释，当然我们流俗的一些解释，比如像“强权即公理”，比如说西方的这些东西就是公理，西方讲的国际秩序是公理，西方讲的游戏规则是公理，我们自己已经不再回到那个天理系统中去看这个世界了，我们愿意用一些西方性的规则或者现代性的规则去看这些物。

我觉得不讲天理对于中国人来说有一个危险，就是你放弃了你对这个世界的普遍性的认识，放弃了你对这个世界普遍性道理的一种言说。我认为，今天我们可能需要找寻天理，今天中国人可能需要重新恢复我们对天理的体贴和认识。怎样找寻这个天理？我觉得我们需要“再格物”，尤其是我们生活在当下这个物质大爆炸、生活大爆炸时代的人，我们真的迫切地需要通过一种重新的格物再去认识天理。

今天我们去看待自己的世界，需要意义和价值的再发现，我们中国人不一定没有对这个世界的意义和道理进行一种全新发现和阐释的能力，我们可能只需要回到我们的话语和对生活的理解当中，去看待这个世界的种种。当然不一定是复古的，我崇尚古代，但我觉得我们没有必要复古。在我看来，我们应该在我们这个时代，做一些新的哲学性的尝试，赋予格物新的意涵，赋予天理新的内容。二程、朱熹对天理有他的理解，对格物有他的理解，我觉得我们今天也可以有我们自己对天理的再诠释和对格物的新理解，甚至我自己都特别赞同赋予审美以格物的意义。

今天我们到底以怎样的一种哲学态度去重新思考天理跟格物的关系，是我们急需面对的。当然，在这个过程当中，面对天理和格物的时候，我真的觉得需要全面地理解儒学。儒学有尊德性的一面，也有道问学的一面。你今天在面对儒学的时候，是否仅仅把儒学当作心性修养？儒学是否仅仅只是在我们一般的修身养性的过程当中发挥作用？儒学在别的地方是否就一定失声？传统是否在别的领域就要把阵地都让出去，或者主动地让位给别人？我们完全放弃了自己积极的道问学的一面。当然，到底如何在新的世界当中去平衡和处理这二者，我觉得值得我们去思考。

对于我们每一个普通人来讲，最重要的是从朱熹出发，或者从格物和天理出发，有一种格物的精神，要随处体认天理，在我们生命的每一分每一秒，在所有接触的事事物物当中，去发现天理，去做格物的工夫。

青年王阳明

王阳明一生之中带有多种多样的思想资源，如果大家熟悉其生命历程，就会发现他不一定走向儒学。那么究竟是哪个契机使他最终走向儒家，走向对孔子之学的研究？这是我们今天要处理的问题。目前学界对阳明的研究一般都停留在对其龙场悟道之后的思想的阐释，关于青年阳明的研究则相对较少，杜维明先生的博士论文《青年王阳明》讲到了，张志强教授的一个讲演也颇具启发意义。而对于阳明青年时期的一些经历，比如“五溺”，大家通常只是作为传奇性的故事来看。但在我看来，这些传奇性的经历或多或少都对阳明产生了一定影响。今天，我们就采用“青年王阳明”这一视角，重新来理解阳明。这里的观点，多非原创，而是来自学界先贤的研究，比如吴飞教授对现代病的理解，张志强教授关于立志的阐述，特此声明。

一、如何理解“青年”？

按照官方的说法，28岁就不能称为“青年”了；但如何从非生理、非时间的角度去理解“青年”呢？北大哲学系张祥龙老师曾说过自己对哲学的一个定义：哲学是对边缘问题的理性回答。那么什么是边缘呢？大家想象一下站在悬崖边上的感觉，可能就能理解什么是“边缘”。青年也是这样一种边缘，处在一个不知道未来会是什么样的状态，《周易》说“或跃在渊”，在这种边缘状态下，可能一下就飞了上去，也可能一下就堕落下去。青年就意味着存在各种可能性，存在拥有别样生活、别样自我的可能性。我将张祥龙老师所说的这种边缘性的、充满可能性的、在成熟与未成熟之间的状态理解为青年。所以我所理解的青年王阳明就是那个存在着各种各样可能性的王阳明。这个时候的王阳明可能走向儒家、可能走向道家，也可能从此在历史之中消失。在时间上，就是龙场悟道之前。

今天我们喜欢王阳明很重要的一个原因在于他的“三不朽”，即立德、立功、立言。历史上很少有人能够做到这三点，而在儒学史上也只有两个人做到了，就是王阳明和曾国藩。从这一点来看，王阳明绝对符合我们今天对“偶像”的理解。当然还有其他原因，比如经日本人转化后其思想极具有实用性，以及其生命和思想中的佛、道因素等。但这是我们阅读一个古代思想家的真正意义吗？

阳明是实现了“三不朽”，但“三不朽”对于绝大多数人来说是不可能实现的。既然如此，那么我们这样去看阳明，不就是看水中月、镜中花吗？我们到底能够从这个我们特别喜欢的人物身上看到什么、学到什么？他究竟对于我们的现实生命有何意义？这个是我们需要真正面对的，而不仅仅是去欣赏他的三不朽。阳明对于我们可能有各种各样的意义，我认为真正的意义之一，是焦虑、矛盾、困苦、分裂。这些词所描绘的正是青年阳明的形态，我们可以看到阳明的形态是真实的，不是毫无缺点的，而是和我们一样有情绪、有焦虑、有冲突。我们有过的种种困惑阳明也曾有过，但不一样的是他最终解决了这些困惑。当我们也有这样一些问题时，我们或许可以通过观察他生命当中的一些环节，去解决我们自己心灵当中的一些问题。吴飞老师在一次讲座中曾用一些文学人物来对应我们现代人的一些现代病，如哈姆雷特对应焦虑，鲁滨逊对应孤独，浮士德对应虚无等。阳明是一个前现代的人物，但不代表阳明身上没有这些“现代病”。圣贤也是人，也有喜怒哀乐。我认为阳明最后有这么大的成就正是因为他是一个内心十分敏感的人，他可以意识到自己内心的各种想法和纠结，但同时又不失理性，他可以对这些纠结进行理性的思考。在我看来，这正是我们面对青年阳明的一个意义。

二、圣人处生死之地，更有何道？

在进入阳明的生命历程之前，我们首先应该注意到一个现象，即阳明有生死考验和道德考验伴随一生。在一般宗教之中，往往是道德考验在生死考验之前，先有道德觉悟再突破生死。但阳明的每一个道德觉悟之前都有生死考验。他说“良知二字乃是百死千难中得来”，正是强调先有生死的顿悟，后有道德的解脱。比如龙场悟道之时，阳明所处的环境十分艰苦，仆从都病倒了，他“自计得失荣辱皆能超脱”，但“惟生死一念尚为未化”，然后就在棺材边上开始做修养工夫，“久之胸中洒洒”，化解了生死一念，但仍然有一个问题还梗在心中：“圣人处此，更有何道？”后来悟道，“圣人之道，吾性自足，向之求理于事物者误也”，正是在生死一念变得洒然之后，才有“吾性自足”的道德性的觉悟。希望大家能将这一点带入之后对阳明的理解之中。

王阳明的家世，据他自己所说，乃是王羲之的后裔。后来根据考证，他并非王羲之后裔，而是王氏的另一支，乌衣王。但这一个自我认同是很重要的。我们知道王羲之家族的信仰是道教，王阳明在回忆自己祖先是王羲之时其实就暗示了其家族的道教信仰。而真正对阳明的家族在明代具有重要影响的是阳明的六世祖王纲。他生活在朱元璋的时代，曾奉命去广东平叛，回途中在增城被杀，他的这一行动奠定了阳明的家族对责任的认同。王阳明晚年去广西平叛，在寿命将尽返回时，一定要绕道增城，去拜谒六世祖的祠堂，他认为自己与六世祖的命运是极其相似的。阳明生命中还有一个重要人物，即他的父亲王华。王华曾经中过状元，这样一个状元父亲对后来阳明的人生产生了一种影响的焦虑。

王阳明从出生时就充满了传奇色彩。他出生前，其祖母曾梦见一个神仙驾着祥云将一个娃娃送到她手中，于是阳明出生后便被起名为"王云"；阳明到了四岁的时候还不会说话，一天出现一个神僧，指着他说"好个孩儿，可惜道破"，认为他的名字"王云"道破了天机，于是便改名为"王守仁"，之后他就会说话了。王阳明小时候还特别顽劣，曾设计吓唬过待他不好的后母。阳明十一岁时，王华中了状元，他便随父亲到北京生活。正是这一年阳明的种种遭遇奠定了他整个人生的走向。可以说，这一年对阳明的意义不亚于龙场悟道和平定中泰宸濠之乱，悟致良知，这一年的意义可能恰恰是最浅层心理的机缘性的暗示。就是在这一年，阳明遇到一个相士主动为其看相，并说"须拂领，其时入圣境；须至上丹台，其时结圣胎；须至下丹田，其时圣果圆"。阳明有所感，之后每次看书，便静坐凝思，还曾经问过家塾中的老师：什么是人生第一等事？老师回答："唯读书登第尔"，阳明便说，"登第恐未为第一等事，或读书为圣贤"。我们可以看到，阳明在十一岁时就立下了一个想法：人生第一等事是做圣贤。对人生第一等事的这一思考，阳明终身未忘。社科院研究员张志强老师认为阳明人生当中"立志"这一点是十分重要的，他套用日本学者竹内好分析鲁迅时的一个说法，认为这是阳明人生的"回心轴"。当他之后的人生中遇到一些事情时，会不断回到这个"回心轴"进行思考。就像鲁迅学医、做文学，他的回心轴始终是"什么是医治人的东西"。阳明的人生关键时刻都会回到这个"志"，即做圣贤是人生第一等事。比如龙场悟道时，阳明就说"圣贤处此，更有何道？"；等到平定宁王朱宸濠之乱后，阳明被人诬陷，被皇帝不信任，躲在深山之中时，他所思考的同样是圣人面对这样一种复杂的局面该怎么办。我们可以看到"立志"在阳明学中的重要地位，他在龙场悟道之后向弟子讲学，开始便说"一曰立志"；他还有一篇重要文献叫《示弟立志说》，其中提到"夫学，莫先立志"，学问的建立要在立志的基础上，这可能与他生命体验是十分相关的。

从他十一岁立志开始，我们可以在他之后的人生经历中看到立志问题是如何慢慢发酵的。阳明曾有过"五溺"：初溺于任侠之习，再溺于骑射之习，三溺于辞章之习，四溺于神仙之习，五溺于佛氏之习。这种沉溺的状态恰恰可以体现阳明对于这五件事的态度，他沉沦其中，极其专注，根源上是因为他认为对这些事的追求可以实现他做圣贤的追求，他的每一溺中都带着极大的投入和思考。在最初，阳明想做圣贤，便读朱子，读到其中"格物致知"便去格竹，最后病倒了也没格出什么，他便认为格物是达不到圣贤的，然后才转向其他。我们可以看到格竹背后的问题意识还是如何成为圣贤。既然他做不成圣贤，那么就参加科举考试。二十二岁参加科举，二十三岁“会试下第”，下一科又没有中，此时与他同科的其他没中的人都因不第羞耻，但阳明却说“吾以不第动心为耻”。在不中的时候，阳明首先考虑的却是是否“动心”的问题，与他人十分不同。不第之后，他重新沉溺于文学当中，想做文学家，并且很成功。二十六岁时，想做军事家、解决大明边患，便开始学兵法，也确实对兵法有所精研，后来平叛也得益于此。二十七岁时开始谈养生，养生与道家修养关系有关。二十八岁时，再次参加科举，终于中了进士，到了工部学习。二十九岁时进入各个部门熟悉办公流程。三十岁到江北任职。到了江北之后，阳明到九华山游玩，当时那儿有个修道的人叫蔡蓬头，善谈仙，阳明待之以客礼，向其询问成仙之事，反复再三，蔡蓬头说其“终不忘官相”，一笑而别。此话对阳明刺痛极大，尤其“官相”二字，这提醒阳明自己没有注意到的一个问题，他当官两三年就染着了官相，而官相与其内心成圣的追求是相矛盾的。又有另一成道之人，“卧松毛，不火食”，阳明与其交谈之时，那人说，“周濂溪、程明道是儒家两个好秀才”。成道之人与他谈论儒家的人时讲的是周敦颐和程明道：周敦颐“窗前草不除，有自家生意一般”；每个人与程明道谈话，都如坐春风一般。这两个人是宋代儒学家中最有心学倾向的两个人。等到阳明想再去找这个人时，那人已经消失了，阳明“有会心人远之叹”。这件事对阳明也是有刺痛的。然后阳明就辞官回到老家。三十一岁出入佛道，阳明修习道家相当有成就，达到了有“前识”的境界，但阳明认为这是对神识的运用，还不是他所追求的道教长生之法，又摒弃了，于是开始想要出家，不想再待在世俗之中。但他又没有那么决绝，出家需要舍弃一切牵挂，当阳明想要出家时，他是在不断做减法的，舍掉名，舍掉利，舍掉家族的期望，但最终发现“唯祖母岑与龙山公在念”，祖母和父亲是舍不掉的。阳明与祖母、父亲的感情都非常深，若要出世，就得舍弃祖母、父亲，阳明在此时悟到“此念生于孩提，此念可去，是断灭种姓也”，对祖母、父亲的牵挂是从出生时就有的，如果这都能忘掉，就不是人了。既然这个念头忘不掉，那就不能出家了。于是阳明后面就开始做加法了，他开始想怎么从这无法舍弃的“亲亲”一念去展开自己的生活方式。他恢复了一些社会活动，第二年到西湖养病，复思用事。“亲亲”一念不可断是孟子的思想。“孩提莫不知敬长敬兄”，这就是孟子所讲的善端，既然认为人有此善端，就得按儒家从善端开始奠定的一套方式去生活，就得孝养父母。什么是不孝？“不孝有三，无后为大”，另外两点则是“家贫亲老，无以为养”，“阿意曲从，陷亲不义”。从“亲亲”开始、从“孝”开始，就发出儒家的许多道理。阳明复思用事恰恰是从“亲亲”一念、从“孝”生发出来的。西湖养病期间，阳明曾在虎跑寺中与一面壁苦行的僧人交谈，问其家事，僧人回答“有老母在”，阳明便问“起念否”，僧人痛哭，翌日便还俗离去。此时阳明在义理上、在行动的方式上，关注点和落脚点就是这“亲亲”一念。正是这一念，断绝了其出家的念头，开始复思用事。

三、阳明“亲亲”一念，选择了归本儒学

通过前面的分析来看，阳明所要追求的是一种什么样的生活？是一种体用一如的生活，是一种内在与外在统一的、道理和行动统一的生活，他追求的是内心和行动的一致性，不仅仅是追求内在的自由解脱，而且要求这种自由必定落在日常生活当中。有一种生活是阳明不能接受的，比如苏东坡的生活。苏东坡经历乌台之案，有士大夫的风骨，有儒家的入世的追求，但他内心是以佛教为安的。苏东坡可以用佛教追求内心宁静，这不碍于他去做外在的士大夫，但这在阳明看来是矛盾的，用佛教追求内心宁静，将这逻辑走到极致，必然要出世，这种生活是断裂的。当然这是阳明的看法，苏东坡有何方式化解要看苏东坡的说法。阳明不能接受“两张皮”的活法儿，无论是内心出世、行为入世，还是内心龌龊、表面道德仁义。阳明在做官那几年正是活得太累的状态，因为面对种种矛盾，所以会累。我们的生活状态也是如此，我们也曾像阳明一样想过出世，但在今天的世界之中又不得不入世，这恰恰是我们不得不面对的一种生活真正的样态。而阳明最终选择了内心和行动一致的活法，这正是他活得和我们大多数人不一样的地方。

阳明用“亲亲”一念选择了归本儒学，因为一旦留下了人生当中不能舍弃的一点，就得以此为基点去面对人生的种种。什么东西能够有利于亲亲一念的保存，什么东西能够最大地尽对父母、祖母的孝，这是阳明思考的。可以说这是阳明哲学的起点。儒学中有亲亲与尊尊两面，阳明的良知学与亲亲是有很大联系，他将亲亲看得远重于尊尊，知道这一点便可以理解阳明以及许多阳明学的学者在大礼议中的态度。到三十三岁时，阳明病养得差不多了，就开始回归官场，重新开始他的世俗生活。三十三岁秋，阳明主考山东乡试，同时到曲阜拜谒了至圣先师孔子，九月进入兵部，还是进行和之前一样的工作。但此时阳明已经接受了这种生活，他开始积极地面对朝政。三十五岁时，御史戴铣等人弹劾宦官刘瑾，阳明为御史抗辩得罪刘瑾，被下狱。我们可以想象，如果阳明没有一个重新入世的过程的话，他不会在此时作出为御史抗辩的选择。后来阳明被贬为贵州龙场驿丞。出狱后，刘瑾派人追杀阳明，阳明想逃跑，这时有人对阳明说“汝有亲在”，阳明便放弃逃跑，回老家与父亲作别，走向龙场。到这里，所有问题解决了吗？从亲亲一念出发，人生有了一个出发点，但他是否有足够动力解决人生的问题？龙场就为阳明下一步的思考提供了机缘。

互联网时代的存在物
——《机械复制时代的艺术作品》的现代重构

网络，这就是世界……

这句话恰恰是在向本雅明致敬！

场景：泊星地

我是在泊星地咖啡厅完成对本雅明《机械复制时代的艺术作品》的阅读的。咖啡厅的墙上装饰着诸多世界名画的复制品，喇叭里传来的猫王的歌声散落在人们的谈话中；这里的人们喝着相同的咖啡、讨论着相似的话题，手机声不停响起；谈话和歌声被铺了一层键盘声作为底色，那是相似的手敲击着相似的电脑而产生的……这一切都刺激了我对本雅明著作的理解，也同时使我觉得，对这本书最好的理解方式不是使用传统方式写出一篇读书报告，而是充分考量我们这个时代，看出我们这个时代的变化，以此来重新看本雅明的理论，并对这本书进行重构。

受马克思思想的影响，本雅明的著作依靠的是对世界历史的分析。"世界历史所发生的变化"使我们需要透过本雅明的思想重新审视我们的时代。我们的时代较本雅明的时代发生了深刻的变化，首先是电视的普及，接着是互联网的出现。现代技术不仅改变了我们的生活方式，我们的心理结构也在这一变化中发生改变。如果本雅明看到了这些，我想他对这些将会有更深刻的审视。因为这变化来得太快，其速度远远超过了摄影术替代石印术、电影替代摄影的速度。这些内容，必将进入技术复制史的论述当中。

我没有读过鲍德里亚的著作，但是我觉得，"机械复制时代"现在仍具有其价值，因为我们的时代不仅是骇客、病毒的世界，即使在传统的领域，机械复制依然发挥着其影响。但更为重要的是，改变的已不仅是艺术作品，而且是所有的存在物。

什么是"光韵"？

关于本雅明的这部著作，人们讨论最多的就是本雅明自造的一个词——光韵。什么是"光韵"呢？本雅明对于光韵的说明是模糊的，它与艺术作品的原真性以及膜拜价值有关。但是，我觉得，一旦我们去问“光韵”是什么，就已经证明了光韵在我们时代的消失与枯萎。对一个本身就生活在充满了光韵的世界中的人来讲，他们是不会去问这个问题的，因为生活的丰富性使他们沉浸于其中。只有在我们这个时代，光韵问题才会伴着光韵的消失被提出。

在我看来，光韵是不能被对象化的，一旦企图采取对象化的描述方式，光韵就被遮蔽了。但是，机械复制时代向网络复制时代的演进必然造成我们永远只生活在光韵之外——即时即地性被永远地遮蔽了。

当读到本雅明关于光韵的描述时，我马上想到的是米兰·昆德拉的《不朽》，在这部著作的一开始，昆德拉就为我们用文学的、非对象的手法揭示了“光韵”：

> 那女人约摸六十或六十五岁，我坐在健身俱乐部游泳池边一张折叠椅上看她。这里是一幢塔楼的顶层，整个巴黎可以尽收眼底。我正在等阿汶奈利厄斯教授，每有必要，我们就相约在此聊天，但今天他迟到了，我便只好看那女人。她独自站在齐腰的池水中，两眼直盯着一个身穿运动长裤、正在教她游泳的年轻救生员。他发出指令：让她手把住池边做深呼吸。她做得那么卖力，认真，活像一台老掉牙的蒸汽机在水下呼哧呼哧喷气。（那充满诗意的声音，早已被人遗忘，若要向不知情者描述，不妨就说像一个手把着游泳池边的老太婆没入水中的出气声，那再确切不过了。）我看得出了神。她让我着迷，是因为她的姿势很滑稽（救生员也注意到了，他的嘴角微微绷着）。这时，一个熟人过来搭讪，分散了我的注意力。等我想再看，授课已经结束。她正绕着水池朝出口走去。她经过那个救生员，朝前又走了三四步。忽然，她扭过头来粲然一笑，向他招了招手。就在此时，我心头怦地一震！那笑靥，那动作，分明属于一个二十岁的姑娘！她抬臂时，有一种令人销魂的轻柔感，仿佛顽皮地将一个五色彩球抛向她的情人。那笑靥和动作，优雅而富有魅力，但是她的那张脸和身体，却已魅力全无。这是淹没于身体的无魅力之中的一个动作的魅力。毫无疑问，那女人已意识到自己不再美丽，但此时此刻，她却忘记了这一点。我们每个人都有某一部分存在于时间之外。我们或许只在某些特殊时刻觉察到自己的年龄，而在大多数情况下则无年龄可言。不管怎么说，她转身、微笑、向年轻救生员招手（他忍不住而嗤笑）那一瞬间，她并没有想到自己的年龄。她的存在于时间之外的内在魅力，在那动作的一刹那显现，令我目眩。我奇怪地受到感动。于是，阿格尼丝一词浮上脑际。
>
> 阿格尼丝，我从来不认识一个名叫阿格尼丝的女人。

或许今天，人们已经丧失了“我”去观察的那份情调，我们活在“匆匆”当中，似乎一切都难以成为我们的对象，因此，我们也就失去了非对象化的“光韵”。没有对象就意味着其对立面的丧失。

价值规律·价值

《机械复制时代的艺术作品》这部著作最重要的意义在我看来是马克思主义的。我们所身处的这个时代，充分证明了一点：价值规律无所不在。

以往的知识告诉我们，价值规律是普遍的，然而只有两种东西例外，那就是古董和艺术作品，因为它们本身具有绝对的稀缺性。但是，本雅明的理论将告诉我们，古董和艺术作品的绝对的稀缺性将要消失，它们也将遵循价值规律，因为我们已经进入了一个艺术作品可以被复制的时代。不仅是现代形式的艺术作品，传统的艺术作品和古董，也将随着技术的发展而失去其原始的稀缺性。这一点将在后面的论述中具体看到。总之，我们这个时代，价值规律无所不在，这同时也就意味着，资本无所不在。

“复制技术把所复制的东西从传统领域中解脱了出来”，“众多的复制物取代了独一无二的存在”，这也意味着马克思的价值概念将成为“唯一”的、现实的价值概念。“价值”真正地只剩下了社会必要劳动时间，一切附着于价值的传统的意义，完全被复制技术剥离，网络的复制能力更加导致现代的稀缺性的消失。价值只剩下空洞的交换当中的意义，一切都将由生产性的因素决定。现代，当人们衡量一件艺术作品时，除了交换价值，其他的都不再被考量了。

生产真正地成为决定性的，资本的逻辑在世界横行。

演唱会·画展

对于一位歌星来讲，他需要演唱会；对于一位画家来讲，他需要画展。他们所需要的都是一样的，那就是“钱”。艺术家成为另外一种资本家，同样也成为资本的人格化。那些以传统手法从事着艺术活动的人，再也不能像他们的前辈那样享有一种纯精神的主体艺术创作市场，作为他们作品中的背景性元素。

本雅明已经指出，绘画在这个时代也面向了大众。现在，不只是绘画，所有的艺术形式都要面向大众，通过不断的展示完成自己的复制。当一件作品每天被不断地展示时，它就是在不断地复制。只要他们被展示，他们就有价格，他们就被资本操纵。传统时代的艺术家可以孤芳自赏，而现代的艺术家却要不断地把他们的作品装箱，空运至世界各地展示，然后寻求买家。其他艺术工作者也不得不如此，周杰伦每天都在前往世界的各个角落，他不得不这样生存。

艺术家考虑的将不仅仅是精神性的东西，或者说他们很难考虑它，他不得不关注“流行”，不得不考虑大众的口味。而流行背后则是资本，资本通过流行增殖自己，大众也只不过是资本增殖的手段而已。艺术家则成为手段的附庸，他们不像以往那样自由，他们越来越成为体制内的人。而一旦他们企图超越体制，他们终将被遗忘。对于一位画家来讲，他离不开画廊老板，而对于一位作家来讲，他离不开书商。而画廊老板和书商只是资本的人格化。资本创造出体制，而机械复制则是受控于资本的。

资本不仅创造了新的以复制为特征的艺术，也使传统艺术以自己的形式完成着复制，更改变了艺术家的生活方式。他们也和本雅明描述的演员一样，只是“道具”而已。传统艺术家的技巧不被关注，被关注的只是其可复制能力。天才对于资本来说只是更好的增殖手段，却不是不可替代的增殖手段。或者说是资本创造了天才的艺术家。正如尼采所说，书商决定了哲学家的命运。

新东方·于丹

你知道柏拉图学院吗？你至少看过那幅名画吧！古典时代的学问建立于师生的交流之上。孔子会针对他学生的不同特点对同一个问题进行不同的回答。而现代，导师们必须复制他们的讲课。你知道新东方吗？如果你上过一次新东方，你会觉得很有趣；如果你上过两次新东方，你会听到同样的笑话，而老师的表情却是不变的，而且跟着你一起笑，好像他是第一次讲给你听。你知道吗？新东方的所有老师都要经过一个培训，以便新东方把相同的内容复制给他们，然后他们在课堂上复制给学生。不仅是新东方，任何大学课堂都有这样的性质，只要一门课开过两次，它的复制性就难以避免。这一切都只因为一点：大学不只是为了学问，它必须承担资本赋予的责任。而这种责任就要求着一种复制，因为复制是资本最节省成本的增殖方式。

于丹，名人啊！百家讲坛有她，公交车上你能看到她，书店你能看到她，她甚至第二次进北大。于丹，2007—2008年度最佳复制品。她不断地把自己的那点东西以不同形式复制出来，并通过这种复制赚得金银满筐。我们看到了“1”的力量，这个最小的数字，如果被重复的次数多了，也将获得最大的效果。资本就是不断地寻找那些最容易复制的东西。如果把于丹和朱子同时摆在资本面前，它肯定选择于丹，因为如果从互联网的传播速度来看，于丹是1K，而朱子则是1G，1K比1G更容易被下载。同样，新东方也是这样的一种机制，如果他们选择孔子式的授课方式，他们将无法走进互联网,因为一对一的网上授课成本过高,而复制的方式,则可以让1K不断被复制,以不变应万变。大家都需要为这1K付费,而成本却还算是1K的花费。被复制多了,1K也能变成1G,于丹也会变成朱子。

下载地址・迅雷・movie maker・暴风影音・mp5

网络时代对于票房来说是灾难性的,电影再也不需要依托于电影院。电影最后保留的即时即地的观赏不复存在。艺术作品的即时即地性在网络技术面前彻底消失。艺术品将有可能不受制于历史,因为它不是由物理、化学元素构成,而是由"0""1"两个代码构成。对于现代的艺术品来讲,占有关系纯粹成了一个没有意义的概念,因为人人都有可能通过网络占有一件艺术作品:不只是电影。艺术作品在互联网上的流传,使其最初的源头变得模糊。我们不再关注信息源,我们关注的是从哪里可以下载到它;我们不再关心谁制作了它,我们更关心下载地址是什么;我们不会去考虑制作艺术作品所花费的时间,我们关心的是下载速度。于是,"迅雷"成为我们生活中必不可少的一部分。我们可以通过它找到我们想要的任何电影、音乐、图书……通过它所提供的下载地址,我们可以将一切复制到我们的电脑当中。

迅雷使复制时代彻底极端化,如果你的硬盘足够大,理论上你可以成为当代所有艺术作品的拥有者。当然,这一点对于大众来说是平等的。

在迅雷的作用下,票房所保证的那些微不足道的收入被更多的资本实现方式所代替。首先是广告。下载地址附着着广告,下载工具也伴随着广告,广告在互联网上无处不在。当然,广告存在的形式本身也是技术复制的。其次,为了提高下载速度,你需要不断更换你的软件和硬件,你需要每隔一段时间就向微软和英特尔付钱,而它们所得到的利润却是百倍以上于成本的。再者,为了顺利地完成复制,为了上网,你还要支付很多额外的支出,这些支出每时每刻都在发生,诸如电费、上网费。最后,不可忽视的是黑客的利润链条。黑客的最大作用就是极端地促进复制的力量,使复制超越法律、软件以及影片制造者的限制,使一切东西都能够在互联网上复制,而他们也必然从中获得利润。由于黑客的存在,我们更加不去关心可下载物最初的源头,不再去关心它的即时即地性。同时,黑客要隐藏自己的动机也使一切都隐藏了。通过这样的链条,资本增殖的程度远远超过了票房所能带来的。

本雅明认为,"完全的原真性是技术——当然不仅仅是技术——复制所达不到的"。但是,技术复制却可以遮蔽掉原真性,使人们不再去关心原真性。这样,所谓的原作的权威也就不再存在。更为重要的一点是,人人都可以成为作品的制作者。

这就是 movie maker 的力量。通过这样一个软件，你可以制作一部电影，把所有的现成存在的“原作”拼接成一部新的作品。当然，这种拼接也是通过复制实现的。胡戈的《一个馒头引发的血案》就是杰出的代表。而这部作品的迅速流传则反映了网络的复制能力，它所引发的商业资本的增殖更是传统的新闻图片所达不到的。读报纸的人数肯定没有优酷的访问量高。在 movie maker 面前，原作不再具有权威，它成为人们可以任意修改的对象。在网络面前，蒙娜丽莎的变种远远超过了从前。对于网络时代来讲，“原本”已经不可能存在，一切都是复制品，一切都可以任意复制。“每个现代人都能提出被拍成电影的要求”，这一点在网络时代极端地实现了。本雅明认为“区分作者和读者就开始失去了根本意义”，而现代是“完成”状态。

在电影院的时代，你需要对着银幕一刻也不分神地观看电影。现在，你却不必这样。想看一部电影，你可以随时看，而且想看哪一段就看哪一段，甚至可以不停地重复播放、快进或者慢放。这些功能在 VCD 时代就已经实现，然而在“暴风影音”的引领下则更为容易。你可以播放任何格式的电影，你可以按照自己的心意让它播放。这更加体现了本雅明所讲的艺术与科学的渗透，而且渗透得更为彻底，艺术不得不完全依赖于科技的手段，我们越来越把部分从整体当中抽离出来。“放大”“慢镜头”已经不是导演拍摄影片时的特权了，它成为每一个观众的特权。在观众的完全操纵中，隐秘和不可知的韵味消失了，思想失去了空间。过去，我们应对不清的、急速的事物，是用思想处理。而今天，技术则使一切通过感官把握。而伴随着思想的退场，资本则以更便捷的方式刺激着人们的感官欲望。资本使这个世界变成了感官世界。同时，这种技术手段还消磨了时间。专注和分散都会缩短时间，你看一幅画和看一部电影都会觉得时间飞逝，而你在时间缩短中所得到的空间是不一样的。而网络则更加缩短了时间。不断重复的播放，造成了思想的滥觞，使你在不需要思考的地方投入过多精力。什么都思考和什么都不思考是等价的。

伴随着软件的还有硬件，mp3、mp4，现在还有 mp5，你可以随时随地欣赏电影、图片以及其他艺术作品。随时随地对应的是即时即地，伴随着现代影音技术的升级，人们已经不再去想即时即地性的意义，即时即地性被人们遗忘了。资本不断帮助人们实现随时随地的可能。而产品的不断更新换代，又促使人们不断购买新的产品，资本增殖的速度取决于产品更新换代的速度。

今天的网络所提供的复制手段和限制思想的手段是多样的，它使你觉得你有自由选择的权力，而实际上，你所接受的不过是同样的复制而已。你沉浸于复制所带来的趋同的选择当中，却不知道自己也被复制技术趋同化。网络造就单向度的人的能力远远大于其他技术手段。而这种单向度化恰恰隐藏在杂多性背后。

科幻电影·娱乐圈·“潜规则”

本雅明所描述的电影还需要摄影棚，而今天的技术则可以完全舍弃摄影棚。

“电影演员所作出的艺术成就，对观众来说则是由某种机械体现的。”今天，这一切都可以归功于电脑，甚至可以不需要演员。你看过《最终幻想》吗？一部完全由电脑制作出的电影，没有一个“人”作为演员。对科幻电影来讲，人的作用越来越让位于技术。谁都可以成为明星，技术可以包装每一个人。对于一个戏剧演员来讲，他需要记住所有的台词与动作，某些“角儿”的地位是不可替代的。而今天，记住台词是多余的，一切都可以事后配音，动作也是可以修改的。在本雅明的时代，拍摄一部有上万个人战斗的场面是不可想象的，今天则像儿戏一样，而且还可以做到一个人都不用，或者只用很少的人。《阿甘正传》中那个演讲的场面就是如此制作出来的。

电影时代，造星如此容易，比戏剧时代培养出一个演员容易得多。因为电影所呈现给观众的完整不是戏剧那样即时即地的，而是靠一个个“咔”来完成的，通过剪辑实现的。既然可以这样，那么演员的错误也就不是致命的，优秀与平庸之间的界限也就不那么明显。技术可以让一个丑女在镜头里变得像天仙一样，这就是技术的消解能力。“人”在电影中开始隐退，“角儿”越来越成为可代替的，技术可以复制出N多个角儿出来，这种复制完全不依赖于人的资质与努力。

古典的演员只有一种表演，即舞台上的表演；而现代的演员则不得不在生活中也进行表演。因为资本需要他这样，他在舞台上的表演只是资本实现的一个环节。资本需要他每天都存在于镜头里。而技术所要求的复制渐渐内化到演员的心灵之中，他们已经忘记了自己，只记得自己是在表演。但是，我们发现，他们的表演虽然表面上形式多样，但无非是几种形式的重复而已：每个女明星都需要“露点”，每个艺人都需要绯闻，他们需要错误然后道歉。这一切都是为了出镜，然后赚取观众的钱。娱乐业在今天通过“人”的复制而实现了巨大的资本增殖。而娱乐圈在今天则是人人都可以进入的，只要你能够顺利地实现资本所赋予你的使命。这样我们就可以理解无数的模仿秀与选秀活动，理解“超女”。他们的任务就是不断地被技术复制成可以随时流泪、狂笑、晕厥的演员。娱乐圈彻底向大众开放，你可以不去参加选秀，而是选择另外的复制方式：投票、看电视、买海报、收藏CD……总之，你也是资本选秀的一部分。

我们的时代充满了娱乐精神，人人都可以享受娱乐，人人也必须娱乐，否则他就将被别人娱乐。我们每天都在狂欢中，但这种狂欢却是被复制的狂欢。

进入角色在今天消失了。因为生活与舞台的界限彻底在今天消失了，人们都在复制中活着。艺人们已经分不清自己是在演戏还是在生活，他们的生活本身就是演戏。而我们大众也是如此。

网络加速了娱乐精神的传播，加速了“人”的复制，芙蓉姐姐、网络歌手、“范跑跑”，一个又一个复制人出现在我们的视野当中，而他们最初的出现都是由于网络。网络通过点击量造就着一个又一个新的大众焦点人物，并迅速榨干其价值，然后再造就新的焦点。我们已经记不清“范跑跑”之前有多少个“跑跑”，我们不知道“艳照门”前后有多少个“门”，我们已经看惯了“史上最……”的标题。总之，网络以其复制能力不断地造就着“新人”，而谁都可能成为新人，每天不知道有多少个新人出现在各大门户网站的网页上。我们看到的是一个个不同的面孔，可我们却忽略了其表象背后的实质。而网络以其极快的更新速度使我们无暇思考，这就像本雅明描述我们观看电影时的场景一样。今天网络使整个世界成为一个大的电影院。“电影银幕画面无法被固定住”，网络的信息流更是如此。我们被网络分散了我们的全部精神。

技术也造就规则，它所造就的规则就是“潜规则”。当代潜规则的产生与人的隐退是同步的。我们可以理解为什么潜规则事件起始于娱乐圈，因为在技术统治的娱乐圈，没有不可替代的人，你如果想成为明星，你就不得不服从潜规则，否则你将被代替。潜规则本身也在完成着自我复制，在一切技术占据主导地位的场合，潜规则都将出现。

在这一切的作用下，光韵消失了，瞬时的激情消失了。对于一个人来讲，站在舞台上面对观众会产生一种瞬时的激情，激发出一种艺术的表现。然而，现代社会，当一个演员每天都站在舞台上展示时，那种激情恰恰不存在了。他仅仅变成了复制出来的笑容与欢乐。而资本的运作恰恰就希望这种瞬时的激情的消失，因为它的产生需要资本难以容忍的成本。

网络游戏：你还在吗？

请允许我描述一下我熟悉的几个网络游戏迷的生活状态：早上6:00起床，原因是其他人还没起床，此时网速快，可以玩网络游戏；8:00睡觉，课不上了，太困了；10:00，接着玩，原因是别人都去上课了，网速快；11:50，给上课的同学发短信，让他们给自己买饭回来；13:00，睡一会儿，醒来接着玩；14:00，什么？键盘坏了！赶紧出去买；15:00—23:00，一直在玩；23:00，要熄灯了，没事，去厕所偷电，接着玩，正好网速快；3:00，没人了……也睡了吧。

请注意,这绝对不是虚构的一个人的生活,而是现实当中切实存在的一个缩影。

在这种生活状态中我们看到的是什么呢?不仅仅是沉迷于游戏,而且是一个人在网络时代、在游戏面前失去了自我。他的生活不是以自己为导向,而是以网速以及与网络游戏有关的设备为准绳。他考虑的不是自己的状态,而是他不得不要适应的网络与硬件的状况。

对于网络时代的人来讲,“物”对于他们要么是上手状态,要么是非上手状态。而今天,“物”对于人的状态消失了。相反,情况变成了这样:人要么对网络来说是上手状态,要么是非上手状态。人的主体状态消失了,网络成为主体。你不得不完全服从于网速与硬件的状态,否则,你将无法更好地生存。

人不再观察物,而是物观察人,机械是真正的旁观者。网络对现实的表现,“通过其最强烈的机械手段,实现了现实中的非机械的方面”,而为了达到这一目标,人就必须对机械上手。

“艺术作品的机械复制性改变了大众对艺术的关系。”然而,不仅如此,网络时代,网络的能力改变了大众与存在物的关系。存在物逐渐成为主体,而大众成为客体。而掌握主体与客体的则是资本。

网络游戏在改变着大众与电脑关系的同时,也实现了资本的完全增殖。你需要不断购买点卡,不断购买装备,并且查看攻略。你必须寻找最好的网络,以获得最快的网速。而好的网速则需要更多的钱。因此,你不断地帮助资本增殖,而你获得的是什么呢?是复制。因为网络游戏中的所有操作和画面都是不断重复的,只是用表面上的成就感掩盖了空乏的复制性,像永恒的钟摆一样。而你无暇看透这一点,你看到的只是数字的自然增长。主体就这样淹没在数字当中。

网络游戏在把你变为客体的时候也改变着你的心理,使你的一切评判都由现实的复杂性标准转换为游戏当中的简单性标准。由于虚拟社会降低了现实社会的丰富性,那么活在虚拟世界中的人的内心的饱满程度也随之降低。你的眼里只有升级、打怪,而没有别的方向,因为游戏程序没有设置其他方向。就这样,通过程序的单向度化,实现了人内心的单向度化,最终导致的是身体和行为表现的简单化、机械化。所有沉浸在网络游戏当中的人看起来就像是一个模子里刻出来的。现实感降低,现实的道德、素养都被置换为游戏当中的元素。

帕瓦罗蒂:死了就死了吧!

帕瓦罗蒂去世了,但是我们还能听见他的声音。他的声音可以从互联网上任意下载,你不需要为帕瓦罗蒂的死感到难过,说不定等哪一天多明戈开演唱会时又会把他请回来。Beyond开演唱会时，黄家驹不是就被请回来一同演唱吗？他的声音、影响并不因为他的离世而消失。更为重要的是电脑可以创造出死去的人在今天的新的历史，在《阿甘正传》中，尼克松不是还跟阿甘握手了吗？

电脑技术可以复制一切。因此，帕瓦罗蒂死了就死了吧。在网络时代，只要资本需要，它可以让一切东西都“不死”，除非他已经丧失了价值。网络复制的已经不再仅仅是艺术品，还包括艺术家在内。人的创造力让位于技术能力。这样，范畴欲望失去了意义，人们不必急于追寻大师，或许大师也没有了意义。

随着“死亡”的消失，历史的现成在手状态，而不是上手状态产生了。历史不是活在人们的记忆当中，而是活在一台台主机当中。历史可以被世界上的每个人遗忘，只要它还有编码存在，一切就都无所谓。掌握历史的不再是人，而是机器。我们只存在检索历史的可能，而不是把历史当作活生生的现实的绽放。而机器，掌握在资本手里。资本需要时，它可以让每一个人在短时间内都看到一段历史，而它不需要时，它可以让你找不到这段历史。“原真性”所需要的历史证据也就这样被遮蔽了。

意义正在消逝，怀念逝者也不再像过去那样沉浸。因此，过去留存在一个人像当中的膜拜的意义进一步淡化，有的只是展示。人们对远的欲望在网络时代渐渐褪去，因为一切不再远。

“限量版”·流水线·流行

关于泰勒制和流水线的讨论，已经有很多了，《摩登时代》早就指出了这种生产方式的意义。然而，今天流水线在某种意义上却发生了改变。它要帮助你实现自己的想法，你可以“定制”产品。但是，定制的生产模式并没有改变流水线的本质，它所遵循的依旧是复制原则，只不过是正、负不同的复制形式罢了。定制的产品也是无法离开流水线的。

随着复制的膨胀，人们不再以自己所拥有的东西是独一无二的而感到骄傲，因为人们知道，没有什么是独一无二的。人们以流行为炫耀标准。流行的东西可以是丰富的，也可以是稀缺的，但有一点是相同的，那就是它是属于大众的，因此也就是复制出来的。追求流行就意味着个性的消失。个性也不得不消失，因为追求个性成为我们这个时代的诉求，每个人都在追寻“个性”。当人人都有个性时，个性也就没有了意义。更为重要的是，真正的个性是无法实现的，你追求的总是事先被程序设定好的。

现在人们借以炫耀的是“限量版”，什么东西都出限量版。限量版似乎告诉你，我是稀缺的。但是，这也隐含着我不是独一无二的意味。而且，谁能够保障限量版真正限量呢？限量版仅仅成为一个符号、一个宣传的口号和卖点而已。

限量版、流行、流水线都告诉着我们一个事实，这个时代的存在物是复制的，你只能选择复制。你已经被限定于其中而不自知，在自由的幌子下面，你实际上只是在一个有限的集合内选择被规定好的东西。你的心理就这样被决定了，你幻想得到的只是庞大的复制体制之内、资本希望你幻想的东西。

或许你知道这个故事，一名肥胖的黑人妇女坐在电视机旁，幻想着自己是个身材姣好的白人妇女，被一名绅士追求。而这些则是资本所希望她幻想到的。这正如你追星无论是追刘德华还是德华刘，都是事先被指定好和被希望的一样。而我们每个人都有着这样的心理与幻想。而且，我们的选择会不断地追随那些复制的存在物，明星所喜欢的就是流行。我们选择什么被存在什么决定。

帖子·博客

我们可以自由地发表意见。看起来是这样，这是互联网给我们的。我们可以发帖子，我们可以有自己的博客。我们可以将自己的意见任意发布，可以把自己的心向全球的网民打开。每个人都通过互联网相互了解。

然而，在互联网的隐藏之下，我们褪去了人所应该有的理性。我们看网上的帖子，楼主所发的帖子与其他人的跟帖，有时根本就不在一个话题之内。有些人只是把它当作笑话；有的人从打第一个字开始就发誓要与别人不同，一定要持不同观点；有些人原本没有观点，只是看哪种观点支持的人多。这些行为，在本质上都是一样的，就是一种群氓心理。我们不必为自己的言论负责，那么我们还要理性干嘛呢？“个人的反应会从一开始就以眼前直接的密集化反应为条件”，在网络时代，帖子突出地体现了这一点。“个人的反应正由于表现了出来，因而，个人反应也就被制约了。”完全地依从他人与完全地表现个性是一样的，只不过形式不同罢了，实际上我们都被互联网所制约。

知识产权

这个时代，似乎对网络的复制构成限制的就是知识产权。然而，它真的是网络复制的对立面吗？其实，知识产权与网络复制只是资本的两种不同作用模式罢了。

当复制手段有限时，不会有人提出知识产权的问题，资本希望此时不断地扩张自己的载体。因而，在此时，它充分地鼓励复制。而当复制的能力无限扩张时，资本则要对其进行节制,以保持利润的最大化。因此知识产权在网络时代被提出。但是,资本按照它的逻辑,最终会选择放弃知识产权。因为知识产权维护的只是有限资本的增殖,而复制最后却可以达到所有资本的最大增殖,那就是增殖产业链。有限资本的增殖手段是有限的,但资本整体的增殖方式则是无限的,它会使更多的增殖方式附着于复制之上,扩大自己每一个面向的影响。正如盗版所带动的,不仅是反盗版行业的兴起,还有靠知识产权保护为生的人的生活。而盗版链的利润加上现有正版的利润,其利润综合会超过只依靠正版所获得的利润。在这个意义上,资本整体并不希望知识产权的膨胀,而只希望利用知识产权保持一种适当的张弛。

但在这里,我们看到了资本内在的一个矛盾:有限资本与资本整体的矛盾。这就为资本逻辑的运行发生转换提供了可能。但是这种可能的具体方式,我们现在还没有看到。

"诗圣 2005"·《憨豆先生的大灾难》·《第六日》

请允许我对"诗圣 2005"做一个简要的介绍:

诗圣 2005 使用了独创的字谱对照写作引擎,让写诗填词更轻松自在。即使你对格律不熟悉,只要对照文字输入框下方的平仄符号逐一输入相应的汉字,即可完成作品的创作。它具有实时格律检查功能,在你输入汉字的同时,它就帮助你检查格律,一旦发现错误,立刻用不同的颜色提示你进行修改,省去你查韵书、翻词谱、考虑粘对等等麻烦的事情……

我想,这段话对于展示现实网络对于传统文学的影响来说,已经足够了。传统的文学在互联网时代,也可能变成单纯的复制手段。每个人都可以通过互联网所提供的手段进行高雅的文学创作,"阳春白雪"真正成为"下里巴人"。文化真正成为大众的了,传统艺术面对现实技术,其主体性以及即时即地性创作正在丧失。这个时代,每个人都有可能出书,书籍已经不再是智慧的专利,而只是大众的一种娱乐手段。每个人都可能成为作家,只要他宣称自己开创了一种新的文体。每个人也都可以成为哲学家,只要他把网络提供给他的哲学话语拼凑在一起就可以。每个人都拥有网络赋予的无限创新的可能。

"每个人都可以……"意味着每个人将拥有所有可能性,每个人都拥有所有可能性,那么每个人也都是一样的,他其实什么也没有拥有。你所拥有的只是去付钱买单。

网络时代,没有什么可能是原真的,一切都有可能被复制。你或许要说,那些放在博物馆的古董是货真价实的。真的吗?《憨豆先生的大灾难》将要以喜剧的形式告诉你,古董也是可以复制的,而且手段并不那么复杂。这早就不是什么新鲜事,中国人复制古董的能力,早在100多年前就十分精湛,不需要等到网络复制时代。不相信的话,你可以去看看《帝后礼佛图》,几十年来谁都认为它是真品,直到有一天,人们发现了它其中一部分的残骸,才知道它只不过是古董商用一半原图拼起来的罢了,只是大都会博物馆不愿意承认而已。网络时代,这种对古董的复制更为容易,因为它提供了更为精确的复制手段。

因此,在我们这个时代,没什么东西可以保证它真的不是复制的,一切都将遵循价值规律。甚至"两个你自己"也是可能的。克隆技术在今天不是什么神话,而且更可怕的复制技术,理论上也不是没有可能。而这就是《第六日》所揭示的。造人将不再是属于上帝的特权,资本想获得它就可能获得它。

欧洲杯来了!

欧洲杯来了!你在看吗?多少人每天在同一时刻坐在电视机前观看欧洲杯的比赛,他们会因为相同的事件产生相似的情感。在网络时代,我们的情感也是被复制的。网络引导着我们愤怒、同情、爱慕、怜悯。我们所面临的是同样的网络世界,我们的意义发生机制也是相似的,全球化使全球人产生相似的情感。

进球,激动;没有射进,遗憾。以前我们面对报纸新闻报道,对结果谈论得更多,而今天,我们完全可以讨论细节。我们的想象空间完全被这些细节所制约,我们没有空间再去想象,因此我们的情绪已经被规定好了。而资本需要我们被这样规定,因为我们被这样规定后就会选择它所规定的产品。比如,看欧洲杯要喝嘉士伯啤酒,看NBA要喝可口可乐,我们对某一位球星着迷时,就要购买印有他号码的球衣……

情绪的异质化还体现在我们都会因为网络的报道而产生情绪这一点上,我们很难超然于世外,世界上的所有事情都是与我们相关的,我们似乎觉得我们有义务对此进行讨论。而讨论来讨论去,结果也只是网络希望我们有的。

好　莱　坞

本雅明讨论政治与艺术的关系,主要是针对当时的法西斯主义。然而,今天我们必须看到,法西斯主义也只是资本实现过程的一种手段。正如我们今天说好莱坞是美国政府进行意识形态宣传的得力工具时一样,我们也应该看到,与其说美国政府控制好莱坞的主流思想，不如说是资本同时控制了好莱坞与美国政府。政治的审美化与审美的政治化，在我看来本质上是一样的。因为在网络时代，在资本流行的时代，政治与审美背后都是资本这双手在操纵，只是不同操纵方式所得到的效果不同罢了。

在这个大众心理、身体、行为以及一切存在物都被资本操控的时代，我们能看到什么呢？我们看到一切都为资本的逻辑服务。对于本雅明审美的政治化的要求，我不知道说些什么，我只是觉得这种诉求到最后也是无法逃脱资本的控制的。只是它不是通过战争进行控制，而是采取和平的方式。

《百年孤独》

无论是“机械复制时代的艺术作品”还是“网络时代的存在物”，我们都看到蕴藏于其背后的资本的强大逻辑。这个时代、这个世界，谁能够超然于这种逻辑之外呢？我们如何应对资本对这个时代和我们心灵的改变呢？一旦资本认为我们这个世界对它来讲再也没有增殖的价值时，它会做些什么？那就是“虚无”与“荒漠”的呈现。加西亚·马尔克斯在《百年孤独》的最后一段为我们描述了资本离去时的场景：

> 他看到过羊皮纸手稿的卷首上有那么一句题辞，跟这个家族的兴衰完全相符：“家族中的第一个人将被绑在树上，家族中的最后一个人将被蚂蚁吃掉。”……按照羊皮纸手稿的预言，就在奥雷连诺·布恩蒂亚译完羊皮纸手稿的最后瞬刻间，马孔多这个镜子似的（或者蜃景似的）城镇，将被飓风从地面上一扫而光，将从人们的记忆中彻底抹掉，羊皮纸手稿所记载的一切将永远不会重现，遭受百年孤独的家族，注定不会在大地上第二次出现了。

加西亚·马尔克斯是悲观的，但或许《百年孤独》这部书为我们呈现的就是资本逻辑的整个运行过程。从没有资本到资本繁盛，最后是资本离去。然而，我们人类的希望何在，我们能否逃脱资本强大力量的控制？在我看来，在资本面前，任何回到古典时代的努力都是徒劳的，首先它不可能，其次，即使回到古典，也只会重新走向资本。在我看来，辩证法为我们提供了出路。否定之否定的实质，是从一个东西内部生出一个东西对它进行否定。我们需要从资本内部生成一个东西，对资本进行否定。但我不认为资本内部生出的否定者是工人阶级，因为工人阶级依旧是资本结构内的伴生产品，他和资本家一样，只是资本的两面。我觉得，最终可能否定资本逻辑的恰恰是复制本身。现在，复制是资本的产物与手段，当某一天复制发展到本身既是目的又是手段时，它就会试图推翻资本，而寻求新的逻辑。而我们人类能否获得解放，就要看我们人类在这一过程中扮演什么角色了。未来在这里是不可预言的。

我们现实的世界，只能说明本雅明的预见能力；我们现实的一切，无不是向本雅明致敬，向他半个多世纪前的论述致敬。

后　记

本书所收的文章从我在北大读书起，包括我在中国社会科学院哲学所工作期间和在清华哲学系工作前三年的一些成果，某种程度上代表了我这些年的一些思考。曾经一度觉得自己这些年写的文章特别"散"，好像读到什么、想到什么、有什么会议的契机，就写了。但当把这些年的写作收集起来看时，却发现还是有自己一贯的问题意识在其中。这些年的研究，比较明显的三条线，是朱子学、孟子学和唐文治思想，但与之并行的则是对历史哲学、思想史的持续兴趣，对传统文化的当代命运的思考，而贯穿其中的则是本书导言讲的"哲学动力学"。

其中对历史哲学的关注，和我当年对专业的选择有关。2005 年我第二次高考，北大当年在河南只招哲学不招历史，于是我就没有纠结地选择了哲学，但读书期间，究竟在哲学里选择哪个二级学科，则经历了一番纠结。最终使我走向中国哲学道路的，是我遇见的那些老师，先是在大一上学期上了张祥龙老师的"哲学导论"，大一下学期则是杨立华老师的"中国哲学史"，还有就是陈来先生。其实最早听说陈老师是因为中文系的蒋绍愚老师，大一上学期上"古代汉语"时，我跟他说我对儒学感兴趣，他说你应该看陈来老师的书，之后的"西方哲学史"课上，吴增定老师跟我们讲，要做学问，就要好好看陈老师的书，特别是《古代宗教与伦理》。那时候还没有机会见陈老师，直到他从美国回来，才旁听了他给硕博开设的《朱子语类》读书班。关于这一机缘，我在《朱熹的历史观》的后记中曾经讲过。虽然选择"哲学"，但对历史的爱好却一直萦绕于心，在读中国哲学之余，历史是我最大的学术兴趣。当然，由于现代学科的壁垒，我不可能像历史学学者那样做历史，只能把历史当成关切，在历史与哲学之间寻找道路。这些年我经常开玩笑，我是在和做历史的比哲学，和做哲学的比历史，或许就是讲这"之间"的"无奈"。本科期间还上过吴增定老师的"历史哲学"，讲的是《伯罗奔尼撒战争史》，让我看到了一种可能，就是在历史之上思考哲学，用哲学的方式讲好历史故事。本书中的一些文章，可以视作此种尝试。

对思想史的兴趣则和在哲学所的岁月有关，哲学所当时每周三返所一天，返所日是老师们敞开了交流聊天的日子，每位老师都会谈自己对学术的独特理解。当时发言最多的是张志强老师，他是中国哲学领域对思想史最为关注的学者，也注意用思想史丰富对哲学问题的了解，特别强调“源流互质”，而他的这些想法也影响了我对问题的思考模式。年轻人本就喜欢“大历史”叙事，如何在哲学概念分析的前提下，把那个思想底色的意义突显出来，看到活生生的思想者与活生生的概念，成了我那些年的一个思考点。当然对于志强老师的观点，我还没有很好地消化，这或许需要一个更长的时间段。

对传统文化当代命运的思考，似乎是一开始自觉从事传统文化研究时就有的，当然北大儒行社的支教实践促进了我对这一问题的理解和观察，特别是儒学如何在当代“活”并且“活生生”这样的问题，一直促使我不停地思考。我曾经对儒学的当代命运悲观过。化解悲观的首先是自己的家庭生活，让我在其中领会儒家的当下性，当然这只是个体的感受，每个人的个体感受不同，其实会导致他们对儒家的态度。槟城之行对化解我的悲观起到了重要的作用，在槟城我感受到了活生生的现代儒家社会，儒家的社会理念顽强地、“创造性”转化地与当地、当代社会融合，使得我对儒学的未来产生了神秘的信心。儒学的当代命运，对于当下中国是一个活生生的问题，这一问题或许将要长时间持续下去，直到人们不再把它当成问题。

贯穿在上述问题中的，就是我一直想讲的“哲学动力学”——思想是活的、观念是活的，活生生的人赋予了思想鲜活的动力，哲学家的焦虑和哲学思想的内部张力最终促进了哲学的发展。对于一个哲学史研究者来说，重要的就是发现“动力”，并在动力的推动下促进哲学的前进。哲学或许没有终结，只要活生生的人还存在。

三年疫情，或许改变了很多东西，但不知道哪一天，我突然产生了一个感觉——我们这个时代一定会产生大哲学家，这是一个会诞生大哲学家的时代。希望能用我微不足道的一点工作，为召唤大哲学家的到来贡献一分愿力。

哲学是活生生的，我对哲学的理解总逃不掉对自己生活的理解。

当责编梁斐让我返回本书遗留问题时，我突然想在扉页上加上一句话：“生命是永恒的共在——谨以此书献给我的爷爷、奶奶、姥姥、姥爷。”我对儒学有一个理解——复数的人，非个体的人，每个人都不是孤独地在战斗，他总是在“世代中生成”，并体现着连绵的世代。我在，我的那些亲人也一起在。奶奶在我很小时去世，爷爷在我高考后离世，前年爱人姥爷离世，去年姥爷也离开了我。人到中年，上有老下有小，中年人被夹在中间，但“老”似乎每天都可能跟我们告别。他们在世时，可能并没有特别多的“记忆”，他们不在了，却常常想起些什么，常常想起一些微不足道的小事，却莫名其妙地感动。“永恒的共在”或许是我对自己的一种安慰，我能留下些什么，是他们在的一种证明。

但，生命毕竟是“生生”的，“下有小”则是另外一番感受，一晃那个丫头已经九岁了，她的成长带来的则是我对生命的另一种感悟，还是记忆的唤醒，越是面对她，越是感到父母把自己养大不容易。当然，对于我来讲，最不容易的是妻子，我总是处在"丧偶式抚养"的状态，有时和学生在一起的时间，好像比跟孩子还久。她对孩子的成长付出了太多太多，是我用语言无法表达的，或许能够证明她辛苦的，是丫头未来的状态。感谢她以及父母对我工作的支持和理解。感谢我的父母、岳父岳母对于家庭的付出。

当然，还要特别感谢我的师长们，他们对"青椒"的支持，是我成长的动力；感谢我的朋友们，有的时候我们吵架，往往能吵出思想灵感；感谢我的同事，包括哲学所的同事、人文学院的诸位，感谢他们给予我的学术支持，感谢两家单位所提供的良好的学术环境；同事也包括挂职绵阳的"挂友"与游仙区组织部的同仁，他们让我从另一个视角理解了当下中国，看到了最真实的基层；感谢我的学生们，教学相长，教学的确耗时间，但在一遍遍讲问题的过程中，在你们的提问中，总是能获得对问题新的理解。

本书的最终成书，特别感谢刘大钊、叶芳舟、王天煜、何明阳、刘健时几位同学，他们最终帮忙核对了引文和文章的内容，特别是叶芳舟，从头到尾通读了全书，对错误多有改正。

感谢责任编辑梁斐对本书的付出，也感谢各篇文章编辑和杂志社对我的支持。感谢清华文科出版基金和清华哲学系对本书的资助。

本书所收文章发表情况如下：

《义利之际：道德原则与历史判断》发表于《哲学研究》2022 年第 9 期；

《从"有贬无褒"到"〈春秋〉尊王"——孙复〈春秋尊王发微〉的思想与注释手法》发表于《哲学门》总第 27 辑；

《程颐〈春秋传序〉疏解及朱子对其的理解》发表于《二程与宋学——首届宋学暨程颢程颐国际学术研讨会论文集》；

《"父子相敬"与"父子相亲"》发表于《道德与文明》2020 年第 2 期；

《〈左传〉中的"仁"》发表于《宜宾学院学报》2013 年第 9 期；

《"明器"可能的义理诠释》发表于《平顶山学院学报》2015 年第 3 期；

《体性与体用》发表于《中国儒学》2020 年辑；

《"孔颜乐处"与宋明理学的展开》发表于《世界宗教研究》2022 年第 4 期；

《〈朱子语类〉与朱子学》以《类编与思想诠释——〈朱子语类〉与朱子学》为题发表于《社会科学研究》2021 年第 6 期；

《作为工夫论的朱子学与阳明学的兴起》发表于《江海学刊》2023 年第 5 期；

《从生死考验到道德觉悟》发表于《平顶山学院学报》2013 年第 3 期；

《万物一体与孔氏家》以《何心隐“友伦”诠释的哲学维度及其现代意义》为题发表于《哲学动态》2022 年第 4 期；

《从庄子的“混沌与知”出发——冯友兰先生对道家思想诠释的一个视角》发表于《中国文化研究》2022 年第 1 期；

《张岱年先生的张载诠释》发表于《衡水学院学报》2020 年第 5 期；

《列文森的“剃刀”》发表于《开放时代》2023 年第 5 期；

《儒家伦理与社会儒学——儒学义理与中国社会的互动》发表于《道德与文明》2018 年第 5 期；

《从“文化心理”与“文化自觉”看儒家伦理的当代建构问题》发表于《吉林大学社会科学学报》2022 年第 1 期；

《元亨之际的文化思考——陈来先生与中华优秀传统文化的创造性转化与创新性发展》发表于《黑龙江社会科学》2022 年第 3 期；

《走向世界与未来的朱子学研究》发表于《中国哲学年鉴(2015)》；

《中国哲学史研究的深化与开拓》发表于《中国哲学史》2018 年第 1 期。

有些文章发表时有所修改，本书则尽量保持文章原貌。

本书附录所收则是自己学术路上的一些痕迹，不能算作学术文章。《互联网时代的存在物》是我 2008 年“西方马克思主义”课上的习作，是自己最大胆的一次写作尝试，希望以拙劣的改写去理解本雅明的思想。《从“赵氏孤儿”到“赵氏孤儿”》《青年王阳明》《格物与天理》则是三个普及性的讲座的整理稿。《从“赵氏孤儿”到“赵氏孤儿”》与电影有关，与当时对故事的阅读的体会有关。《青年王阳明》最早是应时任中山市团委书记丁凯同志邀请所做的一个讲座，内容大量参考了杜维明先生同名著作以及张志强老师的讲法，是我对阳明真正体会的一个开始。《格物与天理》则是应干春松老师之约，在什刹海书院做的一个讲座，希望能对朱子学有一个普及，当然这个讲座背后潜藏着我一个野心，即对中国古代思想中的“物”能做一个系统的思考。将这几个“东西”放在这里，是想留下些标记，或许它们将成为未来新的方向的“路标”。

赵金刚

2023 年 8 月 18 日夜于清华大学蒙民伟人文楼 203 室